古文獻整理與研究

第三輯

陝西省社會科學院古籍整理研究所 編
吴敏霞 主編

鳳凰出版社

圖書在版編目（CIP）數據

古文獻整理與研究（第三輯）. / 陝西省社會科學院古籍整理研究所編 ; 吴敏霞主編. -- 南京 : 鳳凰出版社, 2018.12

ISBN 978-7-5506-2872-4

Ⅰ. ①古… Ⅱ. ①陝… ②吴… Ⅲ. ①古籍整理－研究－中國②古籍研究－中國 Ⅳ. ①G256.1

中國版本圖書館CIP數據核字(2018)第267611號

書　　名	古文獻整理與研究（第三輯）
編　　者	陝西省社會科學院古籍整理研究所
主　　編	吴敏霞
責任編輯	徐珊珊　朱　堯
裝幀設計	徐　慧
出版發行	鳳凰出版社(原江蘇古籍出版社) 發行部電話025-83223462
出版社地址	南京市中央路165號,郵編:210009
出版社網址	http://www.fhcbs.com
照　　排	南京凱建圖文製作有限公司
印　　刷	江蘇省句容市排印廠 句容市春城鎮南,郵編:212404
開　　本	787×1092毫米　1/16
印　　張	17.25
字　　數	326千字
版　　次	2018年12月第1版　2018年12月第1次印刷
標準書號	ISBN 978-7-5506-2872-4
定　　價	75.00圓

(本書凡印裝錯誤可向承印廠調换,電話:0511-87871135)

論其指歸　辨其訛謬
精術盡探　睿思咸識

錄賀古文獻整理與研究創刊

李學勤

《古文獻整理與研究》編委會

目　録

傳統文獻研究

新出與稀見文獻研究

域外漢籍研究

學術論衡

札　記

《詩毛氏傳疏》引書分析

魏博芳

清人入主中原後,統治者對士人的思想控制愈發嚴厲。一方面大興文字獄,致使株連慘案頻發;另一方面收買知識分子,如網羅大批優秀學者"整理編撰卷帙浩繁的《四庫全書》"①。再者,由明入清,學界"對前人《詩》説的不滿,對《毛詩》的認同,對宋人'空疏'的反感,(他們)試圖回歸原典,以求得説經之本義"②,"在對《詩經》進行訓詁、考據時,他們(清儒)並非全盤沿襲漢、唐舊注,而是在科學求證中形成自己的看法,並以其深厚的文獻學和考據學功底,疏解前人未能闡釋的字詞、名物、制度以及《詩經》學諸多問題"③。"(在)音韻、文字、訓詁之學的成就,大大超過前人,經研究考證,發現經傳中古字的假借,古音的轉變,以及大批虛詞的用法,對古語不知讀音的,明白了讀音;誤釋詞義的,得其本意。"④而陳奂恰在此輝煌時期中,他深受吴、皖兩派之薰陶,雖自評"墨守《毛傳》",但實則集兩派特點之大成。

《傳疏敘》云:"初放《爾雅》編作《義類》,凡聲音、訓詁之用,天地、山川之大,宫室、衣服、制度之精,鳥獸草木蟲魚之細,分别部居,各爲探索。久乃剗除條例章句,揉成作疏。"⑤"至於一切禮數、名物,由漢以來,無人稱引,遂韜晦不彰,故博引古書,廣收前説,講明而條貫"⑥,可知《傳疏》引述之豐富。經我們粗略統計,《詩毛氏傳疏》共引書 385 種,除傳統儒家文獻外,還有釋家、道家及若干日本文獻;出土文獻包括汲塚竹書及石鼓文、漢石碑、漢石經殘碑、漢督郵殘碑、漢衛尉衡方碑、唐石經、五經文字石刻、冀州從事郭君碑、石經殘碑等 9 種。引書時代範圍更由先秦至當朝,内容涉及名物、五經、歷史等,極其廣博。

---

① 夏傳才《詩經研究史概要》,北京:清華大學出版社,2007 年,第 142 頁。
② 柳向春《陳奂交遊研究》,上海:華東師範大學出版社,2010 年,第 122 頁。
③ 何海燕《清代〈詩經〉學研究》,北京:人民出版社,2011 年,第 2 頁。
④ 夏傳才《詩經研究史概要》,北京:清華大學出版社,2007 年,第 143 頁。
⑤ 陳奂《詩毛氏傳疏》卷三十,濟南:山東友誼書社,1992 年,影印《孔子文化大全》,第 16 頁。
⑥ 同注③,第 21 頁。

由於《傳疏》引書較多，我們僅選取其中引用頻次較高的典籍，從經、史、子、集四部角度出發，圖表結合，一探《傳疏》引文之規律。

一、《詩毛氏傳疏》高頻次被引書目分析

上述可知，《詩毛氏傳疏》承乾嘉學派特色，陳奂引用大量文獻證己觀點。書中對經部文獻的引用占總引書目的 52.73%；史部文獻占 15.84%；子部文獻占 21.04%；集部文獻占 2.86%。其中，佛家典籍[①]被引 31 次，占所引子部書目的 38.75%。下圓形圖[②]顯示《傳疏》引各部比例情況：

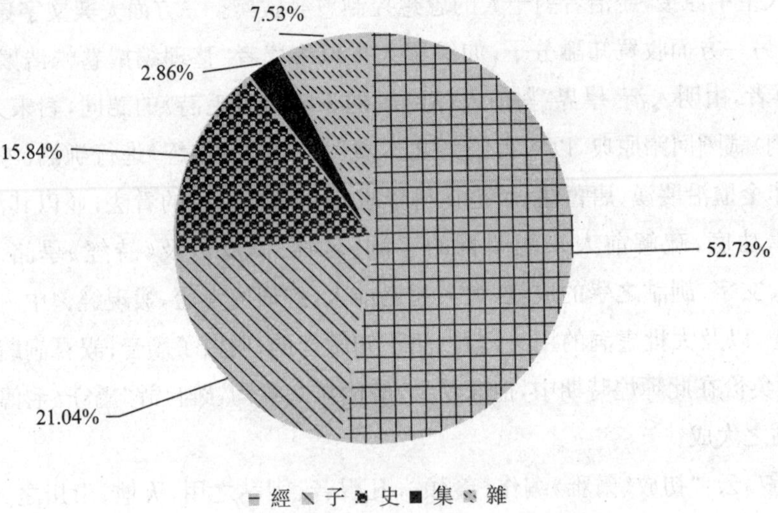

圖 1 《詩毛氏傳疏》引書比例圖

由上圖，我們至少可知：1.《傳疏》引用經部文獻最多。漢武帝"獨尊儒術"後，經部文獻一直爲統治者重視，加之元明清時"四書五經"被定爲考試内容，學者研究經部文獻的熱情居高不下，成果極爲豐碩。除整體學術環境影響外，我們知道《傳疏》是一部對《毛傳》進行疏解的著作，陳奂大量引用這些優秀成果以論證自己的觀點，因此《傳疏》中引用經部文獻最

① 《詩毛氏傳疏》對道家的引用只有 1 次，而對佛家典籍的引用則多達 31 次，從側面可以反映出佛、道二家在清朝中期的傳播情況及其影響。

② 該圖中的"雜"類，主要包括各種碑刻，我們把這部分内容單獨列出，以更好地表現《傳疏》引書範圍之廣。另，在《傳疏》所引書目中我們還發現一部成書於 1726 年的日本學者山井鼎的《七經孟子考文》，從《傳疏》對外國文獻的引用可知，陳奂不僅僅關注國内學者的優秀研究成果，更與時俱進，密切關注他國學者的研究結晶。在某種程度上可以反映出當時兩國學術交流情況。

多也是必然的。2. 對子部文獻的引用較史部文獻多。《傳疏》論述内容細緻、深入，引述宏博，龐雜的子部文獻正好滿足陳氏要求。翻閲《傳疏》，可以看到書中對子部文獻的引用涵蓋範圍頗廣，如儒家、法家、農家、天文演算法、術數、釋家。對史部文獻的引用，則多集中於正史及地理兩方面。陳奂喜用正史方面的内容同《左傳》呼應，用地理方面的内容斷古今地理變化，判《毛傳》之是非。

在三百多種引用文獻中，通過分析，我們統計出高頻次引書的引用次數，以探究陳奂撰寫《傳疏》時的關注角度。現將書中高頻次引用書目及被引次數列表於下：

表 1 《詩毛氏傳疏》高頻次引書統計表

序號	所引用及相應注解①	四部歸類	引用次數
1	《爾雅》及《爾雅》注	經	1414
2	《説文解字》及《説文解字》注	經	1377
3	《禮記》及《禮記》注	經	753
4	《周禮》及《周禮》注	經	703
5	《左傳》及《左傳》注	經	593
6	《經典釋文》	經	558
7	《正義》	經	515
8	《漢書》及《漢書》注	史	327
9	《文選》及《文選》注	集	284
10	《儀禮》及《儀禮》注	經	275
11	《國語》及《國語》注	史	249
12	《玉篇》	經	196
13	《廣雅》	經	193
14	《韓詩》	經	175
15	《荀子》及《荀子》注	子	141
16	《淮南子》及《淮南子》注	子	138
17	《孟子》及《孟子》注	經	135
18	《尚書》及《尚書》注	經	127
19	《史記》及《史記》注	史	126
20	《公羊傳》及《公羊傳》注	經	113

① 此表中所引“《某書》注”即該書的各種注本，並非專指。

續表

序號	所引用及相應注解	四部歸類	引用次數
21	《吕覽》及《吕覽》注	子	101
22	《後漢書》及《後漢書》注	史	96
23	《方言》	經	94
24	《春秋》及《春秋》注	經	90
25	《大戴禮記》	經	87
26	《白虎通義》	子	82
27	《穀梁傳》及《穀梁傳》注	經	81
28	《太平御覽》	子	77
29	《水經》及《水經注》	史	77
30	《列女傳》	史	76
31	《毛詩後箋》	經	73
32	《楚辭》及《楚辭》注	集	69
33	《管子》及《管子》注	子	69
34	《易》	經	68
35	《説苑》	子	66
36	《毛詩小箋》	經	65
37	《論語》及《論語》注	經	59
38	《逸周書》	史	55
39	王肅	經	51
40	《春秋繁露》	經	38
41	《廣韻》	經	33
42	佛家典籍	子	31
43	《鹽鐵論》	子	29
44	《詩述聞》	經	28
45	《初學記》	子	28
46	《墨子》及《墨子》注	子	26
47	《集韻》	經	26
48	《晏子》	子	24
49	《北堂書鈔》	子	12

表 1 中所列"高頻引書"以經、子兩部文獻内容爲主。其中高頻經部文獻引用 23 種，占總引經部文獻的 11.39%；高頻史部文獻引用 7 種，占總引史部文獻的 11.67%；高頻子部文獻引用 13 種，占總引子部文獻的 16.25%；高頻集部文獻引用 2 種，占總引集部文獻的 16.67%。對《爾雅》及注、《説文》及注的引用次數更高達一千以上。

這些高頻次的引用表明：陳奂試圖沿王念孫"訓詁、聲音明，則小學明，小學明則經學明"的方法闡釋《詩經》，謹遵"博引古書，廣收前説，講明而條貫，始可以發數千年未明之義"的宗旨。其中對佛家典籍的引用①竟達 31 次之多，更表明專崇儒家的陳奂對他家之説採取包容之態，凡利於疏解《毛傳》之文，即爲其所用。

同時《傳疏》也處處體現漢學派"尊師"之道，如陳奂對其師段玉裁文字的引用。我們將《傳疏》中所有關於陳奂授業師段玉裁的引文摘録出來，共 76 次。其中大段引用玉裁説法的例子極多，3 處更是直接高度贊揚段氏之説，餘則或用段氏精善之論支撑自己的觀點，或引而不評。我們僅找到四處不贊同"段説"之文。爲更清晰地反映陳奂引"段説"的情況，現清單如下：

表 2 贊成"段説"

卷數	篇名	贊成"段説"
十五	《東山》	"段説"原許申毛，確不可易經。
十七	《采芑》	"段説"約軧之制既明晰矣。
十八	《沔水》	段氏因發明《尚書》"朝宗於海"，其義明晰。

表 3 反對"段説"②

卷數	篇名	"段説"	反對"段説"
四	《定之方中》	此以"驪牝"釋《詩》之"騋牝"，驪與騋以雙聲爲訓，謂騋馬驪色，亦兼牝馬也。	奂案《爾雅》以"騋"爲"驪"，不解"牝"字，非謂騋牝爲驪色之牝。
八	《盧令》	《詩正義》删此"大"字。	奂案《正義》引《説文》亦以證鋂爲大環，由轉寫者奪"大"字耳，非删"大"字也。
九	《伐檀》	《説文》："貆，似狐，善睡獸。""貆，貉之類。"段注："貉，當作'貆'。"	奂案貆爲貆了，許云"貆類"，恐亦有誤字。
二十三	《大明》	秦、漢間乃制"郃"字。今《詩》作"洽"者，後人意加水旁耳。	案洽水無考，……《詩》言"洽陽"，非即郃陽縣故地。蓋水以北爲陽，洽陽，洽水之北，是商莘國在洽水北，不在洽水南。漢高帝爲劉仲築城於郃陽縣之東北，爲郃陽侯，漢初或不誤矣。

① 子部文獻中《傳疏》中對佛家典籍的引用全部都是其音義方面的内容，對佛家典籍中的義理則無所引用。
② 陳奂對段氏學説的否定僅占所引段注總數的 5%左右。

由上表所列行文可看出陳奂對段氏學説的極度推崇，喜用"確不可易"、"其義明晰"等贊語推崇"段説"；即使與段氏觀點相左，也不似書中對其他材料觀點那樣予以直接否定，而是用極隱晦的方式暗反"段説"，正如羅振玉先生所云："段茂堂先生《毛詩詁訓傳定本》因《正義》謂定本章句在篇後，遂疑《正義》本章句在篇前，乃一一移之。既移章句於前，又移篇末每篇都數於章句之前。陳碩甫先生撰《毛詩傳疏》，亦遵其師説。今觀諸卷章句在篇後，且不僅六朝唐朝人本然，漢石經《魯詩》亦然。"①

二、按照所引書目時代分析

對引書時代進行分析，可一探作者治學傾向。《詩毛氏傳疏》共引書 385 種，真可謂"博引古書，廣收前説"。我們分類、整理這些所引書目後，細心的讀者可能會發現《傳疏》實際引書情況同陳氏在"條例十凡"中所述有少許偏差，似乎並非完全一致。那真實情況到底如何呢？我們先通過下表瞭解《詩毛氏傳疏》引書時代分部的大致情況：

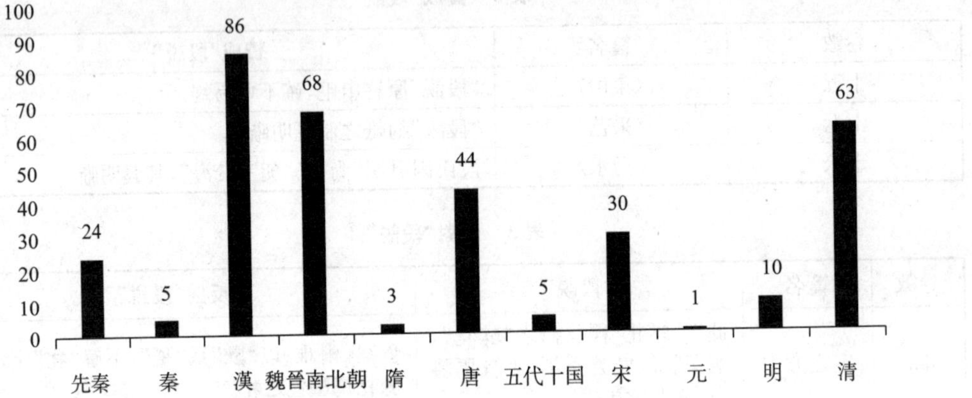

圖 2　《詩毛氏傳疏》引書時代分布圖

上圖可知陳氏所引書時代的前三甲分别是：漢朝、魏晉南北朝和清朝。其中，漢朝文獻中東漢文獻被引用 55 次，西漢文獻僅 31 次。《傳疏》"條例十凡"中稱："大抵用西漢前人之説，而與東漢人説《詩》者不能苟同也。"這句話似乎表明陳奂在《詩毛氏傳疏》中引用東漢人説法不多，甚至不會引用，但上圖表明，事實好像並非如此。其實，陳奂在《傳疏》中對東漢文獻的引用多是書中對五經的解説，這些注文又多與《毛傳》中禮數、名物等内容相關，幾乎没有涉及其他方面的内容。那麽，從這個層面來理解《傳疏》對"東漢人説《詩》者

① 柳向春《陳奂交遊研究》，第 132 頁。

不能苟同”也是説得通的。

對魏晉南北朝時期文獻的引用則多集中於子部和史部文獻中。該時期社會動蕩，佛家思想同道家、儒家本土思想激烈碰撞，逐漸交融，清談盛行，人們對“無常”有更深的感悟，思想的巨變、環境的動蕩，都對知識份子影響極大。這一時期史部文獻和子部文獻大量涌現，而且思想極度開放，文人自覺意識逐漸增强，不論從創作風格還是從寫作思想亦或手法上都較之前有極大不同。在《詩經》研究方面，除延續之前的經注解説外，還産生了《詩經》名物研究，從文學角度解説、引用及對《詩經》中譜類、音讀及圖類的研究，在很大程度上豐富了《詩經》學研究内容，爲後世學者提供了豐碩材料。如這時期的兩部巨著《文選》及《鳥獸草木蟲魚疏》深得陳氏厚愛。《傳疏》尤喜引用《文選》和李善注説明《毛傳》用字正誤及用陸璣《鳥獸草木蟲魚疏》申明、論證《毛傳》名物，特别是那些在清朝乾嘉時期已經消失的名物。

對清朝文獻的引用則多集中在經部文獻。據統計[①]，《詩毛氏傳疏》所引清代文獻的作者多達四十九位，他們同陳奂的關係大致可以分爲四種[②]：1. 師長類，如：江沅、段玉裁及顧延杏；2.《傳疏》中直稱“余友”的十一位：吴毓汾、朱右曾、胡承珙、王引之、胡培翬、姚學塽、郝懿行、徐璈、魏源、金鶚、汪遠孫；3. “近人”著作僅引用一位，即戴庚；4. 前輩學者三十四位：顧炎武、張爾岐、陳啓源、顧祖禹、胡渭、閻若璩、臧琳、惠士奇、江永、姚培謙、惠棟、盧文弨、江聲、戴震、程瑶田、胡匡衷、錢大昕、金榜、孫志祖、任大椿、汪龍、邵晉涵、王念孫、汪中、莊逵吉、張慧言、焦循、阮元、臧鏞堂、陳壽祺、潘眉、曾釗、胡紹勳、汪繼培。單從這些人名中，即可觀《傳疏》幾乎將有清一代著名學者打盡。涉及範圍也是極廣的，如《傳疏》引述江蘇籍學者二十四位，安徽籍十二位，浙江籍七位，山東籍兩位，山西、福建、廣東、湖南籍各一位[③]。

我們通過資料、圖表詳細分析《詩毛氏傳疏》引文情況後，愈發覺得陳奂《傳疏》之所以在當時廣受推崇，除專崇《毛傳》，固守一家之言外，更爲令人驚歎的是陳氏在當時那個資料獲取不是很便利、專靠記憶和筆記的年代裏，竟能引用如此多文獻。就種類來説，除傳統紙質材料，更有碑刻文獻、部分出土文獻及某書的不同版本；就其所引内容看，除專著外，陳奂還將平日同師友間對《毛詩》的討論直接引述到《傳疏》中，實則變相記録當時學界最新研究成果。《傳疏》不僅引用傳統文獻，對佛家和道教文獻的引用次數也不容小覷，甚

① 楊晉龍《陳奂〈詩毛氏傳疏〉引述文獻方式商榷（代前言）》，《中國文哲研究通訊》第 21 卷第 3 期，2013 年 9 月，第 138 頁—141 頁。

② 同注①。

③ 同注①，第 141 頁。

至還引用一部日本學者著作，與時俱進的治學思想處處貫穿於《詩毛氏傳疏》。此外，《傳疏》以極嚴謹的治學態度著稱於世，書中論述環環相扣之處隨文可見，有 67 處直接標出"未聞"，更有多達 7 次的"目驗"，如：1.《王風・黍離》："此以目驗證經義，尤見確實。"2.《小雅・雨無正》："奐妻顧琴執親喪，淚下皆成血，此目驗矣。"3.《小雅・賓之初筵》："案據程説，則羖爲有角牡羊，目驗之而確證。"4.《小雅・角弓》："顧祖禹《方輿紀要》，其底稿原本多親筆更改，與外流傳本頗有不同，舊存在奐處。"5.《小雅・漸漸之石》："奐在杭州西湖葛林園中見陵苕華，藤本，蔓聲，依古柏樹直志樹顛，五六月中花盛，黄色，俗謂之即陵霄花，與《圖經》目驗合。"6.《大雅・綿》："是郝目驗。堇菜，本味亦苦也。"7.《周頌・小毖》："當日目驗桃蟲之狀。"

《傳疏》内容之豐富，涉及地域之廣，在當時即廣受推崇。於今日，其更被研究者稱爲"清代《詩經》學三大名著"之一。

通觀陳奐一生，正如劉師培先生所述："惟經學爲難能。甘爲所難，所志必殊於流俗，故漢學之儒均學窮典奥，全身遠害，以晦其明。"①《詩毛氏傳疏》這部近百萬字的皇皇巨著，更爲後世《詩經》學，尤其是《毛傳》研究提供了相當豐碩的成果。本文通過對書中引書内容進行分析，將《詩毛氏傳疏》的一些基本情况展現出來，以利於後學者研究。

【作者簡介】魏博芳，女，1990 年生，南京師範大學文學院 2014 級中國古典文獻學碩士研究生，主要從事《詩經》學研究。

① 劉師培《漢宋學術異同論》，《清儒得失論》，北京：中國人民大學出版社，2004 年，第 269 頁。

梁正《三禮圖》輯佚本考論

喬　輝　趙學清

一、梁正生平考

梁正《三禮圖》，今亡佚，其内容皆散見於宋聶崇義《三禮圖集注》，清人馬國函據聶書輯佚梁正《三禮圖》一卷。梁正生平，史書無傳，聶書亦未言及，今不詳。梁正所處時代，後世學者看法不一。明代顧起元認爲梁正乃宋朝人，其説見於朱彝尊《經義考》卷二四三《群經五》"楊氏甲《六經圖》"："顧起元曰……禮有漢鄭玄、阮諶，唐張鎰、夏侯伏明，宋梁正、聶崇義之圖，陸佃之象，今皆佚不存。"①清人姚振宗以爲梁正乃隋唐間人，其説見於《二十五史補編》之《後漢藝文志》卷 "按《崇文總目》：《三禮圖》九卷，梁正撰，隋唐間人"②。清人曾樸《補後漢書藝文志並考》卷二："聶崇義《三禮圖》引亦時以梁氏先阮或先鄭，竇儼序聶圖亦云梁鄭阮，則梁正亦似後漢人，但無確據，未敢定之耳。"③清人戴震《考工記圖》序云"舊《禮圖》有梁、鄭、阮、張、夏侯諸家之學，失傳已久，惟聶崇義《三禮圖》二十卷見於世"④，戴震列梁正於鄭玄、阮諶前，鄭玄、阮諶乃東漢人則梁正或爲東漢人，或爲東漢之前人。有關梁正生平，本文考述如下：

聶崇義《三禮圖集注》卷三"梁正修阮、鄭等《圖》"、"梁正因阮氏之本"，一"修"字知阮、鄭二《圖》撰作早於梁正《圖》，一"因"字表明梁正《圖》撰作以阮諶《圖》爲基礎，梁正《圖》撰作晚於阮諶《圖》無疑。鄭玄、阮諶皆爲東漢後期人，則梁正所處時代當不晚於東漢末。又聶崇義《三禮圖集注》卷一、卷十二、卷十三"梁正、張鎰圖，梁正、張鎰修阮氏等《圖》"，據古人引書之"按時代先後"原則，我們以爲梁正所處時代當在張鎰之前，《舊唐書・張鎰傳》

---

① 朱彝尊《經義考》，北京：中國書店，2009 年，第 1622 頁。

② 二十五史刊行委員會《二十五史補編》，北京：中華書局，1995 年，第 2322 頁。

③ 同注②，第 2481 頁。

④ 張岱年《戴震全書》，安徽：黄山書社，1995 年，第 313 頁。

《新唐書·張鎰傳》言張鎰乃唐玄宗時人,故梁正乃中唐之前人。由上,梁正在鄭、阮之後,張鎰前,大致以推其乃漢唐間人。顧起元"梁正乃宋人"説失當。

《宋史》卷四三一《聶崇義傳》:

> 吏部尚書張昭等奏議曰……《四部書目》内有《三禮圖》十二卷,是隋開皇中敕禮官修撰,其圖第一、第二題云梁氏,第十後題云鄭氏,又稱不知梁氏、鄭氏名位所出。今書府有《三禮圖》,亦題梁氏、鄭氏,不言名位。厥後有梁正者,集前代圖記更加詳議,題《三禮圖》曰:陳留阮士信受《禮》學於潁川綦毋君,取其説爲圖三卷,多不按《禮》文而引漢事,與鄭君之文違錯。正刪爲二卷。①

張昭(894—972)所引《四部書目》撰者不詳,據史志記載,此書即爲唐開元間元行沖(652—729)的《群書四部目録》,此書成於721年。是書收有隋開皇中(581—600)撰作的《三禮圖》,其圖第一、第二題云"梁氏",據文辭則隋朝禮官修撰《三禮圖》時徵引梁氏圖作,可見"梁氏"乃隋朝之前的禮圖撰者。由傳世文獻知,史上撰作《三禮圖》的梁姓撰者僅梁正一人,故我們以爲此"梁氏"即爲梁正,則梁正乃隋朝以前人,其所處時代又可進一步限定爲漢隋之間。

聶崇義《三禮圖集注》卷三《冠冕圖》之"太古冠"載"梁正又云'師説不同,今《傳》《疏》二冠之象,又下有進賢,皆云古之緇布冠之遺象'"②。按"今《傳》《疏》",知其所處時代有"疏體","義疏體"始於魏晉六朝,漢代没有"疏"體,只有"注"體。由此可知,梁正不爲漢人,曾樸"梁正似漢人説"不當。《廣韻·陽韻》:"梁,亦姓,出安定、天水、河南三望,又漢複姓。"漢代"梁某"爲複姓,梁正顯然不可能爲複姓,這也進一步表明梁正不爲漢人。《魏書》卷五五《劉芳傳》:"又見諸家《禮圖》《社稷圖》皆畫爲樹,唯誠社、誠稷無樹。"③"諸家《禮圖》"意味著至少兩家《禮圖》,《魏書》乃北齊魏收撰作,可見除鄭、阮二家禮圖外,又據前文所言,梁圖當在其中,這也就表明北齊時梁正已然完成《三禮圖》且存世可見,則梁正撰《三禮圖》必在北齊前。由此推之,梁正當爲(北朝)北齊之前人。

《四庫全書總目》《〈三禮圖集注〉提要》言"考《禮圖》始於後漢侍中阮諶,其後有梁正者,題諶圖云:'陳留阮士信,受學於潁川綦毋君,取其説爲《圖》三卷,多不按禮文,而引漢事,與鄭君之文違錯'"④。梁正對阮諶撰圖一事極爲詳熟。《三禮圖集注》言梁正"修"阮

---

① 脱脱《宋史》,北京:中華書局,1985年,第12795頁。

② 聶崇義《三禮圖集注》,上海:上海古籍出版社,1989年,第36頁。

③ 魏收《魏書》,北京:中華書局,1974年,第1226頁。

④ 永瑢《四庫全書總目》,北京:中華書局,1965年,第176頁。

圖,實因阮圖,且正阮圖之失,如隋代禮官修撰《三禮圖》亦曾徵引鄭圖、梁圖而又有所創新一樣,梁正《三禮圖》亦是修訂阮圖而成,二圖實乃繼承和創新的關係。加之梁正對阮諶頗爲熟悉,我們以爲這種熟識當與時代接近有關,故梁正所處時代即在東漢之後,魏晉之間。

綜上,筆者以爲梁正乃魏晉間人。

二、梁正《三禮圖》内容考説

梁正《三禮圖》,今已亡佚。其書在宋初依然可見,爲聶崇義所徵引,之後無人引用,我們以爲梁正《三禮圖》亡佚時間約在南宋時期。馬國翰《玉函山房輯佚書》有其輯佚本一卷,然其輯佚本有文無圖。

梁正《三禮圖》内容僅散見於聶崇義《三禮圖集注》中,聶氏徵引梁正《三禮圖》凡 19 例,其中卷一 1 例,卷三 7 例,卷四 1 例,卷五 1 例,卷九 1 條,卷十二 1 例,卷十三 3 例,卷十四 2 例,卷十八 1 例,卷二十 1 例。聶書多稱引梁正《三禮圖》,然於梁正圖作迄無考論,今結合相關文獻欲對其輯佚本内容考釋如次。

1. 卷一《冕服圖》"皮弁服":梁正、張鎰《圖》云:弁縫十二。

《周禮·夏官·弁師》:"王之皮弁,會五采玉璂,象邸玉笄。"鄭玄注:"玄謂會讀如大會之會。會,縫中也。璂讀如薄,借綦之綦,綦,結也。皮弁之縫中,每貫結五采玉,十二以爲飾,謂之綦。"①檢之文獻,"弁縫十二"説僅見於鄭注,梁正《圖》所言與鄭注相合。

2. 卷三《冠冕圖》序:"梁正修阮、鄭等《圖》,以童子之服系冕弁之末,不連緇布、皮弁等服,張鎰《圖》以童子服連緇布冠下,盡殷冔夏收,以通天、遠遊已下爲不出……其梁正因阮氏之本,而圖委貌與前三法形制又殊。"

梁正《三禮圖》修訂阮諶《三禮圖》,將"童子服"置於"冕弁"之末,更改次序。聶崇義《三禮圖集注》則將"童子服"置於"冕弁"之首。又梁正"童子服"後未與"緇布""皮弁"等服相連,則阮諶《三禮圖》將"童子服"與"緇布"等緊密相連,張鎰、聶崇義皆將"童子服"與"緇布"相連。梁正《圖》之"童子服"、"冕弁"之次序撰作可補苴馬國翰《玉函山房輯佚書》之未備。梁正《圖》"委貌"與阮諶《圖》"委貌"有異,梁氏因襲阮諶之作,然又與阮氏有異,可知梁正《圖》"委貌"乃創新之法。

又"太古冠"條:"梁正又云:'師説不同,今《傳》《疏》二冠之象,又下有'進賢',皆云古之緇布冠之遺象。'其張鎰重修亦云:'舊《圖》有此三象。其本狀及制之大小

① 鄭玄注、賈公彦疏《周禮注疏》,北京:中華書局,1980 年,第 854 頁。

未聞。'"

梁正以爲"緇布冠"之象之所以有數種,皆因師説不同所致。梁正所言亦是保存舊説,未輕言孰是孰非。《儀禮·士冠禮》:"始冠,緇布之冠也。太古冠,布齊則緇之。其緌也,孔子曰'吾未之聞也'。冠而敝之,可也。"鄭玄注:"太古,唐虞以上。緌,纓飾,未之聞。太古質,蓋亦無飾。重古始冠,冠其齊冠白布冠,今之喪冠是也。"①鄭玄所言亦是不明"緇布冠"之形制,孔子亦言未聞其冠之形制,故我們以爲梁正所言"師説不同",所繪緇布冠之形制亦是不同,其言有理。

又"周制(横縫者)條":"梁正言大小之制未聞,一何固也。張鎰棄古今之順説,斯焉舍諸。"

梁正所言大小之制未聞,有理。太古時期,距今甚遠,其冠制無文獻所記,故梁正所言甚是。

又"笄"條:"梁正、阮氏《圖》云:'士以骨,大夫以象。'"

"笄"有二,一爲安發結之笄;一爲固弁冕之笄。此梁正所言"笄"乃固冠之笄。《儀禮·士冠禮》:"皮弁笄,爵弁笄,緇組紘,纁邊。"鄭玄注:"笄,今之簪。有笄者,屈組爲紘。"《釋名·釋首飾》:"笄,系也,所以系冠使不墜也。"鄭玄、劉熙皆不言"笄"之材質。據出土實物,西安半坡遺址曾出土700餘件骨笄實物,大汶口遺址出土有骨笄16件,石笄12件,玉笄2件,商代更是有骨笄、玉笄、蚌笄、銅笄。從出土數量來看,骨笄最多,梁正言"士以骨"乃據"士"這一較低等級而言,有理。《儀禮·喪服》:"吉笄者,象笄也。"又"吉笄尺二寸。"賈公彦疏:"吉時,大夫士與妻用象,天子諸侯之后夫人用玉爲笄。"②此乃特殊情況下,大夫和士皆可以用象笄。

又"匴":"舊《圖》畫而圓,梁正改而方。"

《儀禮·士冠禮》:"爵弁、皮弁,緇布冠,各一匴,執以待於西坫南。"鄭玄注:"匴,竹器名,今之冠箱也。"③匴乃盛冠之竹器。據衆多出土實物,圓形竹編器具少而方形、長方形竹編器具多,如長沙馬王堆1號墓出土的竹笥,即爲長方形,其形制與"匴"相類。迄今,我

① 鄭玄注、賈公彦疏《儀禮注疏》,北京:中華書局,1980年,第958頁。
② 同注①,第1101頁。
③ 同注①,第951頁。

們尚未發現"匴"這一出土實物。我們以爲，舊《圖》"匴"乃圓形，梁正改爲方形，與出土的方形竹器較多相符，蓋爲是。

> 又"委貌"："其梁正因阮氏之本，而圖委貌與前三法形制又殊。"

"委貌"一名玄冠，其形制今不詳。梁正撰《三禮圖》多據阮諶《三禮圖》内容，然又與之有相異之處。這也説明每一時期的《三禮圖》大抵因時因地而異。

> 又"章甫冠"："舊《圖》云：'章甫，殷冠，亦名冔。'……然則章甫是殷之行道之冠，冔是殷之祭冕。朝祭異服，顯有明文。而梁正等皆云'章甫'亦名'冔'，誤之甚也。（言行道及朝皆冠章甫，不可更名爲冔也。）"

"冔"，冠名，殷代稱弁爲冔。章甫，亦名玄冠。《儀禮·士冠禮·記》："周弁，殷冔，夏收。"鄭玄注："冔名出於幠。幠，覆也。言所以自覆飾也。"又："委貌，周道也；章甫，殷道也；毋追，夏后氏之道也。"鄭玄注："章，明也。殷質言以表明丈夫也。甫或爲父，今文爲'斧'。"《詩·大雅·文王》："侯服於周，天命靡常。殷士膚敏，祼將於京。厥作祼將，常服黼冔。王之藎臣，無念爾祖。"《毛傳》："冔，殷冠也。"蔡邕《獨斷》云："冕冠，殷曰冔，以三十升漆布，廣八寸，長尺二寸，加爵冕其上，黑而微白，前大後小，有收以持笄。"故聶崇義據文獻駁斥"章甫亦名冔"爲是，梁正所言失當。

3. 卷四《宫室圖》"遂"："案梁正計九而方一同，積是一同，則九萬夫之田也。"

《周禮·地官·遂人》："凡治野，夫間有遂，遂上有徑，十夫有溝，溝上有畛，百夫有洫，洫上有塗，千夫有澮，澮上有道，萬夫有川，川上有路，以達於畿。"鄭玄注："十夫，二鄰之田；百夫，一酇之田；千夫，二鄙之田；萬夫，四縣之田。遂、溝、洫、澮皆所以通水於川也。遂廣深各二尺，溝倍之，洫倍溝……萬夫者方三十三里少半里，九而方一同，以南畝圖之，則遂從，溝横，洫從，澮横。"賈《疏》："遂，從者……云九而方一同者，案《匠人》云'廣尺深尺謂之甽'。"①遂乃田間之水道，廣二尺，深二尺。《左傳·襄公二十五年》："且天子之地一圻，列國一同，自是以衰，今大國多數圻也。若無侵小，何以至焉。"杜預注："一同，方百里。"梁正言"九而方一同"即是方圓一百里之義。《周禮·地官·小司徒》鄭玄注引《司馬法》曰："六尺爲步，步百爲畝，畝百爲夫。""九萬夫之田"即九萬畝之田。按《禮記》"方一里者爲田九百畝"，方百里者爲田九萬畝。梁正所言與鄭玄同，皆爲是。馬國翰《玉函山房輯佚書》不見此條，故補之。

---

① 鄭玄注、賈公彦疏《周禮注疏》，第740—741頁。

4. 卷五《投壺圖》“笙”：“梁正意疑古之竽笙與今世竽笙不同，恐誤。”

舊《圖》云：“笙長四尺。諸管參差，亦如鳥翼。”《周禮・春官・笙師》：“教吹竽、笙、塤、籥、簫、篴、管。”鄭玄注：“鄭司農雲‘竽，三十六簧。笙，十三簧。’”①《爾雅・釋樂》：“大笙謂之巢，小者謂之和。”郭注云：“列管匏中，施簧管端。大者十九簧，小者十三簧。”②《説文・竹部》：“舜祠之下，得笙白玉管，笙十三簧，象鳳之身。”又：“竽，管三十六簧也。”參之出土實物，竽笙形制大小古今基本一致，梁正以爲古今竽笙不同，失之。馬國翰《玉函山房輯佚書》不見此條，筆者補之。

5. 卷九《旌旗圖》“太常”：“阮氏、梁正等《圖》，旂首爲金龍頭。”

《周禮・春官・司常》：“掌九旗之物名，各有屬，以待國事。……交龍爲旂。”③《周禮・考工記・輈人》：“龍旂七斿，以象大火也。”鄭玄注：“交龍爲旂，諸侯之所建也。”旂乃九旗中五種正旗之一，上畫有交龍，諸侯所建。《舊唐書・輿服志》：“左建旂九旒，右載闟戟，旂首金龍頭銜結綬及鈴緌。”④梁正《圖》以爲旂首爲金龍頭，與文獻所言相符。

6. 卷十二《匏爵圖》“中璋瓚”：“今案阮氏、梁正《圖》内三璋之勺及祼圭所説節略，多不依經。故後人圖畫皆失形制。其圭勺之狀有如書筩者，有如羹魁兩邊有柄者。其三勺之内則並無形狀，惟畫勺鼻爲獰犬之首，其柄則畫爲雞尾，皆不盈寸。”

《周禮・考工記・玉人》：“大璋、中璋九寸，邊璋七寸，射四寸，厚寸。黄金勺，青金外，朱中。鼻寸，衡四寸，有繅，天子以巡守，宗祝以前馬。”鄭玄注：“勺，故書或作‘約’。杜子春云：‘當爲勺，謂酒尊中勺也。’鄭司農云：‘鼻謂勺龍頭鼻也。衡，謂勺柄龍頭也。’玄謂：鼻，勺流也。凡流皆爲龍口也。衡，古文‘横’，假借字也。衡，謂勺徑也。三璋之勺，形如圭瓚。”⑤此乃“璋瓚”之形制，“勺”即“瓚”，璋瓚用於祼玉。梁正《圖》所畫“三璋之勺”、圭勺之狀與經言不符，闕疑存之。在考古實物中，這種形制的璋瓚並没有發現過，學者如李學勤等多認爲“瓚”的形制類似於1997年扶風縣段家鎮大同村出土的西周晚期的“伯公父勺”。(附圖)故我們以爲梁正所圖及後人所圖皆失之。

---

① 鄭玄注、賈公彦疏《周禮注疏》，第801頁。
② 郭璞注、郝懿行《爾雅注疏》，北京：中華書局，1980年，第2601頁。
③ 同注①，第826頁。
④ 劉昫《舊唐書》，北京：中華書局，1975年，第1934頁。
⑤ 同注①，第922頁。

（伯公父勺）

7. 卷十三《鼎俎圖》"鉶柶"："醴有柶，用角爲之，鉶有柶，用木爲之。舊《圖》云：柶長尺，攦博三寸，曲柄長六寸，漆赤中及柄端。……今案梁阮二氏不辨醴、鉶二柶，唯云柶圖爲勺形，無淺深之語，恐失之矣。"

《儀禮·士冠禮》："有篚，實勺、觶、角柶。"鄭玄注："柶，狀如匕，以角爲之者，欲滑也。"又《士冠禮》："以柶祭禮三，興，筵末，坐啐醴，建柶。"鄭玄注："建柶，扱柶於禮中。"此用柶以扱醴。《公食大夫禮》："扱上鉶以柶，辯擩之上鉶之間，祭。"鄭玄注："扱，以柶扱其鉶菜也。"此用柶以扱羹。《士喪禮》陳大斂衣奠："東方之饌：兩瓦甒，其實醴酒，角觶，木柶。"故柶乃勺匙，扱醴、扱鉶菜用柶，以角或木爲之。經文亦不言柶之深淺。陳祥道《禮書》卷一〇三醴柶與鉶柶圖下云："柶施於醴，亦施於鉶，公食大夫，少牢饋食，鉶柶不言其材，蓋亦角爲之歟。其制則先儒以爲枋長尺，攦博三寸，醴柶之攦淺，鉶柶之攦深，理或然也。"陳氏探求柶攦之深淺又以"理或然也"爲説。匯寶閣《青銅器——形式極致之美》所載西周青銅爵"柶"組合（如圖），瑞典漢學家高本漢編著《A Catalogue of the Chinese Bronzes in the Alfred F. Pillsbury Collection》著録一件扁長带柄條狀青銅柶，其形非勺形，亦非鄭注"匕"形，梁正言柶爲勺形乃臆測之辭，無深淺之語有理。

（銅爵與柶，俯視）

（高本漢　扁長戴柄柶）

又“匜”:“匜者,盥手澆水之器。故孔《義》云:‘匜似羹魁,柄中有道,可以沃盥洗手也。’又《公食大夫禮》云:‘小臣具盤匜。’注云:‘君尊不就洗,故設盤匜。’賈疏云:‘知此盤匜爲君設者,案《特牲禮》云‘屍尊不就洗,而盥用匜。’……案梁正、張鎰修阮氏等《圖》云:‘匜受一鬥,流長六寸,漆赤中。諸侯以象飾,天子以黄金飾,皆畫赤雲氣。’”

“匜”,經文、經注未言其形制大小,鄭注《既夕禮》僅言“流,匜口也”,亦不言流口尺寸。梁正言依據阮諶《三禮圖》。聶崇義《三禮圖集注》以爲梁正言“流長六寸”不合人情,當爲“三寸”。據出土實物,我們以爲梁説有待商榷。1980年河南臨汝縣出土西周銅匜,“口呈橢圓形,短流,腹部飾三條弦紋,沿部飾一周象紋……高15.5厘米,口13.5×20.5厘米,流6×5厘米”①。按漢代一尺爲23.1厘米,臨汝區出土匜之流長約2.6寸,與聶崇義言“流長三寸”接近,與梁正言“流長六寸”相距甚遠。

1981年安徽天長縣出土西周青銅匜,“形狀如熨斗,腹部呈橢圓形,無蓋,口沿下部有一帶狀文飾組合,上有鳥紋,鳥紋與其它紋飾相間,左右對稱。底口下沿有一小的突出部分,鋬不過口沿,鋬的頂端爲一突出面,上有雲雷紋飾……匜高16.7厘米,口22.2×34.5厘米,流5.8×5.2厘米”②。天長縣出土匜之流長約2.5寸,與聶崇義言“流長三寸”接近,與梁正言“流長六寸”相距甚遠。1983年河南確山出土春秋道國青銅器匜,“敞口,長流,流頸上昂,橢圓形腹……四足扁平……足飾雲雷紋……通19、長36、口徑16、腹深9.8、流頸6、流深5、足高6厘米。”③此確山銅匜流長2.6寸,與梁正言“流長六寸”不符。

“匜”出土實物較多,然發掘報告言流之長者不多,凡言流之長者皆與梁正所言不符。

又“登”:“梁正、阮氏《圖》云:‘登,盛湆,以瓦爲之,受鬥二升,口徑尺二寸,足徑尺八寸,高二尺四寸,小身,有蓋,似豆狀。’所記制度,並非禮文。……况此《圖》以《三禮》爲目,梁、阮二氏自題又何舍此正經,别資他説?”

《儀禮·公食大夫禮》:“大羹湆不和,實於鐙。”鄭玄注:“瓦豆謂之鐙。”《爾雅·釋器》“木豆謂之豆,瓦豆謂之登,竹豆謂之籩。”陸德明《釋文》:“登,本又作鐙。”“鐙”、“登”均爲借字。《説文·豆部》:“登,禮器也。從廾,持肉在豆上。讀若鐙同。”爲瓦豆之本字。梁正所言“登”之形制,非禮文。《詩·大雅·生民》:“於豆於登。”《毛傳》:“木曰豆,瓦曰登。

① 楊小栓《河南臨汝縣出土西周銅匜》,《考古》第2期,1984年,第156頁。
② 陳建國《安徽天長縣出土西周青銅匜》,《考古》第6期,1986年,第576頁。
③ 李芳芝《河南確山發現春秋道國青銅器》,《中原文物》第2期,1992年,第114頁。

豆,薦菹醢。登,大羹也。”①據《爾雅》《詩》毛傳,登即瓦豆。《禮記·祭統》:“夫人薦豆,執校;執醴,授之執鐙。”鄭玄注:“校,豆中央直者也。執醴,授醴之人授夫人以豆,則執鐙。鐙,豆下跗也。”則豆之中部直者謂之校;豆之下底謂之鐙。《周禮·考工記·旊人》:“豆實三而成觳,崇尺。”鄭玄注:“崇,高也。豆實四升。”豆受四升,高一尺,則瓦豆亦如之。梁正所言顯然與禮文不符。

8. 卷十四《尊彝圖》“象尊”:“梁正、阮氏則以畫象飾尊。”

《周禮·春官·司尊彝》:“其朝踐,用兩獻尊。其再獻,用兩象尊,皆有罍。”鄭玄注引鄭司農云:“獻,讀爲犧。犧尊飾以翡翠。象尊以象鳳皇,或曰以象骨飾尊。”梁正以爲象尊乃以畫象飾尊,其説有待商榷。《詩經·魯頌·閟宫》:“白牡騂剛,犧尊將將。”孔《疏》:“王肅云:‘大和中,魯郡於地中得齊大夫子尾送女器,有犧尊,以犧牛爲尊,然則象尊,尊爲象形也。”②據衆多國内外出土實物,象尊乃以象之實體爲尊,非畫象飾尊。如法國吉美博物館收藏的象尊、美國弗利爾美術館收藏的象尊、湖南醴陵出土的象尊皆以象之實體爲尊。附圖如下。

(法國吉美象尊)

(湖南醴陵象尊)

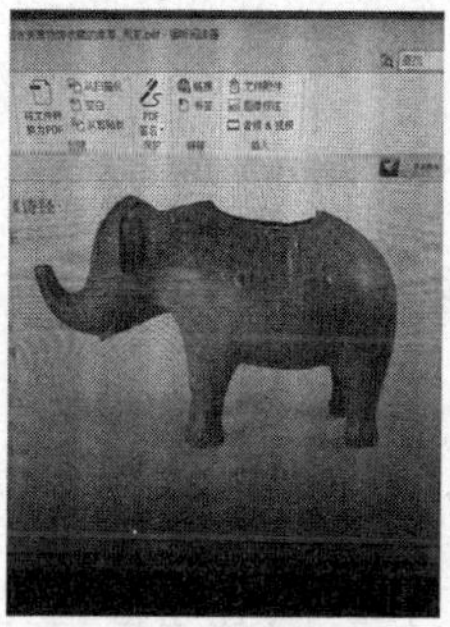
(美國弗利爾象尊)

我們以爲梁正言象尊之制與出土實物不符,失之。

又“玉爵”:“案梁正、阮氏《圖》云‘爵,尾長六寸,博二寸,傅翼,方足,漆赤中,畫赤雲氣。’”

玉爵之形制大小,禮文無。聶崇義《三禮圖集注》卷十四“玉爵”言“案《漢書·律曆志》説斛之制,口足皆圓,有兩耳,而云‘其狀似爵’”,則“爵”亦當圓足,而非梁正言“方足”。《禮記·明堂位》:“爵,夏後氏以琖,殷以斝,周以爵。”《説文·鬥部》:“斝,從吅從鬥,冂象

① 馬瑞辰《毛詩傳箋通釋》,北京:中華書局,1989年,第887頁。
② 鄭玄箋、孔穎達疏《毛詩正義》,北京:中華書局,1980年,第616頁。

形，與爵同意。”斝有兩耳，則爵亦有兩耳。故“兩耳”可補苴梁正“爵”制。出土實物未見玉爵之形制。

9. 卷十八《喪器圖上》“桁”：“又阮氏、梁正等《圖》云：‘桁制，若今之幾，狹而長，以承藏具。’”

《儀禮·既夕禮》：“皆木桁，久之。”鄭注：“桁所以庪苞屑甕甒也。……每器異桁。”賈疏：“言木桁久之者則自苞屑以下皆塞之置於木桁也。”[①]胡培翬《正義》：“桁如幾有足跗。”[②]《禮記·雜記》：“甕甒筲衡。”鄭注：“衡當爲桁，所以庪甕甒之屬。”孔《疏》：“衡者以大木爲桁，置於地。”[③]楊復《儀禮圖》卷十三“皆木桁”亦本鄭注“桁所以庪苞筲甕甒也”[④]。《儀禮通論》卷十三：“皆木桁，久之。”自注：“木桁，木爲架，以閣苞、筲、甕、甒等物。”[⑤]“桁”之形制，禮文僅言桁以大木爲之，置於地，未言大小長短等。其他文獻亦未言其大小等，如《集韻·庚韻》：“桁，葬具。”《文選·何晏〈景福殿賦〉》云：“承以陽馬，接以員方。”李善注：“陽馬，四阿長桁也。禁楄列布，承以陽馬，衆材相接，或員方也。”李善所言“四阿長桁”指房屋四角承簷的長桁條，與明器“桁”實爲二物。今出土實物亦未見“桁”制，我們以爲梁正言“桁”之制當據其功能推測言之。

10. 卷二十《原書目録》“祭玉第十一”：“案鄭玄、阮諶、梁正等《圖》，禮天圭璧皆長九寸。”

《周禮·春官·典瑞》：“圭璧以祀日月星辰。”鄭玄注：“圭其邸爲璧。”邸，本。言圭以璧爲本身，圭連於璧。《周禮·考工記·玉人》：“四圭尺有二寸，以祀天。”鄭注：“郊天所以禮其神也。”又：“圭璧五寸，以祀日月星辰。”鄭注：“禮其神也。圭其邸爲璧，取殺於上帝。”[⑥]尺有二寸、五寸皆指禮天圭之長度。梁正言禮天圭璧皆長九寸，與《周禮》所言不符。據出土實物，如1970年咸陽市渭城龔家灣村咸陽地區機磚廠出土的琢紋大玉圭高15.3厘米，1997年西安市北郊棗園南嶺西漢早期墓一號墓出土的雙身獸面雲紋玉璧直徑21厘米，近年來出土的用作禮天的圭璧長度皆異，如同《玉人》所言或尺二寸、或九寸、或五寸、或三寸等。清人吴大徵《古玉圖考》中摹繪的各種圭形圖、日本林巳奈夫《中國古代的祭玉、瑞玉》一文中摹繪的各種圭形圖及近幾十年來出土的圭璧圖，其長度大小甚少一致。我們以爲梁正《圖》言“皆九寸”與禮文、出土實物皆不符，失當。

① 鄭玄注、賈公彦疏《儀禮注疏》，第1149頁。
② 胡培翬《儀禮正義》，江蘇：江蘇古籍出版社，1996年，第1859頁。
③ 鄭玄注、孔穎達疏《禮記注疏》，北京：中華書局，1980年，第1556頁。
④ 楊復《儀禮圖》，上海：上海古籍出版社，1989年，第237頁。
⑤ 姚際恒《儀禮通論》，北京：中國社會科學出版社，1998年，第470頁。
⑥ 鄭玄注、賈公彦疏《周禮注疏》，第922頁。

結　語

梁正《三禮圖》内容或本鄭注，或據阮諶《三禮圖》，或爲獨創。其本雖據阮諶《三禮圖》較多，然修訂阮圖之處亦是不少，對《三禮圖》的撰作具有獨到之處。梁正《三禮圖》輯佚本内容有與禮文、出土實物不符之處，就金石學、考古學作圖依據首爲實物而言，梁正《三禮圖》部分内容還有待進一步商榷考察。

【作者簡介】喬輝，男，1977 年生，西安科技大學人文學院副教授，研究領域爲禮學、古典文獻學史。

趙學清，男，1966 年生，陝西師範大學文學院教授、博士生導師，研究領域爲漢語言文字學、漢語國際教育。

《國語正義·魯語》刊本、稿本校異*

郭萬青

一、引言

清代是《國語》研究史上研究成果最爲豐富的時代。就撰述方式而言，其《國語》研究著述分爲專著與札記二種。專著又可分爲二種，其一是完整收録《國語》正文和韋注，另一種只是撮録所要考辨的《國語》正文以及韋注語句。完整收録《國語》正文和韋注的《國語》研究專著在清代《國語》研究史中比較少見，只有董增齡《國語正義》和吴曾祺《國語韋解補正》。

董增齡，字慶千，號壽群，南潯人。生卒年不詳，與徐養原（1758—1825）爲表兄弟，與施國祁（1750—1824）也有往還。著有《論語雅言》《國語正義》《規杜繹義》《金匱集解》《江海明珠》等書。其《國語正義》是《國語》研究史上爲數不多的體制弘大的一部著作，涉及到天文地理、典章制度、名物訓詁等諸多方面内容①。其撰述方式和經義注疏中的"義疏體"相近②。多數條目注釋韋注，也有少量條目注釋《國語》本文。董氏所用底本當爲張一鯤本的翻刻本，故董氏稱爲"補音本"，其間有依從明道本之處，也有臆改之處。可見，董增齡有爲《國語》作定本的跡象。只是有些改易是説得通的，有些改易則過於武斷，並不足取。王引之謂："所著《國語正義》援據該備，自先儒傳注及近世通人之説，無弗徵引。又於發明韋注之中時加是正，可謂語之詳而釋之精矣。"③

---

* 本文爲2015年度教育部人文社會科學研究規劃基金項目"《國語》研究史"（項目編號：15YJA770004）、2017年度國家社會科學基金項目"日本《國語》研究史"（項目編號：17BZW080）階段成果之一。

① 董增齡訓詁方面用力較少，辯駁韋注者，亦多引他書，而少考辨。其所考辨，又有襲用前人而不出注者。該書於典章制度、地理風物方面則用力較深。檢式訓堂刊本《國語正義》全書疏證共1425條，絶大多數條目徵引宏富，堪稱淹博。但其所引述資料往往存在剪裁不當、引文重複、文字錯訛、張冠李戴、標注不完整等問題。

② 對於韋昭注，董增齡並不一味維護，往往提出反對意見，故徐養原亦謂："既依注作疏，則注義不可輕駁。"（《頑石廬文集》卷十，《清代詩文集彙編》，上海：上海古籍出版社，2010年，第453册，第740頁）。

③ 羅振玉輯《高郵王氏遺書·王伯申文集補編上》，南京：江蘇古籍出版社，2000年，第28頁。

《國語正義》存有兩種形態：刊本和寫本。刊本僅有清光緒庚辰(1880)冬會稽式訓堂刊本。寫本有兩種，一爲湖南圖書館藏抄本，一爲上海圖書館藏稿本。上海圖書館所藏《國語正義》稿本鈐有“烏程周氏夢坡室所藏”和“上海圖書館藏書”章，可知該稿本曾藏於周慶雲(1864—1933)①之手，後輾轉入上海圖書館。

今檢上海圖書館藏《國語正義》稿本，半頁8行，正文、韋解單行，疏文小字雙行，工楷抄寫，當是謄定稿。此後又加修改，或改於文中，或貼簽條，簽條增補多工楷，亦有行書。有的糾正徵引書名錯誤，有的則删去部分注疏原文，更易新説或新材料，有的原稿無疏，加貼簽條補之。董氏曾以此稿向王引之(1766—1834)請教，故《國語解叙》之後有王引之親筆撰叙。和式訓堂刊本相比，稿本有較多增删痕跡，且貼有很多簽條，比刊本内容豐富。大體言之，稿本約有三方面價值：一、董增齡家世資料以及董增齡《國語正義》完成時間的補充；二、王引之《叙》完成時間的確定以及王引之《國語》研究資料的補充；三、校正、補充式訓堂刊本，最大程度保留董增齡《國語正義》原貌。今以式訓堂刊本録文，以上海圖書館藏稿本校之，本篇爲《魯語》部分，以《國語正義》原篇爲序。

二、《魯語》上

(一)

1. 莊九年《傳》杜注：“魯地。”羅泌曰：“長勺，宋之汋陵城，今在甯陵東南二十五里，後隸魯。”案：宋在魯西南，齊在魯北，兩國接境，無由繞道於宋。

【按】稿本“甯”作“寧”。又稿本“案”上有“齡”字，是。

2. 夫苟中心圖民，知雖不及，必將至焉。

【按】稿本“至”誤作“及”。

(二)

1. 《内傳》杜注：“齊因祭社蒐軍實，故公往觀之。”或謂《郊特牲》言：“唯爲社田，國人畢作。”

【按】稿本“或謂”原作“案”，抹去，改作今字。

2. 況戎車國之利器，不以示人，恐無示客之理。

① 周慶雲字湘舲，又字景星，號夢坡，也爲烏程南潯人。著述多種，藏書較富。周慶雲之侄周延年(1904—1974)《晨風廬書目序》謂周慶雲晨風廬藏書達五萬餘卷。章太炎(1869—1936)《吴興周君湘舲墓志銘》謂周氏“家既給足，藏書至十餘萬卷”(章太炎《章太炎全集·太炎文録續編》，上海：上海人民出版社，2014年，第318—319頁)。

【按】稿本"恐"原作"决"字,抹去,改作今字。"决"甚詞,"恐"心理動詞。就結論的審慎角度而言,用"恐"字更合。

3. 鄭康成《駁五經異義》引《公羊説》云:"蓋以觀齊女也。"《墨子》曰:"燕之祖,齊之社稷,宋之桑林,男女之所聚而觀也。"觀社之義,《公羊》爲長。王夫之《詩經稗疏》:"'猗嗟昌兮'作於魯莊如齊觀社之時,指莊姜、哀姜而言。"

【按】稿本"爲長"下原有"家鉉翁曰:《穀梁傳》尸女云者,盛其車,華其服,炫惑婦人而蠱其心,要其從也。邵寶曰:公於是三十有六矣。意者,齊人有疑於年,故公所以夸示之者,不一而足"諸字,且"邵寶"至"而足"上皆加符號"△",又把"家鉉翁"至"而足"這幾十個字抹去了。

又稿本"莊姜"之"姜"作"娶",似是。

4. 因據《爾雅》"姊妹之夫曰甥"以釋"展我甥兮",則以"猗嗟"爲哀姜姊妹所作,直以"觀女"爲觀哀姜矣。

【按】稿本"哀姜矣"以下原作"雖所言别無確證,然何休《公羊注》謂諱淫,言觀社必非觀軍實矣",抹去,改作今字。

5. "再聘以志業,間朝以講禮",此昭十三年《傳》文。

【按】稿本"再聘"下有"歲聘"二字,抹去"再聘"。又稿本"《傳》文"下有"杜注:歲聘以修其職業,三年而一朝,正班爵之義,率暢遊之序。是杜解間朝爲三年一朝。以其説推之,如元年聘,二年又聘,三年朝,四年、五年又聘,六年再朝而會,則五年之間有四聘一朝,與賈侍中之説合。《禮記》疏曰:《左傳》歲聘間朝,賈逵、服虔皆以爲朝天子之法,崔氏以爲朝伯主之法,鄭以爲不知何代之法。《五經異義》:左氏説十二年之間八聘四朝再會一盟,公羊説比年一小聘,三年一大聘,五年一朝。慎謹案:公羊説虞夏制,左氏説周禮。鄭駁之曰:五年聘,五年朝。文襄之伯制。《周禮·大行人》:諸侯各以服數來朝,其諸侯歲聘間朝乃周初朝方伯之法。崔氏之説得之。三年一朝,古無此法。惟《周禮》男服歲一見爲近之。然舍侯、甸、采、衛,而獨舉男服,無是理也。盛世佐曰:歲聘即比年小聘,間聘即成十三年《傳》所云諸侯間于天子之事,則相朝謂無定期,惟以王事閑暇之時行之。賈引此文以解五年四王,似未合《傳》義。唐尚書之説本於《舜典》。《舜典》五載一巡守,群后四朝。鄭注:巡守之年,諸侯朝於方岳之下,其間四年,四方諸侯分來朝於京師歲徧。唐義與鄭同。謂五年之間四次朝王,一次自相朝也。孔《傳》:堯舜同道,舜攝則然,堯又可知,故謂先王爲堯也。韋云五服之遠者,謂衛服也。《大行人》:衛服五歲壹見。韋注《周語》不數要服,此亦不數要服,故云五服。然此《傳》五年一相朝,不應獨舉衛服,又以相朝爲朝王,與《傳》未合。且《王制》所云非西周之制,與《大行人》絶異。宏嗣欲合而一之,未免牴牾矣"諸文,與式訓堂刊本注疏文字不同。且檢稿本本面紙張似更換過，或割去原來的書頁以易此。然刊本《正義》疏文從何而來，亦頗值得思考。

6. 夫齊棄太公之法而觀民於社，【解】太公，齊始祖太公望也。

【按】稿本“太”作“大”。

7.《唐書·李修傳》：“帝以浙西富饒，欲掊擴遺利。”

【按】稿本“修”作“脩”。稿本“利”下有“是”字。

8. 鄭注又云：“大割，大殺群牲，割之也。”“公社，以上公配祭，故云公社……先祭社稷，後祭門閭，故曰及……此等之祭，總謂之蜡……其祭則皮弁素服，葛帶榛杖。……凡蜡皆在建亥之月，皇氏謂夏、殷蜡各在己之歲終……非也。”

【按】孔疏本文“先祭社”下無“稷”字，“先祭”前有“但”字。又檢孔疏本文“故曰及”之“及”作“云”。

9.《禮·大傳》：“牧之野，武王之大事也。既事而退，柴於上帝，祈於社，釋奠於牧室。遂率天下諸侯執豆籩，駿奔走。追王太王亶父、王季曆、文王昌。”

【按】稿本“曆”作□，下同。

（三）

1.《禮》：“天子之桷，斲之礱之，加密石焉。諸侯之桷，斲之礱之。大夫斲之，士斲本。”

【按】稿本“禮”上原有“內傳杜注”四字，抹去。

（四）

1. 案：《昏禮》：“婦見舅以棗栗，見姑以腶修。”小君之尊同於君，故以見舅之贄見之也。

【按】《禮記·曲禮下》孔疏即引《昏禮》本句。

（五）

1. 文仲，魯卿，臧哀伯之孫、伯氏瓶之子臧孫辰也。

【按】稿本此處增疏文云：“【疏】《解》‘文仲’至‘孫辰’〇韋解據《世本》文。”

2.《書·益稷》疏引鄭注云：“磬，懸也。而以今堂上之樂。玉磬和，尊之也。”是二者皆名器也。

【按】稿本“今”作“合”，是。

3. 賈、唐二君云："周公爲太宰，太公爲太師，皆掌命諸侯之國，所當祀也。"

【按】稿本"太"作"大"，下文同。

4. 如此，賈、唐得之矣。

【按】稿本無"矣"字。

5. 職貢業之不共而獲戾，【解】戾，罪也。

【按】稿本"業"下有"事"字。

6.《疏》："百辟，則古之上公。鯀爲崇伯。而《禮記・祭法》有祀之文，社稷五祀，雖爲王朝卿士，兼带上公之官。故《左氏》云'封爲上公，祀爲貴神'，是身爲百辟，又爲卿士也。"

【按】檢《左傳》孔疏本文"鯀爲"上有"則《國語》"三字。又孔疏本文"又爲卿士"後無"也"字。

(六)

1.《衛風》："自伯之東，首如飛蓬，豈無膏沐，誰適爲容。"

【按】《詩》出《衛風・伯兮》。

(七)

1. 夫衛君殆無罪矣。刑五而已，無有隱者，隱乃諱也。

【按】稿本"夫"上衍"曰"字。

2. "後至者斬"，古文《泰誓》文。

【按】稿本"泰"作"太"。

3.《史記・魯鄒列傳》"東藩之臣因齊後至，則斮之"，《集解》引成二年《公羊傳》注："斮，斬也。"是後至者斬，古常法也。

【按】從稿本來看，"史記"至"常法也"爲稿本原有文字，抹去，别添"後至者斬，古文《泰誓》文"九字。

4.《酉陽雜俎》引《尚書考靈曜》："剸象七政，日月五星應政變易也。"

【按】稿本無"也"字。

5. 孔穎達以鑽與笮皆墨刑所用，墨刑爲五刑之輕者，故曰小刑。若髕刑則重於剕、刖，不得爲小。"孔疏之義似勝於韋也。

【按】檢稿本，疏文原作"《漢書・刑法志》顏注：鑽鑿，去其髕骨也。《太平御覽・刑法部》引《尚書考靈曜》：髕者，脱去人之髕也。髕法之屬五，百象七精。《文選・西征賦》李善注引郭璞《三倉解詁》：髕，膝蓋。《酉陽雜俎》引《尚書考靈曜》：涿鹿者，鑿人顙也。鯨者，馬羈竿人面也。《北堂書鈔》引《尚書考靈曜》:墨象斗華。鄭康成注:涿鹿、鯨,皆先刺刀笮傷入墨布其中,故後世謂之墨。之民”。又於“墨”字下別增“此韋注之義也”,“之民”二字墨筆抹點之後復以朱筆抹掉。除了“此韋注之義也”六字外,其他皆朱筆抹掉,於行間易以今字。

6.《漢書・刑法志》顔注:“謂征討所殺也。”

【按】稿本“殺也”下原有“又宋人著《竹埜先生傳》稱葉時奏韓侂冑專政無君,罔上不道,乞梟首,置之淮甸積屍叢冢之間,以謝天下。是‘原野’比‘市朝’爲重也”諸字,抹去。

7. 有諸侯之請,必免之。

【按】稿本“必”原誤作“則”,抹去,改作今字。

8. 言位次同者,當相憂恤也。

【按】稿本無“恤”字。

(八)

1. 晉文公誅無禮,曹人不服,伐而執其君,削其地以分諸侯。事在魯僖公三十一年,取濟西之田。

【按】稿本“魯僖”之下無“公”字。

2. 孔穎達曰:“曹都雖在濟陰,其地則踰濟北。”

【按】引孔説出《詩・曹風・曹譜・正義》。

3. 王應麟曰:“曹在汶南濟東。據魯而言,是濟西,魯在其東南。”

【按】引王應麟説出氏著《詩地理考》卷二。實孔疏中即有此説,王氏引自孔《疏》。

4.《水經》“濟水至乘氏縣西,分爲二”注引《内傳》“分曹地,東傅於濟”,“濟水自是北東流,出鉅澤”是也。

【按】今檢《水經注》“北東”作“東北”。

5.《後漢・郡國志》“山陽郡方與縣”注引《内傳》杜預注:“縣西北有重陽城。”

【按】今檢《後漢書・郡國志》“山陽郡”下“方與縣……有泥母亭,或曰古甯母”注云:“《左傳・僖七年》‘盟甯母’杜預曰:‘在縣東。’三十一年‘臧文仲宿重館’杜預曰:‘縣西北有重鄉城。’”①是董氏誤以“鄉”爲“陽”字。

6. 惠士奇曰:“古之賓客不舍於庶民之家。人爲官名,貴非大夫,賤不至隸。且館者,候館也。周制:壘有寓望。謂寄寓之樓,可以觀望。亦曰候館。館有積,遺人掌之。其官

---

① 范曄撰、李賢注《後漢書》,《二十五史》,杭州:浙江古籍出版社,1998年,第1册,第998頁下欄。

中士下士，而賓客羈旅，則委人以甸稍之畜聚供之，凡軍旅之賓客館焉。臧文仲，卿也。卿行旅從，非所謂軍旅之賓客與？委人之官與遺人等。然則重館人者，委人也。”

【按】又稿本“庶民之家”、“人爲官名”之間原有“韋昭謂重館人守館之隸，不知”諸字，抹去。檢惠士奇《禮説》卷十二“古之賓客不舍於庶民之家”、“官名”之間有“韋昭謂重館人守館之隸，不知人與氏皆”諸字，董氏以意引之。又檢惠氏《禮説》本文“臧文仲”下、“卿也”上有“禮”字。

（九）

1. 郭璞注：“漢元帝時，琅邪有大鳥如馬駒，時人謂之爰居。”《水經·泗水》注：“沂水出魯城東南尼丘山西北……平地發泉，流逕魯縣故城南，水北東門外，即爰居所止處也。”

【按】稿本“爰居”、“水經”之間原有“楊慎曰：爰居，今俗名秃鶖是也，出《景焕小説》”諸字，抹去。

2.《括地志》云：“厲山在隨州隨縣北百里，山東有石穴，相傳是神農所生處，所謂烈山氏也。春秋時爲厲國。”

【按】稿本“烈”作“列”。

3. 厲山在今湖北德安府隨州北四十里，“厲”、“烈”與“列”本通字。

【按】稿本“本通”上原有“音”字，抹去，於“通”下增“字”字。

4.《詩·小雅》“乘带如厲”，厲，裂也。

【按】稿本“裂也”下原有“故音裂”三字，抹去。

5.《開山圖》云：“烈山氏産山谷，分布元氣，蓋即厲山氏。”

【按】清喬松年《緯攟》卷十三引録“厲山氏産山谷分布元氣即烈山氏”云：“愚按：此文見《路史後紀》引《遁甲開山圖》。”①今檢《路史》卷十二《後紀三》“肇跡列山，故又以列山、厲山爲氏”注云：“或作烈山、厲山，同。按：列、厲與烈音本通。垂带如厲裂也，故音爲裂。《趙都賦》與越叶，《蜀賦》亦與結叶，《詩》栗烈叶卒歲，而《校獵賦》隆烈亦與内叶，知古同也。且厲山即賴山，故《登真隱決》音蘸字爲咸厲切，蓋音如賴注者，不知謂音小異，誤矣。《開山圖》云：‘列山氏産山谷，分布元氣，蓋即厲山氏。’蔡墨曰：列山氏，炎帝也。起於厲山者。禮：七祀太厲。傷神也。《儀禮正義》謂：帝王之無後者，至漢七祀，無厲而有山神，説者遂以爲厲山氏，妄矣。杜預又以烈山謂炎帝時諸侯，劉玄已非之。”②又檢《太平御覽》卷

---

① 喬松年《緯攟》，《續修四庫全書》，第184册，上海：上海古籍出版社，2002年，第629頁。
② 羅泌《路史》，《景印文淵閣四庫全書》，上海：上海古籍出版社，1987年，第383册，第90頁。

一《天部一》引《遁甲開山圖》曰："麗山氏分布元氣，各生次序，産生山谷。"①《海録碎事》卷七上引《遁甲開山記》云："麗山氏分布元氣也。"②宋高承孫《事物紀原》卷一"元氣"下引《遁甲開山記》云："厲山氏分布元氣也。"③

6. 劉炫曰："蓋柱，地名，其官曰農，猶呼周棄爲稷。"

【按】引《祭法》云、劉炫云云，皆出《左傳·昭公二十九年》孔《疏》。

7.《路史·炎帝紀》："柱，神農之子也。七歲有聖德，佐神農氏，同歷名山……闢田墾土。時雨至，則挾槍乂以從事於疇，殖百蔬，區百穀，别其疏遫，深耕聖作以興歲……亦曰烈山氏。"

【按】稿本"柱，神農"下無"之"字。今檢《路史》本文即無"之"字。今檢《路史》本文"同歷名山"作"歷宻原"。又稿本抹去"七歲"至"亦曰烈山氏"諸字。

8. 楊泉《物理論》："稻、粱、粟各二十種，爲六十，疏果之實、助穀各二十，凡爲百穀。"

【按】稿本本面貼浮簽，云："梁玉繩曰：'并蔬於穀中數之，恐非。'且展禽明言百穀，又言百蔬，豈止二十乎？蓋百者，假成數以爲號。《鄭語》韋注：百穀，黍、稷、粱、麻、麥、荏、菽、雕胡之屬。《文選》班固《靈臺詩》注引薛君《韓詩章句》云：穀類非一，故言百也。"又别一行朱筆書云："此條加在'凡爲百穀'之下、'周官太宰'之上庚辰八月廿四日。"所引梁玉繩説，今見梁學昌《庭立紀聞》卷一。

9.《周官·太宰之職》"八曰臣妾，聚斂蔬材"鄭注："蔬材，百草根實可食者。可食之菜，或蓺於圃，或采於野。厥類孔多，通謂之百蔬也矣。"

【按】稿本抹去鄭注"可食之菜，或蓺於圃，或采於野。厥，通謂之百蔬也"諸字，保留"孔多"二字，别添諸字，作："案：明周憲王著《救荒本艸》：艸木可佐民食者四百四十種，則蔬類孔多矣。"周憲王，即明朱有燉（1379—1439），爲朱元璋第五子朱橚（1361—1425）之子。李時珍《本草綱目》、徐光啓《農政全書》均稱此書爲周憲王著。後來學者考證此書實爲周定王朱橚所編著。該書成於永樂四年（1406），收録植物 414 種。

10. 史墨言："封爲上公，祀爲貴神。"故生爲稷官，死爲稷神。

【按】稿本"死神"下原有"故郊"二字，抹去。

11.《漢書·郊祀志》言"能殖百穀，死爲穀祠"是也，應劭曰："湯遭大旱，七年明德以薦，而旱不止。故遷社，以棄代爲稷，欲遷句龍而德莫能繼，故止。"

【按】稿本"死爲穀祠"之"穀"作"稷"。稿本本面貼浮簽，云："梁玉繩曰：《祭法》曰：夏

---

① 李昉等《太平御覽》，北京：中華書局，1960 年，影印《四部叢刊》本，第 1 頁。
② 葉庭珪《海録碎事》，《景印文淵閣四庫全書》，第 921 册，第 267 頁。
③ 高似孫《事物紀原》，《景印文淵閣四庫全書》，第 920 册，第 4 頁。

之衰也,周棄繼之,故祀以爲稷。《魯語》'衰'作'興'。《祭法》以祀棄爲湯,《國語》以祀棄爲禹,似當依《祭法》。禹、棄同時廢柱,而以同時之人易之,恐無此理。齡案:韋解云:自商以來祀之,用《祭法》義也。庚辰三月十二日。"又别一行朱筆書云:"此條續寫在'以棄代爲稷'之下。"引梁玉繩説出梁玉繩《瞥記》卷一,但文字稍有别,今檢《瞥記》卷一原文云:"《祭法》曰:'夏之衰也,周棄繼之,故祀以爲稷。'《魯語》'衰'作'興',一以祀棄爲湯,一以祀棄爲禹,似當依《祭法》,禹、棄仝時,無故廢柱而以仝時人易之,恐無此理。"[①]

12. 孔穎達曰:"湯於帝世年代猶近,功之多少,傳習可知。棄功乃過於柱,廢柱,以棄爲稷神也。"

【按】稿本抹去"欲遷句龍"至"諸神也"諸字。

13. 惠棟謂:"域从或,《説文》:'或,邦也。'从口从戈以守一。一,地也。"《春秋命曆序》:"人皇氏依山川土地之勢,財度爲九州,謂之九囿。"説者謂"囿"即"有",宏嗣不引《春秋緯》文爲解者,因"囿"取草木之義,不足以包萬物也。

【按】引惠棟説出惠氏《九經古義》卷六。檢惠氏本文"域从或"之"从"作"當作"。

今檢《玉海》卷十七引《春秋命曆序》,謂出《通鑒外紀》。楊慎《丹鉛總録》、張自烈《正字通》亦云出《通鑒外紀》。何楷《詩經世本古義》、馮復京《詩六家名義疏》則謂楊慎所云出《春秋命曆序》。

14. 鄭注答趙商:"后土謂社,謂輔作社神。"

【按】稿本"注"作"志",是。

15. 田續問:"《周禮》'大封,先告后土'注云:'后土,社也。'前答趙商曰:'當言后土,土神,言社非也。'《檀弓》'國亡大縣邑',或曰:'君舉而哭於后土。'注云:'后土,社也。'《月令》'仲春,命民社'注云:'社,后土。'《中庸》'郊社之禮,所以事上帝也'注云:'社,祭地神。'不言后土,省文。此三者,皆當定之否?"答曰:"后土,土官之名也。死以爲社而祭之,故曰句龍爲后土,後轉爲社,故世人謂社爲后土。由此言之,后土者,地之大名也。僖十五年《傳》:'履后土而戴皇天。'指地爲后土也。句龍職主土地,故謂其官爲后土,此人爲后土之官,後轉以配社,又謂社爲后土也。"

【按】稿本"續"作"瓊"。鄭志答趙商,出《詩·甫田》孔疏。

16.《路史後紀》:"蟜極取陳豐氏,曰裒,履大跡而偽,生嚳……方頤、龐覭、珠庭、仳齒、戴於,厥德神靈,厥行祇肅……口日月而迎送之,以順天之則,謂寅賓出日,寅餞納日……教民稼穡以固民也……揖其民力,更相爲師,因其土宜,以爲民貲……於是盡地之

① 梁玉繩《瞥記》,《續修四庫全書》,上海:上海古籍出版社,2002年,第1157册,第9頁。

制，受少昊、高陽之經理，卒創九州以統理下國。”

【按】稿本“於”作“干”，是。頗疑此“口日月”之“口”當爲□，即“歷”字之諱。今檢《路史》此處字即作“歷”。又檢《路史》本文無“翧”字。

17. 堯，帝嚳之庶子，陶唐氏放勛也。

【按】稿本“庶子”上原有“次妃”，抹去。

18.《路史後紀》：“帝堯，高辛氏第二子，母陳豐氏，曰慶都，高辛氏次妃也。嘗觀三河之首，赤帝顯圖，奄然風雨。慶都遇而萌之……震，十有四月而生於丹陵……是曰放勳。”注：“勳達於四方，曰放。或曰：以帝德倡後人……取放在堯也。”

【按】今檢《路史》卷二十本文“帝堯，高辛氏”下有“之”字。又檢《路史》卷二十本文無“高辛氏次妃也”一句。又檢《路史》本注云：“王功曰勳，達於四方曰放。或曰以帝德僞後人，則曰放勳，所放在堯，以帝德終前烈，則曰重華，所重在堯也。”①董氏剪裁未當。

19.《周頌·烈文》“百辟其刑”之“則”通“型”，《説文》：“型，鑄器之法也。”

【按】稿本“則”作“刑”，是。

20.《史記·五帝本紀》：“重華父曰瞽瞍，瞽瞍父曰橋牛，橋牛父曰句望，句望父曰敬康，敬康父曰窮蟬，窮蟬父曰帝顓頊。”

【按】董增齡所引與《册府元龜》卷二八注文引《史記》同。

21. 夫窮蟬既爲帝，何得未幾微爲庶人？

【按】稿本“帝”下有“子”字，是。

22. 男女辨姓，禮之大者。舜既是堯之五世從孫，豈得娶堯之女？且以舜爲堯之從孫，則禹爲舜之從祖。堯授天下於從孫，舜授天下於從祖，自其家人相授，烏得謂能以天下予人？齡謂：昭八年《傳》史趙明言陳爲顓頊之族，昭九年《傳》裨竈又言陳水屬也。

【按】今檢《路史》卷三六《論舜不出黄帝》云：“舜之有天下，受之堯也。受之於堯，於是祖堯之祖而不自致其祖。方其攝也，受終文祖。文祖者，堯之太祖也。及其立也，則復格於文祖，皆不自致其祖，而祖堯之祖，以其受之堯也，權也。《虞書》曰：祖考來格。夫所謂考者，瞽目之叟。而祖者叟之父，非可易也。然則祖顓頊者，特推其位之所自傳者，祖之非祖也。其宗堯也，亦唯推本帝業之所從受而取之以爲配也，義也。禘於員丘，黄帝非虞氏在廟之帝也，郊於國之陽，帝嚳非虞氏在廟之主也。由是言之，顓頊豈虞氏之祖哉？顓頊傳之帝嚳，嚳傳之摯、傳之堯，是知堯亦祖顓頊矣。然則堯、舜之所祖爲傳位者，信也。降及夏后，天下爲家，於是而始祖其祖矣。祖其祖，常也。故康成云：有虞氏尚德，其禘郊祖

① 羅泌《路史》，《景印文淵閣四庫全書》，第177頁。

宗之人，配用有德而已，皆非虞氏之親也。自夏而後，稍以其姓代之，郊鯀是也。是鄭亦以舜爲不出高陽矣。然云尚德，是不知權與義之説也。蘇軾亦云：受天下於人，必告其人之所從受者，虞祖顓頊而宗堯，則神宗當爲堯，而文祖當爲顓頊、帝嚳。舜、禹之受天下也，及堯、舜之存而受命於其祖宗矣，至有天下，從而宗祖之，謏以是知顓頊、帝堯爲虞氏明堂禘郊之祖，幕而宗洎瞽，則祖宗於廟，蓋自幕以來，微在匹庶等，禮亦無得而豫大祀祖宗于廟，禮亦宜之。此記禮者所以唯識其禘郊之祖宗，而遺其幕與瞽於其禮之盛者，著之是經，權之説也。抑固考之，舜非顓頊之後有數驗。史云：自窮蟬以來，微在庶人。夫窮蟬既云帝子，何得未幾微爲匹庶？一也。男女辨姓，禮之大司，而綴食之禮雖百世而婚姻不通，舜既堯之五世從玄孫，豈得御堯之女？况以玄孫而尚高祖姑，昭穆失當，無是若者。二也。夫源流之最可攷者，唯氏姓也。故昔者帝王之姓各有所循，非賜不改。少昊、青陽、高陽、玄囂、高辛之姓皆累世不易，唯舜之姓非先王之姓。三也。且以所言舜爲堯之從孫，禹乃舜之從祖，堯授天下於從孫，舜受天下於從祖，自其家人烏得謂之至公，而能以天下予人哉？顓頊之傳帝嚳，何以不謂之傳賢？不降之授，帝扃何以不謂之巽位？商、周、漢、唐若此者亦衆矣，胡得獨稱堯、舜乎？唯堯能以至公之天下授之異姓在下之鰥夫，故得爲傳賢之帝，唯舜能以所受之天下傳之外姓、有功之賢臣，故得稱巽位之君。四也。八元、八凱，堯帝固多用之，然不云堯舉者，以其親也。至舜則非其親而能用，故于是美其能舉。五也。舜苟堯親，非大相遠也。顧豈不知，而必資夫岳薦，然後舉之。歷試諸難，如此之艱，而後授之。若曰出於側微，則舜之德聞，非若顓頊之出若水、帝嚳之出江水，特出而授之，蓋堯以爲非所當授而授之，則天下必將駭其爲者，故必歷試，使攝及我存而俾之爲政，逮夫厭世而天下已安之矣。是以堯假舜立，而朝不易位，國不更制，天下晏然，與鄉無以異者，此其必不然。六也。是皆經傳明證顯驗，可得信者。或曰：禆竈之言陳水族也，故昔史趙謂陳爲顓頊之族，是則舜爲水帝後矣。曰：不然。此假類之言也。竈知陳之將作，而假類以驗之爾。舜，土屬也。豈有近舍舜土，而遠攀顓帝之水哉？且昔帝王之裔多矣。孰有與其所承之類終同者邪？楚先火正，故火爲楚。然吴回之父，其王木也，曷又舍祖而依宗哉？此皆賢哲有以知之宜。不可以考世者。雖然，隋之崔仲方亦嘗申史趙之説，謂天時人事隨當滅陳，陳既滅於隨矣，然陳之必毁，隨之必興，亦人事之必然者也。若曰楚隨火屬，則自古以來水必克火，曷嘗有火克水邪？且陳承土，隨火且猶生之，已酉土歲，而顧反爲殃乎？其不由此明矣。泌以是知子羔子所以有虞夏禘郊祖宗，或乃異代之問，而孔子有召伯甘棠之答，不獨爲子羔發也。”①

① 羅泌《路史》，《景印文淵閣四庫全書》，第 527—529 頁。

23. 王應麟曰:"今蒼梧山在海州,近莒之紀。"

【按】引王應麟説出《困學紀聞》卷五。

24. 則《史記》《吕氏春秋》皆與《孟子》合。至征苗,則《淮南子》亦云舜征三苗死。然司馬光詩:"虞舜既倦勤,薦禹作天子。安得復南巡,迢迢渡湘水。"則征苗未足深信。蓋鳴條非常都之地,故云"野死"與?

【按】今檢吴澄《禮記纂言》卷十四中有説,或董氏所本。司馬光詩,《困學紀聞》卷十二亦引之。今檢李之亮箋注《司馬温公集編年箋注》題爲《虞帝》,全詩云:"虞帝老倦勤,薦禹爲天子。豈有復南巡,迢迢渡湘水?至德遠無象,異論紛紛起。意疑大聖人,姦憸亦如已。乃知中下士,何由逃謗毀。"①與《困學紀聞》等所引不同。

25. 《路史後紀》:"高陽生駱明,駱明生白馬,是爲伯鯀,字熙,汶山廣柔人,婞直敗數,帝使治水,稱遂共工之過,廢帝之庸,九載無功。"齡謂:《禹貢》"既修太原",先儒謂因鯀之功而修之,作十有三載,乃同。

【按】今檢文淵閣四庫本《路史》"無"作"亡"。稿本抹去"路史"至"齡謂"一段文字。本頁貼有浮簽,云:"《乾隆府廳州縣志》:九疑山在湖南永州府凝遠縣南六十里,虞舜陵在凝遠縣東南。"

26. 况殛鯀於羽山,虞史先已言之,非創自箕子也。

【按】稿本無"於"字。又稿本"史"下有"臣"字。

27. 《吕氏春秋·秋行論篇》:"堯以天下與舜,鮌爲諸侯,怒於堯曰:'得天之道者爲帝,得地之道者爲三公。今我得地之道,而不以我爲三公。'以堯爲失論,欲得三公。怒甚猛獸,欲以爲亂……舜於是殛之於羽山,副之以吴刀。禹不敢怨而反事之,官爲司空,以通水潦,顔色黧黑,步不相過,竅氣不通,以中帝心。"

【按】今檢《吕氏春秋·行論》"與"作"讓"。

28. 《吕氏春秋·愛類篇》:"上古龍門未開,吕梁未發,河出孟門,大溢逆流,無有丘陵沃衍、平原高阜,盡皆滅之,名曰鴻水。禹於是疏河决江,爲彭蠡之鄣,乾東土,所活者千八百國。"

【按】稿本"鄣"作"障"。

29. 《尚書大傳》:"湯放桀,居中野,士民皆奔湯。桀與五百人南徙千里,止於不齊,不齊士民往奔湯。桀與屬五百人從於魯,魯士民復奔湯。桀曰:'國,君之有也。吾聞海外有人。'與五百人俱去。"

① 李之亮箋注《司馬温公集編年箋注》,成都:巴蜀書社,2009年,第190頁。

【按】“十”當作“千”，今檢《尚書大傳》字作“千”。又《大傳》原文“五百人”上有“其屬”二字。稿本“從”作“徙”，是。

30.《詩・生民》毛傳：“姜姓也，后稷之母配高辛氏帝焉。”

【按】從稿本看，這一句是後來增入的。

31.《史記・周本紀》：“周后稷名弃，其母有邰氏女，曰姜原。姜原爲帝嚳元妃。姜原出野，見巨人跡，心欣然説踐之，而身動如孕者。居期而生子，以爲不祥……初欲弃之，因名曰弃。弃爲兒時……好種樹麻、菽……及爲成人，遂好耕農，相地之宜，宜穀者稼穡焉。民皆法則之。帝堯聞之，舉弃爲農師……舜封弃於邰，曰后稷。”又《春秋緯》：“少昊傳八世，顓頊傳九世，帝嚳傳十世。”則堯非嚳子，稷又年少於堯，則姜嫄不得爲嚳妃。鄭《志》：“當堯之時爲高辛氏世妃。”謂爲其後世子孫之妃也。與《毛傳》《史記》異也。

【按】稿本“少於堯”之“於”作“于”。稿本“爲農師……異也”原作“天下得其利，有功帝舜，曰棄，黎民始飢爾。后稷播時百穀，封棄於邰，號曰后稷。《索隱》引譙周以爲棄帝嚳之胄，其父亦不著。與此紀”諸字，抹去，改作今字。

32. 錢大昕引惠棟説曰：“古之聖人，生有配天之德，没有配天之祭，故太皞以下列代所禘，太皞以木德，炎帝以火德，黄帝以土德，少皞以金德，顓頊以水德。王者行大享之禮於明堂，謂之禘、祖、宗。其郊則行之南郊。禘、郊、宗、祖四大祭而總謂之禘者，禘其祖之所自出故也。鄭注《大傳》‘不王不禘’及《詩・長發》箋皆云郊配天，是郊稱禘也。《周頌・雝・序》云：‘禘太祖也。’……是祖稱禘也。劉歆云：‘大神則終王，則宗稱禘也。’董子曰：‘天地者……先祖之所出也。’禘者，禘其祖所自出，故四大祭皆蒙禘名。”

【按】錢大昕引惠棟説出錢氏《潛研堂文集》卷三九《惠定宇先生傳》。檢錢氏原文“郊配天”之“配”作“祀”。

33.《大戴禮記》：“少典產軒轅，是爲黄帝。黄帝產玄囂，玄囂產喬極，喬極產高辛，是爲帝嚳。帝嚳產放勳，是爲帝堯。黄帝產昌意，昌意產高陽，是爲帝顓頊。顓頊產窮蟬，窮蟬產敬康，敬康產句芒，句芒產蟜牛，蟜牛產瞽瞍，瞽瞍產重華，是爲帝舜……又顓頊產鯀，鯀產文明，是爲帝禹。”

【按】稿本“產玄”上誤脱“黄帝”二字。今檢《大戴禮記・帝繫》本文“喬極”之“喬”作“蟜”、“瞽瞍”之“瞍”作“叟”，下同。稿本“明”作“命”，是，刊本字誤。

34.《周頌》成於周公之手，曰“思文后稷，克配彼天”，則稷之配郊自制禮之始而已然矣，未嘗始以爲“祖”後以爲“郊”也。宏嗣言初以后稷爲祖，舊無此解，不敢輒定。

【按】檢稿本“舊無此解，不敢輒定”八字原作“經傳罕證，不知其何所據也”，朱筆抹去，改作今字。

35.“故知明堂之祭有五天帝及五人帝也。此文武之配皆於明堂上。或解云:武王配五神於下,屈天子之尊而就,五神在庭,非其理也。此祖宗祭五帝,《郊特牲》祭一帝而在祖宗上者,以其感生之帝,特尊之……《祭法》鄭注:‘有虞氏以上尚德,郊、禘、宗、祖,配用有德者而已。”

【按】檢《禮記正義》卷四十六本文“祭法”作“典瑞”。

36. 譙周以爲死稱廟主曰甲也。

【按】稿本“甲也”下原有“案契至微雖八世,實契之六世孫也”諸字,墨筆抹去。

37. 及九州、名山、川、澤,所以出則用也。

【按】稿本“則”作“財”。

38. 爰居之所避也。

【按】稿本“爰居”上有“煖”字。

39. 閻若璩曰:“柳下,今不可的知所在。以顔斶言‘秦攻齊,令有敢去柳下季壟五十步而樵采者,死不赦’證之,古人多葬於食邑,壟所在即邑所,則柳下當在齊之南、魯之北二國接壤處。昔爲魯地封邑,後爲齊所有也。”

【按】引閻若璩著《四書釋地》卷二“柳下”條,文字稍有不同。

(十)

1. 惠棟《左傳補注》曰:“《世本》作‘惠伯革’,康成《禮記注》‘革’作‘鞏’,高誘作‘華’,未知孰是。”

【按】引《左傳補注》出該書卷三,文字稍有不同。

2.《儀禮·聘禮》:“宰書幣,命宰夫官具。及期,夕幣……使者北面,衆介立於其左,東面……史讀書展幣……官載其幣,舍於朝。上介視載者。”

【按】今檢《儀禮·聘禮》本文“東面”之“面”作“上”。

3.《聘禮》又云:“使者歸,及郊,請反命。朝服載旜,乃入。陳幣於朝,西上。賓之公幣、私幣皆陳,上介公幣陳,他介皆否……公南鄉。卿進使者,使者執圭垂繅,北面,上介執璋屈繅,立于其左。反命……執賄幣以告曰:‘某君使某子賄。’授宰。”

【按】今檢《儀禮·聘禮》本文“乃入”上有“禳”字,“乃入”下復有“乃入”。

(十一)

1.“烝,進也”者,賈據《爾雅·釋詁》文,然此《傳》下文言商周之烝未嘗躋湯與文武,則烝爲祭名明矣,賈侍中説未合,故韋氏不從。《毛詩·閟宫》“秋而載嘗”《傳》曰:“諸侯夏禘則不礿，秋祫則不嘗。"《王制》云："禘一，犆一祫，嘗祫，烝祫。"蓋行禘祫於時祭之中，非以禘祫廢時祭，是雖行禘禮，仍不廢烝嘗之名，故知秋嘗而用烝禮，即謂之烝也。

【按】"下文言"至"謂之烝也"疏文，稿本原作"不言文公將躋僖公，而先言弗忌烝，將躋僖公。則倡議之罪，自以弗忌尸之。賈義確不易。乃唐、韋二家訓烝爲冬祭，又以《經》書八月，與冬不符，遂謂祫祭而用烝禮。齡謂：三年喪禮畢而後大祫，故無書大事，其禮比時祭爲重。至於烝爲冬祭之名，每歲舉行，當祫而用烝禮，則是降大爲小矣。莊二十九年《傳》'閉蟄而烝'、昭元年《傳》'十二月，晉既烝'，皆在子月，必不可移之於八月。蓋經所述之八月建西，萬物未成，安得指爲冬物畢成可薦者乎？宏嗣傅會唐説，殊違傳旨"諸字，墨筆抹去，改作今字。

2. 然《内傳》孔疏曰："閔、僖不得爲父子，同爲穆耳……今升僖先閔……此二公位次之逆，非昭穆亂也……若使兄弟相代即異昭穆，設令兄弟四人皆立，則父祖之廟即已從毀，禮必不然。"

【按】今檢《左傳・文公二年》孔疏本文"二公位次之逆"上無"此"字。又檢《左傳・文公二年》孔疏本文"兄弟相代"上無"使"字。又檢《左傳・文公二年》孔疏本文"皆立"下有"爲君"二字。又孔疏本文"禮必不然"作"則其理必不然"，董氏用其義而變其文字。

3. 《周官・小宗伯》賈疏："周以后稷爲始祖……不窋父爲昭，鞠子爲穆。從此以後，皆父爲昭，子爲穆。""父子異昭穆，兄弟昭穆同。"

【按】今檢《周禮》賈疏本文"后稷"下有"廟"字。"父子異昭穆，兄弟昭穆同"二句出《左傳・文公二年》孔疏。

4. 康成謂："商六廟自契至湯二昭二穆。"

【按】引鄭玄説出《禮記・王制》鄭注。

5. 晉賀循謂："禮，兄弟不相爲後，不得以承代爲世。"又謂："兄弟相代，則共是一代，昭穆同位，不得兼毀二廟，禮之常例也。"

【按】今檢《晉書》卷六八《賀循傳》，文字與董增齡所引稍有不同。檢視董氏所引賀循"又謂"之語，當出自新舊《唐書》所引，《晉書》本文無之。

6. 温嶠謂："兄弟同代，於恩既順，於義無否。"

【按】檢温嶠之言出《通典》卷四八"兄弟相繼藏主室"。

7. 唐禮官謂："兄弟不相爲後，不得各爲昭穆……晉武帝時景、文同廟，廟雖六代，其實七主。至元帝、明帝，廟皆十室。"

【按】引唐禮官説出《新唐書・禮樂志》。

8. 宋禮官謂："唐中、睿皆處昭位，敬、文、武同爲一世，伏請……每大祭，太祖、太宗昭穆同位，祝、文並稱孝子。”

【按】引宋禮官説出《宋史·禮志第五》，文字稍有不同。所引述“所請”不辭，當删。

9. 就同位之中而升僖於閔上，故爲逆祀。其昭穆實未紊亂。《公羊》之義，未爲得也。

【按】稿本“公羊”上原有“韋解誤信”四字，抹去。

10. 言列代之昭穆，凡兄弟並居一位者，以主入之先後爲尊卑，今而易之，非自古相傳昭穆之禮也。

【按】稿本“也”作“矣”。

11. 如以德之大小分昭穆，則文王居昭，武王居穆，將文王之德降於武王乎？

【按】稿本“文王居昭，武王居穆”作“文王居穆，武王居昭”。

12.【疏】“故工史書世”。

【按】稿本抹去“故”字。

13. 稷，棄也。王季，文王父也。

【按】稿本“文王父”下無“也”字。

14. 必以殃終也。

【按】稿木無“也”字。

（十二）

1.《史記·魯世家》集解引《世本》：“公子友生齊仲，齊仲生無逸，無逸生行父。”

【按】今檢《禮記·檀弓》正義引《世本》文字如此。《史記·魯世家》集解並無此文。或董氏誤識。

2. 范甯云：“行父，季友生。”未詳孰是。

【按】今檢《穀梁傳·成公六年》范注本文“生”作“孫”。

（十三）

1.《水經》：“泗水出魯卞縣北山，西南過魯縣北。”酈注：“泗水又西南流，逕魯縣，分爲二流，水側有一城，爲二水之分會也，北爲洙瀆。《春秋·莊公九年·經書》：冬，浚洙。京相璠、服虔、杜預並言：洙水在魯城北，浚深之，爲齊備也。南則泗水。夫子教於洙、泗之間，今於城北二水之中，即夫子領徒之所也。《從征記》曰：洙、泗二水，交於魯城東北十七里。闕裏背洙面泗……郭緣生言泗水在城南，非也……《史記》《冢墓記》、王隱《地道記》咸言葬孔子於魯城北泗水上。今泗水南有夫子冢。”

【按】稿本抹去“《春秋·莊公九年》經書：冬，浚洙”十一字。又檢《水經注》本文“冢”卜無"墓"字。

2. 案:泗水在洙南,魯城又在泗南,故鄭氏用韋前一義也。

【按】稿本抹去"也"字,復於本句之下增云:"桂馥曰:泗水有淵,在今陳家寨。"引桂馥説出桂氏《札樸》卷九"罛"條。

3.【疏】《解》"罟,網也"。

【按】稿本抹去"也"字。

4.《夏小正》:"二月祭鮪。"

【按】稿本"二"旁寫有"正"字。

5.《淮南·泛論訓》:"鮪,大魚,長丈餘,仲春二月從西河上,得過龍門便爲龍。"《説文》:"鱣鮪潑潑。"

【按】"訓"下實脱"高注"二字。又引《説文》當本邵晉涵《爾雅正義》,檢《爾雅正義》卷十七云:"《詩》曰:'鱣鮪潑潑。'案:《説文》作'鱣鮪潑潑',今《毛詩》作'鱣鮪發發',《説文繫傳》引作'鱣鮪撥撥'。"①今檢《説文》,並無"鱣鮪潑潑"。

6.《正義》:"中秋'以犬嘗麻',季秋'以犬嘗稻',皆不因云'天子親往'。今此天子親往,特云'嘗魚',故云'明漁非常事,重之也'。"

【按】稿本無"因"字,是。今檢《禮記正義》本文亦無"因"字。

7.《説文》:"羅,以絲罟爲也。"《吕覽·季春紀》高注:"羅,鳥網也。"○《解》"𥟖,攃也"。

【按】稿本"爲"作"鳥",是。今檢《説文》字即作"鳥"。又稿本抹去"攃"下之"也"字。

8. 惠士奇曰:"'𥟖',《莊子》作'擉',冬則擉鼈於江……即《西京賦》所謂'乂蔟之所攙捔'……《東京賦》云:'毒瑁不蔟。'謂貍物也。《秋官》有硩蔟氏,蔟謂乂取之。司農讀爲'爵蔟'之'蔟','蔟'謂巢鳥之巢,猶魚之穴,故取之之名同。"

【按】檢惠士奇《禮説》卷一,"冬則擉鼈於江"六字爲小字注文。又檢稿本"於江"下原有"《列子》作籍,'牢籍庖厨之物'……殷敬順《釋文》謂籍本作簎,以木竹圍繞而刺之。簎謂栅。栅,木欄也。愚案:《説林訓》'罛者扣舟',謂積柴水中,魚聞扣舟聲,藏柴下,擁而取之。《周頌》所謂潛,《爾雅》所謂槮。簎,非罛非槮,乃"諸字,除了把"乃"字改作"即",其他諸字抹去。

又案:"讀栅"之"讀",《禮説》本文作"讀爲"。又稿本"乂"作"叉"。

9.《淮南·泰蔟訓》:"湯之初作囿以奉宗廟,鮮犞之具。"高注:"生肉爲鮮,乾肉

① 邵晉涵《爾雅正義》,《續修四庫全書》,上海:上海古籍出版社,2002年,第187册,第227頁。

爲犞。”

【按】今檢《淮南子》本文“囿”下有“也”字。

10. 惠士奇引或説:“鱅即鮝,藏魚也……古音若詐,今音若想。鮑亦煏乾之,但不析耳。”

【按】見惠士奇《禮説》卷二。稿本“古音”上有“鮝”字。

11. 明道本《傳》文作“禁罝罜麗”,黄丕烈《札記》據《西京賦》李善注與明道本同,因謂宋公序於正文删“罜”字,於注文删“罝當爲罛”改云“罝當爲罜”,大繆。

【按】稿本“西京賦”上有補有“文選”二字。稿本抹去“大”字,改作“爲”。

12. 齡謂:黄説非也。“罛”是大網,《衛風》“施罛濊濊”是也。“罜”,麗之小者。尚禁則大者可知。故舉罜麗足以包罛,况“罝”與“罜”形相似,“罝”與“罛”形迥别,“罛”安得轉寫成“罝”?蓋古書徵引,各據所見之本,不必盡同。

【按】稿本抹去“黄説非也。‘罛’是大網,《衛風》‘施罛濊濊’是也。‘罜’,麗之小者。尚禁則大者可知。故舉罜麗足以包罛,况‘罝’與‘罜’形相似,‘罝’與‘罛’形迥别,‘罛’安得轉寫成‘罝’‘蓋’”諸字。

13. ○《解》“穽陷”至“誤獸”。

【按】稿本“陷”字構件“臽”誤作“舀”。

14.《秋官·雍氏》:“春爲阱獲,穿地爲壍以捕禽。”注:“獲,柞鄂也。堅地穽淺,則設柞鄂於其中。”

【按】稿本“獲”作“擭”,是。今檢《周禮·秋官·雍氏》云:“雍氏掌溝、瀆、澮、池之禁,凡害於國稼者。春令爲阱擭、溝瀆之利於民者。秋令塞阱杜擭。”董氏引文不同,實本惠士奇《禮説》卷十三。《正義》下文所引惠氏之説亦出同卷。

15. 惠士奇曰:“《淮南子》曰:‘走跡獸擠脚。’蓋設柞鄂以擠其脚而獲之,一名系蹄。《戰國策》云:‘人有系蹄而得虎者,虎怒,决蹯而去。’蹯,虎掌。延叔堅曰:系蹄,獸絆也。是謂柞鄂……一名䍐,以繯獸足。《逸周書》曰‘不卵不䍐,以成鳥獸’。”

【按】稿本、《禮説》本文“獸擠脚”上並無“跡”字,刊本誤衍。又檢《禮説》本文引“人有系蹄而得虎者”作“人有置系蹄者而得虎”。又檢《禮説》本文“是謂”之“謂”作“爲”。

16.《周官·庖人》鄭注:“庖之言包也,包裹肉曰包苴也。”齡謂:庖,取《禮運》“以炮以膰”之義。若包裹,則菁茅、橘柚皆膺斯名矣。

【按】今檢《周禮》鄭注本文“裹肉曰包”上無“包”字。今檢《禮運》本文“膰”作“燔”。

17.《爾雅·釋詁》:“烈,枿餘也。”《書》疏引李廵《爾雅注》:“析槁木之餘也。”《漢書叙傳》注引《詩》“苞有三蘖枿”劉德云:“謂木斫髡而復枿生也。”

【按】稿本朱筆抹去"爾雅釋詁烈"五字,復於旁增"槎,《漢書》引作'茬'。《説文》:'槎,衺斫也。《春秋傳》曰:山木不槎。'《集韻》:柞與槎同。《爾雅・釋詁》:烈"諸字。稿本、《尚書》書本文引李巡注"析"作"梼",是。又稿本抹去"糵"字,是。董氏所引《尚書書》引李巡注、《漢書叙傳》引《詩》劉德注等實皆出邵晉涵《爾雅正義》。

18. "槎",《漢書》引作"茬",顔注:"茬,邪斫木也。糵,髡斬之。"

【按】稿本朱筆抹去"槎漢書引作茬顔注茬,邪斫木也"諸字,復於"糵"上增"顔師古曰"四字。

19.《説文》引作"枖",云:"木少壯貌。"

【按】今檢《説文》多本"壯"作"盛",未知董氏所據何本。

20.《吕氏春秋・本味篇》"魚之美者,東海之鮞"。高注:"鮞,一云魚子。"則即未成魚也。

【按】稿本"《吕氏春秋・本味篇》"魚之美者,東海之鮞"。高注:"鮞,一云魚子。"則即未成魚也"原作"《釋魚》又云:'鯤,小魚。'郭注:今《家語》曰:其小者鯤魚也。今江東亦呼魚子未成者爲鯤。則鮞即鯤也",保留"未成"二字,他皆抹去之後,改作今字。

21. 哀十六年《傳》:"子西曰:'勝如卵,予翼而長之。'"

【按】稿本"予"作"余"。

22.《淮南・泰族訓》:"卵之化爲雛,非慈雌嘔暖覆伏,累日積久,則不能爲鄒也。"

【按】稿本"鄒"作"雛",是。

23.《莊子・天道篇》:"鶉居而鷇食。"

【按】稿本"道"誤作"地"。

24.《釋蟲》又云:"蝝,復陶。"

【按】今檢《爾雅・釋蟲》,"復"作"蝮"。

25.《左傳》疏引李巡注:"蝝,蝗子也。"郭注:"蝗子,未有翅者。"《宣十五年》:"冬蝝生。"杜預謂:"螽子以冬而生,遇寒而死。"《漢書・五行志》引劉歆説,則以爲蚍蜉之有翼者。孔穎達以爲歆説非也。《祭統》"陸産之醢"鄭注:"蚳蝝之屬。"《祭統》"陸産之醢"鄭注:"蚳蝝之屬。"此《傳》言舍者,不盡取也。

【按】本條實約略邵晉涵《爾雅正義》卷十六注文。

(十四)

1. 是屋中棟最高而任重也。

【按】檢稿本頁眉識云:"此疏應置'任,勝也'下。"故稿本標識此條疏文於下注"任,勝也”之後。

2. 無大功而欲大禄，皆怨府也。

【按】稿本“欲大禄”之“大”作“天”。

3. 釁，兆也。言鮑氏若有禍兆，吾不能豫圖之。

【按】稿本“也”作“矣”。

（十五）

1.《索隱》曰：“桀，名也。案：帝皋生發及桀。此以發生桀，皇甫謐同也。”

【按】今檢《史記索隱》“案”下有“系本”二字。

2.《本紀》正義引《括地志》：“廬州巢縣有巢湖，即‘成湯伐桀，放於南巢’者也。《淮南子》云：‘湯敗桀厤山，與妹喜同舟浮江，奔南巢之山而死。’《國語》云：‘滿於巢湖。’”

【按】檢《史記正義》本文“即”下有“尚書”二字。

3. “踣，斃也”者，襄十四年《傳》“與晉踣之”孔《疏》：“前覆謂之踣。”《荀子·儒效篇》：“武王誅紂，行之日以兵忌，東面而迎太歲，至汜而泛，至懷而壞，至共頭而山隧。霍叔懼曰：‘出三日而五災至，無乃不可乎？’周公曰：‘剖比干而囚箕子，飛廉、惡來知政，夫又惡有不可焉？’遂選馬而進，朝食於戚，暮宿於百泉，旦厭於牧之野。鼓之而紂卒易鄉，遂乘殷人而誅紂。”殷京師者，即《史記正義》引《括地志》所云“衛州東北七十三里朝歌故城”，是其地也。

【按】稿本抹去所引《荀子·儒效篇》文字。

4.《漢書·高帝紀》顔注：“戲在新豐東，今有戲水驛。其水本出藍田北界横嶺，至此而北流入渭。”

【按】稿本“顔”下原有“師古”二字，抹去。

5. 宏嗣因戲水發源於麗山，遂以麗山爲戲山，故孔穎達糾正之，然稷死於黑水之山，則山亦可以水名也。至《路史·國名紀》注引《西京道里記》謂幽褒戲此而名，則妄矣。

【按】稿本“宏嗣”上原有“諸家所述，並以戲爲水名”諸字，抹去。稿本“遂以”之“以”原作“訛”，抹去，改作“以”字。稿本無“糾正”之“正”字。又稿本“糾正之”下原有“良是”二字，抹去。又稿本“則妄”、“矣”之間原有“之尤者”三字，抹去。又稿本本頁有浮簽，云：“《乾隆府廳州縣志》：戲水在今陝西西安臨潼縣東下流入渭。添在舊疏尾句下。”

（十六）

1.《曹風·下泉》疏引陸機《疏》云：“秀爲穗崩嶷。”然則謂之童梁，今人謂之宿田翁，或謂之守田。

【按】稿本“機”作“璣”，下同，是。稿本抹去“然則”之“則”。

2. 邵晉涵曰：“陸機所説與許叔重同。……南方農諺謂之扁子。磽瘠之地，與雨暘不時、人力不齊，則穀有稃而無米謂之稂也。”

【按】檢《爾雅正義》本文“磽瘠之地，與”下有“夫”字。又檢《爾雅正義》“人力不齊”作“人事之不齊”。又檢《爾雅正義》“則穀有稃而無米謂之稂也”作“禾不能成實則爲稂”。檢《爾雅正義》上文有“稂爲穀之有稃而無米者”之句，與《國語正義》所引本句文、義相近。

三、《魯語》下

(一)

1. 吾子舍其大而加禮於其細，敢問何禮也？

【按】稿本“於”作“以”。

2.【疏】“夫先樂至遏渠”。

【按】稿本原作“解金奏至能具”，抹去，改作今字。

3.《周禮·鐘師》鄭注：“金奏，擊金以爲奏樂之節。金，謂鐘及鎛。”賈《疏》：“此即《鐘師》自擊不編之鐘。凡作樂，先擊鐘，故鄭云‘金奏，擊金以爲奏樂之節’也。”云“《肆夏》一名《繁》，《韶夏》一名《遏》，《納夏》一名《渠》，此三夏曲也”者，襄四年《傳》杜預注同。劉光伯《規杜》曰：“《文王》之三，即《文王》是其一，《大明》《綿》是其二。”《鹿鳴》之三則《鹿鳴》是其一，《四牡》《皇皇者華》是其二。然則《肆夏》之三亦當《肆夏》是其一，《樊遏》《渠》是其二，安得復以《樊》爲《肆夏》之别名？若《樊》即是《肆夏》，何須重舉二名？孔穎達申杜義曰：“《肆夏》之三，自是《肆夏》以下有三，故爲《韶夏》《納夏》，凡爲三夏。但此三夏各有别名，故《國語》謂之《繁》《遏》《渠》，是一字以當一夏。若直云金奏《繁》《遏》《渠》，則三夏之名没而不顯，故‘繁’字上特以《肆夏》冠之。”案：《周禮·鐘師》杜子春注：“《肆夏》《文王》《鹿鳴》俱稱三，謂其三章也。”

【按】稿本抹去“劉光伯”至“冠之案”諸字。

4.《鐘師》鄭康成注引吕叔玉曰：“《肆夏》《繁遏》《渠》皆《周頌》也。《肆夏》，《時邁》也；《繁遏》，《執競》也；《渠》，《思文》也。肆，遂也；夏，大也。言遂於大位，謂王位也。故《時邁》曰：‘肆於時夏，允王保之。’繁，多也。遏，止也。言福禄止於周之多也。故《執競》曰：‘降福穰穰，降福簡簡，福禄來反。’渠，大也。言以后稷配天爲王道之大，故《思文》曰‘思文后稷，克配彼天。’”

【按】稿本抹去"《鐘師》鄭康成注"六字，於"引"上添"又"字。又稿本抹去"肆遂也"至"彼天"諸字。

5. 賈公彦曰："樂崩在秦始皇之世，隨樂而亡，頌内無，故云'頌不能具'也。"

【按】稿本抹去以上諸字。

6. 徐養原曰："九夏皆金奏之樂，有聲無辭。先鄭注《樂師》：'《肆夏》《采薺》皆樂名。或曰皆逸詩。'蓋有詞曰逸詩，無詞曰樂名。竊疑九夏皆總名，每夏不止一曲。《繁》《遏》《渠》三者，皆《肆夏》之曲名，猶《鹿鳴》之三屬《小雅》《文王》之三屬《大雅》也。《内傳》云三夏，謂《肆夏》之三曲，非謂《九夏》中之三夏也。《九夏》各有所用，恐無連奏三夏之理。此《傳》於《繁》《遏》《渠》則冠以《肆夏》，以《鹿鳴》《文王》不言《大雅》《小雅》者，殆以《肆夏》及《大雅》俱不拜，而《肆夏》尤大，故鄭重言之乎？"

【按】檢稿本，引徐養原説爲後來添加。本處原作"惠士奇曰：春秋時九夏存，其三曰《繁》《遏》《渠》，則《繁》《遏》《渠》顯分爲三也"，抹去。又本頁有浮簽，云："上接'故鄭重言之乎'。據徐氏説，則《肆夏》一夏之中自備《繁》《遏》《渠》之三曲，故以《肆夏》領其綱，而以《繁》《遏》、"渠"列其目。三者齊備，適合成《肆夏》一夏也。"又别一行書云："此條已查。《規杜》改好，不必再改。庚辰四月十二日天甚涼爽。"

7.《周禮·鐘師》疏："天子……享五等，諸侯升歌，《大雅》合《小雅》五等，自相享，亦與天子享已同。"

【按】今檢《周禮》疏本文云："若天子享元侯，升歌《肆夏》，《頌》合《大雅》，享五等。諸侯升歌，《大雅》合《小雅》享。臣子歌《小雅》，合鄉樂。若兩元侯自相享，與天子享已同。五等諸侯自相享，亦與天子享已同。"[①]董增齡剪裁恐未當。

8.《詩·小、大雅·譜》疏："舉其正所當用者，天子以《大雅》而饗元侯、歌《肆夏》；國君以《小雅》而於鄰國，歌《文王》，是饗賓或上取也。"

【按】今檢《詩》疏文云："國君以《小雅》，天子以《大雅》，舉其正所當用者。然而至於饗賓，或上取燕，或下就。天子不純以《大雅》，諸侯不純以《小雅》，故下鄭分别説之。何者？天子饗元侯，歌《肆夏》，合《文王》。諸侯歌《文王》，合《鹿鳴》。諸侯於鄰國之君，與天子於諸侯同。"[②]董氏剪裁恐未當。

9.【疏】"今伶簫詠歌"。

【按】稿本"詠歌"倒作"歌詠"。

---

① 阮元校刻《十三經注疏》，北京：中華書局，1980年影印本，第800頁。

② 同注①，第402頁。

10. 邵《疏》引《通卦驗注》云:"簫管形鳥翼,鳥爲火,火成數七,生數二,二七十四。簫之長由此。"

【按】今檢邵晉涵《爾雅正義》引《通卦驗》云:"簫長尺四寸。"注云:"簫管形象鳥翼。鳥爲火。火成數七,生數二,二七一十四。簫之長由此。"①董氏引文脱"象"字,不辭。

11. 既受命,當思在公,每人人懷其私,於事將無所及。

【按】稿本脱"事"字。

12. 襄四年《傳》疏:"此詩本意,文王教出使之臣遠而有光華,又當諮問善道於忠信之人。今晉君歌此以寵穆叔,穆叔執謙以爲晉侯所教,故云'君教使臣',下云'臣獲五善,敢不重拜',與《詩》本意異也。"

【按】稿本"文王教出使之臣"下有"使"字,是。今檢孔疏文本亦有"使"字。

13. "'才'當爲'事'"者,據《内傳》"咨事爲諏"之文,或謂《爾雅·釋詁》"哉,始也"。"哉",《説文》作"才",云:"草木之始也。"

【按】稿本"或謂"原作"案"字,抹去,改作今字。稿本"哉《説文》作才"字上原有"邵晉涵曰"四字,抹去。

14. 《特牲饋食禮》"不諏日"亦是謀祭之始,則"才"正與"諏"符。案:襄四年《内傳》疏引孔晁《國語注》:"材謂政幹也。"雖不破才爲事,亦不得訓爲"始"也。

【按】稿本"符"、"襄四年"之間原有"《内傳》與《外傳》之文殊者夥矣,不必張强爲傳合也"諸字,抹去,添"案"字。又稿本"雖不破才爲事,亦不得訓爲始也"原作"是孔氏亦不從韋義之'破才爲事'也",抹去,改作今字。

15. 孔晁正確守鄭義,不嫌與韋歧説也。

【按】稿本"孔晁正"三字原作"韋解不",抹去,改作今字。又稿本"義不嫌與韋"原作"如孔注之確",抹去,改作今字。

(二)

1. 襄公委政强臣,國家内亂,兵革四起,軍賦不供。

【按】稿本"賦"誤作"職"。

2. 三卿更帥以征伐。季氏欲專其民人,故假中軍,因以改作。

【按】今檢杜注本文"中軍"上有"立"字,董氏引脱。

3. 孔《疏》糾之曰:"凡舉大數者,皆舉所近者,若是三萬七千五百人可數至四萬……

① 邵晉涵《爾雅正義》,第157頁。

不應退減其數以爲三萬……今以《春秋》檢之，則僖公無三軍，襄十一年《經》書作‘三軍’，明以前無三軍。昭五年又書‘舍中軍’，若僖有三軍，則作之當書；自文至襄復減爲二，則舍亦當書……其實於時唯二軍耳。”

【按】今檢《詩》疏本文“人可數至”作“大數可爲”、“退減”作“減退”。下引孔疏文，董增齡亦有減省。

4. 又襄十一年《傳》孔《疏》：“僖公復古制，亦三軍矣。蓋自文公以來，霸主之令，軍多則貢事多……自是變故改常，卑弱公室。季氏秉國權，專擅改作，故史特書之耳。若國家自量强弱，其軍或益或減，國史不須書也。”

【按】今檢《詩》疏本文“事多”作“重”。由於下引文省略，故改易文字以與語句相諧，下“自是”亦董氏增。

5. 宏嗣云“舊有三軍”是確守鄭《箋》義也。

【按】稿本“確守”原作“亦用”，抹去，改作今字。

6. 錢大昕引江永説：“魯之作三軍也，季氏取其乘之父兄子弟盡征之，孟氏取半焉，以其半歸公，叔孫氏臣其子弟而以其父兄歸公。所謂子弟者，兵之壯者也。父兄者，兵之老者也。皆其素在軍籍，隸之卒乘者，非通國之父兄子弟也。其後舍中軍，季氏擇二，三子各一，皆盡征之，而貢於公家，若民之爲農者，出田税仍歸之君，故哀公曰：‘二，吾猶不足。’三家雖專，亦唯食其采邑耳。豈嘗使通國之農隸屬己哉？”

【按】今檢《潛研堂文集》卷三九《江先生永傳》本文“三子各一”之“三”作“二”，董氏引誤。又錢大昕本文“於公家”作“之於公”。

（三）

1. 穆子曰：“豹之業，及《匏有苦葉》矣，不知其它。”

【按】稿本“它”原作“他”，抹去，改作“它”。

2. 此許叔向之請也。賦《詩》斷章，與《詩》本義異矣。

【按】稿本“與”上增“取義”二字，刊本未録。

3.《詩》疏：“鄭以此深涉，謂深於先時，則隨先時深淺，至八月水長，深於本，故云深涉，涉亦非深淺之名，既以深淺喻時，則又假水深淺以喻，下‘深’字亦不與‘深涉’同也。”

【按】稿本“則又假水”之“則”作“故”。

4. 穆子但引《匏有苦葉》之成語，渾言匏甘苦也。叔向指爲苦匏，是傳成穆子之意也。

【按】稿本“匏甘苦”作“甘匏苦匏”。又稿本“之意”下無“也”字。

（四）

1. 顔注："三澨，水名，在江夏竟。"

【按】今檢顔注本文無"名"字。

2. 説，猶除也。滋，益也。亟，疾也。

【按】稿本"説"誤作"脱"。

3. 言楚人欲除其侮慢之恥，不懦弱，其執政之臣無二心。

【按】稿本"慢"誤作"後"。

4.《水經・滍水》注："滍水東北逕于東山西……滍水之左即黄城山也。有水出黄城山，東北逕方城。《郡國志》曰：葉縣有方城。郭仲産曰：苦菜、于東之間有小城，名方城，東北臨谿水，尋此城致號之由。因山以表名也……《尸子》曰：'楚狂接輿耕於方城。'蓋於此也。盛宏之云：葉東界有故城，始犨縣東，至瀙水，達比陽界，南北聯聯數百里，號爲方城，一謂之長城，云酈縣有故城一面，未詳里數，號爲長城，即此城之西南隅，其間相去六百里。北面雖無基築，皆連山相接，而漢水流其南，故屈完答齊桓公云'楚國方城以爲城，漢水以爲池'。《郡國志》曰：葉縣有長城山曰方城。指此城也。"

【按】檢《水經注》本文"水出黄城山"上有"溪"字。稿本"郡國志"上增有"後漢"二字。檢《水經注》本文只作"郡國志"，並無"後漢"，稿本未允。又稿本"名方城，東"下無"北"字，是，檢《水經注》本文即無"北"字。又檢《水經注》本文"即此城之西"下無"南"字。又檢《水經注》本文"葉縣有長"下無"城"字。

5. 方城自是山名，酈氏采萬城之説，存舊聞也。

【按】稿本本頁有浮簽，云："上接舊疏尾：校洪亮吉所著《乾隆府廳州縣志》，方城在今河南陽府裕州。"

（五）

孔穎達曰："《周禮》'掌節貨賄用璽節'鄭注：'今之印章。'則周時印已名璽，但上下通用。"

【按】董氏此段文字，皆本《左傳》孔《疏》。

（六）

1. 諸侯有旅賁，禦災害也；【解】禦，禁也。旅賁，掌執戈盾夾車而趨，車止則持輪，所以備非常、禁災害也。

【按】稿本"止則持輪"上無"車"字。

2.《洪範》"卜五"鄭注謂:"雨濟圛雺克。……雨者兆之體,氣如雨然也。濟者,兆之先明,如雨止雲氣在上者也。圛者,色澤而光明也。雺者,色不澤,鬱冥冥也。克者,如祲氣之色相犯也。"此皆見於外之文也。

【按】稿本"先"作"光"。今檢鄭注本文無"兆之先明"四字。鄭注本文"色不澤"作"氣不釋",董氏引誤。

3. 昭元年《傳》:"繿,絞也。"荀卿曰:"以冠纓絞之。"郟縣屬襄城。案:《史記·秦本紀》"二世元年,陳勝將鄧龍居郟"即此也。在今河南汝州境。

【按】稿本"昭元年傳"下有"注"字,是。稿本抹去"即此也"三字。

(七)

1.《春秋·文十二年》"城諸及鄆"杜注:"莒、魯所争者……以其遠副外國,故帥師城之。"成四年冬,城鄆。九年,楚公子嬰齊帥師伐莒,莒潰,楚師遂入鄆。杜注:"鄆,别邑。"

【按】稿本"副"作"偪",是。今檢杜注原文"别邑"上有"莒"字,董氏引省。

2. 楊氏《六書故》之説:"春秋有二鄆,莒在魯東,莒、魯所争東鄆也。公待於鄆,西鄆也。文公城諸及鄆,不聞與莒争。及成公時,楚伐莒入鄆,則鄆自爲莒邑。"

【按】《六書故》本爲戴侗所著,董氏云楊氏者,未知何據。今檢《六書故》本文"公待於鄆"下有"者"字。

3. 鄭樵曰:鄫爲莒所滅,"鄫世子巫仕魯去邑,而以曾爲氏。巫生阜,阜生點,點生参",事孔子。是阜爲曾子之祖。

【按】今檢《通志》卷二六《氏族略》本文"世子"作"太子"。又《通志》卷二六《氏族略》本文"點"作"晳",恐董氏引誤。

(八)

1. 蓋衛徙楚丘,朝歌爲晉所有,至是齊復取之晉也。

【按】稿本此處"楚"誤作"帝"。

2.《漢書·禮樂志》"跂行畢逮"孟康注:"跂音歧。"

【按】稿本"歧"作"岐"。

3. 以從軍吏,次於雝俞。

【按】稿本"俞"作"渝",注同。

4. 今河南衛輝府濬縣西南十八里有雍榆城。

【按】稿本"河南衛輝"原作"彰德"二字,抹去,改作今字。

5. 邯鄲勝,晉大夫,趙旃之子頃子勝也,食采於邯鄲。

【按】稿本“頃”作“須”。

6. 晏萊即晏釐,“萊”古音爲“釐”。

【按】稿本“晏釐”之“釐”作“氂”。

(九)

1. 襄九年《傳》:“其綆缶。”則又汲器也。

【按】稿本“其”作“具”,是。

2.《漢書·五行志》曰:“魯定公時,桓子穿井得土缶,中得蟲若羊,近羊旤也。羊者,地上之物幽于土中,象定公不用孔子而聽季氏,暗昧不明之應也。一曰:羊去野外而拘土缶者,象魯君失其所而拘於季氏,亦將拘於家臣也。”

【按】今檢《漢書·五行志》本文“亦將”上亦有“季氏”二字。

3.《說文》:“蛧蜽,山川之精物也。《淮南王說》:‘蛧蜽,狀如三歲小兒,赤黑色,赤目、長耳、美髮。’”《淮南·道應訓》高注:“蛧蜽,水之精物。”

【按】稿本浮簽云:“‘淮南王說’下當有‘訓’字。”今檢《說文》“蛧”作“蝄”。《淮南子·道應篇》“蛧蜽”作“罔兩”。稿本亦從《淮南》作“罔兩”。

4.《東京賦》薛綜注:“夔,木石之怪,如龍,有角,鱗甲光如日月,見則其邑大旱。”《甘泉賦》李善注引孟康曰:“夔如龍,有角,人面。”《說文》:“蛧蜽,山川之精物也。《淮南王說》:‘蛧蜽,狀如三歲小兒,赤黑色,赤目、長耳、美髮。’”《淮南·道應訓》高注:“蛧蜽,水之精物。”“恍惚之物。”《東京賦》李善注引《漢舊儀》曰:“顓頊氏有三子,已而爲疫鬼,一居江水爲瘧鬼,一居若水爲蛧蜽蜮鬼,一居人宫室區隅,善驚人,爲小鬼。”宣十二年《傳》杜注:“蛧蜽,水神。”孔《疏》引賈逵《國語注》:“蛧蜽、罔象,言有夔龍之形而無實體。”“然則蛧蜽、蛧象皆是虚無,當總彼之意,非神名也。”案:蛧蜽之名,王孫滿已言之。與螭魅對舉,自是神名。故宏嗣不用賈注,而從《淮南》《說文》諸訓也。

【按】稿本有浮簽,云:“‘或作獴,富陽有之,人面猴身,能言’,黄丕烈曰:宋公序謂《史記》備載韋注,無此語,今俗本輒添,妄也。考《舊音》曰:祖冲之《述異記》作獴,富陽有之,人面玃身,一手一足,俗云能知人姓名,必中傷之。蓋此十三字乃因此本節載《舊音》而誤韋解也。”别一行朱筆書云:“此條寫在舊疏之首。”

5.《文選·海賦》“罔兩象暫曉而閃屍”、《東京賦》“殘夔魖與罔象”李周翰注:“罔象,鬼名也。”

【按】稿本“鬼名”下無“也”字。

（十）

1. 大夫稱主，妻亦如之。語，教戒也。

【按】稿本“戒”作“以”。

2. 没稱先姑者，《晉姜鼎銘》云“余惟嗣朕先姑”是也。

【按】今檢邵晉涵《爾雅正義》亦引《晉姜鼎銘》此六字。

3. 能勞，能自卑勞，貴而不驕也。有繼，子孫不廢也。

【按】稿本無“能勞”二字。

（十一）

1. “房中之羞，内羞也。内羞在右，陰也。庶羞在左，陽也。”

【按】以上爲《儀禮鄭注》文。

2. 皆天子大夫養賓之事，則諸侯大夫亦得用也。

【按】稿本“也”作“之”。

3. 於何有，猶何禮有饗也。

【按】稿本“猶”原作“言”，抹去，改作今字。

（十二）

1. 江永曰：“先鄭以天子雉門在庫門外，《小司寇》注亦因之，謂外朝在雉門外。康成《朝士》注云：‘外朝在庫門之外、皋門之内。’此爲定説。”

【按】今檢江永《鄉黨圖考》卷四本文“先鄭”下有“誤”字。又，“康成《朝士》注云”作“《朝士》注皆破先鄭之説”。

2. “聽朝者，鄉士、遂士、縣士等所謂職聽於朝，訝士所謂四方之獄訟，故曰眡四方之聽朝，冢宰贊之，王親往而會其期，三訊三詢，皆在焉，小司寇與朝士所掌是也。”三詢之見於經者，《般庚》出言登進厥民，大王屬耆老而告詢國遷也。僖十五年陰飴甥朝國人而以君命賞，且告之以卜貳圉詢立君也。

【按】稿本有浮簽，云：“‘訝士所謂四方之獄訟’當對《周禮》。”

“聽朝者，鄉士、遂士、縣士等所謂職聽於朝，訝士所謂四方之獄訟，故曰眡四方之聽朝，冢宰贊之，王親往而會其期，三訊三詢，皆在焉，小司寇與朝士所掌是也”出惠士奇《禮説》卷五。

今檢江永《鄉黨圖考》卷四本文“三詢之見於經”下有“傳”字，董氏引脱。又江永《鄉黨圖考》卷四本文“《般庚》出”下有“矢”字。又《鄉黨圖考》卷四本文“陰飴甥朝國人而以君命賞，且告之以卜貳圉訽立君也”作“晉陰飴甥言朝國人曰孤雖歸辱社稷其卜貳圉訽立君也”，董氏引述時文字有省改。

3.【疏】“外朝”至“敢言”○皆，皆外朝、内朝也。上注指康子在其朝爲外朝，别乎内朝而言也。則卿大夫家自有二朝。

【按】董氏刊本“疏”誤作“解”，今徑改正。稿本抹去“外朝”上之“皆”字，改作“指”。又稿本“上注”原作“韋解皆”，抹去，改作今字。稿本“而言也”、“則卿大夫”之間原有“又以君之公朝爲外朝，其説未免兩歧。案：敬姜身未至君之公朝，何得云皆，非吾所敢言”諸字，抹去，改作“别乎内朝而言也”。又“二朝”下原有“如今官署之有大堂、川堂也”諸字，朱筆抹去。

稿本本面貼有白紙浮簽，云：“皆皆，下‘皆’字疑訛。‘如今之官署’十字擬删。”

（十三）

1. 又《覲禮》：“春拜日於東門之外。”《尚書大傳》：“即春迎日東郊。所以爲萬物先而尊事天也，迎日之辭曰‘維某年某月上日明光於上下，勤施於四方，旁作穆穆，維予一人某敬拜，迎日於郊’。”

【按】今檢《儀禮·覲禮》本文“春”作“出”，董氏引誤。《國語正義》卷一亦引之。黄以周《禮書通故》卷一二引《尚書大傳》云：“古者，帝王躬率有司百執事，而以正月朝迎日於東郊，以爲萬物先而尊事天也。祀上帝於南郊，所以報天德。迎日之辭曰：維某年月上日，明光於上下，勤施於四方，旁作穆穆，維予一人某敬拜，迎日東郊（句絶）迎日，謂春分迎日也。《堯典》曰：‘寅賓出日。’此之謂也。”[①]董氏引文稍有不同。

2. “是水草之文，故讀從之。”注又云：“繅有五采文，所以薦玉木爲中榦，用韋衣而畫之。就，成也……五就，五帀也。一帀爲一就。”《疏》云：“下言二采一就者……采爲一行，二采共爲一就，是兩行名爲一就也……《雜記》注則云：“三采六等，以朱、白、蒼畫之，再行，行爲一等。是等爲一行，行亦爲就，據單行言之也。各有所據，故其文有異。”

【按】稿本“是水草之文”前有“疏藻”二字，是。今檢《周禮疏》本文“下言二采”之“言”字作“云”。

3. 先鄭司農云：“陽德謂分地利以致富，富者之失，不驕奢則吝嗇，故以和樂防之。……一説：地産謂土地之性各異，如齊性舒緩，楚性急悍，以和樂防其失令，無失德樂，所以移風易俗者也。此皆露見於外，故謂之陽德。”

① 黄以周《禮書通故》，《續修四庫全書》，上海：上海古籍出版社，2002年，第111册，第360頁。

【按】今檢《周禮》鄭注"如齊性"之"如"作"若"。

4. 日中考政,與百官之政與事,師尹惟旅、牧、相宣序民事。

【按】稿本"百官之政"後無"與"字。

5. 三君云:"師尹,大夫官也,掌以媺詔王。惟,陳也。旅,衆士也。牧,州牧也。相,國相也。皆百官政事之所及也。"一曰:"師尹,公也。《詩》云:'赫赫師尹。'"

【按】稿本"《詩》云"之"云"作"曰"。

6.《周禮》:"師氏掌以媺詔王。以三德教國子:至德以爲道本,敏德以爲行本,孝德以知逆惡;教三行:孝行以親父母,友行以尊賢良,順行以事師長。"

【按】稿本"周禮"二字前原有"師尹掌以媺掌王"七字,"周禮"下、"師氏"前原有"師氏文案"四字,皆抹去。

7. 案:此則敷教之官,而非承政之官。况師氏之稱師尹,不見於經,則三君之説非也。

【按】稿本"案此則"三字原作"此",抹去,改作今字。

8.《牧誓》司徒、司馬、司空、亞旅、師氏,《梓材》司徒、司馬、尹旅、立政、司徒、司馬、司空、亞旅,又《酒誥》庶尹,孔《疏》以衆正釋之。

【按】稿本"《牧誓》司徒、司馬、司空、亞旅、師氏,《梓材》司徒、司馬、尹旅、立政、司徒、司馬、司空、亞旅,又《酒誥》庶尹,孔《疏》以衆正釋之"原作"《尚書·酒誥》'庶尹'孔《疏》以衆臣釋",抹去,改作今字。

9.《商頌》"龍旂十乘",《箋》言:"八州大國及二王之後。"

【按】今檢《詩》鄭箋原文作"二王後八州之大國"。

10. 然《小雅》"玄衮及黼",天子以之錫諸侯",《玉藻》"唯君有黼裘",諸侯以之誓秋獮,均不間用以夕月也。

【按】引《小雅》出《詩·小雅·采菽》。今檢《玉藻》本文"有"作"者"。又稿本"間"作"聞",是。

11.《書》疏引孫炎《爾雅注》:"載,取萬物終而復始。"

【按】今檢《尚書正義》本文引孫炎注"復"作"更"。

12. "相與止宿配偶,共審查伺候。"

【按】今檢《禮記正義》本文"共"作"其"。又董氏引"審查伺候"不够完整,當連下文"不得怠慢"一并徵引,句式才算完整。

13. "諸侯三宫,天子六宫。古者,后宫藏種,生而獻之。"

【按】以上出惠士奇《禮説》卷五。

14. 及帝籍之,收藏於神倉,則有王后親舂之,禮蓋如天子之三推而舂、人終舂之事焉。九御即九嬪，凡祭祀，贊玉齍，舉九御以包后、夫人也。

【按】今檢宋楊簡《先聖大訓》卷三“日入監九御使潔奉禘郊之粢盛”注云：“九御即九嬪。《周禮·九嬪》：‘凡祭祀，贊玉齍。’世婦帥女官而濯摡爲齍盛，然則九嬪使世婦以下爲之歟？”①則董氏“九御即九嬪，凡祭祀，贊玉齍”之語當本《先聖大訓》。

15. 桓二年《傳》孔《疏》：“紘纓皆以組爲之，所以結冠於人首也。纓用兩組屬之於兩旁，結之於頷下，垂其餘也。紘用一組，從下屈而上，屬之於兩旁，垂其餘也。紘、纓同類，與之相刑，故云紘纓從下而上者，弁師掌王之五冕，皆玉笄朱紘。《祭義》稱諸侯冕而青紘……鄭康成云：有笄者屈組爲紘，垂爲飾；無笄者纓而結其絛。以其有笄者用紘力少，故從下而上屬之；無笄者用纓力多，故從上而下結之。弁冕皆有笄，故用紘。‘綖，冕上覆也’者，冕以木爲榦，以玄布衣其上謂之綖。《論語》《尚書》皆云‘麻冕’，知其當用布也。弁師掌王之五冕皆玄冕，知其色用玄也。孔安國《論語注》言績麻三十升布以爲冕，即是綖也。鄭康成《玉藻注》：‘延，冕上覆也。’”是也。

【按】稿本“與之相刑”之“刑”作“形”。今檢《左傳》孔疏本文“與之相刑”作“以之相形”。又檢孔疏本文“鄭康成”作“鄭玄”，注文下同。

16.《詩·小雅》疏言：“大夫助祭，服玄冕，受之於君，故大宗伯再命受服是也。妻所成者，自祭之服。少牢禮朝服……即祭服……爲玄冠、緇布衣、素裳。”今章《解》指祭服爲玄衣、纁裳，是孔《疏》與韋異義矣。

【按】稿本“《詩·小雅》”下、“疏”上有“孔”字，“疏”下無“言”字。又稿本“孔《疏》與韋異義矣”原作“誤以玄冕之服爲妻所成自祭之服矣”，朱筆抹去，改作今字。

17. 今云玄端，則上士玄裳，中士黄裳，下士雜裳，而非素裳。韋解與《周禮注》異矣。

【按】稿本“韋解與《周禮注》異矣”原作“矣不知宏嗣所據何書也”，朱筆抹去，改作今字。

18.《詩·大雅》疏：“庶士謂庶人在官者。故《祭法》曰：‘官師一廟，庶士、庶人無廟。’注：官師，中士、下士；庶士，府史之屬。庶士與朝服異文，則亦府史之屬。韋解云‘下士’，非也。此庶士下至庶人，其妻各衣其夫，則夫之所服，妻悉爲之也。公侯之夫人加之以紘綖，則爲紞，又爲紘綖也。士之妻加之以朝服，則爲祭服，又爲朝服。皆丁兼上也。貴者所爲少，賤者所爲多，故庶士以下，夫衣悉爲之也。”

【按】檢《詩·大雅》孔疏本文“韋解”作“韋昭”。又檢孔疏本文“公侯之夫人”上有“彼文云”三字。

---

① 楊簡《先聖大訓》，《景印文淵閣四庫全書》，上海：上海古籍出版社，1987年，第706册，第703頁。

19. 何注："薦尚稻雁。烝，衆也，氣盛貌。冬物畢成，所薦衆多，芬芳備具，故曰烝。"

【按】今檢何休注本文"物畢成"上有"萬"字，董氏引省。

（十四）

1.《繫傳》云："梱，所以爲限閾。"僖二十二年《傳》疏："閾，門下横木，爲外内之限也。"閾亦名梱，《曲禮》"外言不入於梱"是也。

【按】董氏本條疏文或本邵晉涵《爾雅正義》。今檢徐鍇《説文繫傳》"閾"字注云："門限也。"又"梱"字注云："梱，所以爲限閾。"[①]後者爲董氏引文所自。

2.《儀禮·有司徹》云："上大夫既正祭於室，即賓尸於堂。"

【按】今檢《儀禮·聘禮》疏云："案《少牢禮》有尊俎、籩豆、鼎敦之數，陳設之儀，陰厭、陽厭之禮，九飯三獻之法。上大夫又有正祭於室，儐尸於堂。此等皆宜有之。"[②]恐董氏所謂《儀禮·有司徹》者本此。

3. "祝先，尸從，遂出於廟門。祝反，復位於室中。主人亦入於室。復位，祝命佐食，出肵俎，降設於堂上，阼階南。"

【按】今檢《儀禮·少牢饋食禮》本文"出"作"徹"，"上"作"下"。

4. 是天子之禮與大夫不同，不得舉以釋此。

【按】稿本"釋此"下原有"也"字，朱筆抹去。

5.《爾雅·釋天》："繹，又祭也。"何休《公羊注》："禮：繹祭明日事，但不灌地降神爾。天子諸侯曰繹，大夫曰賓尸，士曰宴尸。"

【按】《儀禮》鄭注引《爾雅》，未出"釋天"二字。董氏補之。稿本"明日"作"昨日"，是，今檢何休《公羊解詁》本文字即作"昨日"。又邵晉涵《爾雅正義》亦引何休注文，亦作"昨日"。

6. 邵晉涵曰："'天子諸侯禮大，異日爲之，别爲立名，謂之爲繹，言其尋繹昨日祭禮，則無有誤，敬慎之。至卿大夫禮小，同日爲之，不别立名，直指其事，謂之賓尸……繹是此祭之名，賓尸是此祭之事。'繹即賓尸也。"

【按】今檢邵晉涵《爾雅正義》，無"祭禮，則無有誤，敬慎之。至"諸字。從邵晉涵《爾雅正義》可知，邵氏之言實引《詩·周頌·絲衣·序》孔疏，非邵氏個人之論。但孔疏本文亦無此數字，未知董氏何據。

---

① 徐鍇《説文解字繫傳通釋》，《四部叢刊初编縮本》，上海：商務印書館，第232頁、第112頁。

② 阮元校刻《十三經注疏》，第1075頁。

7. 飫,《玉篇》:"食多也。"《廣韻》:"飽也,饜也。"《儀禮·有司徹》"乃羞庶羞於賓兄弟内賓及私人"鄭注:"房中亦旅。其始,主婦舉觶於内賓,遂及宗婦。"

【按】稿本抹去"飫,《玉篇》:'食多也。'《廣韻》:'飽也,饜也。'"諸字,改作"襄二十二年《傳》杜注:飫,饜也。酒食賜下,莫不饜足"諸字。又檢鄭注本文,"房中"上有"酌"字,董氏引略,不辭。又檢《儀禮》鄭注"觶"作"酬"。

8. 是賓尸時,有主婦及宗婦内賓飲酒之事,不盡飲則酒以成禮,不繼以淫也。宏嗣指飲爲飫禮。

【按】稿本"賓"作"儐"。稿本後兩個"飲"字作"飫",是。

9.《詩·伐木》"儐爾籩豆,飲酒之飫"毛《傳》:"飫,私也。不脱屨升堂謂之飫。"鄭《箋》:"私圖非常之事。若議大疑於堂,則有飫禮焉。"此天子有圖度大疑而特舉之典,非儐尸時常行之禮。韋解與《詩》毛傳異義也。

【按】稿本"韋解與《詩》毛傳異義也"作"不得引《伐木》立飫之禮,以釋此傳也",朱筆抹去,改作今字。

(十五)

1.《綠衣》,《詩·邶風》也。其三章曰:"我思古人,實獲我心。"

【按】稿本"邶"作"鄁"。

2. 顧炎武謂韋解誤引,顧説是也。《綠衣》毛傳:"綠,間色。"鄭《箋》:"綠,當作褖。"

【按】稿本"顧説是也"原作"齡案:《綠衣》三章鄭箋:'古人謂制禮者,我思此人,定尊卑,使人無過差之行,心善之也。'此解言古之賢人,正室家之道。我心所善,則宏嗣所釋是三章之義,與鄭箋合。但文伯方謀授室,無嬖妾上僭之事,故不曰定尊卑而但曰正室家之道。蓋内和理而後家可長久也。但不引俾無,尤分而引,實獲我心。韋誤憶耳。誠如顧氏所駁也",又朱筆抹去"但不引俾無,尤分而引,實獲我心。韋誤憶耳"諸字,改作"古字三曰皆積畫而成,或傳文本是四字也"諸字,皆墨筆抹去。又稿本"褖"作"褖",是,注文下同。

3.《詩》疏謂諸侯之妾有褖衣,故假失制以諭僭。

【按】稿本"《詩》疏"上原有"故假失"三字,抹去。又稿本"諸"、"侯"之間原有"制以諭僭"四字,抹去。

(十六)

1. 宋庠曰:"今案:仲尼表公父文伯之母曰'女知莫如婦,男知莫如夫',其意以女與童皆未成人之時,其知莫如成婦與爲丈夫之後耳。末乃歎而結之曰'公父氏之婦知也夫',此是歎美之辭，則'夫'字當爲'扶'。韋氏乃解云'此丈夫之智，疑非本旨'。"

【按】稿本本頁有浮簽，云："齡案：《曲禮》：'若夫坐如尸。'鄭注：'夫，丈夫也。'韋解正本鄭注，未可輕議。"別一行朱筆云："此條寫在舊疏尾句下。"後署時間："庚辰八月廿五日。"

（十七）

1.《傳》曰："禹到越，望苗山，會諸侯，爵有德，封有功者，更名苗山曰會稽山。"

【按】稿本"傳"上有"越"字，是，今檢《周禮疏》本文"傳"上即有"越"字。

2.《水經·漸江水》注："會稽之山，古防山也，亦謂之茅山，又曰棟山。《越絶》云：'棟，猶鎮也。'蓋揚州之鎮矣。山形四方，上多金玉，下多玞石。《越絶書》曰："禹救水到大越，上茅山，大會計，更名茅山曰會稽山。"

【按】今檢《水經注》本文"亦謂之"下有"爲"字。又檢《水經注》本文"蓋"字下有"《周禮》所謂"四字。

3.《後漢·郡國志·會稽郡》山陰縣引《越絶》曰："句踐小城山陰城也。"

【按】檢《後漢書·郡國志》引《越絶》"也"上有"是"字。

4.《王制》："周人修而兼用之。"皇侃云："先行饗，次燕，次食……一日中行兼三事。"

【按】今檢《禮記》疏引皇侃文"一日中行兼三事"作"一日之中三事行畢"。

5. 又《公食大夫禮》"膳宰設折俎"注引《鄉飲記》曰："賓俎：脊、脅、肩、肺。"

【按】今檢《儀禮》鄭注本文"飲"下有"酒"字。

6.《路史後紀》注引任昉云："吴越防風廟，其神龍首、牛耳、連眉、一目，足長三丈，南人姓防風氏，即其地。皆長大，越人祭之，奏防風樂，截竹三尺吹之，如犬嘷之聲，三人披髮而舞。"

【按】今檢《路史》卷十五本文"即其地"之"地"作"後"。稿本無"之聲"二字，是，今檢《路史》卷十五本文即無"之聲"二字。

7. 隱元年《公羊傳》注引《春秋説》："周五等爵，法五精。公之言公，公正無私；侯之言候，候逆順，兼伺候王命矣。"案：伯、子、男亦爲社稷之守，獨言公侯，舉尊以包卑也。

【按】稿本抹去本條疏文。

8. 汪芒，長狄之國名也。

【按】稿本無"也"字。

9.《史記·孔子世家》集解："晉太康元年改永安爲武康縣，今屬吴興郡。"

【按】稿本本頁有浮簽，云："《乾隆府廳州縣志》：封山在今浙江湖州府武康縣東。嵎山在武康縣南三十里。"别一行朱筆書云:"寫在舊疏尾句下。"

10. "漆",《孔子世家》作"釐",《索隱》曰:"'釐'音'僖'。"《家語》云:"姓漆蓋誤。《系本》無漆姓。"

【按】稿本本頁有浮簽,云:"黄丕烈曰:漆當爲淶,淶譌隸體絶類,其相亂者。襄二十一年《内傳》釋文可證。釐、淶聲相近,於古爲同字。齡案:《索隱》謂釐音僖,是音同,非文同也。乃《路史·國名紀》云:釐,僖也,黄帝之宗。此校《晉語》黄帝二十五子有僖姓而言是,改釐爲僖。《路史》未足據也。"又别一行朱筆書云:"寫在'《系本》無漆姓'之下。"

11. 《路史·國名紀》:"釐,僖也,黄帝之宗。"案《晉語》,黄帝二十五子,得姓者十四人,有僖姓。則防風氏蓋黄帝苗裔也。

【按】稿本抹去以上諸字。

12. 《吕氏春秋》:"舜爲天子,大人反踵,皆被其澤。"

【按】引《吕氏春秋》或出《文選·王融·三月三日曲水詩序一首》"首貫胸之長屈膝厥角請受纓縻"李善注引文,唯李善注引"舜"後有"登"字。《吕氏春秋》無此文。

13. 《太平御覽》引《淮南》高注:"僬僥人長三尺,衣冠帶劍。"

【按】引《太平御覽》出《御覽》卷三十六。

14. 《山海經·海外南經》注引《詩緯含神霧》:"從中州以西四十萬里,得焦僥國,人長一尺九寸。"

【按】今檢《山海經》注本文"西"上有"東"字,"一尺九寸"作"尺五寸",恐董氏所據本不同。

15. 顧炎武曰:"長三丈亦未可信。《考工記》曰:'戈秘六尺有六寸。'假如長三丈之人,富父終甥何由得以戈椿其喉邪?"

【按】引顧炎武出顧氏著《左傳杜解補正》卷二。

16. 徐養原曰:"據《内傳》説,防風實長二丈,何則?軹崇三尺三寸,加軫與轐焉四尺也,人長八尺,戈秘六尺六寸,人頭之長一尺三寸三分寸之一,今僅以戈椿其喉,則長翟之長數可以槩見。《穀梁》及《書》《傳》未可深信。客問人長之極幾何,泛問人長,非問防風氏也。天地之大何所不有?容有長於防風者。然以理斷之,亦不過三丈而止,故曰'其長不過十之,數之極也'。"

【按】稿本"徐養原曰據《内傳》説防風實長二丈何則"原作"案曹交言文王十尺,此傳十質,殆"諸字,抹去,改作今字。稿本"則長翟之"原作"十尺也",抹去,改作今字。又稿本"泛"字原作"此"字,抹去,改作今字。

（十八）

1.《漢書·五行志》顔注："隼，鷙鳥，今之鶽也。説者以爲鶚，失之矣。"

【按】今檢《漢書》顔注本文"今"上有"即"字。

2. 又引韋昭云："雕，一名鶚。"案：《史記》既以"鶚"當"雕"，不得又以"鶚"當"隼"，則《解》中"鶚"字或當作"鶻"字。

【按】稿本"一名鶚"下有"也"字，是。今檢《史記》索隱本文"鶚"下即有"也"字。稿本"史記"作"韋"。

3. 陸璣《草木疏》："楛木莖似荆而赤，其葉如蓍。""砮，鏃也"者，《史記·夏本紀》集解引孔安國曰："砮石中矢鏃。"僖九年《傳》孔疏引賈逵注："八寸曰咫。"是韋用賈義。《説文》："中婦人手長八寸，謂之咫。""楛矢貫之"者，宣六年《傳》"以盈其貫"，劉炫據梅賾《泰誓》"商罪貫盈"，以爲紂之爲惡，如物在繩索之貫，則貫謂洞胷徹腋也。

【按】稿本頁端識云："引之云：貫、盈之解與此無涉，似可不引。"

4.《史記·孔子世家》索隱："《家語》《國語》皆作'陳惠公'，非也。惠公名周，於魯昭元年立，定四年卒。又《系家》：湣公六年，孔子適陳，十三年亦在陳。則此湣公爲是。"

【按】今檢《史記索隱》本文無"惠公名周"四字。稿本"六年"上原有"十"字，抹去。

5.《淮南·墬形訓》高注："一曰：肅，敬也；慎，異也。"

【按】今檢《淮南·地形篇》高注本文"異"作"畏"，是，董氏引誤。

6. 閻若璩曰："肅慎，《内傳》稱爲周北土，《書序》謂在東，韋昭則曰在東北。予案之：其地即今甯古塔，謂東者是也……予留京師久，遇有從甯古塔來者，詢其風土，云東去一千里曰混同江，江邊有榆樹、松樹，枝既枯，墮入江，爲波浪所激蕩，不知幾何年，化爲石，可取以爲箭鏃。榆化爲上，松次之。西南去六百里曰長白山，山巔之險及黑松林遍生楛木，可取以爲矢。質堅而直，不爲燥濕所移。又有鳥曰海東青，即隼也。予固請得一石砮以歸。"

【按】引閻氏之説出閻若璩《尚書古文疏證》卷五下。檢閻氏《尚書古文疏證》原文"《書序》謂"之"謂"作"爲"。又檢閻氏《尚書古文疏證》原文"在東北"作"東北夷之國"。又檢閻氏《尚書古文疏證》原文"榆化"下有"者"字。稿本"山巔之險"之"險"作"陰"，今檢《尚書古文疏證》原文字即作"陰"，董氏刊本引字誤。

7. 定四年《傳》"分魯公以夏后氏之璜"杜注："美玉曰璜。"《疏》："夏后氏所寶，列代傳之，知美玉名也。哀十四年：'向魋出於衛地，公文攻之，求夏后氏之璜焉。'則璜非一也……《周禮·大宗伯》鄭注：'半璧曰璜也。'"

【按】今檢孔疏本文"哀十四年"下有"傳云"二字，董氏引省。稿本"公文"下有"氏"字，是，孔疏本文即有"氏"字。又稿本"半璧曰璜"下無"也"字，是，孔疏本文即無"也"字。

（十九）

1. 宰人，吏人也。陷，猶過失也。如有過失，甯近於恭也。

【按】稿本"過失"誤倒作"失過"。

2. 哀十三年《穀梁傳》曰："大矣哉！夫差未能言冠而欲冠也。"與此《傳》"大"字同訓。

【按】稿本疏文原作："錢大昕曰：明道二年刻本'笑吾子之大也'，'大'下無'滿'字，古音'大'與'泰'通，'泰'即'汰'也，《檀弓》'汰哉叔氏'。案：宋公序本韋解：滿，驕滿也。則宜有'滿'字。"抹去，改作今字。

3.《家語》：宋湣公生弗父何，以國讓弟，厲公何生宋父周，周生世子勝，勝生正考父，考父生孔父嘉，孔父生木金父，金父生睪夷，睪夷生防叔，防叔奔魯，生伯夏，伯夏生叔梁紇。考父爲孔子七世祖，故曰"孔子之先"。

【按】董氏引《家語》出《孔子家語》卷九《本姓解》，但是文字不完全相同，董氏約略引之。

4. 孔穎達曰："周太師得有商頌者，周備六代之樂故也。"

【按】今檢《詩經・商頌譜》孔疏云："又問曰：周大師何由得《商頌》？曰：周用六代之樂，故有之。"①董氏引文不盡相同。

5. 蓋恭莫大於賓祭，故馬父以承祭之敬爲見賓者，通之也。

【按】"馬"當爲"考"字之誤。

6. 言恭王能庇覆之，故爲之"恭"也。

【按】稿本無"之"字。

7. 劉向《新序》："楚共王有疾，告諸大夫曰：'管蘇犯我以義，違我以禮，與處不安，不見不思，然有德焉。吾死之後，爵之於朝，申侯順吾所欲，行吾所樂，與處不安，不見則思，然未嘗有得焉，必速遣之。'"

【按】所引《新序》出《文選・范曄・宦者傳論》李善注所引。

（二十）

1. 惠士奇曰："小司徒及鄉師頒六鄉之比法，車輦登其數，馬牛辨其物，簡閱之而已，非籍而賦之……《司馬法》：邱出牛三頭、馬一匹，甸出長轂一乘，馬四匹、牛十二頭。此即《春秋》所謂田賦。古者馬牛、車輦皆謂之賦。魯使邱甸出之，重傷民力，故《春秋》書之曰：用田賦。校之初稅畝爲更甚矣。何以知之？以未用田賦時知之。三軍作而三子各毁其

① 阮元校刻《十三經注疏》，第620頁。

乘，如依《司馬法》，則乘者甸之出也，奚爲毀之？且甸出車一乘，故‘甸’讀爲‘𠧤’，其訓爲‘乘’，則是毀其乘者，毀其甸也。毀其乘則可，毀其甸則不可，毀其甸是壞井田之法。先商鞅而決裂阡陌也，以是知甸出一乘之説非也，自魯用田賦始也。”

【按】引惠士奇説出惠氏《禮説》卷四。今檢惠氏《禮説》本文“所謂田賦”下有“歟”字。又檢惠氏《禮説》本文“校之初税畝”之“校”作“較”。又檢惠氏《禮説》本文“爲更甚矣”之“爲更”作“而尤”。稿本“以未用田賦時知之”八字原重，復抹去一組。

2.《内傳》孔《疏》云：“賈逵以爲，欲令一井之間出一邱之税……則多於常十六倍……非民所能給。”

【按】今檢《左傳·哀公十一年》“季孫欲以田賦”孔疏原文云：“《司馬法》：方里爲井，四井爲邑，四邑爲丘。丘出馬一匹，牛三頭。四丘爲甸，甸乃有馬四匹，牛十二頭，是爲革車一乘。今用田賦，必改其舊。但不知若何用之？賈逵以爲，欲令一井之間出一丘之税，井别出馬一匹，牛三頭。若其如此，則一丘之内有一十六井，其出馬牛乃多於常一十六倍。且直云用田賦，何知使井爲丘也？杜以如此，則賦税大多，非民所能給，故改之。舊制，丘賦之法，田之所收及家内資財，井共一馬三牛。今欲别其田及家資各爲一賦，計一丘民之家資，令出一馬三牛，又計田之所收，更出一馬三牛。是爲所出倍於常也。舊田與家資官賦，今欲别賦其田，故言欲以田賦也。”①董氏引文節略有未當之處。

3.“舊制，丘賦之法，田之所收及家内資財并共一馬三牛……今欲别其田及家資各爲一賦，計一丘民之家資，令出一馬三牛，又計田之所收，更出一馬三牛。是爲所出倍於常也。舊田與家資同賦，今欲别賦其田，故言欲以田賦也。”其説並與顔師古合。

【按】稿本“與顔師古合”下原有“顔、孔，唐初兩大儒，其議確不可易也”諸字，朱筆抹去。

4.《周官·載師》疏：“近郊十一者，即《經》宅田、士田、賈田任在近郊者，同十一而税也。遠郊二十而三，即《經》官田、牛田、賞田、牧田任遠郊之地，同二十而税三也。‘甸、稍、縣、都皆無過十二’者，即《經》公邑之田，任甸地以下，至任畺地，四處皆無過十而税二也。”

【按】檢賈疏本文“《經》”上皆有“上”字，董氏引省。

5.江永曰：“取民不過什一，然力役先取諸近者多，而遠者少。其勢不得不然。益遠民之賦，以補近民之力，政乃均平耳。”

【按】引江永説出江氏著《周禮疑義舉要》卷二，文字稍有不同。從稿本看，引江永之説爲後來增入。

---

① 阮元校刻《十三經注疏》，第2167頁。

6. 宏嗣謂計其利入多少、量其財業有無，則是征其貨而非征其廛矣。《孟子》之言正與此《傳》孔子語合。豈有孔孟所述而非周公之制者乎？

【按】稿本"《孟子》之言正與此《傳》孔子語合。豈有孔孟所述而非周公之制者乎"原作"且必搜括其所有，簿而記之，而抽分其所贏。雖頭會箕斂，尚不至此，豈天子所述周公之典乎？韋解殊違《傳》義矣"諸字，朱筆抹去，改作今字。

7.《周官·載師》注引鄭司農云："國宅，城中宅也。無征，無税也。""玄謂國宅，凡官所有宫室，吏所治者也……國廛亦輕之者，廛無穀、園少利也。"賈《疏》："後鄭以廛里既爲民宅，則此國宅非民宅，是以爲官府治事處解之……廛則五畝之宅在國中，《孟子》云：'五畝之宅，樹之以桑麻。'是廛無穀也……園則百畝田畔，家各二畝半，以爲井竈，種葱韭及瓜，是園少利也。""漆林之税特重者，以漆林自然所生，非人力所作故也。"

【按】檢賈疏本文，疏文"漆林之税特重者，以漆林自然所生，非人力所作故也"實在上條疏文"後鄭以廛里既爲民宅，則此國宅非民宅，是以爲官府治事處解之……是園少利也"之上。

8. 王應麟曰："漆林之征二十而五，漆所以飾器用而已。舜造漆器，群臣咸諫，防奢靡之原也。種漆成林，重其征，所以抑末而返樸也。"

【按】引王應麟説出《困學紀聞》卷四。

9. 惠士奇曰："凡民有夫則有家……夫出口泉，故口以夫名，家給徭役，故役以家名……夫布者，一口之夫家征者。一夫之家……征有施舍，唯賢能老疾貴者，服公事者，而平民不舍焉，故使之出三日、二日、一日之力征，而田與追胥轉移，執事亦在竭作之列。所謂'唯爲社田，國人畢作'是也。"

【按】檢惠氏《禮説》卷四"平民不舍"作"閒民不與"。

10.《儀禮·聘禮記》"十六斗曰籔"鄭注："今文'籔'爲'逾'。"《疏》云："'逾'即'庾'也。"

【按】"'逾'即'庾'也"句出《周禮·陶人》疏，非出《儀禮》疏。

11. 姜上均曰："'籔'音'叟'，與'庾'字文異、音異、數異，何得妄以'籔'爲'逾'？鄭注：'今江、淮之間量名有爲籔者。'……則其量非即爲'庾'明甚。且云'今文籔爲逾'，則'逾'非即'庾'又明矣。《疏》乃率云'逾即庾也'……而云庾有二法……《左傳》杜注：'庾爲十六斗。'考申豐餂高齡以粟五千庾……當是二斗四升之庾，共千二百斛。若十六斗爲庾，當八千斛。則賄據止錦百兩而賄齡反至八千斛，且爲之請，後於高氏，有是理乎……自《論語》包氏注誤疑'庾'爲'逾'而爲十六斗之説，何晏、杜預、賈公彦皆因之。"徐養原曰："包氏注《論語》本今《禮》戴説，言非無稽。先鄭注'陶人'云：'觳受三斗。'然則庾實二觳，爲六斗。亦足以備一説。梓人爲飲器，一獻三酬則一豆，'豆'當爲'斗'。先鄭意'旊人之豆'亦讀爲'斗'，故以'㲉'爲三斗，又讀'㲉'爲'斛'，云：'《聘禮記》有㲉。'今考《聘禮記》云：'十斗曰斛，十六斗曰逾。''逾'既同'庾'，則'㲉'亦同'斛'。至斗數多寡各異記者，各述所聞耳。"

【按】姜上均即姜兆錫（1666—1749），清代丹陽人。《清儒學案》卷一九七謂姜氏著有《九經補義》等書。引姜兆錫之説出氏著《周禮輯義》卷十二，董氏引用時文字有減省約略。檢姜氏原文"且云"之"且"作"其"。又姜氏原文"《疏》乃率"之"率"作"硬"。又姜氏原文"左傳杜注庾爲十六斗"作"據杜注《左傳》，訓庾爲六斗四升"，與董氏引文不同。董氏"考申豐餂高齮以粟五千庾"不文。檢姜氏原文云："然今考魯申豐爲季氏行賄於齊梁丘據，而欲因高齮以通據，乃許齮粟五千庾。"董氏所引不通。又檢姜氏原文"止錦百兩"之"兩"作"四"。稿本"杜預、賈公彦皆因之"原作"因之而杜預注《左傳》、賈公彦疏《儀禮》與《考工》輾轉成錮而經義亂"，朱筆抹去，改作今字。又"徐養原曰……"一段原作"案《考工記》'陶人之庾'與甗、甑、盆、鬲皆瓦器，殆即用之以爲量，缶亦瓦器。則缶即二斗四升之庾，非十六斗之逾。宏嗣以十六斗解庾字，尚沿《論語》包注之誤"，抹去，改作今字。

12. ○《解》"十庾"至"曰莒"。

【按】稿本"莒"作"筥"，下同。

13.《詩·大田》疏："穧者，禾之鋪而未束者。秉，刈禾之把也。《聘禮》曰：'四秉曰莒。'注：'此秉爲刈禾盈手之秉。筥，穧名也。若今萊易之間刈稻。聚把有名爲筥者。……彼注言此秉者，以對米秉爲異，故《掌客》注云：'米、禾之秉、筥，字同數異。禾之秉，手把耳。筥謂一穧。'然則禾之秉，一把耳。米之秉十六斛，禾之筥四把耳，米之筥則五斗。是有對，故言此以别之。"

【按】今檢孔疏本文"此秉爲"之"爲"作"謂"。

14.《儀禮·聘禮記》："十筥曰稯，十稯曰秅，四百秉爲一秅。"注："一車之米三秅，爲千二百秉。三百筥，三十稯也。"

【按】稿本"一秅"、"注"之間原有"則四十秉爲一稯，四秉爲一筥，是從禾數言之也"諸字，抹去。

15. 徐大椿曰：親見西漢時六升銅器，容今時一升二合。則一秉禾所有之穀，在今量之，約得六合；在古量之，約得三升。是一千二百秉禾爲稯，止得古量三十六斛，安得六百四十斛之多？蓋宏嗣沿《論語包注》"十六斗爲庾"之説，故以一百六十斗爲秉，六百四十斗爲筥，六百四十斛爲稯也。

【按】今檢徐大椿爲清代吴江人。據載，徐大椿學識淵博，天文地理、音律、軍事無所不知，而最精醫學。著有《醫學源流論》《神農本草經百種録》《難經經釋》《傷害類方》《蘭臺軌範》等。董氏引徐大椿之説，未知即是此徐大椿否？

四、結語

通過對董增齡《國語正義》稿本、刊本的對校發現：一、稿本的内容比刊本豐富。體現在多個方面：(一) 保留了大量董氏修改的痕跡；(二) 有王引之的親筆批閲，與作者進行商討；(三) 有作者後來補入的條目，爲刊本所無。二、在文獻徵引方面，稿本較刊本更忠實於原書；三、董氏《正義》在徵引中有張冠李戴和剿襲前人之處。總體而言，稿本比刊本的文獻價值、學術價值更大，希望將來在探討董增齡《國語》研究成就的時候，可以以其《正義》之稿本爲對象。

【作者簡介】郭萬青，男，1975 年生，文學博士，河北唐山師範學院中文系副教授，研究領域爲中國古典文獻學、訓詁學研究。

南宋劉瞳《餘英志》初輯

胡耀飛

劉瞳《餘英志》是南宋時期記載湖州武康縣的一部地方志，以貫穿縣境的餘英溪命名。據南宋王象之《輿地碑記目》卷一《安吉州碑記》記載，此書爲“慶元中進士劉瞳撰”①。談鑰《嘉泰吴興志》卷一八亦曰“慶元中鄉貢進士劉瞳撰，二卷”②。同書還記載有《武康土地記》，爲“唐福州侯官尉沈常撰，一卷”，惜已失傳③。此外，關於作者劉瞳，除了知道其爲慶元(1195 年—1201 年)年間鄉貢進士外，其餘不詳，尚待考證。

據明人楊士奇《文淵閣書目》卷四，有“《餘英志》二册”④，可知明代尚存。然而今已不得見全本。今據《宋元方志叢刊》影印民國三年《吴興叢書》本《嘉泰吴興志》所引《餘英志》，對此書進行初步輯佚。原本缺字，或漫漶不清，則以“□”代替。

本次輯佚，依照《餘英志》在《嘉泰吴興志》中的出現順序，按條照録《嘉泰吴興志》原文，并據此擬定《餘英志》原文。另外，每一條皆按出現順序予以編號，其中不同兩條出現相同内容，或明顯可知此兩條爲《餘英志》原文中同一條記載被拆分爲兩條者，則合併這兩條引文。

需要説明的是，《餘英志》原文在《嘉泰吴興志》中基本都出現於注文，故此處爲行文簡便，把《嘉泰吴興志》正文簡稱“《興志》”，相應的《嘉泰吴興志》注文簡稱“《興注》”，卷數則括注文末；而據《嘉泰吴興志》還原的《餘英志》原文簡稱“《英志》”。

---

① 王象之《輿地碑記目》卷一《安吉州碑記》，上海：上海古籍出版社，1987 年，《景印文淵閣四庫全書》，第 682 册，第 521 頁。

② 談鑰《嘉泰吴興志》卷一八《事物雜志》，北京：中華書局，1990 年，景印民國三年(1914)《吴興叢書》本，《宋元方志叢刊》第五册，第 4845 頁。

③ 同注②，第 4845 頁。關於湖州地區歷代方志内容和現狀，參見沈慧：《湖州方志提要》，北京：中國文史出版社，2013 年。

④ 楊士奇《文淵閣書目》卷四，上海：上海古籍出版社，1987 年，《景印文淵閣四庫全書》，第 675 册，第 215 頁。

1.《英志》:永安縣,靈帝中平五年置。

《興志》:初平中,始分二邑置縣,名曰永安,屬吴郡。(卷一)

《興注》:《南史·沈約傳》云"靈帝中平五年置"。……《餘英志》以沈約博綜群書,世居武康,自吴至梁,歷年未遠,以約之言爲正。(卷一)

2.《英志》:吴寶鼎二年,始置吴興郡,以永安屬焉。

《興志》:吴寶鼎元年,始置吴興郡,以永安屬焉。(卷一)

《興注》:而《餘英志》以爲寶鼎二年者,亦據沈約之言也。(卷一)

3.《英志》:晉太康三年平吴,以平陽郡有永安縣,改曰永康。惠帝永元九年,改元永康,以年號同,始改曰武康。

《興注》:《餘英志》曰:"晉太康三年平吴,以平陽郡有永安縣,改曰永康。惠帝永元九年,改元永康,以年號同,始改曰武康。"(卷一)

4.《英志》:大業十三年,復置吴興郡,武康又屬焉。唐武德四年,賊李子通攻陷郡縣,以武康置安州,又改曰武州。子通平,唐因之。七年,州廢,縣復隸湖州。

《興注》:《餘英志》曰:"大業十三年,復置吴興郡,武康又屬焉。唐武德四年,賊李子通攻陷郡縣,以武康置安州,又改曰武州。子通平,唐因之。七年,州廢,縣復隸湖州。"(卷一)

5.《英志》:杏壇坊,在懋德里;桂子坊,在文會里。

《興志》:《餘英志》止載其二,曰:杏壇坊,在懋德里;桂子坊,在文會里。(卷二)

6.《英志》:天授二年,邑人戴德永上疏言:"武康二十鄉,其十五鄉枕臨谿澤,有舟楫之利,請以其地置武源縣。"天寶元年,改爲德清,而武康之境止五鄉。

《興志》:據《餘英志》云:"天授二年,邑人戴德永上疏言:'武康二十鄉,其十五鄉枕臨谿澤,有舟楫之利,請以其地置武源縣。'天寶元年,改爲德清,而武康之境止五鄉。"(卷三)

《興志》:按《餘英志》云:"武康縣東界十五鄉有舟楫之利,請置一縣。"非也,《統記》云"武康東界十七鄉"是矣。(卷三)

7.《英志》:莫干山,上有鑄劍池,水常清澈,水旱禱焉。則有應劍石,世傳吴王鑄劍所也。

《興志》:莫干山,在(歸安)縣西南一百五十里。《餘英志》云:"上有鑄劍池,水常清澈,水旱禱焉。則①有應劍石,世傳吴王鑄劍所也。"(卷四)

《興注》:餘英即武康也,故載在《餘英志》。(卷四)

8.《英志》:獅子山,首枕大谿,岡隴盤踞,如狻猊形。

① "則"字疑"側"字之誤。

《興志》:獅子山,在(歸安)縣西南一百五里。又屬武康,在武康東北七里。《餘英志》云:"首枕大谿,岡隴盤踞,如狻猊形。"(卷四)

9.《英志》:汪芒氏守封、嵎兩山之間。

《興志》:封山,《家語》載:"防風氏之守,曰守封禺之山。"《餘英志》云:"汪芒氏守封、嵎兩山之間。"(卷四)

10.《英志》:禺山,在縣東南三十里。按《史記》,禹十二世帝廑立。而《舊圖經》云:帝禺居此山。當是帝廑之兄弟分封此邦。

《興志》:禺山,《餘英志》云:"按《史記》,禹十二世帝廑立。而舊《圖經》云:帝禺居此山。當是帝廑之兄弟分封此邦。"(卷四)

《興志》:《統記》"禺山"又云:在(武康)縣東南三十里。《餘英志》亦云三十里。(卷四)

11.《英志》:石城山,夜有神光,其大如轂,往來山腰,倏隱倏見。山巔平坦,有洗馬池。

《興志》:石城山。……《餘英志》云:"夜有神光,其大如轂,往來山腰,倏隱倏見。山巔平坦,有洗馬池。"(卷四)

12.《英志》:銅官山,本名武康山,天寶六年,改名。山下有兩坎,號銅井。

《興志》:武康山,在(武康)縣西十五里。本名銅官山,唐天寶六年,敕改今名。(卷四)

《興注》:《餘英志》云:"六年[①],本名武康山,天寶六年,改名銅官山。"(卷四)

《興注》:《餘英志》云:"山下有兩坎,號銅井。"(卷四)

13.《英志》:金鵝山,與德清交界,山枕谿流,時有金鵝出没。

《興注》:《餘英志》云:"山與德清交界,山枕谿流,時有金鵝出没。"(卷四)

14.《英志》:金山,在縣南三十里。一名金車頂,其土赤埴,山巖有泉,産魚有金色。

《興注》:《餘英志》云:"在(武康)縣南三十里。"(卷四)

《興注》:《餘英志》云:"一名金車頂,其土赤埴,山巖有泉,産魚有金色。"(卷四)

15.《英志》:響應山,山下有龍湫,水色正碧,舊傳山有二玉,應人如谷之答響,名玉石響,又名大響。巖泉有小泓,名小響。正元中,于頔改玉石響爲碧玉潭。定光僧院棲巖腹中。有小池,池上有濯纓亭,又有　壑軒。院後緣石磴,抵谷中,有斷岸,瀑泉二十餘丈,下有潄玉亭。

《興注》:《餘英志》云:"有龍湫在山下,水色正碧,名玉石響,又名大響。巖泉有小泓,

① "六年",疑爲衍文。

名小響。正元①中，于頔改玉石響爲碧玉潭。定光僧院棲巖腹中。有小池，池上有濯纓亭，又有一壑軒。院後緣石磴，抵谷中，有斷崖，瀑泉二十餘丈，下有漱玉亭。"(卷四)

《興注》:《餘英志》云:"響應山下有龍湫，水色正碧，舊傳山有二玉，應人如谷之答響，名玉石響。"(卷五)

16.《英志》:覆船山，山有巨石横亘，狀如覆船。

《興志》:覆船山。……或云山有巨石横亘，狀如覆船。(卷四)

《興注》:見《餘英志》。(卷四)

17.《英志》:烏回山，或以群鳥翔集名山，或以山勢紆回故名。

《興注》:《餘英志》云:"或以群鳥翔集名山，或以山勢紆回故名。"(卷四)

18.《英志》:白鵠山，與青山見。

《興注》:《餘英志》云:"與青山見。"(卷四)

19.《英志》:獨蒼山，陰陽家有《尋山拯龍歌》言:"吴興郡主山，惟蒼與下。""蒼"即此地，"下"在郡城北。此山岡來自鄣南天目山，故老相傳，郡城造永寧倉，歲有水患，雖增築不能禦，有異人告主者，取武康蒼山土築之吉，因鑿山取土，土流血而倉始基，迄今無水患。山色蒼赤，殷然如血。

《興注》:《餘英志》云:"陰陽家有《尋山拯龍歌》言:"吴興郡主山，惟蒼與下。""蒼"即此地，"下"在郡城北。此山岡來自鄣南天目山，故老相傳，郡城造永寧倉，歲有水患，雖增築不能禦，有異人告主者，取武康蒼山土築之吉，因鑿山取土，土流血而倉始基，迄今無水患。山色蒼赤，殷然如血。"(卷四)

20.《英志》:煙霞塢。有龜巖，劉穎士别墅龜巖上，有亭曰藏春。瀑布有橋，亭名挂雲。淳熙中，知縣程九萬屢游，有留題。

《興注》:《舊編》又云:"塢有大石如龜，號龜巖，有瀑布。"《餘英志》云:"劉穎士别墅龜巖上，有亭曰藏春。瀑布有橋，亭名挂雲。淳熙中，知縣程九萬屢游，有留題。"(卷四)

21.《英志》:五官瀆，今廞淤。

《興注》:《餘英志》云:"今廞淤。"(卷五)

22.《英志》:風渚湖，以防風氏得名，故名風渚;在封、禺之兩間，故曰封渚;在東南隅，故曰巽渚;其廣九里，故曰九里湖;湖在□上渚，故曰下渚。

《興注》:《餘英志》云:"以防風氏得名，故名風渚;在封、禺之兩間，故曰封渚;在東南隅，故曰巽渚;其廣九里，故曰九里湖;湖在□上渚，故曰下渚。"(卷五)

---

① "正元"即"貞元"，唐德宗年號。

23.《英志》:新谿,在縣東三里,自後谿東注。淳熙三年,知縣蔡霖以砂磧漲塞,舟楫不通,自汊谿口,廢舊港,徙水道東北注五里,合長安大谿,邑人便之,號蔡公谿。

《興志》:《餘英志》又載新谿、長安谿,大林[①]皆脈絡相貫,因地及事兩名爾。(卷五)

《興志》:新谿,在縣東三里,自後谿東注。淳熙三年,知縣蔡霖以砂磧漲塞,舟楫不通,自汊谿口,廢舊港,徙水道東北注五里,合長安大谿,邑人便之,號蔡公谿。

24.《英志》:長安谿,在縣東北十二里,合衆流東注砂郙谿,東北匯餘不谿,北流水入於郡。

《興志》:《餘英志》又載新谿、長安谿,大林皆脈絡相貫,因地及事兩名爾。(卷五)

《興志》:長安谿,在縣東北十二里,合衆流東注砂郙谿,東北匯餘不谿,北流水入於郡。

25.《英志》:餘英谿,在縣治南,源出銅峴山,東四十九里至縣,古號前谿。

《興注》:《餘英志》云:"餘英谿,在縣治南,源出銅峴山,東四十九里至縣,古號前谿。"是合前谿與餘英谿爲一也。(卷五)

26.《英志》:錢渚,今廞淤。

《興注》:《餘英志》云:"今廞淤。"(卷五)

27.《英志》:費渚,今廞淤。

《興注》:《餘英志》云:"今廞淤。"(卷五)

28.《英志》:縣四圍皆山,獨東北隅小缺,自紹興以來,民之匿户避役者,多假道流之名,家於山中,墾開巖谷,盡其地力。每遇霖潦,則洗滌沙石,下注谿港,以致舊《圖經》所載渚、瀆,廞淤者八九,名存實亡。

《興志》:右谿、渚、川、瀆。《餘英志》云:"縣四圍皆山,獨東北隅小缺,自紹興以來,民之匿户避役者,多假道流之名,家於山中,墾開巖谷,盡其地力。每遇霖潦,則洗滌沙石,下注谿港,以致舊《圖經》所載渚、瀆,廞淤者八九,名存實亡。"(卷五)

29.《英志》:鄱陽汀,今廞淤。

《興注》:《餘英志》云:"今廞淤。"(卷五)

30.《英志》:縣舊不置丞、簿,本朝崇寧二年,始命邑無大小皆置丞,以丞兼簿。大觀四年,例省。政和六年,復置丞,兼簿。既而罷,丞、簿復歸尉。建炎初,始命縣滿萬户置丞,餘並罷。紹興五年,始命置簿。

《興注》:《餘英志》云:"縣舊不置丞、簿,本朝崇寧二年,始命邑無大小皆置丞,以丞兼簿。大觀四年,例省。政和六年,復置丞,兼簿。既而罷,丞、簿復歸尉。建炎初,始命縣滿

① "大林",疑"大抵"之訛。下同。

萬户置丞,餘並罷。紹興五年,始命置簿。"(卷七)

31.《英志》:據《毛澤民集》,縣治有東園,又有西園。今堂宇所占地,僅十分之三,蓋縣舊無數教場。紹興初,知縣(鍾)燮始析其東爲閲武之所,實毛滂今望遠樓之舊阯。

《興注》:《餘英志》云:"據《毛澤民集》,縣治有東園,又有西園。今堂宇所占地,僅十分之三,蓋縣舊無數教場。紹興初,知縣燮始析其東爲閲武之所,實毛滂今望遠樓之舊阯。"(卷八)

32.《英志》:秀敘亭,崇寧初,陳公瓘來游,留題;及紹興初,張公祁留題絶句。

《興注》:《餘英志》載:"崇寧初,陳公瓘來游,留題;及紹興初,張公祁留題絶句。"(卷九)

33.《英志》:和豐亭,地當闤闠,跨街結棟,蓋邑民交易之地。

《興注》:《餘英志》云:"地當闤闠,跨街結棟,蓋邑民交易之地。"(卷九)

34.《英志》:廬陵王長史沈覬墓。

《興志》:廬陵王長史沈覬墓。(卷十二)

《興注》:在武康縣北十五里。《統記》云:在吴頭山。《餘英志》《舊編》地闕。(卷十二)

35.《英志》:旂門博士沈洙墓、司徒左長史沈子春墓、陳尚書左丞沈不害墓、廬陵王長史沈覬墓、吏部尚書姚察墓、積射將軍沈紹墓、輔國大將軍戴洫墓、蜀王司馬姚最墓、後周開府儀同三司姚僧垣墓、唐秘書少監姚思聰墓①。

《興志》(括號内《興注》):旂門博士沈洙墓(在武康縣北二十五里)、司徒左長史沈子春墓(在武康縣北二十里西陽山)、陳尚書左丞沈不害墓(在武康縣北三十里)、廬陵王長史沈覬墓(在武康縣北十五里,《統記》云:在吴頭山。《餘英志》、舊編,地闕。)、吏部尚書姚察墓(在武康縣南三里)、積射將軍沈紹墓(在武康縣鳳凰山)、輔國大將軍戴洫墓(在武康縣北六里)、蜀王司馬姚最墓(在武康縣石城山)、後周開府儀同三司姚僧垣墓(在武康縣南三里)、唐秘書少監姚思聰墓(在武康縣南三里)。

《興注》:右墳墓,自漢至唐,凡三十所。《統記》《舊編》《餘英志》各載二十九所。《統記》無沈不害,《舊編》《餘英志》不載沈景故耳。《統記》姚恢、皓信墓云碑碣見存,而《餘英志》云皆丘壟不存,見《統》表識者。《統記》作於景德,歷二百餘年,存者亦復湮没,可勝歎哉。(卷十二)

36.《英志》:本朝朝議大夫劉士英衣冠墓。(公死節,在武康縣北十五里,馬鞍山)直秘閣鄂岳安撫使成無玷墓。(在武康縣北十五里煙塢村)和王楊存中墓。(在武康縣東三

---

① 《嘉泰吴興志》原文此處有缺,且將長興縣與武康縣之墓綴連一處,其中武康縣之墓僅十餘所可見。此外,《興注》關於沈覬墓的記載曰:"在武康縣北十五里,《統記》云:在吴頭山。《餘英志》、舊編,地闕。"可知《餘英志》或不載這些墓的具體方位,今暫略之。

十里禺山上)參政知事文安郡侯施鉅墓。(在武康縣北二十五里荊子山)

《興志》(括號内《興注》):本朝朝議大夫劉士英衣冠墓。(公死節,在武康縣北十五里,馬鞍山)直秘閣鄂岳安撫使成無玷墓。(在武康縣北十五里煙塢村)和王楊存中墓。(在武康縣東三十里禺山上)參政知事文安郡侯施鉅墓。(在武康縣北二十五里荊子山。右四所,《餘英志》所載)

37.《英志》:樊將軍廟。樊噲少失父,從母嫁沛中,遂爲沛人。今其地有古井,見物怪,人不敢汲。

《興注》:《餘英志》云:"樊噲少失父,從母嫁沛中,遂爲沛人。今其地有古井,見物怪,人不敢汲。"(卷十三)

38.《英志》:大慈寺。

《興志》:大慈寺,在武康縣東五十步,梁普通六年八月建,名寶相。(卷十三)

《興注》:《統記》作保相。唐漢陽王張柬之爲碑,《續編》及《餘英志》不載碑事。(卷十三)

39.《英志》:證道寺,以邑人秘書郎沈密舊居建。毛澤民《游證道寺》詩有"更看酴醾一夜春"之句。

《興注》:《餘英志》云:"以邑人秘書郎沈密舊居建。"(卷十三)

《興注》:《餘英志》載,毛澤民《游證道寺》詩有"更看酴醾一夜春"之句。(卷十三)

40.《英志》:靜林寺,寺瞰溪流,相爲勝絶。寺有妙峰亭。妙行堂、壺中軒載毛澤民及葛文康詩詞。葛公詩有云:"妙行堂前聳碧鮮,壺中軒外疊礸硯。"軒外疊石爲山也。《吴興記》稱寺有唐張柬之碑,今碑僅存,字不可辨。

《興注》:《餘英志》云:"寺瞰溪流,相爲勝絶。寺有妙峰亭。妙行堂、壺中軒載毛澤民及葛文康詩詞。葛公詩有云:"妙行堂前聳碧鮮,壺中軒外疊礸硯。"軒外疊石爲山也。又云:《吴興記》稱寺有唐張柬之碑,今碑僅存,字不可辨。"(卷十三)

41.《英志》:禪靜寺,有毛澤民《集翠堂》詩曰:……又《禪靜庵》詩曰:……又葛文康留題云:……。

《興注》:《餘英志》載毛澤民《集翠堂》詩、《禪靜庵》詩、葛文康留題。(卷十三)

42.《英志》:鳳凰山,始開山時,術者以此山有鳳翅形,鑿之必異,既而舉鍤,若有鳳凰飛去。

《興志》:皇覺寺,在縣東北十五里鳳凰山。(卷十三)

《興注》:《餘英志》云:"始開山時,術者以此山有鳳翅形,鑿之必異,既而舉鍤,若有鳳凰飛去。"(卷十三)

43.《英志》:翠峰寺,有毛澤民《游翠峰寺》詩曰:……又《題塔院》詩曰:……。

《興注》:《餘英志》載毛澤民《游翠峰寺》詩及《題塔院》詩。(卷十三)

44.《英志》:龍光寺,在縣東二百步,今廢。

《興注》:《餘英志》云:"在縣東二百步,今廢。"(卷十三)

45.《英志》:等慈尼寺,在千秋橋西南,今廢。

《興注》:《餘英志》云:"在千秋橋西南,今廢。"(卷十三)

46.《英志》:報慈資福禪院,在縣西南十五里金華山。

《興注》:《餘英志》云:"在縣西南十五里金華山。"(卷十三)

47.《英志》:護國禪院,有毛澤民《游虎跑泉石頣山》詩,葛文康《留宿石頣》詩云"住山偈老富心機",云云①"何須兼住兩招提?"蓋偈師建兩伽藍,冬居石頣,夏居静林。

《興志》:護國禪院,在縣西北二十五里石頣山。(卷十三)

《興注》:《餘英志》載毛澤民《游虎跑泉石頣山》詩,葛文康《留宿石頣》詩云"住山偈老富心機",云云"何須兼住兩招提?"蓋偈師建兩伽藍,冬居石頣,夏居静林。(卷十三)

48.《英志》:琳號無畏大士,受知蘇公軾,與毛滂酬唱甚多。

《興志》:隆教院,……建中靖國初,僧維琳居之。(卷十三)

《興注》:《餘英志》:"琳號無畏大士,受知蘇公軾,與毛滂酬唱甚多。"(卷十三)

49.《英志》:體寂院,失建置年月。佛日禪師居此院,道行高潔,常有一虎、一鹿隨之。一日,虎獨歸,而鹿不至。師意虎害鹿,薄責之。虎屏氣,徐出。須臾,負一死鹿至前,虎亦斃。師并瘞之,號虎鹿冢。

《興志》:體寂院,在縣西南二十里中山。唐咸通三年建,中和元年賜今額。(卷十三)

《興注》:見《舊編》,而《餘英志》乃云"失建置年月"。(卷十三)

《興注》:《舊編》載:佛日禪師居此院,道行高潔,常有一虎、一鹿隨之。一日,虎獨歸,而鹿不至。師意虎害鹿,薄責之。虎屏氣,徐出。須臾,負一死鹿至前,虎亦斃。師并瘞之,號虎鹿冢。《餘英志》同。

50.《英志》:陳沈峻。《南史》:"梁時爲中書通事舍人,出爲武康令,卒官。"

《興志》:《餘英志》又增陳沈峻一人。(卷十五)

《興志》:沈峻。《南史》:"梁時爲中書通事舍人,出爲武康令,卒官。"(卷十五)

51.《英志》:獨孤山。唐獨孤及爲武康宰,嘗作亭於山,因名其山曰獨孤。

《興志》:獨孤及。《餘英志》:"唐獨孤及爲武康宰,嘗作亭於山,因名其山曰獨孤。有遺阯存,見'獨孤山'下。"(卷十五)

---

① "云云"二字,疑作"又云",下同。

52.《英志》:建炎兵火,縣堂悉爲煨燼。紹興二年,鍾燮爲令,始復營建。重門之内,有敕書樓。廳事之東,有室,曰公主。明於西園池上建清心堂,即毛令漁磯鶴巢之地也。

《興志》:毛滂。……及見《餘英志》,邑之亭館多所創建,游覽篇詠並在東集堂①。(卷十五)

《興志》:鍾燮。《餘英志》云:"建炎兵火,縣堂悉爲煨燼。紹興二年,鍾燮爲令,始復營建。重門之内,有敕書樓。廳事之東,有室曰公主。明於西園池上建清心堂,即毛令漁磯鶴巢之地也。"(卷十五)

53.《英志》:程九萬。下車未幾,首訪儒士。凡所施設,動可觀仰。邑有頑民,與姦胥爲囊橐,盜占縣治地以罔市利。乃籍其姦贓,繩之以法,縣以肅清。秩滿,攀餞追送,閭巷爲空。在邑所作詩章百餘篇,號《松桂林集》。又和毛東堂題詠,邑人編爲《毛程倡和録》。

《興志》:程九萬。《餘英志》云:"下車未幾,首訪儒士。凡所施設,動可觀仰。邑有頑民,與姦胥爲囊橐,盜占縣治地以罔市利。乃籍其姦贓,繩之以法,縣以肅清。秩滿,攀餞追送,閭巷爲空。在邑所作詩章百餘篇,號《松桂林集》。又和毛東堂題詠,邑人編爲《毛程倡和録》。"(卷十五)

54.《英志》:(略)②

《興志》(括號内《興注》):武康人物,舊《圖經》所載沈勁以下二十七人,《餘英志》黜其二(沈衆、姚紹),而增十有五,而八爲近世之名卿士。則自唐以前,爲三十有四。而《統記》所載沈伯儀等九人,則又不志,去取猶有未盡。(卷十七)

55.《英志》:沈羲,吴興人。躬耕於野,棄耕具而亡,家人求之不得,自是聲跡窅絶。子孫相傳以爲羽化,邑人莫之信也。齊永明二年,乃歸訪舊廬,謂其耳孫曰:"吾爲汝家四世祖,在西蜀之西,以符藥治病,有活人功,上帝授我白玉簡,爲碧落侍郎,今歸以告汝。"倏忽不見。邑人聞之駭異,遂以其地建道觀,設祠塑像以奉之。事見《太平廣記》。今觀之東偏環翠堂有唐人詩云:"碧落新除沈侍郎,便驅旌節治東方。不知今夜游何處,從者皆騎白鳳皇。"宋崇寧、大觀間,有内庭女道官煉師孫千霞,夢一道士披采霞衣來言曰:"吾武康人也,在碧落中有仙職,時薄遊塵世,與道觀里域真官爲鄰,與子有宿緣,他日當相遇於彼。"千霞覺而茫然,不知武康爲何地。及靖康之亂,避難南方,依直省官石防禦者,家於德清之苕村,始知武康爲吴興屬邑。一日,石氏設大醮,羽衣畢集,邑之主觀道士姜景良與焉,千霞具以夢告,景良曰:"即吾邑沈羲也,初堂在里域真官之左。"千霞感慨流淚,亟造延真觀,

① "東集堂",疑爲"《東堂集》"。

② 此處因無法確認《餘英志》原文書寫情況,暫略之。

焚香設禮，瞻仰塑像。拜而起曰："真吾夢中所見也。"遂捐橐中金，遍施黄冠而去。千霞後於富陽泰元山建紫霄宫，其徒數百人。年八十有九，忽頷髭蔚然叢生，越三年羽化，真異人也。

《興志》：沈羲，吴興人。躬耕於野，棄耕具而亡，家人求之不得，自是聲跡窅絶。子孫相傳以爲羽化，邑人莫之信也。齊永明二年，乃歸訪舊廬，謂其耳孫曰："吾爲汝家四世祖，在西蜀之西，以符藥治病，有活人功，上帝授我白玉簡，爲碧落侍郎，今歸以告汝。"倏忽不見。邑人聞之駭異，遂以其地建道觀，設祠塑像以奉之。事見《太平廣記》。今觀之東偏環翠堂有唐人詩云："碧落新除沈侍郎，便驅旌節治東方。不知今夜游何處，從者皆騎白鳳皇。"宋崇寧、大觀間，有内庭女道官煉師孫千霞，夢一道士披采霞衣來言曰："吾武康人也，在碧落中有仙職，時薄遊塵世，與道觀里域真官爲鄰，與子有宿緣，他日當相遇於彼。"千霞覺而茫然，不知武康爲何地。及靖康之亂，避難南方，依直省官石防禦者，家於德清之苕村，始知武康爲吴興屬邑。一日，石氏設大醮，羽衣畢集，邑之主觀道士姜景良與焉，千霞具以夢告，景良曰："即吾邑沈羲也，初堂在里域真官之左。"千霞感慨流淚，亟造延真觀，焚香設禮，瞻仰塑像。拜而起曰："真吾夢中所見也。"遂捐橐中金，遍施黄冠而去。千霞後於富陽泰元山建紫霄宫，其徒數百人。年八十有九，忽頷髭蔚然叢生，越三年羽化，真異人也。見《餘英志》。（卷十七）

56.《英志》：赤眉城。……牙門城。……二城今皆爲桑柘地。

《興志》：赤眉城。……牙門城。……《餘英志》云："二城今皆爲桑柘地。"（卷十八）

57.《英志》：燕之隱見，以春秋分，與巢燕同。

《興志》：石井，……井傍有石燕洞。

《興注》：《餘英志》云："燕之隱見，以春秋分，與巢燕同。"（卷十九）

58.《英志》：千秋橋，跨前谿，吴黄武元年創。建炎初，兵火焚毀，知縣曹緯募邑人重建，覆之以屋。永安橋，在縣西南七里。天寶橋，在縣東清移村防風廟北，唐天寶中建。豐橋，在豫橋東，治平二年建。龍尾橋，在縣治東北，跨後谿，因名龍尾。較虎橋，在橋西二百步前谿北。（世傳邑人沈法興勇力過人，嘗較虎於此）蔡公橋，在縣東北二里新谿口，淳熙三年，知縣蔡霖建。豫橋，在龍尾橋東，治平二年建。高津橋，在豐橋東，慶元二年建。迎恩橋，在縣東一里，吴黄武元年創，舊名湖橋。乾道八年，邑人重建，改今名。中鄰橋，在縣東二十里。風渚橋，在縣東十五里。新寧橋，在縣東南十八里。崇仁橋，在縣東南二十里。郭林橋，在縣北五里，郭文往來之地。清河橋，在千秋橋之西、餘英館之南，吴黄武元年置，南通慈尼寺。元祐間,郡人張子野來游,樂府有“南北山橋通”之句[①]。

《興志》(括號内《興注》):千秋橋,跨前谿,吴黄武元年創。建炎初,兵火焚毁,知縣曹緯募邑人重建,覆之以屋。永安橋,在縣西南七里。天寶橋,在縣東清移村防風廟北,唐天寶中建。(右三橋見《統記》、舊編)豐橋,在豫橋東,治平二年建。龍尾橋,在縣治東北,跨後谿,因名龍尾。(毛滂有《解印東歸過龍尾》詩,在《東堂集》。)較虎橋,在橋西二百步前谿北。(《餘英志》云:“世傳邑人沈法興勇力過人,嘗較虎於此。舊編作搏虎橋,載《遯齋閑覽》,云武康多荒,有姓朱人,能搏虎,數爲虎所傷,號朱虎殘。舊傳虎食一人,則山神割其耳爲一缺。朱虎殘一日得一虎之兩耳,如鋸齒。舊編所援爲有證。”)蔡公橋,在縣東北二里新谿口,淳熙三年,知縣蔡霖建,舊編云慶安橋。豫橋,在龍尾橋東,治平二年建。高津橋,在豐橋東,慶元二年建。迎恩橋,在縣東一里,吴黄武元年創,舊名湖橋。(舊編云:以其水西南通下渚湖也)乾道八年,邑人重建,改今名。(右四橋載舊編)中鄰橋,在縣東二十里。風渚橋,在縣東十五里。新寧橋,在縣東南十八里。崇仁橋,在縣東南二十里。郭林橋,在縣北五里,郭文往來之地。以上諸橋,據《餘英志》所載。是時,載在通津者,《統記》止有永安、千秋、天寶并市橋,凡四。而天寶、市橋不載於《志》,天寶特見舊編。又有清河橋。(《志》云:“在千秋橋之西、餘英館之南,吴黄武元年置,南通慈尼寺。元祐間,郡人張子野來游,樂府有“南北山橋通”之句。”)(卷十九)

【作者簡介】胡耀飛,男,1986年生,歷史學博士、博士後,陝西師範大學歷史文化學院講師,研究領域爲隋唐五代史。

---

① 此段輯佚較複雜,然據《興志》“以上諸橋,據《餘英志》所載”,當指皆得自《餘英志》。而“右三橋見《統記》、舊編”,“右四橋載舊編”之語,則爲既見《統記》、舊編,亦爲《餘英志》所録。此外,文末之“《志》”,當亦指《餘英志》。

國圖所藏"稿本"《(道光)華嶽志》相關問題考辨

高葉青

華山位於陝西省華陰縣境内,以其山勢峻峭、風景秀美,且爲重要的道教旅遊勝地而久負盛名。華山有志,最早始於宋代,其後歷代多有編修,據不完全統計,約有十幾種之多。例如《華山記》《西嶽華山志》《華山志》《西嶽華山志》《華嶽全集》《華山經》《華山小志》《華嶽志》《華山記注》《華嶽志》《華嶽圖經》《華嶽志續編》等。關於這些志書之間的關係、編纂過程、存佚情况及史料價值等問題,筆者另有專文論述,在此僅對成書於道光元年、初刻於道光十一年,由李榕纂輯的《華嶽志》的相關問題進行辨析。

一、李榕其人及《華嶽志》的編纂背景

《民國華陰縣續志》卷五《人物志·流寓》:"李榕字蔭伯,貢生,潼關廳人,明曹國公文忠裔。歷代祖襲潼關衛指揮使,因家焉。後世多以明經傳。榕仰承家學,博極群書,文章謹嚴,品端識遠,教授於雲臺觀者數十年,成就多材。著有《華嶽志》,與邑宦楊翼武商定於楊之清白園。編纂宏富,評斷允當,人多稱服,以爲在王處一、姚遠翿諸書之上。"①

他爲什麽會萌生編纂一部《華嶽志》的想法？關於這個問題,李榕自序中已經交代得很清楚。他列舉了歷代所編纂的數種華山志書,認爲這些志書要麽已經亡佚,要麽體例及史料等方面還有缺憾,例如:"他若路一麟之《華山小志》、東蔭商之《華山經》、王宏撰之《華山記注》,雖簡核詳明,成一家言,而無與於紀載之林,非流覽者之所宜究心乎。"鑒於此,他要重新編纂一部《華嶽志》。對於編纂過程,他也言簡意賅地進行了描述,即"於嶽之勝概時加考核,稽之往籍,參之近今,凡牧豎樵夫之一話一言,莫不詳察而切究之。旁參互証,務

① 米登嶽修,张崇善、王之彦纂《民國華陰縣續志》卷五《人物志》,《中國地方志集成·陝西府縣志輯》第25册,第344—345頁。

求的實,合者存之,謬者證之,總以實而可據者爲是”。其嚴謹治學之態度,由此可見一斑。

二、《華嶽志》版本及編纂體例

總體而言,《華嶽志》爲一個版本系統,三個發展階段。(1) 稿本、批校本、抄本。道光元年,李榕纂輯完成《華嶽志》,其弟李標繪製插圖,以稿本存世,簡稱“稿本”。道光十一年正式刊刻之前,在此稿本基礎上進行批校,因批校痕跡與稿本之間的區分很清晰,因此爲便於叙述,稱此本爲“批校本”。另從李翼儒《跋》中可知,還有當時僑寓玉泉的趙孝廉本數據稿本抄寫的抄本,簡稱“抄本”。國圖所藏,是集稿本和批校於一體的一種本子,準確而言,應稱爲“批校本”。至於趙本數抄本,目前尚未得見。(2) 初刻本。道光十一年清白别墅藏板刻本,簡稱“道光本”。(3) 補刻本。光緒九年,湘鄉楊昌濬據清白别墅藏版補刊本,簡稱“光緒本”。以下作詳細介紹。

“批校本”。國圖所藏“批校本”共 7 册,有部分頁碼殘缺。半葉 10 行,行 24 字,無邊框,無欄線。第 1 册封面題“華嶽志　卷首”。李榕《序》卷首有印章三枚:一枚印文爲“博君一光”,一枚印文爲“北京圖書館藏”,一枚印文爲“學道雲臺”。《序》末有印章二枚:一枚印文爲“李榕字蔭伯”,一枚印文爲“人在蓮花第一峰”。《華山圖小引》標題下有印章一枚,印文爲“李標”。卷首末封右上側題有“首卷一千九百三十字”。卷一(即第二册)卷首“華嶽志”下方有一枚印章,印文爲“家在南華峰下”“評閲”下方有一枚印章,印文爲“李榕蔭伯”。卷末題“名勝三萬一千二百四十三字”。卷二、三(即第三册)卷首下方有一枚印章,印文爲“家在南華峰下”;“評閲”下方亦有一枚印章。卷末題“人物一萬六千九百六十八字,物産二千五百零七字”。卷四卷首有印章三枚,其中一枚爲“桃林居士”。卷末題“金石一萬九千一百五十五字”。卷五卷末題“藝文上二萬三千三百五十字”。卷六卷末題“藝文下兩萬六千六百九十字”。卷七、卷八卷末題“紀事四千六百〇四字,識餘四千七百字。華山志全部共十三萬二千一百五十字”①。

從國圖所藏“批校本”中,我們得以了解《華嶽志》最初的内容結構。依次爲:李榕《序》《華山志目録》《華嶽志卷首》《華山圖》(西嶽真形圖、靈寶西嶽古本真形圖、洞元靈寶西嶽真形圖、西嶽廟、華山陰圖、華山陽圖、第一關、希夷峽、莎蘿坪、雲門、青柯坪、廻心石、千尺幢、犁溝、擦耳崖、蒼龍嶺、金鎖關、二十八宿潭、西峰、南峰、東峰)、卷一名勝、卷二人物、卷三物産、卷四金石、卷五卷六藝文、卷七紀事、卷八識餘。每卷之前有小序以統領下文。

① 按,依據各分卷字數相加,總數爲 131147,與此處有差異。

“批校本”在“稿本”的基礎上，不僅修改措辭，還增加了部分内容，例如卷一《朱子祠》“嘉慶十五年榕募修”，在“十二”之後添加“以生員楊翼儒之助”。

“批校本”常用符號如下所示：

删除重文（右側兩點）：　　增補：

改錯：　　乙正：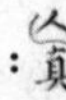

批校本“宏”字避諱不嚴格，例如李榕《序》中“王宏撰”。插圖的排列順序與初刻本、補刻本有異。

道光本。《中華山水志叢刊》收録此本。内封題“道光辛卯刻　清白别墅藏板”。白口，單黑魚尾，左右雙邊，半葉10行，行22字，小字雙行，行23字。内容依次爲：序（楊翼武）、序（李榕）、華山志目録、華山圖、華嶽志卷首（夾於“靈寶西嶽古本真形圖”與“西嶽廟圖”之間）、雲臺觀至東峰圖、名勝、人物、物産、金石、藝文（上）、藝文（下）、紀事、識餘、跋（楊翼儒）。道光本與批校本相比，文字多有修正，漏者補之，誤者改之，例如卷首增加了《祭西嶽華山文》。稿本完成於道光元年，正式刊刻於道光十一年，這十年間，李榕除了對文字資料進行修正之外，卷首的插圖也請人重新繪製。畢竟，十年期間，華山也發生了不少的變化。道光本在稿本卷首插圖的基礎上，重新繪製，增删了一些要素。舉《西嶽廟》圖以説明（左圖採自稿本、右圖採自道光本）：

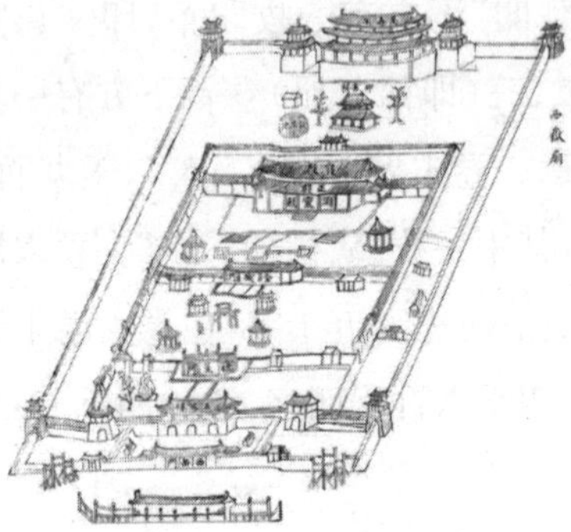

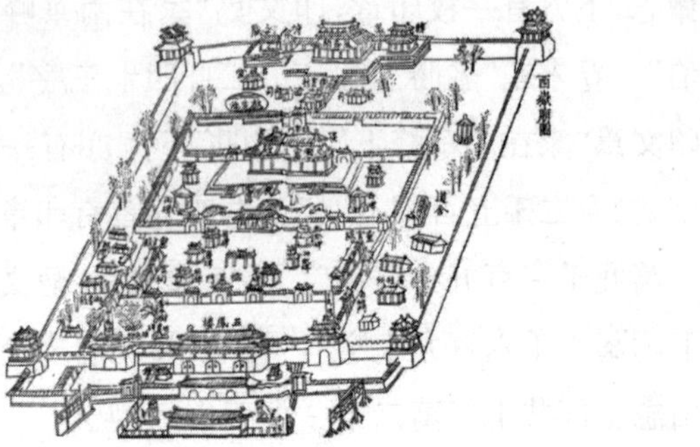

光緒本。沈雲龍主編之《中國名山勝跡志叢刊》（臺灣文海出版社）第四輯第30種收録此本。光緒九年，時任陝甘總督的楊昌濬鑒於道光十一年所刊刻之李榕纂輯《華嶽志》版殘過半，所以决定修廢補墜，於是他慨捐俸金，“囑簫臺明府取版片殘缺者悉補刊之”。此處的“簫臺明府”即前署華陰縣事會稽陳爵之。陳爵之受人之托，於是“囑道人郝永茂董司其事”。從光緒八年秋八月至光緒九年二月，歷時約七個月，剞劂告成，置版玉泉院中。該本内封一作者題爲“李榕蔭”，誤。《志》内序次爲：華山志目録、華嶽志卷首、序（楊翼武)、序(李榕)、補刊華山志序(楊昌濬)、補刊華山志後序(陳爵之)、華山圖、跋(楊翼儒)、名勝、人物、物産、金石、藝文(上)、藝文(下)、紀事、識餘。白口,單黑魚尾,左右雙邊,半葉8行,行19字。臺北成文出版社有限公司1970年印行之《中國方志叢書》所收録的《華嶽志》系據“李榕原修、郝永茂補刊,清光緒九年刊本”影印。《志》内序次爲:序(楊翼武)、序(李榕)、補刊華山志序(楊昌濬)、補刊華山志後序(陳爵之)、華山志目録、華嶽志卷首、華山圖、跋(李翼儒)、名勝、人物、物産、金石、藝文(上)、藝文(下)、紀事、識餘。另有兩個本子,其一封面作者僅題“清郝永茂”,不妥,《志》内序次與臺北成文出版社收録之《華嶽志》相同。其二封面作者題“清李榕蔭撰”,誤,當爲李榕撰。又題“道光元年序本”,該本爲大型道教叢書《藏外道書》(1992—1994年巴蜀書社出版)中所收録的一個子目,係整版影印,《志》内序次爲:序(楊翼武)、序(李榕)、華嶽志卷首、華山圖、華山志目録、名勝、人物、物産、金石、藝文(上)、藝文(下)、紀事、識餘、跋(楊翼儒)。

國圖所藏批校本《華山圖》現存21幅。批校本第23葉之後缺葉,國圖以某刻本補配,白口,單黑魚尾。其中1—4、6、8葉殘缺,第5葉版心内容依次題華嶽志、卷首、嶽廟圖、五,但是該葉並無圖或文字。第7葉有《西嶽廟圖》,版心内容依次爲華嶽志、卷首、寢宫、七。但是這一葉的圖,右邊是《西嶽廟圖》的右半葉,左邊是《雲臺觀》的左半葉,當係補配者粗心所致。經校點者比對,此處的補配刻本,當採自道光十一年初刻本或光緒九年補刻本。據此,《玉泉院》右半葉殘圖當爲刻本的第8葉,左半葉即國圖所謂的“原件短缺P8”。《雲臺觀》的左半葉殘圖當爲刻本的第7葉,其右半葉當爲刻本的第6葉。道光本共23幅圖,可推知國圖所藏缺失了兩幅圖,而缺失的兩幅圖(即《玉泉院》《雲臺觀》)在道光十一年的時候還是完好的。光緒本24幅圖,增加了《五雲峰》。光緒本插圖對道光部分錯誤進行了修正,例如《玉泉院》圖左下角“楊振海墓”的“墓”字,原本作“摹”,補刻本作“墓”。但是也有將道光本圖片剪裁失當之處,例如《迴心石》。還有與道光本圖片相異之處,例如《青柯坪》。

從整體來看,各本除内容排序有異、文字清晰程度不一之外,基本相同。關於避諱,常見有“宏”、“泓”、“弦”缺末筆,或以“宏”代“弘”且缺末筆,或“玄”作“元”,或“禎”作“正”,但各本皆不嚴格。

三、遺存問題辨析

1. 李榕字號問題

李榕字蔭伯,那麽楊翼武爲《華嶽志》所作《序》中提到的“李君雲圃”是誰?據楊翼儒

《跋》"雲圃,余之世戚,托栖雲臺,編輯《華志》,與余别墅相距里許,往復参証,閲十餘年而始成"可知,此人即李榕。推測"雲圃"應爲李榕的别字或號,存疑待考。

2. 批校本出自何人之手

李榕與楊翼武、翼儒兄弟有親緣關係,在編纂《華嶽志》期間,曾多次與翼儒磋商。李榕《序》寫於道光元年,也就是説,在這時已經纂修完畢。以楊翼儒《跋》逆推,李榕開始編纂《華嶽志》應始於嘉慶十六年前後。

《民國華陰縣續志》卷五《人物志·名臣》有關於楊翼武的記載:"楊翼武字燕庭,爲諸生,善治法家言。道光……九年……時翼武年逾六旬,積勞成疾……遂告歸養病。越二年,卒於家。"從這段引文中可知,楊翼武告老還鄉之後的兩年,即道光十一年就因病去世了。在此之前,楊翼武一直在外爲官,應該没有機會參與李榕纂輯《華嶽志》一事。這一點,在楊翼武爲《華嶽志》所作《序》中也得以印證了。楊翼武爲當地有名望之人,李榕親自帶着自己纂輯的《華嶽志》前往楊翼武的清白别墅拜謁,目的應該主要是想請楊翼武襄助刊刻事宜。楊翼武對《華嶽志》大加贊賞,認爲其"序次清晰,記載詳明,頓覺心曠神怡,不啻觀圖愈疾也"。

楊翼武的清白别墅是在他歸鄉之後建造的,地址在"華嶽之麓,傍玉泉,背六峰"。而且《民國華陰縣續志》指出:"《華山志》偕關門李榕於此脱稿焉。"[①]再一次説明了楊翼武與《華嶽志》的關係。然而,對《華嶽志》有重要貢獻的還有兩個人:其一,李榕之弟李標;其二,楊翼武之弟楊翼儒。此二人,《民國華陰縣續志》並未設立專門記載。其實,李榕在纂輯《華嶽志》的數十年間,是與楊翼儒反復磋商的,而楊翼武只是在《華嶽志》編成之后才初見,資助刊刻,在他的《序》里並未提及對《華嶽志》進行批校之事。楊翼儒的《跋》中明確指出自己曾參與《華嶽志》的纂輯工作,也指出楊翼武是因爲什麽機緣接觸到《華嶽志》,不過,楊翼儒提到楊翼武曾在刊刻前"命儒校刊"。那麽這裏的"儒"應該是指"楊翼儒"。另外,從《跋》"時趙孝廉本斅僑寓玉泉,以爲可備掌故之闕,隨即抄去"可知,《華嶽志》還有一種抄本,可稱爲"趙本斅抄本",但道光十一年據以刊刻的本子並非此抄本,而應是李榕與楊翼武、翼儒"往復參證"后的本子,那麽這個本子中的批改之處,是出自誰之手呢?目前還不能完全肯定,需要通過筆跡等線索進行綜合判斷。總之,以李榕爲發起者,李標繪製插圖(《華山圖小引》:"辛巳冬,伯兄雲圃纂輯《華山志》成,命標繪圖。")楊翼武、楊翼儒兄弟協力訂正并資助刊刻的《華嶽志》是集衆人之力的成果。

3. 批校本與稿本的關係

---

① 《民國華陰縣續志》卷一《地理志·園亭·清白别墅》。

國圖所藏批校本，卷首僅有李榕自序一篇，並無其他序言。但是卷一、卷二、卷五署名均爲“闗門李榕蔭伯甫纂輯”、“華麓楊翼武燕庭甫評閱”，且各卷行文中均有文字删改增補的現象，如下所列卷一(前三)、卷五(第四)的幾個例子：

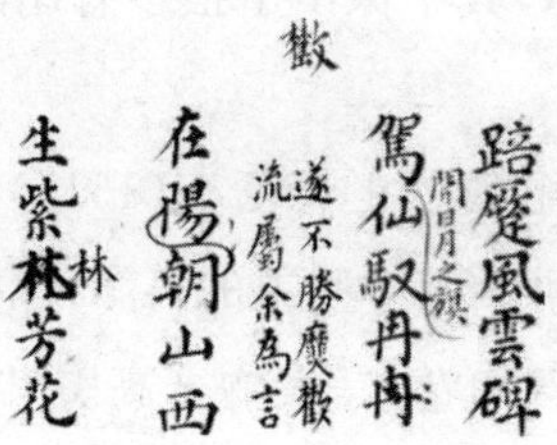

可以肯定，批校本是在李榕稿本的基礎上進行批校的，除了對以上錯訛衍倒缺文等問題進行校正外，還指出了稿本在書寫格式上的問題。例如卷一，稿本爲了表示尊崇，在“國家”之前空了一個字的距離(見圖一)，但是批校本指出，須另提一格書寫(見圖二)，而這個意見，在道光十一年刊刻時，得到採納(見圖三)。

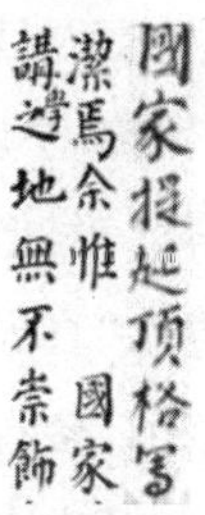

圖一

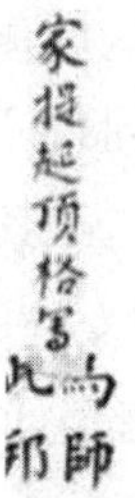

圖二

圖三

筆者推測，楊翼武的署名，當是在李榕帶去的本子的基礎上添加的，其中改動之處，應出自二人之手。稿本李榕署名的左側有一枚篆書印章，印文爲“李榕蔭伯”，而楊翼武署名的最後一個字“閱”，正好浮於篆書“李”字之上，顯然是後來所加。“華麓楊翼武燕庭甫評閱”又似乎是寫在一張長方形的紙條上，然後貼於此處的，如果仔細觀察印章右上角就可以發現。見下圖(依次爲卷一至卷八，其中卷七、卷八批校本並無“卷之某”等文字)：

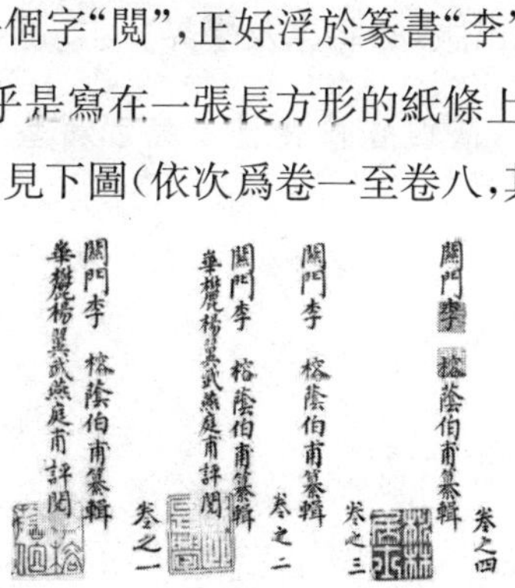

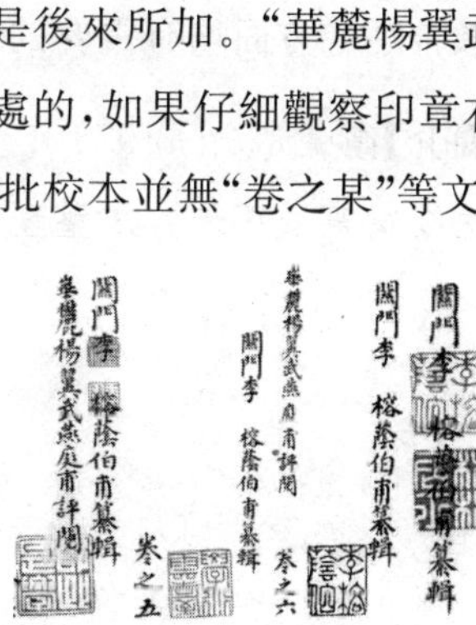

四、《華嶽志》的史料價值

《華嶽志》是一部著名的山志，其中保留了很多有用的資料，可供多方位研究之需要，略舉幾條：

卷一所收録的《屈直碑記》，記載了正德乙亥（1515）春，華山道士趙崇盤等人託諸鄉耆，請屈直爲重修華岳廟寫記一事。其中雙方的言語，反映了當時儒道之間的關係。關於我國古代華山民間教育的研究：例如卷二《人物・高賢》"楊震"條記載楊震居華山教授生徒，學者從之如市，其地多槐，因名"槐市"。"張楷"條記載楷隱居弘農山中，學者隨之，所居成市，後華陰山南遂有"公超市"。"辛繕"條記載辛繕隱居華山中，弟子授業者六百餘人。馮從吾于華山青柯坪教授生徒，從學者至三百餘人。關於道教生態保護理念的研究：卷一《環列山谷・神故林》"穀内次東有獨坐姑姑祠，其林合圍，松檜數萬株，禁人樵采。"卷八《識餘》有"樹木皆禁樵采"的記載。關於道教諸多名人言行的記載：例如道士李道殷、羅隱之、陳摶、元洲上卿蘇林、青鳥公、李八百、彭宗、馮長、西嶽仙卿李翼、修羊公、魏叔卿、稷邱公、太素清虚真人王褒、精思法師韋節、長春先生杜懷謙、通妙真人吕洞賓、丁少微等等。關於道教的養生之法：例如"服氣減食爲胎息"之法，不食五穀雜糧之"辟穀法"，服用松脂、柏葉、茯苓、黄精、桂葉、胡麻等長壽之法，雖其中不乏荒誕不經之説，但對於研究道教養生歷史具有重要的作用。關於研究道教與女性的關係：本《志》卷二"真人"一節，記録了上古明星、玉女，秦毛女玉薑，漢南陽公主，唐金仙公主等人遁跡華山，參省元道的事跡。關於僻跡華山的名人志士的記載：出於避世、逃難、求道等諸多原因，華山自古有爲數不少的隱居人士，他們或善詩詞書畫以自娱，或棋藝超衆，或滿腹經綸懷揣治國安邦之策，或博通經史教授生徒，或醫術高超治病救人，對當時的政權以及社會大衆産生過較爲重要的影響。例如陳摶、顧炎武、朱熹等人。總之，李榕《華嶽志》對於研究華山道教歷史、道教人物、道教養生、道教神話等方面均有重要的作用，將其點校出版，必將惠及學界。

【作者簡介】高葉青，女，1978年生，歷史學博士，陝西省社會科學院古籍整理研究所副研究員，主要從事陝西地方志整理與研究。

《四朝聞見録》史料來源鈎賾

鄒　賀　李英花

南宋葉紹翁撰寫的史料筆記《四朝聞見録》，分甲、乙、丙、丁、戊五集，共二〇九條，各條自有題目，主要記述南宋高、孝、光、寧四朝（兼及理宗朝）史事，其中，丁集獨記寧宗一朝史事，很多記載是現存獨見於斯書的一手史料。

葉紹翁的立意在於叙事修史，所以秉持著相當審慎的寫作態度：

> 紹翁嘗疑省吏及奪書一節得於所聞，未敢遽載。如淵（筆者注：即勾龍如淵）之論有據甚明。①

他注意對史料來源加以嚴控，以求言出有據。在乙集"清湖陳仙"條中，他闡述了自己揀選史事的原則：

> 陳兄弟能致仙，有奇驗，類皆如此，特不靈於予。他事不繫於國，故不書。②

所謂"繫於國"，是史事選取的總體原則，與市井閑談截然兩分。在乙集"吴雲壑二則"條，葉紹翁又進一步加以細化，他在叙及吴琚與宋孝宗詩文唱和時强調，君臣二人絶無隻言片語涉及"外事"、"國政"、"人才"：

> 孝宗篤眷公，情均兄弟，自論詩、作字、擊球之外，未嘗訪以外事，咨以國政，問以人才，公亦未嘗對上及之也。君臣之間兩得之。③

换言之，葉紹翁揀選出來並寫入書中的"繫於國"史事，是"外事""國政""人才"等三方面。以筆者私見，不妨把《四朝聞見録》的編纂主題總結爲：南宋高孝光寧四朝，軍事政治

---

①　葉紹翁《四朝聞見録》，北京：中華書局，2006 年，第 94—95 頁。

②　同注①，第 5 頁。

③　同注①，第 52 頁。

文化等領域相關人物，他們闡述的言論、進行的活動，以及產生的結果和影響。

基於這樣的念慮，或可將全書條目歸爲四類：軍政及學術事件、禮儀制度、人物軼事和評騭、錢塘地理名勝和習俗，大約涉及軍政社會、禮儀習俗、典章制度、學術思想、地理名勝等幾方面，而書中涉及到的人物，包括了皇帝宫闈、宗室親貴、宰相朝臣、軍旅戰將、方外高人、文人學士等。由此觀之，葉紹翁冠以"聞見"之名，除了襲用早已有之的成例，更大目的是標示自己與這些軍政文化人物交往過程中的所見、所聞①。

然而，《四朝聞見録》史料來源究竟若何？因這一問題尚無專文研討②，故筆者不揆檮昧，略陳淺見，就教於方家。

一、《四朝聞見録》史料來源

1. 廁身其間

葉紹翁留居臨安期間，經歷了韓侂胄專權、開禧北伐、史彌遠專權等歷史事件，内中曲折、真僞、隱諱，非當事人不得而知。因此，葉紹翁説過這樣一段話："紹翁惜不及拜覽國史，恐前後史臣削去已久。"③潛臺詞是他所記叙的相關事件，比國史的記載還要真實、全面。

最典型的例子，是真德秀曾經爲張彦清寫墓志銘，稱贊他不依附韓侂胄黨羽陳自强。而葉紹翁就以親身經歷指出："彦清實於是年見自强，予所目睹（小字注"親目"）云。"④葉紹翁有意識地通過自己親身經歷、或是與事主直接接觸等方式，獲取的識見、資訊，編寫入書中。這當然勝過"史臣"閲讀檔案資料、或者真德秀聽信事主家屬一面之詞。

被寫進《四朝聞見録》一書中的葉紹翁自己的親身經歷，最主要的部分，是他與京城貴胄的交遊。比如深得葉紹翁尊敬的真德秀，在《四朝聞見録》中多處出現，乙集"甲戌進士"條，記載的宋寧宗嘉定七年（1214 年），真德秀私下讓葉紹翁評判袁甫、李方子二人卷子一

① 據筆者考證，葉紹翁很有可能是太學生出身的史官，參與編寫《會要》，故多能瞭解朝野典制掌故。參見鄒賀、李英花《葉紹翁生平考》，《集美大學學報》（哲學社會科學版），2015 年第 1 期。

② 此前，林琳《〈四朝聞見録〉的史料價值》（《河南機電高等專科學校學報》，2009 年第 2 期）。基於前人認識，梳理《四朝聞見録》的内容，相對來看，這篇文章没有提出更深入、新穎的結論，甚而文中還存在史實錯誤。另外，劉藝模《〈四朝聞見録〉研究》（長沙：湖南師範大學碩士論文，2015 年）。乃是與筆者李英花《葉紹翁與〈四朝聞見録〉研究》（西安：陝西師範大學碩士論文，2015 年）。同年提交。此文第三章《〈四朝聞見録〉的學術價值》，通過分析"《四朝聞見録》與史籍及其他典籍的對比"、"《四朝聞見録》對國家政治和社會生活等方面的反映"，按照作者自己的標準，將《四朝聞見録》書中條目分别歸爲小説、史料、考辨三類。整體而言，林文、劉文都著力於通過梳理他書引用《四朝聞見録》之實例，凸顯其史學價值，而没有觸及《四朝聞見録》自身史料來源的問題。

③ 葉紹翁《四朝聞見録》，第 136 頁。

④ 同注③，第 166 頁。

事:"袁蒙齋甫,甲戌進士第一人也。文忠實閲其卷於殿闈,出則以前三人副卷示予,而亂其次序,没其姓名……文忠起而撫予背曰:'説得著,説得著。'"①

另外丙集"注脚端明"條,葉紹翁記載的是自己爲上司危稹代書,危稹當面教導他宋代官制的一個慣例:"嘉定李大性伯和以吏部尚書除端明殿學士,今俗謂'無注脚'。若有注脚,則降旨云:'某人除端明殿學士,恩例並同執政。'危公稹嘗居著庭,倩紹翁草札送之,因命書史寫'判府端明相公。'危以筆塗去二字,謂:'此豈可輕以稱謂?'"②

還有丙集"史彌遠玉带"條,此條反映的是史彌遠擅權,聖眷正隆。葉紹翁代人寫賀信,提到宋寧宗親自解下玉带賞賜史彌遠的殊榮,引起史彌遠注目:"嘉定間,寧皇賜史彌遠、趙師揆、楊次山等以玉带,唯彌遠上所解賜,他皆取於内府。朝之仕者與四方之門生故吏,泛然啓賀。其賜带,與趙、楊等混然無别。雖彌遠未嘗留意儷議,因覽衆啓畢,獨取一啓内'解賜'二字,曰:'此却知彌遠是上解賜。'此啓紹翁爲人代作。"③

其他像乙集"三王得"條,記載的是關於宋孝宗久未立儲,獨光宗排行老三,得"三王得"之讖一事,葉紹翁親見其人。"三王得,不知何許人,亦無姓名。带杭音,額角中(小字注:一無"中"字。)有刺字,意揀罷軍員也。頭蓬面垢,或數日不食,莫跡其止宿……予嘗呼之,但正日以視,邈無所言。"④

因時代、環境、思想的變化,對"繫於國"的理解也不盡相同。或許以後世標準來看,預卜先知之説不過街談巷議,並非史事。然而,在宋代,上至帝王貴戚、中有百官公卿、下到黎民百姓,讖緯推星、占卜扶乩非常之流行,像宋仁宗請人講解《周易》卜算、宋高宗擅長推星術、宋孝宗晚年信奉禪宗……故而在葉紹翁看來,讖緯之言是"繫於國"的史事,於理也屬當然。

從以上各例可以看出,《四朝聞見録》中所見葉紹翁廁身其間的史事,大多不是關涉南宋家國命運的重大歷史事件,尤其是廣受褒獎的記載韓侂胄史事特詳這一點,其實葉紹翁作爲史官,他自己親身參與政治決策與運作的程度極其有限。

2. 目見耳聞

一般來説,葉紹翁親眼得見寫入書中的資料,當以文字資料爲主,如公文、書信等,也就是今日所謂第一手史料,以之作爲史料筆記的史料來源,自然價值不菲。其中,葉紹翁援引數量最多的,首推當時朝臣的奏章。如乙集"胡桃文鵓鴿色炭"條,引證王居正的奏

---

① 葉紹翁《四朝聞見録》,第73頁。
② 同注①,第113頁。
③ 同注①,第132頁。
④ 同注①,第53頁。

札:"予方修宣和沉腦燭事,適讀王竹西侍郎奏札,又知當時御爐炭樣,方廣皆有尺寸,炭紋必如胡桃文、鵓鴿色。"①

以及丁集"考異"條,吴琚是否參與宋光宗即位一事,葉紹翁指出吴琚所寫與葉適所寫,兩相差異:"此紹翁親目於琚之子鋼,後又再索之於鋼之子。近閲水心先生葉公適題王大受《拙齋詩稿》則曰……適以爲'余實親見',不知二稿何爲略不相似。"②

又有葉適、薛公圭二人建議宋光宗立儲的上書,葉紹翁承認,葉適的上書没有看到,薛公圭的上書,是從薛公圭的兒子手裏看的底稿:"先是,趙蹈中具載水心贊嘉邸之語數十百,親筆其顛末,紹翁未之見也。薛君,永嘉士人,子夢桂嘗以其書稿示紹翁。"③

此外,像碑刻之類,也不在話下。如甲集"潘閬不與先賢祠"條,葉紹翁在文末後綴一句:"事見《祠記》。"④標示了史料出處。還有甲集"張司封廟"條,"廟號昭貺,即景祐中尚書兵部郎張公夏也(小字注:原注或作'兵部史'。碑又作'太常'。祠典作'工部員外',俗呼'司封')。"⑤諸如此類,取材碑刻、奏札、書信等資料的條目,遍布書中,兹不贅舉。

但是,《四朝聞見録》甲集"高宗幸太學"條出現了疑問。該條記載的是紹興十四年(1144年)三月,宋高宗兩次親臨太學視察之事⑥。同樣的内容,亦載於周淙《乾道臨安志》一書⑦。二者文字叙述,幾乎完全一致。從成書時間上看,當然是成書於宋孝宗乾道五年(1169年)的《乾道臨安志》在前,那麽是否是葉紹翁摘抄《乾道臨安志》?

不然。首先是時間。在《乾道臨安志》中,記爲:"十四年三月己巳,光堯太上皇帝祗謁先聖。"聯繫前文,知此處當是紹興十四年。而在《四朝聞見録》中,則記爲"紹興十四年三月乙巳,高宗祗謁先聖",二者的差别是三月"己巳"日、還是"乙巳"日。按紹興十四年(1144年)年農曆三月,只有"己巳"日,無"乙巳"日,故《四朝聞見録》記載有誤,當以《乾道臨安志》記載爲準。

其次,宋高宗之後又一次來到太學,並命太學教師當場講《周易》。關於當時講課的人,在《乾道臨安志》中記爲:"復幸太學,御敦化堂,頒手詔,示樂育詳延之誠意,命國子司業高閌講《周易·泰卦》,賜群臣諸生坐垂聽講説,首肯者再三。"是高閌。而在《四朝聞見録》中,則記爲:"復幸太學,御崇化堂,頒示手詔,示樂育詳延之誠意,命國子司業臣等閲講

① 葉紹翁《四朝聞見録》,第76頁。
② 同注①,第140、141頁。
③ 同注①,第105頁。
④ 同注①,第2頁。
⑤ 同注①,第32頁。
⑥ 同注①,第22頁。
⑦ 周淙《乾道臨安志》卷一,《中國方志叢書》,臺北:臺灣成文出版社,1984年,景印清光緒四年重刊本,第48號,第11頁。

《周易·泰卦》,賜群臣諸生坐聽講説,上首肯者再。”此處“國子司業臣等”數語不通,似乎有所遺漏。

如果説第一處,葉紹翁把“己”誤爲“乙”,還有可能是個人失誤,但第二處竟然漏掉“高閌”人名,轉而寫出不通之句,就不可理喻了。畢竟,葉紹翁若摘抄《乾道臨安志》,其實可以避免上述兩個錯誤。因此,更可能的情況是葉紹翁所看並不是《乾道臨安志》,而是太學裏記載此事的石碑。也就是,宋高宗紹興十四年視察太學後,太學學官、師生們將此事撰寫成文,並刊刻立碑。周淙在乾道年間,看到的碑文還很清晰,而葉紹翁在嘉定年間看到的碑文,就已經模糊了,所以産生了“己”與“乙”、“國子司業高閌”與“國子司業臣等”的差異。

由此,可以認定“高宗幸太學”條的史料來源,不但不是抄録《乾道臨安志》的二手史料,反而可能是來自碑文第一手史料。

除了文字資料,葉紹翁久居臨安行在,當然更方便接觸當時一些文物繁華。最具有時代性的例子,是葉紹翁親眼見到,吴曦叛亂時所造器物公服。此事載於丙集“逆曦僞服印”條,“開禧逆曦既誅,僞内史安公丙函其首與僞服、宫號來。上以首付棘寺,僞服與印付臨安府軍資庫。時吴鋼爲倅,吏胥未以入庫,急持來示,紹翁亦因以識。”①

當然,葉紹翁得以親見實物,是通過臨安府通判吴鋼的關係。如果未能親眼得見,就成了聽人轉述。在《四朝聞見録》書中,葉紹翁聽他人轉述所得的史料,主要是朝界往事、士林舊聞等。轉述者大多有名可查,像甲集“天子獄”條,記載的是危稹親口給葉紹翁述説名臣羅點的一段經歷,“驪塘危公嘗語余曰……”②還有葉紹翁自陳,關於趙汝愚的資料,是來自吴琚、吴鋼父子,後來他又向趙汝愚後人求證。事見於丁集“慶元丞相”條:“先是,紹翁未敢以吴氏之説爲信,嘗於西山書院會趙氏子弟,其説相符。趙氏以丞相女孫妻西山之子云。”③

一般而言,耳聞所得的資料,是各種史料筆記必備的元素,最典型的内容像臧否人物,如乙集“張于湖”條所記,“真文忠公嘗語余曰……”④是真德秀對張孝祥的評語。

葉紹翁對自己親眼所見資料,幾乎都標注有出處,其中也不可避免地包含有家藏、私撰、自述等形式。葉紹翁在引述時,也會參考其他記録,進行一定程度的比對、考證和分析。

---

① 葉紹翁《四朝聞見録》,第 93 頁。
② 同注①,第 25 頁。
③ 同注①,第 136 頁。
④ 同注①,第 71 頁。

3. 轉引他書

這裏的"他書"指的是已經寫成、刊印的書籍，與前文葉紹翁接觸、閱讀的奏章、書信等不同。雖然葉紹翁並未在《四朝聞見録》書中開列出引用書目的書單，但在行文中間，也直接寫出了所引書名，共有《愧郯録》《金佗稡編》《揮麈録》《朝野雜記》《水心集》《退朝録》《止齋集》《大全續集》《續稽古録》等九種。

岳珂的兩部著作《愧郯録》《金佗稡編》都爲葉紹翁所用，其中，引用《愧郯録》的是丙集"賢良・第二則"條、丙集"閩人訛傳兆域"條、丁集"嘉泰制詞"條①。引用《金佗稡編》的是戊集"考異"條②。

王明清《揮麈録》被葉紹翁引用的有丙集"賢良"條、丙集"高宗六飛航海"條、丙集"九里松字"條、丙集"王正道"條③。

李心傳《建炎以來朝野雜記》被葉紹翁所引用的有丁集"考異"條、丁集"慶元黨"條、丁集"考異"條、戊集"犬吠村莊"條④。

一個特殊的情況是，葉紹翁在丙集"高宗六飛航海"條和丙集"張通古"條兩個條目中，共三處提到了《朝野僉載》⑤。這當然不可能是唐代張鷟《朝野僉載》，而是宋代夏少曾所撰《朝野僉言》，所叙正是宋欽宗靖康初年史事。但葉紹翁並不是直接引用該書，而是引自李心傳《建炎以來朝野雜記》一書所引該書的内容。因爲"高宗六飛航海"條原文作"秀岩李公心傳《朝野僉載》云云"，而"張通古"條記金朝張通古出使南宋一事，則完全是李心傳《建炎以來朝野雜記》所載内容⑥。

又按《朝野僉載》《朝野僉言》《建炎以來朝野雜記》三書書名相近，再加上古人引書喜作省略語，故而已然無法判斷《四朝聞見録》丙集"高宗六飛航海"、"張通古"兩個條目的三處書名錯誤，是葉紹翁自己失察，還是抄書人失誤。

葉適《水心集》的内容被葉紹翁所引用，是在丙集"萬弩營"條、丙集"寧皇進藥"條⑦。分别以《水心集》卷一〇八《墓志銘・華文閣待制知廬州錢公墓志銘》、卷一〇三《墓志銘・翰林醫痊王君墓志銘》爲史料來源，叙述錢表臣、王克明事跡。另有丁集"慶元黨"條，引用了葉適《題王大受拙齋稿》⑧。

---

① 以上分别見葉紹翁《四朝聞見録》，第110頁、136頁、160頁。

② 同注①，第162頁。

③ 同注①，第114頁、第122頁、第123頁、第124頁。

④ 同注①，第152頁、第148頁、第137頁、第195頁。

⑤ 同注①，第122頁、第125頁。

⑥ 李心傳《建炎以來朝野雜記》乙集卷一〇二《張通古能詩聰慧》，北京：中華書局，2006年，第699頁。

⑦ 同注①，第93頁、第94頁。

⑧ 同注①，第148頁。

勾龍如淵《退朝録》被葉紹翁引用是在丙集"秦檜待金使"條①。

陳傅良《止齋集》中的《回吴直閣書》一文,被葉紹翁在丁集"慶元黨"條中引用②。

朱熹《朱子大全》,被葉紹翁引用的是《朱子大全·續集》中的"與田子真貼"、"與饒廷老書"二篇③。

龔頤正《續稽古録》被葉紹翁引用的有丙集"九里松字"條、丁集"考異"條、丁集"慶元宰相"條④。

對於以上這些書籍中的材料,葉紹翁之所以要引用,或是爲了佐證自己的觀點,或是爲了標示史料來源,或是爲了考證甄别史實,並不是原封不動地抄録,所以被寫進《四朝聞見録》的内容,已經與原文有了很大改變。

從《四朝聞見録》行文風格、葉紹翁寫作思路來看,葉紹翁在字裏行間流露出熟悉朝廷典制、投契貴戚名士的自信與得意,所以在撰寫《四朝聞見録》的條目時,至少在主觀上,他不會、也不屑於做簡單的摘抄、綴集之事,而要在言出有據的同時,進行考證和議論。

葉紹翁繼承並發揮了司馬光創立的"考異體"史書編纂方法,在《四朝聞見録》中,直接以"考異"爲題的條目就有九則,主要是對原有文字記載的考證。除此而外,在一般條目中,也有一些零星考證分布其間,比如丙集"九里松字"條,有"以紹翁考之,蓋不特此"⑤。丙集"王正道"條,有"紹翁按"⑥,丙集"張通古"條,有"少翁竊謂"⑦,如此之類。正如葉紹翁自己所言:

> 秉史筆者,其可爲疑似之論耶?⑧

同時,對無法落實、難以澄清的問題,也敢於承認存疑待考,不作妄斷,當缺所疑,以備史氏采擇云⑨。

葉紹翁在《四朝聞見録》中的考證,最重要的目標有兩個,一是李心傳《建炎以來朝野雜記》,二是龔頤正《續稽古録》。對於前者,葉紹翁還是秉持學術討論的態度,使用的也是

① 葉紹翁《四朝聞見録》,第 94、95 頁。
② 同注①,第 140 頁。
③ 同注①,第 148 頁。
④ 同注①,第 123 頁、第 136、137 頁、第 135 頁。
⑤ 同注①,第 124 頁。
⑥ 同注①,第 124 頁。
⑦ 同注①,第 125 頁。
⑧ 同注①,第 152 頁。
⑨ 同注①,第 137 頁。

商榷性質語句,如"不知秀岩曾刊定否"等①。

但是,對於龔頤正及其《續稽古録》,則情況不同。龔頤正"號爲博洽"②,有《芥隱筆記》傳世。然而葉紹翁對他相當不以爲然。在丁集"慶元宰相"條中,葉紹翁就趙汝愚相關史事,將自己的記載與龔頤正《續稽古録》兩相比較,他認爲:"頤正外臣也,不知當時宫闈事,當以紹翁得之吴氏者爲詳可信。"③葉紹翁甚至在書中直呼龔頤正之名,而没有循書中對士人稱呼的一般規律,寫作"龔公頤正"等。葉紹翁對自己這樣做的理由直言不諱:"龔頤正《稽古録》志在詆趙。"④由此可見,葉紹翁支持士林公議,維護趙汝愚、駁斥龔頤正,自然不在話下。

二、《四朝聞見録》史料價值

1. 爲他書所引用

《四朝聞見録》成書不久,在南宋末年時,已經爲人所注意。潛説友《咸淳臨安志》卷六九《陸維之傳》,文末小字注云:"以葉紹翁《四朝聞見録》《大滌洞天真境録》修。"⑤宋度宗咸淳年間成書的《愛日齋叢鈔》卷二有載:"葉氏《聞見録》云……"⑥此處所引,爲《四朝聞見録》乙集"洛學"條内容⑦。還有,俞德鄰《佩韋齋輯聞》中有"至閲《四朝聞見録》"等語⑧。同樣是生活在南宋末年,專心著述的周密,他在《齊東野語》卷五《南園香山》中提到"姑以《四朝聞見録》所載一事言之"⑨,顯然對此書有過研讀,他甚至還專門考訂了《四朝聞見録》的三處記載錯誤⑩。

時間再往後,元代馬端臨在《文獻通考》卷三三《選舉考》中,引用《四朝聞見録》甲集"宏而不博博而不宏"和"宏詞"二條目的内容⑪。在明代,有田汝成《西湖游覽志餘》、陸楫

① 葉紹翁《四朝聞見録》,第122頁。
② 同注①,第135頁。
③ 同注①,第135、136頁。
④ 同注①,第137頁。
⑤ 潛説友《咸淳臨安志》卷六九《人物十·方外·陸維之》,《中國方志叢書》,臺北:臺灣成文出版社,1971年,景印清道光十年重刊本,第670頁。
⑥ 葉寘《愛日齋叢抄》卷二,北京:中華書局,2010年,第47頁。
⑦ 同注①,第48頁。
⑧ 俞德鄰《佩韋齋輯聞》卷二,上海:上海古籍出版社,1987年,景印《文淵閣四庫全書》,第865册,第589頁。
⑨ 周密《齊東野語》卷五,北京:中華書局,2006年,第84頁。
⑩ 紀昀、陸錫熊等《欽定四庫全書總目(整理本)》卷一四一《子部五十一·小説家類二》,北京:中華書局,1997年,第1865頁。
⑪ 馬端臨《文獻通考》卷三三《選舉考六·博學宏詞》,北京:中華書局,2003年,第317頁。

《古今説海》等書引用《四朝聞見録》。到了清代，雖然《四庫提要》將《四朝聞見録》歸爲小説家類雜事之屬，却也在《伊洛淵源録》《海塘録》《王荆公詩注》《止齋文集》《攻媿集》《渭南文集》《南湖集》《東浦詞》《放翁詞》等九個條目中，引用《四朝聞見録》的内容進行論證、評價。其他諸如《浙江通志》等官、私修書籍，亦屢屢加以引用，避繁不述。

不言自明，上述羅列的引用情況，體現了歷代學者對葉紹翁《四朝聞見録》一書所具有的史料價值的肯定。

2. 輯佚南宋人詩文

《四朝聞見録》可補《全宋文》。

《四朝聞見録》丙集"寧皇登位"條，收有南宋陳貴明所作的一篇跋文，其文略云：

> 懶庵趙蹈中載寧廟之立，實出於水心先生之建議。雖然，水心之議特出於一時之危疑，蹈中所載寧廟堂（小字注："堂"字疑衍）登極之詔，遲下數月，（小字注："月"疑"日"）襄州之亂作矣，特以詔至而止。嗚呼，孰知有獻策於承平無事者哉①！

按《四朝聞見録》有載，陳貴明的永嘉同鄉薛公圭，曾經在宋光宗紹熙五年（1194年）上書《上書孝宗光宗請立太子定國本奏》②，此篇跋文，就是陳貴明爲這篇奏章所作，而《全宋文》闕收。又按這篇跋文寫作時間是在"嘉熙壬寅"，但宋理宗嘉熙年號凡四年（1237年—1240年），無壬寅，壬寅當爲淳祐二年（1242）。

《四朝聞見録》還可補《全宋詩》。

宋詩多矣。先有傅璇琮等先生編成《全宋詩》行世③。日後，又有陳新、張如安等先生編著《全宋詩訂補》④，期間，諸如李裕民等多位先生，先後做過專門的補遺、訂正等工作。

以《四朝聞見録》爲例，可以輯補出《全宋詩》未開列的作者及其詩作若干，比如南宋韓仙胄有一首《黄胖詩》：

> 一朝綫斷他人手，骨肉皆爲陌上塵。⑤

再如南宋劉淮《題韓氏第》詩：

> 寶蓮山下韓家府，鬱鬱沉沉深幾許。主人飛頭去邊土，緣户空牆嘆風雨。九世卿

---

① 葉紹翁《四朝聞見録》，第105頁。
② 曾棗莊、劉琳《全宋文》卷六五九七，上海：上海辭書出版社，2006年，第290册，第205、206頁。
③ 北京大學古文獻研究所《全宋詩》，北京：北京大學出版社，1995年。
④ 陳新、張如安等《全宋詩訂補》，鄭州：大象出版社，2005年。
⑤ 葉紹翁《四朝聞見録》，第192頁。

家一朝覆，太師宜誅魏公辱。後來不悟有前車，突兀眼中觀此屋。①

3. 校勘明清人著述

今日所見《四朝聞見録》存在一個問題：該本是從鈔本整理而來，而鈔本不可避免地混雜有豕亥魚魯之訛，所以，若然一字一詞地細究起來，《四朝聞見録》的校勘價值，可能並不十分可靠。縱然如此，也不能就此輕易否定《四朝聞見録》的校勘價值。

比如《四朝聞見録》丙集"鵓鴿詩"條，收録宋高宗紹興年間，時人所作以鴿子爲主題的一首絶句：

鐵勒金狨似錦鋪，暮收朝放費工夫。
争如養取南來雁，沙漠能傳二帝書。②

這首詩，在明代田汝成《西湖游覽志餘》中記爲：

鵓鴿飛騰繞帝都，朝收暮放費工夫。
何如養個南來雁，沙漠能傳二帝書。③

明代葉子奇《草木子》則記爲：

萬鴿盤旋繞帝都，暮收朝放費工夫。
何如養取南(闕)雁，沙漠能傳二聖書。④

明代彭大翼《山堂肆考》記的是：

萬鴿盤旋繞帝都，暮收朝放費工夫。
何如養取南來雁，沙漠能傳二聖書。⑤

清代厲鶚《宋詩紀事》又記的是：

---

① 葉紹翁《四朝聞見録》，第192頁。

② 同注①，第97頁。

③ 田汝成《西湖游覽志餘》卷二《帝王都會》，《中國方志叢書》，台北：臺灣成文出版社，1984年，景印明萬曆十二年刊本，第49頁。

④ 葉子奇《草木子》卷四《談藪篇》，上海：上海古籍出版社，1987年，《景印文淵閣四庫全書》，第866册，第788頁。

⑤ 彭大翼《山堂肆考》卷一〇六《人品・題鴿》，上海：上海古籍出版社，1987年，景印《文淵閣四庫全書》，第977册，第153頁。

萬鴿飛翔繞帝都，朝昏收放費工夫。
何如養取雲邊雁，沙漠能傳二聖書。①

可見，上述四種記載都不相同，已經不能確定這首詩的原來樣貌。不過這四種書記載的這首詩的出處，却不是《四朝聞見録》，而是元代李有《古杭雜記》。但在今本《古杭雜記》中，已經難覓此詩蹤跡②。

因此，既然《古杭雜記》書中所載此詩已佚，那自然就該以現存此詩最早的《四朝聞見録》中所載《鵓鴿詩》爲准，用以校勘以上四書。

4. 補《宋史·畢再遇傳》

《四朝聞見録》可以擴充、修正對相關史實的認識。比如《四朝聞見録》甲集"三省"條，所記嘉定年間重修都堂一事③。而在稍後的《咸淳臨安志》，以及《宋會要輯稿》等資料中，都未提到過宋寧宗時，翻建、重修政事堂等一類事由。

貫覽全書，《四朝聞見録》戊集"畢再遇"條所載，能够極大地擴展《宋史·畢再遇傳》記載的不足④。畢再遇是在韓侂胄組織的"開禧北伐"戰爭中涌現的名將，《宋史》卷四〇二有傳⑤，今人的研究，也多是以《宋史·畢再遇傳》爲本，並未充分運用《四朝聞見録》中的資料⑥。

首先，畢再遇的籍貫，在《宋史·畢再遇傳》中載爲"畢再遇字德卿，兖州人也"。在《四朝聞見録》戊集"畢再遇"條則記爲"再遇，臨安西溪人"。按畢再遇之父畢進爲岳飛部將，階至武義大夫，畢再遇就是以父蔭入官。大概《宋史·畢再遇傳》所載爲畢再遇的祖籍，而《四朝聞見録》戊集"畢再遇"條所載爲畢再遇一家南渡後定居之地。

其次，關於畢再遇的體貌外形。《宋史·畢再遇傳》載"再遇姿貌雄傑"，而《四朝聞見録》戊集"畢再遇"條則記爲："精悍短小。"按葉紹翁作爲與畢再遇同時代的人，自注其史料來源乃是李常簿撰寫的畢再遇《謚議》，可信度極高。而《宋史》修成在《四朝聞見録》之後，時代疏隔，或者采信畢再遇後人渲染溢美過的家傳，也未可知。

最後，關於畢再遇的歸宿。《宋史·畢再遇傳》但言開禧兵罷，畢再遇轉任他官，語焉不詳。而《四朝聞見録》戊集"畢再遇"條則提到，畢再遇曾經手刃親弟，遭貶徙居湖州，而

---

① 厲鶚《宋詩紀事》卷九六《太學士人·絶句》，上海：上海古籍出版社，2008 年，第 2289 頁。
② 李有《古杭雜記》，王雲五《叢書集成初編》，上海：商務印書館，1940 年。
③ 葉紹翁《四朝聞見録》，第 29、30 頁。
④ 同注③，第 163、164 頁。
⑤ 《宋史》卷四〇二《畢再遇傳》，北京：中華書局，2007 年，第 12144—12148 頁。
⑥ 沈淦《南宋名將畢再遇》，《文史天地》2014 年第 7 期；朱玉周《畢再遇——被失敗淹没的南宋常勝將軍》，《滄桑》2008 年第 5 期；余河鄖《一場戰爭成就的一代名將——南宋將軍畢再遇事跡評述》，《群文天地》2012 年第 12 期下。

後屢受彈劾，被迫向官府輸納田券等。與開禧北伐時的英雄了得相比，判若雲泥。

三、餘論

按照一般看法，《四朝聞見録》是研究南宋史的必備書目，自然應該歸列乙部。如明代官修藏書目録《文淵閣書目》，將《四朝聞見録》列入"宙字號第二櫥・史附"，與《建炎以來系年要録》等書並鄰。另外，像清初黄虞稷《千頃堂書目》等私修書目，也認其爲史部之書。

不過，年輩較黄虞稷稍晚的著名學者王士禛(1634—1711)在《居易録》一書中，對《四朝聞見録》進行了如許評價：

> 龍泉葉紹翁《四朝見聞録》自甲集迄戊集，亦纂述南渡事跡，其間頗有涉煩碎者，不及李氏朝野雜記，二書皆鈔本。①

"煩碎"之説一出，頗爲清代學者所信服，嗣後，清代幾部官修書目，相繼將其歸入子部小説家類，如《欽定續通志》把《四朝聞見録》歸爲《藝文略・小説家・瑣事》，且在文末强調："以上見文淵閣著録。"②意即針對明代《文淵閣書目》，做出的更改。同樣，在《欽定續文獻通考》《四庫全書》中，都循例作如是歸類。四庫館臣在《四庫提要》中直言王士禛"所評良允"："小小訛異，記載家均所不免，不以是廢其書也，惟王士禎《居易録》謂其'頗涉煩碎'，不及李心傳書，今核其體裁，所評良允，故心傳書入史部而此書則列小説家焉。"③

由王士禛的一番論述，引出《四朝聞見録》該入史部、還是子部小説家類的分歧。筆者以爲，這個疑問，並不難拆解清楚：

首先，小説的古、今概念不同。今日文學作品之小説，是對應英語 fiction、novel，强調虚構、奇異，與真實相對。而清人所謂小説，實與稗官野史同義，强調瑣屑、世俗，與雅言相對。清人視《四朝聞見録》爲小説，正是基於王士禛以及後來四庫館臣所説的"體裁煩碎"，意指《四朝聞見録》條目編次無序，正與小説之古義相合，而不是指其書寫人記事荒誕不經。

其次，即便漁洋山人王士禛自己，對《四朝聞見録》一書的史料價值，也給予過正面、充分的肯定，他不僅在《居易録》《池北偶談》兩部書中，都引用過《四朝聞見録》相關内容，而

---

① 王士禛《居易録》卷八，上海：上海古籍出版社，1987 年，《景印文淵閣四庫全書》，第 869 册，第 403 頁。

② 嵇璜、曹仁虎等《欽定續通志》卷一六〇《藝文略・小説家・瑣事》，上海：上海古籍出版社，1987 年，《景印文淵閣四庫全書》，第 395 册，第 525 頁。

③ 《欽定四庫全書總目(整理本)》卷一四一《子部五一・小説家類二・四朝聞見録五卷》，第 1865 頁。

且還强調，研究南宋史，在紀傳體正史《宋史》之外，《四朝聞見録》是必採之書，所謂："《宋史》外，北宋有王偁《東都事略》、曾鞏《隆平集》，南宋有李心傳《三朝朝野彙編》、葉紹翁《四朝聞見録》……凡此諸書，皆當兼收並採，不可以其不列學官而偏廢之。"①同理，《續文獻通考》也承認《四朝聞見録》一書具有極高的史料價值："臣等謹案：是編載高、孝、光、寧四朝軼事，足補史傳之闕。"②

要之，南宋葉紹翁所撰《四朝聞見録》一書的史料來源，主要是葉紹翁自己的親身經歷；他親眼見識過的碑刻、實物等一手史料，或經由他人叙述，聽來的時事；參考其他書籍等三種。是書史料來源基本真實可信，其寫人記事、議論評價大多出於士林公議，具有極高的史料價值，爲歷代著述所引用。雖然作者受限於身份，並没有深入參與到重大軍政事件當中，再加上全書没有最終定稿，因而顯得條目編次不順、記事稍顯瑣碎，但仍不失爲一部研究南宋前、中期歷史不可或缺的重要史料筆記，在輯佚、校勘、補充正史等方面，可資利用。

【作者簡介】鄒賀，男，1981 年生，歷史學博士、博士後，西安電子科技大學人文學院歷史系副教授，主要從事古典文獻學、宋史研究。

李英花，女，1982 年生，歷史學碩士，西安電子科技大學國際教育學院教師，主要從事古典文獻學研究。

① 王士禛《分甘餘話》卷一《十七史外史書》，北京：中華書局，1997 年，第 20 頁。

② 《欽定續文獻通考》卷一七九《經籍考・子・小説家上》，上海：上海古籍出版社，1987 年，《景印文淵閣四庫全書》，第 630 册，第 407 頁。

朱熹書法輯目*

鄭　薇　張家壯

朱子一生成就多端，並不以書名世，然正如清人馮班在《鈍吟書要》中所云："書是君子之藝，程、朱亦不廢。"①由朱子文集的相關篇章觀察，朱子的"筆札玩好之情"（《與周益公》）實在也是一往而深的②，他不但未廢臨池（如《題曹操帖》所示），更時常和友朋相與研讀、觀賞法書古刻以及近世書帖，並多有題跋③，也因此而獲"善評諸家書"之譽④。在作書上，雖然朱子嘗自言"予性不善書"（《贈筆工蔡藻》），但其書法却頗爲後世愛賞，歷代評家稱譽者不絶，如明人陶宗儀曰："（朱子）善正行書，尤工大字。"⑤王鏊曰："晦翁書筆勢迅疾，曾無意於求工，而尋其點畫波磔，無一不合書家矩矱。"⑥董其昌曰："（晦翁書）大都近鍾太傅法，亦復有分隸意。"⑦清人孫承澤則贊"朱子大書雄偉異常"⑧；吴其貞評朱子"書法瀟灑老蒼，絶無塵氣"⑨。諸如此類，所在多有，正可見"一代理性大儒"（錢穆評語）於經史文章範圍之外的建樹，實不可輕忽。朱子書法，今之所存雖難以言多，但爲歷代藏家所賞玩著録者亦自不乏，兹乃考諸圖籍，採掇所見自宋至清各類文獻所録朱子書法，筆其信息，依所著録之時代先後編次，輯成此目，俾敬愛朱子者覽之，得悉朱子手澤存世大概，亦或有取於萬一也。

---

* 本文是福建省社科研究基地重大項目《朱熹文藝思想綜合研究》（項目編號：2014JDZ013）的相關成果。

① 上海書畫出版社選編《歷代書法論文選》，上海：上海書畫出版社，1996年，第549頁。

② 參錢穆《朱子新學案》，成都：巴蜀書社，1986年，第1841—1844頁。

③ 此類信息，束景南《朱熹年譜長編》（上海：華東師範大學出版社，2014年）載録甚詳，一望可知，如：乾道三年朱子謁劉芮，得《泰山秦篆譜》，並得閱劉氏先世所藏法書古刻及近世諸公往來書帖，竟日不能遍；又淳熙三年，爲尹焞遺墨作跋；淳熙六年，往江東道院觀書畫，題米友仁《瀟湘圖》卷；淳熙七年常往江東道院與愛蓮堂題所藏書畫。如此等等，不一而足。

④ 鄭杓、劉有定《衍極並注》，見《歷代書法論文選》，同注①，第463頁。

⑤ 陶宗儀撰，徐美潔點校《書史會要》卷六，杭州：浙江人民美術出版社，2012年，第189頁。

⑥ 王鏊《震澤别集》，崔爾平選編《歷代書法論文選續編》，上海：上海書畫出版社，1996年，第418頁。

⑦ 董其昌《容臺别集》卷二，邵海清點校《容臺集》，杭州：西泠印社出版社，2012年，第631頁。

⑧ 孫承澤撰，白雲波、古玉清點校《庚子銷夏記》卷七，杭州：浙江人民美術出版社，2012年，第172頁。

⑨ 吴其貞撰，邵彦校點《書畫記》卷二，瀋陽：遼寧教育出版社，2000年，第59頁。

跋《叙古千文》,淳熙六年(1179)作,明王佐(生卒年不詳,1427年進士)《新增格古要論》卷四著録①。

書濂溪先生《拙賦》後,淳熙六年(1179)作,王佐《新增格古要論》卷四著録②。

跋米元章帖,淳熙十二年(1185)作,王佐《新增格古要論》卷四著録③。

跋《十七帖》,作年不詳,王佐《新增格古要論》卷四著録④。

跋馮君家藏唐誥,淳熙十四年(1187)作,王佐《新增格古要論》卷十著録⑤。

自書《武夷九曲詩》一卷,作年不詳,明張丑(1577—1644)《清河書畫舫》"燕字號第七"著録⑥。

朱元晦《城南二十詠》墨跡,紙本,行書,縱31.5cm,横275.5cm,清孫承澤(1592—1676)《庚子銷夏記》卷一⑦、卞永譽(1645—1712)《式古堂書畫匯考》書卷之十四著録⑧,又清畢沅撰集《經訓堂法書》第三册著録⑨,故宫博物院藏,圖見《故宫博物院藏文物珍品大系·宋代書法》⑩。

朱元晦先生《題愚叟墓》,孫承澤《庚子銷夏記》卷七著録⑪。

《獨遊寶應寺詩》《與程允夫帖》《或問誠意章》,三帖合爲一卷,孫承澤《庚子銷夏記》卷八著録⑫。

《祖帳帖》,清吴其貞(約1607—1681)《書畫記》卷二著録⑬。

《修德帖》《僭易帖》,二帖合爲一卷,卷後有李西涯等題跋,吴其貞《書畫記》卷五(第一九五頁)著録⑭。

《王姨帖》《閏月十八日帖》《八月十七日帖》《八月十五日帖》,四帖合爲一卷,吴其貞《書畫記》卷五著録⑮。

---

① 王佐《新增格古要論》,杭州:浙江人民美術出版社,2011年,第149頁。
② 同注①。
③ 同注①,第150頁。
④ 同注①,第150頁。
⑤ 同注①,第287頁。
⑥ 張丑撰,徐德明校點《清河書畫舫》,上海:上海古籍出版社,2011年,第323頁。
⑦ 孫承澤撰,白雲波、古玉清點校《庚子銷夏記》,杭州:浙江人民美術出版社,2012年,第9頁。
⑧ 卞永譽《式古堂書畫彙考》,杭州:浙江人民美術出版社,2012年,第624頁。
⑨ 容庚《叢帖目》卷六"歷代六",北京:中華書局,2012年,第516頁。
⑩ 王連起主編《故宫博物院藏文物珍品大系·宋代書法》,上海:上海科學技術出版社,2001年,第192頁。
⑪ 同注⑦,第172頁。
⑫ 同注⑦,第200頁。
⑬ 吴其貞撰,邵彦校點《書畫記》,第59頁。
⑭ 同注⑬,第195頁。
⑮ 同注⑬,第205頁。

《臺卷帖》,吴其貞《書畫記》卷五著録[①]。

朱文公《論書》,清卞永譽(1645—1712)《式古堂書畫匯考》書卷之二著録[②]。

朱熹《和張敬夫書跡一》,嚴氏書紀,卞永譽《式古堂書畫匯考》書卷之四著録[③]。

朱文公《李泰發二帖》,崑山項方伯家藏,卞永譽《式古堂書畫匯考》書卷之四著録[④]。

朱文公《與六十郎帖》,吴江史明古家藏,卞永譽《式古堂書畫匯考》書卷之四著録[⑤]。

晦翁墨妙,分宜嚴氏書品掛軸目,卞永譽《式古堂書畫匯考》書卷之四著録[⑥]。

徽國文公編輯文字帖,卞永譽《式古堂書畫匯考》書卷之十四著録[⑦]。

朱子《晝寒詩卷》,卞永譽《式古堂書畫匯考》書卷之十四著録[⑧]。

朱文公自書《武彝九曲詩卷》,卞永譽《式古堂書畫匯考》書卷之十四著録[⑨]。

朱文公《與姪六十郎帖》,卞永譽《式古堂書畫匯考》書卷之十四著録[⑩]。

朱晦翁《賜書帖》,白紙本,行書十行,卞永譽《式古堂書畫匯考》書卷之十四[⑪]、清安岐(1683—約1745)《墨緣匯觀》法書卷下著録[⑫],圖見《朱子遺墨》[⑬]。

朱晦翁《與時宰二手札卷》,紙本,行書,第一札縱33.8 cm,横68.2 cm,第二札縱33.3 cm,横28.5 cm,故宫博物院藏,卞永譽《式古堂書畫匯考》書卷之十四著録[⑭],圖見《故宫博物院藏文物珍品大系·宋代書法》[⑮]。

朱子書"青天白日"四字額,清楊賓(1650—1720)《大瓢偶筆》卷五著録[⑯]。

《教授學士帖》,淡黄紙本,行草十七行,安岐《墨緣匯觀》法書卷下著録[⑰],圖見上海書店出版社編《宋元尺牘》[⑱]。

---

① 吴其貞撰,邵彦校點《書畫記》,第212頁。
② 卞永譽《式古堂書畫彙考》,第121頁。
③ 同注②,第193頁。
④ 同注②,第212頁。
⑤ 同注②,第214頁。
⑥ 同注②,第215頁。
⑦ 同注②,第620頁。
⑧ 同注②,第621頁。
⑨ 同注②,第622頁。
⑩ 同注②,第622頁。
⑪ 同注②,第626頁。
⑫ 安岐撰,張增泰校注《墨緣匯觀》,南京:江蘇美術出版社,1992年,第72頁。
⑬ 《朱子遺墨》,上海:上海書店出版社,1990年,第80頁。
⑭ 同注②,第627頁。
⑮ 王連起主編《故宫博物院藏文物珍品大系·宋代書法》,上海:上海科學技術出版社,2001年,第200頁。
⑯ 楊賓著,柯愈春點校《大瓢偶筆》,杭州:浙江人民美術出版社,2012年,第110頁。
⑰ 同注⑫,第72頁。
⑱ 上海書店出版社編《宋元尺牘》,上海:上海書店出版社,2000年,第407頁。

朱文公《顔淵注稿册》,共二十九紙,每紙高七寸四分,長三寸六分,小行草書,清陸時化(1724—1789)《吴越所見書畫録》卷一著録①。

朱子書《大雪遊天湖詩》一卷,素箋本,行草書,作年不詳,《石渠寶笈》(1745 年)卷五"貯乾清宫(五)"著録②。

朱子書《題懸崖水詩》一軸,素箋本,行草書,作年不詳,《石渠寶笈》卷七"貯乾清宫(七)"著録③。

朱子書《遊仙詩》一卷,素箋本,行楷書,作年不詳,《石渠寶笈》卷十三"貯養心殿(四)"著録④。

朱子書《易系》一册,册計十四幅,素箋本,行楷大書,作年不詳,《石渠寶笈》卷二十八"貯御書房(一)"著録⑤。

朱子書七言截句一册,册計十五幅,素箋本,行楷大書,作年不詳,《石渠寶笈》卷二十八"貯御書房(一)"著録⑥。

朱子書僧歌一册,册計十五幅,素箋本,行楷書,作年不詳,《石渠寶笈》卷二十八"貯御書房(一)"著録⑦。

朱子自書五言古詩一卷,素箋本,大楷書,乾道六年(1170)作,作年不詳,《石渠寶笈》卷三十一"貯御書房(四)"著録。款識云庚寅歲季秋望新安朱熹書⑧。

朱子書七言絶句一軸,素箋本,行書,乾道二年(1166)作,《石渠寶笈》卷三十七"貯御書房(十)"著録⑨。

朱子書七言詩一軸,刻絲書軸,軸高三尺四寸,廣一尺七寸,宋本素織,行書,作年不詳,《石渠寶笈》卷三十七"貯御書房(十)"著録⑩。

朱熹自書《讀道書有感詩》一卷,縱九寸六分,横一丈六尺,宋箋本,行書,作年不詳,《欽定石渠寶笈續編》"乾清宫藏(五)"著録⑪。

---

① 陸時化撰,徐德明校點《吴越所見書畫録》,上海:上海古籍出版社,2015 年,第 13 頁。

② 張照、梁師正等撰《石渠寶笈》,《影印文淵閣四庫全書》,臺北:臺灣商務印書館,第 824 册,第 151 頁。

③ 同注②,第 212 頁。

④ 同注②,第 370 頁。

⑤ 同注②,第 825 册,第 157 頁。

⑥ 同注⑤,第 157 頁。

⑦ 同注⑤,第 157 頁。

⑧ 同注⑤,第 251 頁。

⑨ 同注⑤,第 456 頁。

⑩ 同注⑤,第 458 頁。

⑪ 王傑等輯《欽定石渠寶笈續編》,《續修四庫全書》,上海:上海古籍出版社,2002 年,影印清内府抄本,第 1069 册,第 653 頁。

朱熹行書，載《宋人法書》册第四、册第五，縱九寸，横一尺一寸三分，作年不詳，《欽定石渠寶笈續編》"乾清宫藏(八)"著録①。

朱子二帖卷(《寄程允夫札》，紙本，行草書，縱 33.5 cm，横 45.3 cm；《中庸》"或問誠意"章草稿，紙本，行草書，縱 28.2 cm，横 113.6 cm)，清阮元(1764—1849)《石渠隨筆》卷三著録②。按《欽定石渠寶笈續編》"養心殿藏(二)"著録"朱熹二帖一卷，宋箋本，三幅，第一幅縱一尺六分，横一尺八分，白描二人小照，儒者衣冠，無名款；第二幅縱一尺五分，横一尺四寸五分，草書；第三幅縱九寸二分，横三尺六寸，草書，作年不詳"③，當即此帖，姑附此。遼寧省博物館藏，圖見《中國法書全集》第八册④。

宋朱子定山題名，摩崖行書十六行，字徑二寸，紹熙五年(1194)作，阮元《兩浙金石志》卷十著録⑤。

宋朱子格言石刻，格言五行(脱去凡近以遊高明，勿爲嬰兒之態，而有大人之志，勿爲終身之謀，而有天下之意，勿求人知而求天知，勿求同俗而求同理)，行書，作年不詳，阮元《兩浙金石志》卷十三著録⑥。

宋朱子"忠孝"二大字，正書，字徑二尺五寸，款字正書，字徑二寸，後人摹刻無年月，阮元《兩浙金石志》卷十三著録⑦。

朱子尺牘册，紙本，行書，作年不詳，清胡敬(1769—1845)《西清札記》卷一著録⑧。

朱子《與汪會之書》册，作年不詳，胡敬《西清札記》卷一著録⑨。

宋朱熹張栻札子合卷，紙本，朱熹一通，高一尺二寸，闊二尺四寸二分，清葛金烺(1837—1890)、葛嗣浵(1867—1935)《愛日吟廬書畫叢録》之《愛日吟廬書畫續録》卷一著録⑩。

《論語集注稿·先進》一卷，清顧復(1894—1979)《平生壯觀》卷三著録⑪，圖見《朱子遺墨》⑫。

---

① 王傑等輯《欽定石渠寶笈續編》，《續修四庫全書》，上海：上海古籍出版社，2002年，影印清内府抄本，第1070册，第84頁。

② 阮元撰，錢偉强、顧大朋點校《石渠隨筆》，杭州：浙江人民美術出版社，2012年，第51頁。

③ 同注①，第550頁。

④ 中國古代書畫鑒定組編《中國法書全集》，北京：文物出版社，2011年，第234頁。

⑤ 阮元主編《兩浙金石志》，杭州：浙江古籍出版社，2012年，第315頁。

⑥ 同注⑤，第319頁。

⑦ 同注⑤，第319頁。

⑧ 胡敬撰，劉英點校《胡氏書畫考三種》，杭州：浙江人民美術出版社，2015年，第266頁。

⑨ 同注⑧，第267頁。

⑩ 葛金烺、葛嗣浵撰，慈波點校《愛日吟廬書畫叢録》，杭州：浙江人民美術出版社，2012年，第330頁。

⑪ 顧復撰，林虞生校點《平生壯觀》，上海：上海古籍出版社，2011年，第87頁。

⑫ 上海書店編輯《朱子遺墨》，上海：上海書店，1990年，第54頁。

《卜築鍾山帖》，顧復《平生壯觀》卷三著録①。

一札乞畫《太極圖》，小行，白紙，顧復《平生壯觀》卷三著録②。

一札上白提舉丈，白紙，小行，顧復《平生壯觀》卷三著録③。

一札拜問德門，顧復《平生壯觀》卷三著録④。

二札一卷。陳敬宗、廖莊、李東陽、吴寬跋。顧復《平生壯觀》卷三著録⑤。

《富貴有餘樂詩》，字寸有半，顧復《平生壯觀》卷三著録⑥。

《朱熹澹泊春煙帖》，清卞永譽撰集《式古堂法書》卷九著録，見容庚《叢帖目》卷五"歷代五"⑦。

《宋朱熹與會之知郡書》，紙本，行草書，均縱 33.3 cm，横 47.8 cm，紹熙五年(1194)作，清江湄撰集《職思堂法帖》第一册著録，見容庚《叢帖目》卷五"歷代五"⑧，圖見何傳馨主編《南宋藝術與文化・書畫卷》⑨。

《朱熹與從之書》，清蔣陳錫集《敬一堂帖三十二卷》第七册著録，見容庚《叢帖目》卷五"歷代五"⑩。

《朱熹春雲七絶、數日五絶》，清李清鑰《古寶賢堂法書》卷一著録，見容庚《叢帖目》卷五"歷代五"⑪。

《朱熹與彦修少府書、與□君承務書》，清梁詩正等編撰《三希堂石渠寶笈法帖》第十七册著録，見容庚《叢帖目》"歷代五"⑫。《與□君承務書》，又民國馮恕撰集《藴真堂石刻》卷三著録，見容庚《叢帖目》卷十"歷代十"⑬。

《朱熹與彦修少府書》，清葛正笏撰集《仁聚堂法帖》卷五著録，見容庚《叢帖目》卷六"歷代六"⑭，圖見上海書店出版社編《宋元尺牘》⑮。

---

① 顧復撰，林虞生校點《平生壯觀》，上海：上海古籍出版社，2011 年，第 88 頁。
② 同注①。
③ 同注①。
④ 同注①。
⑤ 同注①。
⑥ 同注①。
⑦ 容庚《叢帖目》，北京：中華書局，2012 年，第 361 頁。
⑧ 同注⑦，第 368 頁。
⑨ 何傳馨主編《南宋藝術與文化・書畫卷》，臺北：臺北"故宫博物院"，2010 年，第 150 頁。
⑩ 同注⑦，第 416 頁。
⑪ 同注⑦，第 424 頁。
⑫ 同注⑦，第 438 頁。
⑬ 同注⑦，第 888 頁。
⑭ 同注⑦，第 468 頁。
⑮ 上海書店出版社編《宋元尺牘》，第 409 頁。

《朱熹往來傳聞札子》，清錢泳撰集《寫經堂帖》卷八、《樸園藏帖》卷四著録，分别見容庚《叢帖目》卷七“歷代七”①。

《周易系辭本義》手稿卷，紙本，行書，縱 25.3 cm，横 151 cm，清謝恭銘審定、陳如岡摹《望雲樓集帖》第四册著録，見容庚《叢帖目》卷八“歷代八”②，故宫博物院藏，圖見《中國法書全集》第八册③。

《宋朱熹雲谷五古》，真德秀、劉克莊跋，魏了翁觀款，清梁九章撰集《寒香館藏真帖》卷二著録，見容庚《叢帖目》卷八“歷代八”④。

《朱熹諸葛武侯遺事十四則》，劉墉跋，清潘仕成撰集《海山仙館藏真續刻》卷六著録，見容庚《叢帖目》卷九“歷代九”⑤。

《朱熹臥龍遊紀事五古》，清潘仕成撰集《海山仙館藏真續刻》卷十三著録，見容庚《叢帖目》卷九“歷代九”⑥。

《朱熹與王淮札子二通》，吴寬、陳敬宗、廖莊、李東陽、陸心源跋，清陸心源撰集《穰梨館歷代名人法書》卷六著録，見容庚《叢帖目》卷十“歷代十”⑦。

《朱熹富貴有餘樂詞二首》，姚鼐、孫星衍跋，民國馮恕撰集《蘊真堂石刻》第二册著録，見容庚《叢帖目》卷十“歷代十”⑧。

《朱熹與子澄寺簿書》《東園帖》《建昌帖》，宋曾宏父勒石《鳳墅法帖》卷十五“南渡儒行帖·南渡續魁帖·南渡史學帖”著録，見容庚《叢帖目》卷十一“斷代一”著録⑨。

《朱熹還蜀帖》，明李日華撰集《壽松堂藏帖》卷一著録，見容庚《叢帖目》卷十八“附録一”⑩。

《朱熹富貴有餘樂詩》《題米公雲山横卷》《德門慶聚帖》，清劉恕摹勒《宋賢六十五種》卷六著録，見容庚《叢帖目》卷十八“附録一”⑪。

《朱熹遊晝寒亭分韻賦五古》，梁國治、曹秀先觀款，翁方綱、鄭潤跋，清鄭潤書《吾心堂

---

① 容庚《叢帖目》，北京：中華書局，2012 年，第 588、626 頁。
② 同注①，第 643 頁。
③ 中國古代書畫鑒定組編《中國法書全集》，第 204 頁。
④ 同注①，第 704 頁。
⑤ 同注①，第 728 頁。
⑥ 同注①，第 733 頁。
⑦ 同注①，第 849 頁。
⑧ 同注①，第 888 頁。
⑨ 同注①，第 934 頁。
⑩ 同注①，第 1549 頁。
⑪ 同注①，第 1600 頁。

臨古》卷六著録，見容庚《叢帖目》卷十九“附録二”①。

《向往帖》，圖見《朱子遺墨》②。

《秋深帖》，圖見《朱子遺墨》③。

《所居深僻帖》，圖見《朱子遺墨》④。

《六月五日帖》，圖見《朱子遺墨》⑤。

《三易裘葛帖》，圖見《朱子遺墨》⑥。

歐陽修《集古録》跋尾，圖見《朱子遺墨》⑦。

朱熹《呈提舉中大契丈札子》，圖見上海書店出版社編《宋元尺牘》⑧。

朱熹書尺牘，圖見上海書店出版社編《宋元尺牘》⑨。

《大桂帖》頁，紙本，行草書，縱 33.4 cm，横 57.3 cm，故宫博物院藏，《石渠寶笈續編》著録，圖見《故宫博物院藏文物珍品大系・宋代書法》⑩。

《季夏帖》頁，紙本，行草書，前頁縱 34.2 cm，横 29.6 cm，後頁縱 33.7 cm，横 34 cm，故宫博物院藏，圖見《中國法書全集》第八册⑪。

《任公帖》跋尾頁，紙本，行書，縱 32 cm，横 43.5 cm，淳熙十五年(1188)作，故宫博物院藏，圖見《中國法書全集》第八册⑫。

《生涯帖》，紙本，行書，縱 32.3 cm，横 41 cm，慶元元年(1195)後作，故宫博物院藏，圖見《中國法書全集》第八册⑬。

由上觀察，朱子墨跡以跋、題、詩卷、文稿、尺牘爲多，並有少量書軸及摩崖題刻、擘窠大書。這雖不能説是朱子當時書法之全貌，但足以概見一般也是毋庸置疑的。朱子繼續道統，優入聖域，一生主要精力乃在講學著書，發揮聖賢之學，雖然雅好筆墨，但亦自言“病

① 容庚《叢帖目》，北京：中華書局，2012 年，第 1702 頁。
② 上海書店編輯《朱子遺墨》，第 85 頁。
③ 同注②，第 87 頁。
④ 同注②，第 94 頁。
⑤ 同注②，第 95 頁。
⑥ 同注②，第 97 頁。
⑦ 同注②，第 99 頁。
⑧ 上海書店出版社編《宋元尺牘》，第 405 頁。
⑨ 同注⑧，第 412 頁。
⑩ 王連起主編《故宫博物院藏文物珍品大系・宋代書法》，第 84 頁。
⑪ 中國古代書畫鑒定組編《中國法書全集》，第 228 頁。
⑫ 同注⑪，第 230 頁。
⑬ 同注⑪，第 232 頁。

於腕弱，不能立筆”①“引筆行墨，不能有毫髪象似，因遂懶廢”②，故並不專力要做書家，存世書跡自然也便以跋叙、尺牘、文稿等用類爲多，而少有爲書而書者。朱子爲人爲學每推“正心誠意”，並認爲書札雖細事，却與人之德性頗爲相關，因此其論書也以取“正”爲高：“歐陽文忠公作字如其爲人，外若優遊，中實剛勁，惟觀其深者得之。黄魯直……自家既是寫得如此好，何不教他方正，須要得恁攲斜則甚”③；“熹伏讀此書，竊惟文正公（司馬光）薦賢之公，心畫之正，皆其盛德之支流餘裔，固不待贊説，而人知其可師矣”④；“余年二十許時，便喜讀南豐先生之文，而竊慕效之……今五十年乃得見其遺墨，簡嚴静重，蓋亦如其爲文也”⑤，諸如此類，所在多有。正因爲朱子不以書家爲務，評書又以謹嚴静重爲上，故論者有謂其書乃能爲道學真氣象者，信然。不過，朱子作書，謹嚴之中猶能自蓄風流，如《城南二十詠》韻度遒潤、蒼逸可喜；《上時宰二札》筆法精簡、深沈古雅；《大桂帖》雅逸不拘、醇古自然，等等。其筆墨靈秀，自有道學縛不住處，如其《出山道中口占》詩所詠“川原紅緑一時新，暮雨朝晴更可人。書册埋頭無了日，不如抛却去尋春”⑥，正是一派自然天機。由朱子書跡裏，確可以窺見朱子博大情懷的一個側面。

【作者簡介】鄭薇，女，1977 年生，文學學士，福建師範大學協和學院講師，主要從事中國書法研究。

張家壯，男，1975 年生，文學博士，藝術學博士後，福建師範大學文學院副教授，主要從事唐宋文學、中國書法研究。

---

① 朱熹《跋程沙隨帖》，《晦庵先生朱文公文集》卷八十四，朱熹撰，朱傑人、嚴佐之、劉永翔主編《朱子全書》，上海：上海古籍出版社；合肥：安徽教育出版社，2010 年，第 24 册，第 3961 頁。

② 朱熹《題法書》，《晦庵先生朱文公文集》卷八十二，同注①，第 3865 頁。

③ 朱熹《晦庵論書》，崔爾平選編《歷代書法論文選續編》，上海：上海書畫出版社，1996 年，第 146 頁。

④ 朱熹《跋司馬文正公薦賢帖》，《晦庵先生朱文公文集》卷八十三，同注①，第 3926 頁。

⑤ 朱熹《跋曾南豐帖》，《晦庵先生朱文公文集》卷八十四，同注①，第 3965 頁。

⑥ 《晦庵先生朱文公文集》卷九，同注①，第 20 册，第 525 頁。

《韻語陽秋》(卷二)校注*

譚　燚

●卷二

一

荆公嘗有詩云:“功謝蕭規慚漢第,恩從隗始詫燕臺。”[1]或謂公曰:“蕭何萬世之功,則‘功’字固有來處,若‘恩’字則未見有出也。”荆公答曰:“韓集《鬥鷄聯句》,孟郊云‘受恩慚始隗’。”[2]則知荆公詩用法之嚴如此。然“一水護田將緑繞,兩山排闥送青來”之句[3],乃以樊噲“排闥”事對“護田”,豈“護田”亦有所出邪？有好事者爲余言,一日,有人面稱公詩,謂“自喜田園安五柳,但嫌尸祝擾庚桑”,以爲的對。公笑曰:“伊但知‘柳’對‘桑’爲的對,然‘庚’亦是數,蓋以十日數之也。”余謂荆公未必有此意,使果如好事者之説,則作詩步驟亦太拘窘矣。錢起《送屈突司馬》詩云:“星飛龐統驥,箭發魯連書。”[4]人多稱其工。余恨“龐統驥”出處無“星”字,而“魯連書”有“箭”字也。《趙給事晚歸不遇詩》:“忽看童子掃花處,始愧夕郎題鳳來。”[5]前句不用事,後句用二事;皆非律也。

【注】

[1] 句出王安石《張侍郎示東府新居詩因而和酬》二首其一,見《王荆公詩注》卷二十八。

[2] 見《昌黎先生文集》卷八。

[3] 句出王安石《書湖陰先生壁》二首其一,見《王荆公詩注》卷四。

[4] 句出錢起《送屈突司馬充安西書記》,見《錢考功集》卷五。錢起,字仲文,吴郡人,天寶九年登進士第,歷仕藍田尉、祠部員外郎、司勳員外郎,至考功郎中,故又稱錢考功。與郎士元齊名,時語曰“前有沈宋,後有錢郎”。與盧綸、吉中孚、韓翃、司空曙、苗發、崔峒、

* 此文爲教育部青年基金項目(項目編號:14YJC751038)中期成果。

耿湋、夏侯審、李端並稱"大歷十才子"。事見《舊唐書》卷一六八、《新唐書》卷二百三、《唐詩紀事》卷三十、《唐才子傳》卷四等。

[5] 句出錢起《酬趙給事相尋不遇留贈》,見《錢考功集》卷八。

【集評】

葉夢得《石林詩話》卷中:荆公詩用法甚嚴,尤精於對偶。嘗云:"用漢人語止可以漢人語對,若參以異代語,便不相類。"如"一水護田園緑去,兩山排闥送青來"之類,皆漢人語也。此惟公用之,不覺拘窘卑凡。如"周顒宅在阿蘭若,婁約身隨窣堵波"。皆以梵語對梵語,亦此意。嘗有人面稱公"自喜田園安五柳,但嫌尸祝擾庚桑"之句,以爲的對。公笑曰:"伊但知'柳'對'桑'爲的,然'庚'亦自是數,蓋以十日數之也。"

吴曾《能改齋漫録》卷八:荆公詩云"一水護田將緑繞,兩山排闥送青來",蓋本五代沈彬詩:"地限一水巡城轉,天約群山附郭來。"彬又本唐許渾"山形朝闕去,河勢抱關來"之句。亦見於《優古堂詩話》。

前書卷十《議論》:文貴自然:"文之所以貴對偶者,爲出於自然,非假於牽强也。"

曾季貍《艇齋詩話》三九:荆公賀曾魯公詩云:"功謝蕭規慚漢第,恩從隗始詫燕臺。"人多疑"隗始"無出處,不知韓退之聯句云:"受恩慚始隗。"則"隗始"出於韓文也。按:"隗始"二字出《國策》。

趙翼《陔餘叢考》卷二三《借對法》:古人詩賦,多有用字音借對之法。張子容《逢孟浩然詩》"樽開柏葉酒,燈發九枝花",借"柏"字作"百"字也……《石林詩話》:"王荆公詩'自喜田園安五柳,但嫌尸祝擾庚桑',人但知"柳"對"桑",不知"庚"亦是數,蓋以十日數之也。"陸佃《謝吏部尚書表》云:"六燕相停,試銓衡其輕重;乙鴻遼遠,欲審别其飛翔。""乙"與"六"亦借對。

高步瀛《唐宋詩舉要》卷八:此不過摘字,與漢書原意無關,亦蓋偶合耳。石林所稱,實皮膚之見,此詩佳處決不在此。《韻語陽秋》云云,蓋以《西域傳》所言"護田",與此詩無關耳。又謂有人稱"五柳""庚桑"云云,其説是也。《能改齋漫録》卷八謂此蓋本五代沈彬詩"地限一水巡城轉,天約群山附郭來"。彬又本唐許渾詩"山形朝闕去,河勢抱關來"(《優古堂詩話》説同)。按:此亦句法偶同耳,未必有意效之也。

錢鍾書《宋詩選注》:不知道這些字眼和句法的"來歷",並不妨礙我們瞭解這兩句的意義和欣賞描寫的生動;我們只認爲"護田""排闥"是兩個比喻,並不覺得是古典。所以這是個比較健康的"用事"的例子,讀者不必依賴箋注的外來援助,也能領會,符合中國古代修辭學對於"用事"最高的要求:"用事不使人覺,若胸臆語也。"(《顏氏家訓》第九篇記邢邵評沈約語)

【謹按】

關於荆公之用事，曾季貍《艇齋詩話》：荆公詩及四六，法度甚嚴。湯進之丞相嘗云："經對經，史對史，釋氏事對釋氏事，道家事對道家事。此説甚然。"此段中之例句，葉夢得《石林詩話》、曾季貍《艇齋詩話》認爲荆公是用典，而高步瀛《唐宋詩舉要》則認爲其爲偶同。較之上論，以錢鍾書之論最爲精當。

關於古人用事，由來已久。鍾嶸《詩品·下》云："但昉既博物，動輒用事，所以詩不得奇。少年士子效其如此弊矣。"至江西詩派倡"點鐵成金"，達到用事頂峰。立方此處"前句不用事，後句用二事"論述，不免受江西詩派影響，亦有嚴苛之嫌。趙翼《陔餘叢考》卷二十三《借對法》認爲荆公詩乃借對法，亦爲合理。

本書卷一第13則亦爲對仗問題，可相參照。

二

《錢起集》前八卷後五卷[1]。鮑欽止謂昭宗時有中書舍人錢珝[2]，亦起之諸孫，今起集中恐亦有珝所作者。余初未知其所據也。比見前集中有《同程七早入中書》一篇云："不意雲霄能自致，空驚鴛鷺忽相隨。臘雪新晴柏子殿，春風欲上萬年枝。"[3]《和王員外雪晴早朝》云："紫微晴雪帯恩光，遶仗偏隨鴛鷺行。長信月留寧避曉，宜春花滿不飛香。"[4]二詩皆珝所作無疑，蓋起未嘗入中書也。集中又有《登彭祖樓》一詩，而《薛能集》亦載[5]，則知所編甚駁也。

【注】

[1]《錢起集》：又名《錢考功集》。陳振孫《直齋書録解題》卷十九：《錢考功集》十卷……蜀本作"《前後集》十三卷"。《文獻通考》云：《錢考功集》二卷……陳氏曰：蜀本作"《前後集》十三卷"。蓋立方所稱"前八卷後五卷"爲蜀本。

[2] 鮑欽止：鮑慎由，字欽止，龍泉人，舉進士，累官工部員外郎。以議論不合而去，後知明、海二州奉祠。慎由嘗從王安石、蘇軾游，爲文汪洋宏肆。詩尤高妙，嘗注杜詩。有文集五十卷。事見明李賢《明一統志》卷四十四及徐象梅《兩浙名賢録》卷四十六。錢珝：字瑞夫，錢徽幼子，起之孫也。善文辭。乾寧六年及第，昭宗時仕爲中書舍人。工詩。有《舟中録》二十卷，今編詩一卷。事見《新唐書》《唐才子傳》卷九。《宋史·藝文志》載"錢珝《制集》十卷，又《舟中録》二十卷"。

[3] 句出《同程九早入中書》，見《錢考功集》卷八。程九與程七，未知孰是孰非。此詩亦見於洪邁《萬首唐人絶句》卷六十八七言《錢珝二首》之一《早入中書》。

［4］句出《和晴雪早朝》，見《錢考功集》卷八。亦見《萬首唐人絶句詩》卷六八錢珝《和王員外雪晴早朝》。

［5］《全唐詩》卷五百五十九薛能《題彭祖樓》："新晴天狀溼融融，徐國灘聲上下洪。極目澄鮮無限景，入懷輕好可憐風。身防潦倒師彭祖，妓擁登臨愧謝公。誰致此樓潛惠我，萬家殘照在河東。"今起集中未見此詩，蓋古今有所不同亦未可知。薛能，字大拙，汾州人，會昌六年(一説三年)進士。累官都官刑部員外郎，後爲京兆尹，徙徐州節度使，移鎮武昌。爲賊所殺，集十卷。

【謹按】

《新唐書・藝文志》云：《錢起詩》一卷。北宋鮑欽止《夷白堂小集》云："錢起考功詩，世所藏本皆不同，宋次道舊有五卷，王仲至續爲八卷。"《崇文總目》同。《郡齋讀書志》作二卷，陳振孫《直齋書録解題》卷十九："《錢考功集》十卷……蜀本作《前後集》十三卷。"《文獻通考》亦云："《錢考功集》二卷……陳氏曰：蜀本作《前後集》十三卷。《宋史・藝文志》著録爲十二卷。"隨著卷數增多，裒集到錢起的不少遺詩，但也羼入了一些他人之作。最早指出此現象的即鮑欽止。立方此則詩話亦引其語。然胡震亨《唐音癸籤》卷三十二云："唐人詩既多出後人補輯，以故篇什淆錯，一詩至三四見他集中，是正爲難。其顯而易見習誤不察者，無如釋廣宣《紅樓》《道場》二律之作沈佺期詩，錢珝《江行絶句百首》之混入其祖起集中。廣宣之誤始高氏《品彙》，自後歷選者因之。錢氏家集之誤，則宋錢蒙仲已先爲之淆矣。舉斯二則，可例其餘……錢珝，起之曾孫也。起釋褐校書，終尚書考功郎。珝官歷中書舍人，掌綸誥後，坐累貶撫州司馬。其《江行絶句百首》正赴撫時途中所作也。珝有他文載《英華》中，云'夏六月獲譴佐郡，秋八月自襄陽浮舟而下'。今其詩有'潤色非東里，官曹更建章'、'去指龍沙路，徒懸象闕心'、'峴山回首望，如别故鄉人'及'好日當秋半'、'九日自佳節'等句，其官、其謫地、其經途、其時日，無勿與珝合者，起無是也。後人重起名，借篇貽厥，爲到公增美耳。宋鮑欽止嘗疑起集有珝詩雜入，葛立方亦疑集中《同程九早入中書》《和王員外雪晴早朝》二律非起作。吾謂《雪晴早朝》聲調還應屬起，至《早入中書》一篇，起未爲此官，與《江行百首》，並當歸珝爲是。"《四庫全書總目》亦云："集末《江行絶句》一百首，明胡震亨《唐音統籤》以爲本錢珝之詩，誤入起集，有考辨甚詳。"此外，還有趙起、王維、崔峒、盧綸、劉長卿等人詩雜入集中。鄧瑞全、王冠英主編《綜考中國僞書》將《錢考功集》十卷録入，稱其"部分僞"。

今傳《錢考功集》十卷，有明銅活字《唐人詩集》本，《四部叢刊》據以影印。又《唐錢起詩集》十卷，蔣孝輯《中唐十二家詩集》本。《四庫全書》則據内府藏本收録，題《錢仲文集》十卷。《唐詩百名家全集》所收《錢考功詩集》十卷，有補遺一卷。另有《錢考功詩集》十一卷,明抄本(存十卷);《錢仲文集》四卷,明刻本;《唐錢起詩集》一卷,朱之蕃輯《中唐十二家詩集》本等。諸本内皆雜有其孫錢珝所作《江行無題一百首》等詩,除陳振孫《直齋書録解題》所謂之"蜀本作《前後集》十三卷",均未見"前八卷後五卷"本,立方所見蓋爲蜀本。

三

陳去非嘗謂余言[1]:"唐人皆苦思作詩,所謂'吟安一箇字,撚斷數莖鬚'[2]'句向夜深得,心從天外歸'[3]'吟成五字句,用破一生心'[4]'蟾蜍影裏清吟苦,舴艋舟中白髮生'[5]之類者是也。故造語皆工,得句皆奇,但韻格不高,故不能參少陵之逸步。後之學詩者,儻能取唐人語而掇入少陵繩墨步驟中,此速肖之術也。"余嘗以此語似葉少藴[6],少藴云:"李益詩云:'開門風動竹,疑是故人來。'[7]沈亞之詩云:'徘徊花上月,虚度可憐宵。'[8],皆佳句也。鄭谷掇取而用之,乃云'睡輕可忍風敲竹,飲散那堪月在花',真可與李沈作僕奴。"[9]由是論之,作詩者興致先自高遠,則去非之言可用;儻不然,便與鄭都官無異。

【注】

[1] 陳去非:陳與義,字去非,自號簡齋,汝州葉縣人。政和初上舍甲科。宣和中,徽宗見其《賦墨梅詩》,遂登册府。歷徽猷閣直學士,知湖州紹興,間掌内外制參知政事。乞外,除資政殿學士。復知湖州,卜居崇德青墩鎮。爲詩體物寓興,與陶謝韋柳相上下。崇寧後,風雅幾廢,與義獨以詩名中興。有《簡齋集》二十卷行於世。《宋史》卷四百四十五有傳。

[2] 句出盧延讓《苦吟》,见《全唐詩》卷七百十五。盧延讓,字子善,范陽人。光化九年進士第,朗陵雷滿辟從事,滿敗,歸王建,授水部員外郎,累遷給事中。終刑部侍郎。詩一卷,今存十首。

[3] 句出計有功《唐詩紀事》卷四十六:劉昭禹《風雪詩》云:"句向夜深得,心從天外歸。"《全唐詩》卷七百六十二亦録。劉昭禹,字休明,桂陽人(一云婺州人)在湖南累爲縣令,後署天策府學士,終巖州刺史。有集一卷,今存詩九首。

[4] 句出方干《貽錢塘路明府》,見《玄英集》卷一。方干:字雄飛,歙人。唐末舉進士不第,隱鏡湖上,徐凝一見干,器之,授以詩律。與鄭仁規、李頻、陶詳爲"三益友",以詩著名江南。咸通末,浙東觀察使王龜欲表薦之,無何,龜卒,事竟無成。卒,門人私謚玄英先生。爲人唇缺,遇醫補唇,年已老矣。鏡湖人號曰"補唇先生"。事見《唐才子傳》《唐詩紀事》。

[5] 句出方干《贈錢湖上唐處士》,見《玄英集》卷四。

[6] 葉少藴:見卷一第 22 則注釋[11]。

[7] 句出李益《竹窗聞風寄司空曙詩》。李益,字君虞,姑臧人,大歷四年登進士第,授鄭縣尉。憲宗時召爲秘書少監、集賢殿學士。負才凌下,爲衆不容。太和以禮部尚書仕卒。益於詩尤所長,貞元末與宗人李賀齊名。有集二卷行於世。

[8] 句出沈亚之《過張女郎廟作含嬌曲》二首。沈亞之:字下賢,吴興人。元和十年進士。歷殿中丞御史内供奉。大和初爲德州行誉使判官,謫南康尉,終郢州掾。亞之以文辭得名,嘗游韓吏部門。傳見《唐才子傳》。李昉《太平廣記》卷三百二十六引《異闻録》云:"沈警,字玄機,吴興武康人也。美風調,善吟詠,爲梁東宫常侍,名著當時……後荆楚陷没,入周爲上柱國奉使秦隴,途過張女郎廟……憑軒望月,作《鳳將雛含嬌曲》,其詞曰:'命嘯無人嘯,含嬌何處嬌?徘徊花上月,空度可憐宵……'"按沈警乃六朝人,疑立方將其與沈亞之相混。洪邁《萬首唐人絶句》卷二十録此詩,作者爲沈警;陳景沂《全芳備祖前集》卷二十七"命笑無人笑,含嬌何處嬌。徘徊花上月,空度可憐宵。"亦題沈警。

[9] 句出鄭谷《多情》,見《鄭守愚文集》卷二。鄭谷:見卷一第 18 注[1]。谷乾寧四年爲都官郎中,詩家因稱"鄭都官"。

【集評】

葉夢得《石林詩話》卷上云:"開簾風動竹,疑是故人來"與"徘徊花上月,空度可憐宵"此兩聯雖唐人小説,其實佳句也。鄭谷詩"睡輕可忍風敲竹,飲散那堪月在花"蓋與此同,然論其格力,適堪揭酒家壁,與爲市人書扇耳!天下事每患自以爲工處,著力太過,何但詩也。

王楙《野客叢書》卷十七《二李詩》:《石林詩話》謂"開簾風動竹,疑是故人來"與"徘徊花上月,空度可憐宵"此兩聯雖小説,實佳句。僕謂上聯在李君虞集中。此即古詞"風吹窗簾動,疑是所歡來"之意。梁費昶亦曰"簾動意君來",柳惲曰"颯颯秋桂響,非君起夜來"。《麗情集》曰:"待月西厢下,迎風户半開。拂牆花影動,疑是玉人來。"齊謝朓《懷故人詩》:"離居方歲月,故人不在兹。清風動簾夜,明月照窗時。"皆一意也。又花月徘徊之語,亦出於古詞意。

楊慎《丹鉛總録》卷十八《李益詩》:《尤延之詩話》云:《會真記》"隔牆花影動,疑是玉人來"本於李益"開門風動竹,疑是故人來"。然《古樂府》"風吹窗簾動,言是所歡來。"其詞乃齊梁人語,又在益先矣。近世刻《李益集》不見此詩,惟曾慥《詩圃》載其全篇,今録於此:"微風警暮坐,臨牖思悠哉。開門風動竹,疑是故人來。時滴枝上露,稍沾堦下苔。幸當一入幌,爲拂緑琴埃。"題云《竹聞風寄苗發司空曙》。今南方所刻唐詩皆非全帙,先公在翰苑日裒集唐詩,極爲精備,較近日所傳大有不同,緣吴人射利,刻各家唐詩,取其卷帙齊均厚薄如一,以便於售,極爲可惡。

胡仔《苕溪漁隱叢話前集》卷八:《蔡寬夫詩話》云:天下事有意爲之,輒不能盡妙。而文章尤然。文章之間詩尤然。世乃有日鍛月煉之説。此所以用功者雖多,而名家者終少也。晚唐諸人議論雖淺俚,然亦有暗合者,但不能守之耳。所謂"盡日覓不得,有時還自來"者,使所見果到此,則"采菊東籬下,悠然見南山"之句,有何不可爲。惟徒能言之,此禪家所謂"語到而實無見處"也。往往有好句當面蹉過,若"吟成一個字,撚斷數莖鬚",不知何處合費許辛苦,正恐雖撚盡鬚,不過能作"藥杵聲中搗殘夢,茶鐺影裏煮孤燈"句耳。人之相去固不遠哉!(亦見於《詩人玉屑》。)

吴喬《圍爐詩話》卷五《陳去非》云:"唐人有苦思,故造語工,得句奇,但格韻不高,不能驂少陵之逸步。"予謂彼皆詩人,少陵非詩人故也。詩亦無他,情深詞婉而已,唐珏易陵骨詩是也。

丁儀《詩學淵源》:(方干)其詩大雅不群,有盛唐風骨,五言尤佳。……三人(按指趙嘏、方干、姚合)詩皆取實境,造語自然,不著刻露跡象,而方干尤得子美之神,雖元白未能過也。

【謹按】

此則爲去非、立方、少蘊之對話,實爲對詩歌"韻致"或"格韻"的重視。三人均反對"造語""苦吟",認爲如果單純在字句上用力,縱使"造語皆工,得句皆奇",也難稱佳作;因此,作詩不僅要追求字句之奇,還要超越字句之"格",蘊真情興寄於胸中,"興致先自高遠"。如本無高遠興致,一味在字句上苦吟,將離"少陵繩墨"相去甚遠。

此則詩話亦見於《詩人玉屑》《詩話總龜》《仕學規範》等。

四

杜甫讀蘇涣詩,則曰:"餘髪喜却變,白間生黑絲。"[1]高適觀陳十六史碑,則曰:"我來觀雅製,慷慨變毛髮。"[2]

【注】

[1] 句出杜甫《蘇大侍御涣靜者也旅於江側凡是不交州府之客人事都絶久矣肩輿江浦忽訪老夫舟楫而已茶酒内余請誦近詩肯吟數首才力素壯詞句動人接對明白憶其涌思雷出書篋几杖之外殷殷留金石聲賦八韵記異亦記老夫傾倒於蘇至矣》,見《杜工部集》卷八。《杜詩詳注》卷二三題爲《蘇大侍御訪江浦賦八韻記異》,"鶴注:當是大曆四年潭州作。原題乃詩之序,合題曰《蘇大侍御訪江浦賦八韻記異》。詩止七韻,而題云八韻,用韻取耦不

取奇也”。

[2] 出自高適《同觀陳十六史興碑并序》,見《高常侍集》卷二。高適,字達夫,滄州渤海人。舉有道科,釋褐封丘尉。曾任哥舒翰表爲左驍衛兵曹、掌書記。進左拾遺,轉監察御史,擢諫議大夫,節度淮南。後歷蜀、彭刺史,劍南西川節度使等,封渤海縣侯。永泰二年卒,贈禮部尚書,謚曰忠。年過五十,始學爲詩,以氣質自高。《新唐書》有傳。陳十六:即陳章甫,開元、天寶間詩人,與當時詩人高適、李頎等多有交往。其序云:“楚人陳章甫,繼《毛詩》而作《史興碑》,遠自周末,迨乎隋季,善惡不隱,蓋風之流。未藏名山,刊在樂石。僕美其事而賦是詩焉。”

五

方干[1]詩清潤小巧,蓋未升曹劉之堂[2],或者取之太過,余未曉也。王贊嘗稱之曰:“鏝肌滌骨,冰瑩霞絢,嘉肴自將,不吮餘雋。麗不葩芬,苦不癯棘,當其得志,倏與神會。”[3]孫郃嘗稱之曰:“其秀也,仙蕊於常花;其鳴也,靈鼉於衆響。”[4]觀其所作《登靈隱峰》詩云:“山疊雲霞際,川傾世界東。”[5]送喻坦之詩云:“風塵辭帝里,舟檝到家林。”[6]此真兒童語也。《寄喻鳧》云:“寒蕪隨楚盡,落葉渡淮稀。”[7]而送喻坦之下第又云:“過楚寒方盡,浮淮月正沉。”[8]贈路明府詩云:“吟成五字句,用破一生心。”[9]而《贈喻鳧》又云:“才吟五字句,又白幾莖鬚。”[10]《稱心寺中島》云:“雪折停猿樹,花藏浴鶴泉。”[11]而寄越上人又云:“窗接停猿樹,喦飛浴鶴泉。”[12]《于使君詩》云:“月中倚棹吟漁浦,花底垂鞭醉鳳城。”[13]而送伍秀才詩又云:“倚棹寒吟漁浦月,垂鞭醉入鳳城春。”[14]觀其語言重複,有以見其窘也。至於“野渡波摇月,空城雨翳鍾”[15]“白猿垂樹窗邊月,紅鯉驚鈎竹外溪”[16]“義行相識處,貧過少年時”等句[17],誠無愧於孫、王所賞。

【注】

[1] 方干:見本卷第3則注[4]。干甥楊弇與孫郃編次遺詩,王贊爲序。郃又爲《玄英先生傳》附。明人輯有《玄英集》八卷。《全唐詩》編詩六卷,羼入戴叔倫詩多首。

[2] 曹劉:指建安詩人曹植、劉楨。二人皆善五言,爲後人所并稱。劉勰《文心雕龍》:“至於楊班之倫,曹劉以下,圖狀山川,影寫雲霧。”鍾嶸《詩品·總序》稱“昔曹劉殆文章之聖”,亦二人并稱,評曹詩“骨氣奇高,詞采華茂,情兼雅怨,體被文質”;評劉詩爲“仗氣愛奇,動多振絶,真骨淩霜,高風跨俗”。嚴羽《滄浪詩話·詩體》云:“以人而論,則有……曹劉體”。元好問《論詩絶句》:“曹劉坐嘯虎生風,四海無人角其雄。”然劉實不能與曹比肩,胡應麟《詩藪·外編》卷二:“魏稱曹劉,然劉非曹敵也。”許學夷《詩源辨體》卷四云:“建安

七子雖以曹劉爲首,然公幹實遜子建。

[3] 語出王贊《玄英先生詩集序》,見《全唐文》八六五。王贊:澶州觀城人,少爲小吏,累遷本州馬步軍都虞候。仕后周世宗朝,官累遷右驍衛將軍三司副使。入宋,官知揚州,溺死。傳見《宋史》卷二七四。

[4] 此語孫郃《方玄英先生傳》中無,僅見於此處。元辛文房《唐才子傳》卷七"方干"云:"郃亦論曰:'其秀也,仙蕊於常花;其鳴也,靈鼉於衆響。'觀其所述,論不過矣。"孫郃:字希韓,四明人,乾寧四年進士。好荀楊孟之書,慕韓愈,爲校書郎、河南府文學。见《唐诗纪事》六一孙郃条。

[5] 句出方干《夏日登靈隱寺後峰》,見《玄英集》卷一。

[6] 句出方干《送喻坦之下第還江東》,見《玄英集》卷一。

[7] 句出方干《中路寄喻鳧》,見《玄英集》卷一。

[8] 句出方干《送喻坦之下第還江東》,見《玄英集》卷一。

[9] 句出方干《貽錢塘路明府》,見《玄英集》卷一。

[10] 見《玄英集》卷一。

[11] 見《玄英集》卷一。

[12] 句出方干《寄石溢清越上人》,見《玄英集》卷二。

[13] 句出方干《漳州于使君罷郡如之任漳南去上國二十四州使君無非親故》,見《玄英集》卷五。

[14] 句出方干《送弟子伍秀才赴》舉,見《玄英集》卷五。

[15] 句出方干《送從兄郜》(《全唐詩》作"途中别孫璐"),見《玄英集》卷一。

[16] 句出方干《送鄭台處士歸絳巖》,見《玄英集》卷四。

[17] 句出方干《途中逢進士許巢》,見《玄英集》卷二。

【集評】

王贊《玄英先生詩集序》云:吴越故多詩人,未有新定方干擅名於杭越,流聲於京洛。夫干之爲詩,鋟肌滌骨……詞若未至意已獨往……予嘗較之,張祐(祜)升杜甫之堂,方干入錢起之室矣。(見《全唐文》八六五)

孫光憲《北夢瑣言》六云:方干詩名著于吴中,陸(龜蒙)未許之。一旦傾作詩五丨首,裝爲方干新制,時輩吟賞降仰。陸謂曰:"此乃下官效方干之作也,方詩在模範中爾。"句奇意精,識者亦然之。

計有功《唐詩紀事》六三方干條:干詩如"鶴盤遠勢投孤嶼,蟬曳殘聲過别枝",齊梁已來,未之有也。

劉克莊《後村詩話·新集四》:其詩高妙處在晚唐諸公之上。……羅隱《題方干詩》云:“九霄無鶴板,雙鬢老漁舟。”見《後村集》卷一八四。

胡震亨《唐音癸籤》八:方干詩煉句,字字無失,固應有高堅峻拔之目。但嫌微带經籍氣,村貌棱棱爾。

刘邦彦《唐詩歸折衷》:敬夫云:“同一矯時易俗之志,閬仙以刻削,雄飛以清脱,元、白格調盡變於此矣。而兩人皆不得一第而死。胭脂畫牡丹,無惑乎逢人者之俗也。然從前人之蹊徑而求解脱,即所解脱之中而自成蹊徑,是以不獲躋位於大家。”

六

李長吉云:“我生二十不得意,一生愁心,谢如梧蘭。”[1]至二十七而卒。陳無己《除夜詩》云:“七十已强半,所餘能幾何。遥知暮景促,更覺後生多。”[2]至四十九而卒。語意不祥如此,豈神明者先授之耶?

【注】

[1] 李長吉:李賀,字長吉,宗室鄭王之後。父名晉肅,以是不應進士。韓愈爲之作《諱辨》。賀竟不就試。手筆敏捷,尤長於歌篇,其文思體勢奇崛,補太常寺協律郎。卒時年二十四。《舊唐書》《新唐書》有傳。然辛文房《唐才子傳·李賀》:“(賀)遂絶死,時才二十七,莫不憐之。”卒歲孰是孰非見後文謹按。

[2] 陳無己:陳師道,字履常,一字無已,號後山居士,彭城人,自幼好學苦志,曾鞏許留受業。元祐初,蘇軾等薦其文行,起爲徐州教授,又薦爲太學博士。移潁州,又換彭澤,以母憂不仕者四年。元符間除秘書省正字,因此亦稱陳正字。卒年四十九。一生清苦,爲文至多,少不中意則焚之,存者才十一。著有《後山集》二十四卷。事見《宋史》卷四百四十四。

【集評】

“詩讖”一説由來已久,記載亦不少,有信之者如:

孟棨《本事诗·徵咎》第六:詩人劉希夷嘗爲詩曰:“今年花落顔色改,明年花開復誰在?”忽然悟曰:“其不祥歟?”復遘思逾時,又曰:“年年歲歲花相似,歲歲年年人不同。”又惡之,或解之曰:“何必其然。”遂兩留之,果以來春之初下世。(唐劉肅《大唐新語》卷八亦載此事)

宋計有功《唐詩紀事》卷第三十五:(郊)後及第有詩曰:“昔人齷齪不足嗟,今朝曠蕩恩無涯。青春得意馬蹄疾,一日看盡長安花。”一日之間花即看盡,何其速也。果不達。

前人前書卷第七十一：吴人范攄處士之子，七歲能詩。《贈隱者》云："掃葉隨風便，澆花趁日陰。"方干曰："此子他年必成名。"又《吟夏日》云："閑雲生不雨，病葉落非秋。"干曰："惜哉！必不享壽。"果十歲卒。

周紫芝《竹坡詩話》：福唐黄文若言南徐刁氏子，字鱗游，十歲《賦竹馬詩》云："小兒騎竹作驊騮，猶是東西意未休。我已童心無一在，十年渾付水東流。"後十歲果卒。客有志其墓者以比李長吉。蓋文章早成，古人有之，然亦人所忌也。

辛文房《唐才子傳·李賀》：老子曰：其進鋭者，其退速，信然。賀天才俊拔，弱冠而有極名，天奪之速，豈恡也耶？若少假行年，涵養盛德，觀其才不在古人下矣。今兹惜哉。

但是亦有人認爲詩讖并不可信，表示怀疑者古已有之，如：

周紫芝《竹坡詩話》：郭功父晚年不廢作詩，一日夢中作《遊采石》二詩，明日書以示人，曰："余决非久於世者。"人問其故，功父曰："余近詩有'欲尋鐵索排橋處，只有楊花慘客愁'之句，豈特非余平日所能到，雖前人亦未嘗有也，忽得之不祥。"不踰月，果死。李端叔聞而笑曰："不知杜少陵如何活得許多時。"

洪邁《容齋隨筆》：今人富貴中作不如意語，少壯時作衰語，詩家往往以爲讖。白公十八歲，病中作絶句："久爲勞生事，不學攝生道。小年已多病，此身豈堪老。"然白公壽七十五。

【謹按】

關於李賀卒年問題，錢大昕《廿二史考異》"唐書·文藝傳"三云："李賀卒年二十七，此據杜牧所撰《詩集序》也。李商隱爲賀《小傳》則云生二十四年。王鳴盛《十七史商榷》卷八十九《李賀不就進士以爲協律郎》："《舊(唐書)·李賀傳》：父名晉肅，以是不應進士，韓愈爲作《諱辨》，賀竟不就試。"《新書》同。案康駢《劇談録》："賀與元稹有隙，後當要路，因議賀父名晉肅，不合應進士舉。"王定保《摭言》亦云："賀舉進士，或謗賀不避家諱，文公特著《諱辨》一篇。"進士乃科中一目，州縣鄉貢但可謂之應進士舉，不可謂之就進士試。賀因人言，雖應舉，仍不赴禮部，故云不就試。史文非有誤也。故明有科無目，必待及第方成進士，其餘但呼舉人，與唐宋異矣。又云："補太常寺協律郎，卒時年二十四。"考《職官志》，太常之屬有奉禮二人，從九品上，協律郎二人，正八品上。李商隱作賀《小傳》云："生二十七年，位不過奉禮太常。"賀集有《始爲奉禮憶昌谷山居詩》，賀未及第，大約不過以恩澤得官，豈能遽正八品上階，當作"奉禮"爲是，《新唐書》亦作"協律"，誤與《舊》同，改爲"卒年二十七"則是也。

七

連綿字不可挑轉用，詩人間有挑轉用者，非爲平側所牽，則爲韻所牽也。羅昭諫以“泬寥”爲“寥泬”，是爲平側所牽，《秋風生桂枝詩》所謂“寥泬工夫大”是也[1]。又以“汍瀾”爲“瀾汍”，是爲韻所牽，《哭孫員外詩》所謂“故侯何在淚瀾汍”是也[2]。

【注】

[1] 句出羅隱《省試秋風生桂枝》，見《甲乙集》卷五。羅隱，字昭諫，餘杭人。本名横，十上不中第，遂更名。從事諸鎮皆無合，久之歸投錢鏐，累官錢塘令、鎮海軍掌書記，歷節度判官、運副使、奏授司勳郎中。朱全忠以諫議大夫召，不行。年七十七卒。作詩著文以譏刺爲主，自號江東生。其集皆自爲序。有《歌詩集》十四卷、《甲乙集》十卷，《外集》一卷，今編詩十一卷。

[2] 句出羅隱《重過三衢哭孫員外》，見《甲乙集》卷四。

【集評】

吴可《藏海詩話》：世傳：“酒債尋常行處有，人生七十古來稀。”以爲“尋常”是數，所以對“七十”。老杜詩亦不拘此説。如“四十明朝是，飛騰暮景斜”。又云：“羈棲愁裏見，二十四回明。”乃是以連綿字對連綿數目也，以此可見工部立意對偶處。

毛居正《增修互注禮部韻略》卷一：連綿字可以兩押或可倒押者，許令收入。如兩字一義，若“曈曨”、“喔咿”、“漣洏”、“哇咬”之類；兩字一物，如“駏驉”、“鶬鶊”、“瑚璉”之類；其上一字皆可別押，如(玲瓏)，古人或押瓏玲；(璠璵)，或押璵璠；(鵔鸃)，雖是一物，内“鵔“字又别有義。其餘如“倥侗”之“倥”，“嶙峋”之“嶙”，“螳螂”之“螳”，亦可别押。

何溪汶《竹莊詩話》卷二十三：《雪浪齋日記》云：古人下連綿字不虛發，如老杜云“野日荒荒白，江流泯泯清”，退之云“月吐窗炯炯”，皆造微入妙。（亦見於胡仔《苕溪漁隱叢話前集》卷十五）

【謹按】

作爲一種特殊的詞彙現象，連綿詞自《爾雅》起，歷代“雅書”都有搜集，宋張有《復古編》中有“聯(連)綿字”一類，但未有定義。清方以智《通雅》卷六《釋詁》：“謰語者，雙聲相轉而語謰謱也。”王念孫《讀書雜志・漢書》第十六《連語》：“凡連語之字，皆上下同義，不可分訓。”王筠《説文釋例》卷十二云“(連綿詞)以聲爲主，無論其字之有義無義，其義皆在聲中”。立方此則詩話較早關注連綿字用法，發現“連綿字不可挑轉用”，而“詩人間有挑轉用者”蓋爲韻所牽，啓毛居正《增修互注禮部韻略》“連綿字可以兩押或可倒押者”及《朱文公校韓昌黎先生集》卷"古連綿字或可倒用"之先。

八

老杜賦《螢火詩》云:"幸因腐草出,敢近太陽飛。未足臨書卷,時能點客衣。"[1]似譏當時閹人用事於人君之前,不能主張文儒,而乃如青蠅之點素也。説者乃謂喻小有才而侵侮大德,豈不誤哉?羅隱竊取其意,乃曰:"不思曾腐草,便擬倚孤光。若道通文翰,車公業肯長。"[2]其視前作愧矣。

【注】

[1] 句出杜甫《螢火》,見《杜工部集》卷十。

[2] 句出羅隱《螢》,見《甲乙集》卷七。

【集評】

仇兆鼇《杜詩詳注》云:《螢火》,刺閹宦也。首言種之賤,次言性之陰,三四近看見其多暗而少明,五六遠看見其潛形而匿跡。……鶴注謂指李輔國輩,以宦者近君而撓政也。今按腐草喻腐刑之人,太陽乃人君之象,比義顯然。

王楙《野客叢書·韓杜詩意》:(韓杜)二詩皆一意,所以諷當世小人,妄作威福者爾。

方回《瀛奎律髓·螢火》云:老杜詩集大成於著題詩,無不警策。説者謂此詩腐草太陽之句,以譏李輔國。凡評詩正不當如此刻切拘泥,言之者無罪,聞之者足以戒。大丈夫耿耿者,不當爲螢爝微光于此,自無相關。世之僅明忽晦不常者,又豈一輔國,則見此詩而自愧矣。學者觀大指可也。

吉川幸次郎《杜甫私記續稿》:這一説法始於黄鶴,清仇兆鼇《杜詩詳注》等承續了此説。我不能贊成此説。杜甫本來就不是狹隘的詩人,他不會始終以限定的事象直接比喻創作詩歌。《螢火》没有限定象徵之物的欲望。如果在没有限定中尋求方向,那麼尋常視爲不吉的昆蟲的可憐和對它的憐憫是聯結點,只以對宦官的厭惡情感要素進行比喻,這是根本就不存在的。我以爲黄鶴等人的説法只不過是俗説。可是俗説也表現了一般人對宦官的嫌惡情感。(見《吉川幸次郎全集》第十二卷)

九

沈存中云:"退之《城南聯句》云:'竹影金瑣碎。''金瑣碎'者,日光也,恨句中無'日'字爾。"[1]余謂不然,杜子美云:"老身倦馬河堤永,踏盡黄榆緑槐影。"[2]亦何必用日字?作詩正欲如此。

【注】

[1] 句出沈括《夢溪筆談》卷十四:"退之《城南聯句》首句曰'竹影金瑣碎',所謂'金瑣碎'者,乃日光耳,非竹影也。題中有'日'字,則曰'竹影金瑣碎'可也。"沈存中:沈括,字存中,錢塘人。以蔭任沭陽主簿,嘉祐八年登進士第,編校昭文書籍,爲館閣校勘,遷太常丞同起居注,歷翰林學士、龍圖閣待制等。坐失援謫均州團練副使,元祐初徙秀州,繼以光禄少卿分司,居潤州夢溪園,卒。括學術浩博,經史之外天文、方志、律曆、音樂、醫卜諸家無不通練,皆有論著。著有《夢溪筆談》。《宋史》有傳。

[2] 句出蘇軾《召還至都門先寄子由》,見《蘇文忠公全集·東坡後集》卷三。立方此處言將子瞻誤爲子美。周煇《清波雜志》中已經指出(詳見下)。《四庫全書總目》亦提到"以蘇軾'老身倦馬河堤永,踏盡黄榆緑槐影'句爲杜甫詩"。

【集評】

王暐《道山清話》:劉貢父一日問蘇子瞻:"'老身倦馬河堤永,踏盡黄榆緑槐影',非閣下之詩乎?"子瞻曰:"然。"貢父曰:"是日影耶?月影耶?"子瞻曰:"'竹影金瑣碎'又何嘗説日月也?"二公大笑。

周煇《清波雜志》卷第八第二則:印板文字訛舛爲常,蓋校書如掃塵,旋掃旋生。常之侍郎著《韻語陽秋》評詩一條云:"沈存中云:……余謂不然,杜子美云:'老身倦馬河堤永,踏盡黄榆緑槐影。'亦何必用'日'字?作詩正欲如此。"云爾。煇考此詩乃東坡《召還至都門先寄子由》,首云:"老身倦馬河堤永,踏盡黄槐緑榆影。"終篇皆爲子由設,當是誤書子瞻爲子美耳。此猶可以意會,若麻沙本之差,舛誤後學多矣。

胡仔《苕溪漁隱叢話前集》卷八:《遯齋閑覽》云:"(沈内翰)又論退之《城南聯句》'竹影金瑣碎',云'金瑣碎者,乃日光',題中無日字,不當言竹影。凡物因日而有影,苟無日,影從何生?言竹影,即日光在其中矣。如荆公金山寺詩云'江月入松金破碎',亦須藉松影,方見月光之破碎,却怪題中無影字可乎?善論詩者正不應爾。"

費衮《梁谿漫志》卷第七《詩人用字》:王平甫詩云:"山月入松金破碎",其流蓋出於退之"竹影金瑣碎"之句。然斜陽映竹,則交加亂射,若相瑣然,故於"瑣"字爲宜。至於月華散漫,松影在地,則"破"字佳。詩人用字皆不苟也。

十

詩家有换骨法,謂用古人意而點化之,使加工也。李白詩云:"白髮三千丈,緣愁似箇長"[1]荆公點化之,則云:"繰成白髮三千丈。"[2]劉禹錫云:"遥望洞庭湖翠水,白銀盤裏一青螺。"[3]山谷點化之,則云:"可惜不當湖水面,銀山堆裏看青山。"[4]孔稚圭《白苧歌》云:"山虚鍾響徹。"[5]山谷點化之則云:"山空響筦弦。"[6]盧仝詩云:"草石是親情。"[7]山谷點化之云:"小山作朋友""香草當姬妾。"[8]學詩者不可不知此。

【注】

[1] 句出李白《秋浦歌》十七首,見《李太白集》卷七。

[2] 句出王安石《示俞秀老》二首其一,原句爲"繰成白雪三千丈",見《王荆公詩注》卷四十三。

[3] 句出劉禹錫《望洞庭》,原句爲"遥望洞庭山翠小,白銀盤裏一青螺",見《劉夢得外集》卷第八。劉禹錫,字夢得,彭城人。貞元九年擢進士第,登博學宏詞科,入爲監察御史,後坐貶連州刺史,未至,斥朗州司馬。居十年召還,旋復出刺播州,後改連州,徙夔、和二州。久之,徵入爲主客郎中,又出分司東都,後爲禮部郎中、集賢直學士,出刺蘇州,徙汝、同二州,遷太子賓客復分司。會昌時加檢校禮部尚書,卒年七十二,贈户部尚書。《舊唐書》《新唐書》有傳。

[4] 句出黄庭堅《去登嶽陽樓望君山》二首其二,見《豫章黄先生文集》第十一。

[5] 句出孔稚圭《白馬篇》,原句爲"山虚弓響徹"。此處疑立方將"白馬"誤作"白苧",見《樂府詩集》卷第六十三。孔稚圭,字德璋,會稽山陰人。少有美譽。齊高帝爲驃騎,取爲記室參軍。與江淹對掌辭筆,歷黄門郎、御史中丞。建武初爲南郡太守,徵侍中,不行,留本任。歷官都官尚書、太子詹事加散騎常侍等。《南齊書》卷四八、《南史》卷四九有傳。

[6] 句出黄庭堅《次韻廖明略陪吴明府白雲亭宴集》,見《豫章黄先生文集》第十一。

[7] 句出盧仝《自詠》三首其一,見《玉川子詩集》卷一。盧仝,自號玉川子,洛陽人。累舉不第。韓愈爲河南尹,愛其詩,厚禮之。後因宿王涯第中,遂預甘露之禍被害。

[8] 句出黄庭堅《顔徒貧樂》二首其二。全詩曰:"小山作友朋,義重了輿桑。香草當姬妾,不須珠翠粧。烏烏窺凍硯,星月入幽房。兒報無炊米,浩歌繞屋梁。"見《豫章黄先生文集》第八。

【集評】

釋惠洪《冷齋夜話》卷一《换骨奪胎法》:山谷云詩意無窮而人之才有限,以有限之才,追無窮之意,雖淵明、少陵,不得工也。然不易其意而造其語,謂之换骨法;窺入其意而形容之,謂之奪胎法。如鄭谷《十月菊》曰:"自緣今日人心别,未必秋香一夜衰。"此意甚佳,而病在氣不長。西漢文章雄深雅健者,其氣長故也。曾子固曰:"詩當使人一覽語盡而意有餘,乃古人用心處。"所以荆公《菊詩》曰:"千花萬卉彫零後,始見閒人把一枝。"東坡則曰

“萬事到頭終是夢,休休休,明日黄花蝶也愁”;又如李翰林詩曰“鳥飛不盡暮天碧”,又曰“青天盡處没孤鴻”。然其病如前所論。山谷作《登達觀臺詩》曰:“瘦藤拄到風煙上,乞與遊人眼界開。不知眼界闊多少,白鳥去盡青天回。”凡此之類,皆换骨法也;顧况詩曰:“一别二十年,人堪幾回别。”其詩簡拔而立意精確。舒王作《與故人詩》云:“一日君家把酒杯,六年波浪與塵埃。不知烏石岡邊路,到老相逢得幾回。”樂天詩曰:“臨風杪秋樹,對酒長年身醉。貌如霜葉,雖紅不是春。”東坡《南中作詩》云:“兒童誤喜朱顔在,一笑那知是醉紅。”凡此之類,皆奪胎法也。學者不可不知。(亦見於阮閲《詩話總龜》卷之九乙集、胡仔《苕溪漁隱叢話》前集卷三十五,《苕溪漁隱叢話》云:苕溪漁隱曰:“飛鳥不盡暮天碧”之句,乃郭功甫金山行。冷齋以爲李翰林詩,何也?)

何溪汶《竹莊詩話》卷一:僧皎然《詩式》云:詩有三偷,偷語最是鈍賊。如傅長虞“日月光太清”、陳後主“日月光天德”是也;偷意事雖可罔情不可原,如柳惲“太液滄波起,長楊高樹秋”,沈佺期“小池殘暑退,高樹早凉歸”是也;偷勢才巧意,精若無形跡蓋,詩人偷狐白裘手也。如嵇康“目送歸鴻,手揮五絃”,王昌齡“手攜雙鯉魚,目送千里雁”是也。

吴曾《能改齋漫録》卷十《議論・詩有奪胎换骨,詩有三偷》:洪覺範《冷齋夜話》曰:山谷云詩意無窮而人之才有限,以有限之才追無窮之意,雖少陵、淵明不得工也。然不易其意而造其語,謂之换骨法;規模其意形容之,謂之奪胎法。予嘗以覺範不學,故每爲妄語。且山谷作詩所謂“一洗萬古凡馬空”,其肯教人以蹈襲爲事乎?唐僧皎然嘗謂“詩有三偷,偷語最是鈍賊”。如傅長虞“日月光太清”,陳後主“日月光天德”是也;偷意事雖可罔情不可原,如柳渾“太液微波起,長楊高樹秋”,沈佺期“小池殘暑退,高樹早凉歸”是也。偷勢才巧意精,略無痕迹,蓋詩人偷狐白裘手。如嵇康“目送歸鴻,手揮五絃”、王昌齡“手攜雙鯉魚,目送千里雁”是也。夫皎然尚知此病,孰謂學如山谷,而反以不易其意與規模其意,而遂犯“鈍賊”不可原之情耶?

陳善《捫蝨新話》上集卷二《文章有奪胎换骨法》:文章雖要不蹈襲古人一言一句,然古人自有奪胎换骨等法,所謂靈丹一粒,點鐵成金也。歐陽公《祭蘇子美》文云:“子之心胸蟠屈龍蛇,風雲變化,雨雹交加,忽然揮斥,霹靂轟車,人有遭之,心驚膽破,震汗如麻,須臾霽止,而四顧百里,山川草木,開發萌芽。子於文章,雄豪放肆有如此者,吁可怪耶?”世人但知誦公此文,而不知實有來處。公作《黄夢升墓銘》稱夢升哭其兄之子庠之辭曰:“子之文章,電激雷震雨雹,忽止然滅泯。”公嘗喜誦之,祭文蓋用此爾。夢升所作雖不多見,然觀其詞句,奇倔可喜,正得所謂千兵萬馬之意。及公增以數語,而變態如此,此固非蹈襲者。其後東坡《跋姜君弼課業》亦云“雲興天際,欻若車蓋;凝矑未瞬,瀰漫霮霸。驚雷出火,喬木糜碎。殷地爇空,萬夫皆廢。懸綆四墜,日中見沫。移晷而收,野無完塊”。此三者語各不同。然只是一意。前輩作者用此法,吾謂此實不傳之妙。學者即此便可反隅矣。

韋居安《梅磵詩話》:奪胎换骨之法,詩家有之。須善融化,則不見蹈襲之迹。陸魯望詩云:“溪山自是清涼國,松竹合封蕭灑侯。”戴式之《贈葉竹山》詩云:“山中便是清涼國,門下合封蕭灑侯。”王性之詩云:“雲氣與山爲態度,月華借水作精神。”式之《舟中詩》云:“雲爲山態度,水借月精神。”如此下語,則成蹈襲。李淑《詩苑》云:“詩有三偷,偷語最是鈍賊。”學詩者不可不戒。

《唐宋詩醇》卷五《隴西李白詩》五:突然而起,四句三折,格力極健,要是倒裝法耳。陳師道云:“白髮缘愁百尺長。”語亦自然。王安石云:“繰成白髮三千丈”有斧鑿痕矣。

【謹按】

“奪胎换骨法”爲江西詩派黄庭堅倡導之主要作詩方法,即“點鐵成金”之點化法。“不易其意而造其語,謂之换骨法;規模其意形容之,謂之奪胎法。”雖同爲取古人之“陳言”加以重新熔鑄,爲我所有,但二者本有所别。因此立方此處云“詩家有换骨法,謂用古人意而點化之,使加工也。”不过後人往往將二者一統而論。本書卷一第 22 則亦談點化法,可相互參佐。

十一

魯直謂陳後山學詩如學道[1],此豈尋常雕章繪句者之可擬哉！客有謂余言:後山詩,其要在於點化杜甫語爾。杜云“昨夜月同行”[2],後山則云“勤勤有月與同歸”[3]。杜云“林昏罷幽磬”[4],後山則云“林昏出幽磬”[5]。杜云“古人日已遠”[6],後山則云“斯人日已遠”[7]。杜云“中原鼓角悲”[8],後山則云“風連鼓角悲”[9]。杜云“暗飛螢自照”[10],後山則云“飛螢元失照”[11]。杜云“秋覺追隨盡”[12],後山則云“林湖更覺追隨盡”[13]。杜云“文章千古事”[14],後山則曰“文章平日事”[15]。杜云“乾坤一腐儒”[16],後山則曰“乾坤著腐儒”[17]。杜云“孤城隱霧深”[18],後山則曰“寒城著霧深”[19]。杜云“寒花只暫香”[20],後山則云“寒花只自香”[21]。如此類甚多,豈非點化老杜之語而成者?余謂不然。後山詩格律高古,真所謂“碌碌盆盎中,見此古罍洗”者[22]。用語稍同,乃是讀少陵詩熟,不覺在其筆下,又何以足病公?

【注】

[1] 句出黄庭堅《贈陳師道》:“陳侯學詩如學道,又似秋蟲噫寒草。”見《山谷外集》卷四。陳後山,即陳師道。見本卷第 6 則注釋[1]。

[2] 句出杜甫《奉濟驛重送嚴公四韻》,《杜工部集》卷十二。

[3] 句出陳師道《東禪》,原句爲“殷勤有月與同歸”,見《後山居士文集》卷第二。

[4] 句出杜甫《昔遊》,見《杜工部集》卷三。

[5] 句出陳師道《寄參寥》,見《後山居士文集》卷第二。

[6] 句出杜甫《贈鄭十八賁》,《杜詩詳注》卷十四;《杜工部集》卷七作“故人日已遠”。

[7] 句出陳師道《觀兖文忠公家六一堂圖書》,見《後山居士文集》卷第二。

[8] 句出杜甫《夔府書懷四十韵》,見《杜工部集》卷十五。

[9] 句出陳師道《送秦覯》二首,見《後山居士文集》卷第一。

[10] 句出杜甫《倦夜》,見《杜工部集》卷十二。

[11] 句出陳師道《十五夜月》,見《後山居士文集》二。

[12] 句出杜甫《九月一日過孟十二倉曹十四主簿兄弟》,見《杜工部集》卷十五。

[13] 句出陳師道《送趙承議令畤》,見《後山居士文集》卷二。

[14] 句出杜甫《偶題》,見《杜工部集》卷十五。

[15] 句出陳師道《獨坐》,見《後山居士文集》卷二。

[16] 句出杜甫《江漢》,見《杜工部集》卷十五。

[17] 句出陳師道《獨坐》,見《後山居士文集》卷二。

[18] 句出杜甫《野望》,見《杜工部集》卷十。

[19] 句出陳師道《智寶院後樓懷胡元茂》,見《後山居士文集》卷三。

[20] 句出杜甫《薄遊》,見《杜工部集》卷十三。

[21] 句出陳師道《西湖》,見《後山居士文集》卷第三。

[22] 句出黄庭堅《次韻秦覯過陳無已書院觀鄙句之作》,見《豫章黄先生文集》第三。

【集評】

陳師道《後山詩話》:閩士有好詩者,不用陳語常談。寫投梅聖俞,答書曰:“子詩誠工,但未能以故爲新,以俗爲雅爾。”

黄庭堅《豫章黄先生文集》第十九《答王子飛書》:(陳履常)其作詩淵源,得老杜句法,今之詩人不能當也。

蔡正孫《詩林廣記》:趙章泉先生嘗云:“學詩者,莫不以杜爲師,然能如其詩者,鮮矣。句或有似之,而篇之全似者,絶難得。陳後山寄外舅郭大夫詩,乃全篇之似杜者也。”

方回《瀛奎律髓》卷四十二:後山學老杜,此其逼真者。枯淡瘦勁,情味幽深。晚唐人非風花雪月、禽鳥、蟲魚、竹樹,則一字不能作。九僧者流,爲人所禁。詩不能成,曷不觀此作乎?

胡仔《苕溪漁隱叢話前集》卷五十一:無己詩云:“學詩如學仙,時至骨自换。”山谷亦有

“學詩如學道”之句。若語意俱勝，當以無己爲優。王直方議論不公，遂云陳三所得，豈其苗裔邪？意謂其出於山谷，不足信也。

方東樹《昭昧詹言續》卷一：(姚薑隖先生曰)后山之祖子美，不識其混茫飛動沉鬱頓挫，而溺其鈍澀迂拙以爲高。其師涪翁，不得其瑰瑋卓詭，天骨開張，而耽宗洗剥渺寂以爲奇。又云：后山五七古學杜韓，其不可人意者，殆如桓宣武之似劉司空。其五古意境句格，森沈淡澀之致，於老杜亦虎賁之似，而無老杜之雄鬱混茫奇偉之境。其五七律，清純沉健，一削冶態瘁音，亦未可輕蔑。

【謹按】

此則詩話仍承“點化”之功，談後山點化杜詩。後山作爲江西詩派“三宗”之一，祖杜詩心追手摩，唯恐不及。杜詩從章法句法，到用字之妙，均都成爲其範本。後山是學杜諸家中之用心苦、用力勤、且創獲甚豐者。師道學杜有兩種情况，第一種是直接借用杜句，或稍改 二字，即“點化杜語”；第二種是句子結構摹仿杜甫，類似黄庭堅之“奪胎换骨”。本則詩話即談“點化杜甫語”，後代多認爲刻意模仿，沿襲痕跡太重，並無新意。而立方爲之辯解“乃是讀少陵詩熟，不覺在其筆下，又何足爲公病。”(此説法並非僅此一處，寂潮師亦曾認可此説)

十二

《五代史補》載羅隱題牡丹云：“若教解語應傾國，任是無情也動人。”[1]曹唐曰：“此乃詠子女障子爾。”隱曰：“猶勝足下作鬼詩。”[2]乃誦唐《漢武要王母詩》曰：“樹底有天春寂寂，人間無路月茫茫。”[3]豈非鬼詩？《南史》載孝武嘗問顔延之曰：“謝莊《月賦》何如？”答曰：“莊始知‘隔千里兮共明月’。”帝召莊，以延之語語之。莊應聲曰：“延之作《秋月詩》，始知‘生爲久離别，没爲長不歸。’”[4]《典論》云：“文人相輕，自古而然。”[5]

【注】

[1] 句出羅隱《牡丹花》，《甲乙集》卷一“也”作“亦”。

[2] 事見陶岳《五代史補》卷一《曹唐死》。曹唐：字堯賓，桂州人。初爲道士，舉進士不第，咸通中爲府從事。因暴病卒於家。作《游仙詩》百餘篇。

[3] 句出曹唐《仙子洞中有懷劉阮》。“樹底”，韋縠《才調集》卷四、《文苑英華》卷二百二十五作“洞裏”，《太平廣記》《唐詩紀事》作“水底”。《詩話總龜》《五代史補》《詩人玉屑》等與本處同。

[4] 事見李延壽《南史·謝莊傳》。唐孟棨《本事詩》亦載。孝武帝，南朝宋劉駿，字體

龍，小字道民，宋文帝劉義隆第三子，劉劭之弟。劭殺文帝后即位，駿擁兵討伐，斬殺劭後稱帝，殘暴昏庸，病逝，終年五十五歲。謚孝武皇帝，廟號世祖。顔延之，延之，字延年，琅邪臨沂人。少孤貧，好讀書，文章冠絶當時。初爲宋公豫章世子參軍，及公即帝位，補太子舍人。因帝崩，出爲始安太守，歷中書侍郎、永嘉太守。孝武登阼，以爲金紫光禄大夫。卒贈特進，謚曰憲。與謝靈運并稱"顔謝"，又與靈運、鮑照並稱"元嘉三大家"。有集三十卷，逸集一卷。謝莊，字希逸，陳郡陽夏人，侍中弘微之子，美容儀，善談論，工書屬文。好言玄理，少爲文帝所賞。初爲始興王濬後軍法曹行參軍，轉太子舍人、廬陵王文學等，遷中書令侍中。卒年四十二，謚曰憲。《宋書》《南史》有傳。

[5] 句出曹丕《典論·論文》，見蕭統《文選》卷五十二。

【集評】

孟棨《本事詩·嘲戲》第七：宋武帝嘗吟謝莊《月賦》，稱歎良久，謂顔延之曰："希逸此作，可謂前不見古人，後不見來者。昔陳王何足尚邪！"延之對曰："誠如聖旨。然其曰'美人兮邁音信闊，隔千里兮共明月'，知之不亦晚乎？"帝深以爲然。及見希逸，希逸對曰："延之詩云'生爲長相思，殁爲長不歸。'豈不更加於臣邪！"帝拊掌竟日。

陶岳《五代史補》卷一《曹唐死》：曹唐，柳州人，少好道，爲大小遊仙詩各百篇。又著《紫府珠》一卷，皆叙三清十極紀勝之事。其遊仙之句，則有《漢武帝宴西王母》詩云："花影暗回三殿月，樹聲深鎖九門霜。"又云："樹底有天春寂寂，人間無路月茫茫。"皆爲士林所稱。其後遊信州，館於開元寺三學院。一旦卧疾，衆僧忽見二青衣緩步而至，且四向顧視，相謂曰："只此便是'樹底有天春寂寂，人間無路月茫茫。'"言訖直入唐之卧室。衆僧驚異亦随之而入踰閾，而青衣不復見。但見唐已殂矣。先是唐與羅隱相遇，隱有《題牡丹詩》云："若教解語應傾國，任是無情亦動人。"唐因戲隱曰："此非賦牡丹，乃題女子障耳。"南人以歌姫爲女子，隱應聲曰："猶勝足下鬼詩。"唐曰："其詞安在？"隱曰："'只樹底有天春寂寂，人間無路月茫茫'，得非鬼詩？"唐無言以對。至是青衣亦援引此句，而唐尋卒，則隱云豈偶然哉！

李昉《太平廣記》卷三百四十九《鬼·曹唐》：進士曹唐以能詩名聞當世，久舉不第。常寓居江陵佛寺中。亭沼境甚幽勝，每自臨翫賦詩。得兩句曰："水底有天春漠漠，人間無路月茫茫。"吟之未久，自以爲常製皆不及此作。一日還坐亭沼上，方用怡咏，忽見二婦人衣素衣，貌甚閑冶，徐步而吟，則唐前所作之二句也。唐自以製未翌日，人固未有知者，何遽而得之？因迫而訊之。不應而去。未十餘步，間不見矣。唐方甚疑怪。唐素與寺僧法舟善，因言於舟。舟驚曰："兩日前有一少年見訪，懷一碧箋示我，此詩適方欲言之。"乃出示唐，頗惘然。數日後，唐卒於佛舍中。

計有功《唐詩紀事》卷第五十八:唐字堯賓,桂州人。初爲道士,後爲使府從事。咸通中卒,作遊仙詩百餘篇。其友人曰:"堯賓曾作鬼詩。"唐曰:"何也?"曰:"'井底有天春寂寂,人間無路月茫茫。'非鬼詩而何?"唐大哂。

辛文房《唐才子傳》卷八:唐字堯賓,桂州人,工文賦詩,大中間舉進士,咸通中爲諸府從事。唐與羅隱同時,才情不異。唐始起清流,志趣澹然,有凌雲之骨。追慕古仙子高情,往往奇遇,而已才思不減,遂作《大遊仙詩》五十篇,又《小遊仙詩》等,紀其悲歡離合之要,大播於時。唐嘗會隱各論近作。隱曰:"聞兄遊仙之製甚佳,但中聯云'洞裏有天春寂寂,人間無路月茫茫',乃是鬼耳。"唐笑曰:"足下《牡丹詩》一聯詠如子障,'若教解語應傾國,任是無情也動人。'"於是座客大笑。……(唐)忽一日晝夢仙女鸞服花冠,衣如烟霧,倚樹吟唐《詠天台劉阮詩》欲相招而去者,唐驚覺,頗怪之。明日,暴病卒。亦感憶之所致也……人云:有德者或無文,有文者或無德,文德兼備,古今所難。《典論》謂文人相輕,從古而然,各以所長,相輕所短,矛楯之極,則是非鋒起,畬始於毫末,禍大於丘山。前後類此多矣! 夫以口舌常談,無益無損,每至喪清德,負良友,承輕薄子之名,乏藏疾匿瑕之量。如此,功業未見其超者矣。君子所慎也。

【謹按】

唐與隱之事,附會頗多。辛文房《唐才子傳》云:"唐與羅隱同時,才情不異。"實際上羅隱生於大和七年,較曹唐晚出二十餘年。曹唐之卒年,《唐詩紀事》云:"咸通中卒。"《郡齋讀書志》亦云:"咸通中爲使府從事,卒。"《唐才子傳校箋》卷八考訂曹唐約卒於咸通七年左右。唐活動於長慶至大中中,至咸通,則已垂垂老矣,今未有直接證據以證唐與隱有交往。因此,關於"鬼詩"之論,《郡齋讀書志》卷四云"或靳之曰",《唐詩紀事》云"其友人曰",均未言隱。然有以此聯附會爲讖詩,更謬。如《五代史補》卷一《曹唐死》。而《太平廣記》和《唐才子傳》等則更附會爲唐因鬼詩遇鬼而暴病卒。此殆據《靈怪集》而來。《靈怪集》係怪異小説,所載本不足爲信實。明蔣冕刊刻《二曹詩》,其《二曹詩跋》(《湘皋集》卷二)云"因暴疾卒於家",應爲可信之論。

本詩話立方虽言及《五代史補》記載,然未有附會爲讖詩與鬼神之事。其後又有謝莊及延之事,發文人相輕之論,差强有理。辛氏在此基礎上又加以鬼神之論,文末發文德之論,似有牽强之感。

十三

高適《别鄭處士》云:"興來無不愜,才大亦何傷。"[1]《寄孟五》詩云:"秋氣落窮巷,離憂兼暮蟬。"[2]《送蕭十八》云:"常苦古人遠,今見斯人古。"[3]《題陸少府書齋》云:"散帙至棲鳥,明燈留故人。"[4]皆佳句也。《上陳左相》云:"天地莊生馬,江湖范蠡舟。"[5]亦有含蓄。但莊子謂天地一指,萬物一馬,而以天地爲馬,誤矣。

【注】

[1] 句出高適《廣陵别鄭處士》,見《高常侍集》卷第六。〔高適〕:見卷二第四則注釋[2]。

[2] 見《高常侍集》卷二,作"秋風落窮巷,離憂兼暮蟬。"

[3] 見《高常侍集》卷二。

[4] 句出高適《同魏八題陸少府書齋》,見《高常侍集》卷六。

[5] 句出高適《古樂府飛龍曲留上陳左相》,見《高常侍集》卷七。

【謹按】

《南華真經》卷一:"是亦一无窮,非亦一无窮也。故曰莫若以明以指喻指之非指,不若以非指喻指之非指也。以馬喻馬之非馬,不若以非馬喻馬之非馬也。天地一指也,萬物一馬也。"成玄英《南華真經注疏》"夫自是而非彼,彼我之常情也。故以指喻彼指,則彼指於我指,獨爲非指矣。此以指喻指之非指也,若復以彼指還喻我指,則我指於彼指復爲非指矣。此以非指喻指之非指也,將明無是無非,莫若反覆相喻……是以至人知天地一指也,萬物一馬也。故浩然大寧,而天地萬物各當其分,同於自得,而無是無非也。

本爲"天地一指也,萬物一馬",此處却將"天地"與"馬"相連,"天地莊生馬,江湖範蠡舟",因此立方認爲"以天地爲馬,誤矣"。

十四

晉張翰憶吴中蓴菜鱸鱠而歸,而高適屢作"越上"用。如《送崔功曹赴越》云:"今朝欲乘興,隨爾食鱸魚。"[1]《送李九赴越》云:"鏡水若所憶,蓴羹子舊便。"[2]人以爲疑。余考《地理志》,漢吴縣隸今會稽郡[3],則以鱸魚作"越上",亦無傷也。

【注】

[1] 句出高適《送崔功曹赴越》,見《高常侍集》卷六。

[2] 句出高適《秦中送李九赴越》,見《高常侍集》卷七。

[3] 地理志,指漢《書·地理志》。《漢書·地理志》云:"會稽郡,秦置。高帝六年爲荆國,十二年更名吴。"(第八上)"吴地,斗分野也。今之會稽、九江、丹陽、豫章、廬江、廣陵、六安、臨淮郡,盡吴分也。"(第八下)

十五

山谷詩多用"稻田衲",亦云"田衣"[1]。王摩詰詩云:"乞飯從香積,裁衣學水田。"[2]又云:"手巾花氎淨,香帔稻畦成。"[3]豈用是耶?

【注】

[1] 稻田衲:指僧人的袈裟,又名"稻畦帔"、"稻田衣"、"水田衣"、"田衣"等,因袈裟的形制似田畝稻畦而得名。此處以袈裟借指僧人。如黄庭坚《次韻答叔原會寂照房呈稚川》:"坐有稻田衲,頗薰知見香。"(見《山谷外集》卷一)《題杜槃澗叟冥鴻亭》:"亭東亭西渺烟水,稻田衲子交行李。"(見《山谷外集》卷五)

[2] 句出王維《過盧四員外宅看飯僧共題七韻》,見《王摩詰文集》卷第六。

[3] 句出王維《與盧蘇二員外期遊方丈寺而蘇不至因有是作》,見《王摩詰文集》卷第十。

【謹按】

"稻田衲",亦云"田衣"、"水田衣"、"稻畦帔"、"稻田衲"。如段成式《游長安諸寺聯句》:"錫杖已克鍛,田衣從懷膝。"白居易《從龍潭寺至少林寺題贈同遊者》:"山屐田衣六七賢,搴芳蹋翠弄潺湲。"佛教認爲積善行德可得福報,也把袈裟稱爲"福田衣"。如姚合《送清敬闍黎歸浙西》:"自翻貝葉偈,人施福田衣"等。另"田衣"也可指隱士衣,取隱者隱居山野之意。(詳見徐頌列《唐詩服飾詞語研究》,浙江教育出版社,第53頁)

十六

魯直謂東坡作詩,未知句法。而東坡題魯直詩云:"每見魯直詩,未嘗不絶倒。然此卷語妙甚①,殆非悠悠者可識。能絶倒者已是可人。"[1]又云:"讀魯直詩,如見魯仲連、李太白,不敢復論鄙事。雖若不適用,然不爲無補。"[2]如此題識,其許之乎,其譏之也?魯直酷愛陳無己詩,而東坡亦不深許。魯直爲無己楊譽無所不至,而無己乃謂"人言我語勝黄語"[3],何耶?

【校記】

① 妙甚:明本及库本作"甚妙",且下文多"而"字。

【注】

[1] 見蘇軾《書黄魯直詩後》,出處不詳。見李之亮《蘇軾文集編年箋注・詩詞附・

九》。吕本中《紫微詩話》云:歐陽季默嘗問東坡:"魯直詩何處是好?"東坡不答,但極口稱重黄詩。季默云:'如"卧聽疏疏還密密,曉看整整復斜斜",豈是佳邪?"東坡云:"正是佳處。"

[2] 此句亦见於《詩林廣記後集》卷五、《苕溪漁隱叢話前集》卷四十九等。黄庭堅最爲稱譽陳氏詩,謂其詩爲當今詩人之冠。釋惠洪《冷齋夜話》卷二《陳無已挽詩》條:子問山谷:"今之詩人誰冠?"曰:"無出陳師道無己。"問其佳句如何,曰:"吾見其作温公挽詞一聯,便知其才不可敵,曰:'政雖隨日化,身已要人扶。'"

[3] 句出陳師道《答魏衍黄預勉余作詩》,見《後山居士文集》卷四。

【集評】

黄庭堅與蘇軾之争:

黄庭堅《答洪駒父書》:東坡文章妙天下,其短處在好罵,慎勿襲其軌也。(見《豫章黄先生文集》第十九)

黄庭堅《子瞻詩句妙一世乃云效庭堅體蓋退之戲效孟郊樊宗師之比以文滑稽耳恐後生不解故次韻道之》:我詩如曹檜,淺陋不成邦。公如大國楚,吞五湖三江。赤壁風月笛,玉堂雲霧窗。句法提一律,堅城受我降。枯松倒澗壑,波濤所舂撞。萬牛挽不前,公乃獨力扛。諸人方嗤點,渠非晁張雙。袒懷相識察,床下拜老龐。小兒未可知,客或許敦厖。誠堪婿阿巽,買紅纏酒缸。(見《豫章黄先生文集》第三)

史繩祖《學齋占畢》卷二《坡詩不入律》:黄魯直《次東坡韻》云:"我詩如曹鄶,淺陋不成邦。公如大國楚。吞五湖三江。"其尊坡公可謂至,而自況可謂小矣。而實不然,其深意乃自負,而諷坡詩之不入律也。曹鄶雖小,尚有四篇之詩入《國風》,楚雖大國,而《三百篇》絶無取焉。至屈原而始以《騷》稱爲變風矣。黄又嘗謂"坡公文好罵,謹不可學"。又指"坡公文章妙一世,而詩句不逮古人",信斯證也。

蘇軾《跋黔安居士漁父詞》曾云:"才出'新婦磯',又入'女兒浦',此漁父無乃太瀾浪乎!"(見《蘇軾文集》卷六八)

吴炯《五總志》:山谷云"新婦磯頭眉黛愁,女兒浦口眼波秋。驚魚錯認月沉鈎,青箬笠前無限事。緑莎衣底一時休,西風吹雨轉船頭。"東坡視之,謂所親曰:"黄九以山光水色代却玉肌花貌,自以爲得漁父家風。然才出'新婦磯',又入'女兒浦',此漁父無乃太瀾浪乎!"雖曰戲言,是亦嫉而輕之也。

蔡正孫《詩林廣記後集》卷五《黄山谷》:《豫章先生傳贊》云:"山谷自黔州以後,句法尤高,筆勢放縱,實天下之奇作。自宋興以來一人而已。東坡云:'讀魯直詩如見魯仲連、李太白,不敢復論鄙事。雖若不適用,然不爲無補於世。'"

胡仔《苕溪漁隱叢話前集》卷四十九:苕溪漁隱曰:元祐文章,世稱蘇黄。然二公當時争名,互相譏誚。東坡嘗云:“黄魯直詩文如蝤蛑江珧柱,格韻高絶,盤飧盡廢。然不可多食,多食則發風動氣。”山谷亦云:“蓋有文章妙一世,而詩句不逮古人者。”此指東坡而言也。二公文章,自今視之,世自有公論,豈至各如前言?蓋一時争名之詞耳。俗人便以爲誠然,遂爲譏議。所謂“蚍蜉撼大樹,可笑不自量”者邪!東坡云:“讀魯直詩,如見魯仲連、李太白,不敢復論鄙事。雖若不適用,然不爲無補於世。”

王楙《野客叢書》卷七《蘇黄互相引重》:漁隱云元祐文章,世稱蘇黄。然二公争名,互相譏誚,東坡謂魯直詩文“如蝤蛑江珧柱,格韻高絶,盤餐盡廢,然不可多食,多食則發風動氣。”山谷亦曰“盖有文章妙一世,而詩句不逮古人者”,此指東坡而言也。殊不知蘇黄二公同時,實相引重,黄推蘇尤謹,而蘇亦成之甚力。黄云東坡文章妙一世,乃謂效庭堅體,正如退之效孟郊、盧仝詩。蘇云:“讀魯直詩,如見魯仲連、李太白,不敢復論鄙事。”其互相推許如此,豈争名者?詩文比之“蝤蛑江珧柱”,豈不謂佳至言?“發風動氣不可多食者”,謂其言有味,或不免譏評時病;“使人動不平之氣”乃所以深美之,非譏之也;“文章妙一世,而詩句不逮古人”,此語盖指曾子固,亦當時公論如此,豈坡公邪?以坡公詩句不逮古人,則是陳壽謂孔明兵謀将略,非其所長者也,此郭次象云。

周煇《清波雜志》卷第七第29則:山谷在南康落星寺。一日凭欄,忽傳坡亡,痛惜久之。已而顧寺僧拈几上香,合在手曰:“此香匾子自此却屬老夫矣!”豈名素相軋而然,或傳之過?

寂潮師《清波雜志校注》此則注釋論及此,引文及分析可謂簡要而切當。今照録如下:商務本《説郛》卷三二《拊掌録獨步》亦云:黄魯直在荆州,聞東坡下世,士人往弔之。魯直兩手把一膝起云:“獨步,獨步!”《聞見後》録卷二一謂庭堅“蚤出東坡門下,或云後自欲名家,類相失云。”而同卷復云:“趙肯堂親見魯直晚年懸東坡像於室中,每蚤作,衣冠薦香,肅揖甚敬。或以同時聲名相上下爲問,則離席驚避曰:‘庭堅望東坡門弟子耳,安敢失其序哉!’今江西君子曰蘇黄者,非魯直本意。”《聞見》異辭,逕庭若辭,謂傳之過,殆近其實。元李治(原作“李冶”,誤。見《四庫提要辨證》卷一二《測圓海鏡》條考證)《敬齋古今黈》卷八云:“人言山谷之於東坡,常欲抗衡而常不及,故其詩文字畫,别爲一家,意若曰:我爲汝所爲,要在人後;我不爲汝所爲,則必得以名世成不朽。此其爲論也隘矣。凡人才之所得,千萬而蔑有同之者,是造物者之大恒也。鳧自爲短,鶴自爲長。鳧豈爲鶴而始短吾足,鶴豈爲鳧而始長吾脛也哉!近世周户部題魯直墨跡云:‘詩健如提十萬兵,東坡真欲避時名。須知筆墨渾閒事,猶與先生抵死争!’(按周户部即周昂,詩見《中州集丁集》)周深於文者,此詩亦以世俗之口量前人之心也。閒讀周集,因爲此説,以喻世之不知山谷者。”

王若虚《滹南遺老集》卷三十九：東坡，文中龍也，理妙萬物，氣吞九州，縱横奔放若游戏，然莫可測其端倪。魯直區區持斤斧準繩之説，随其後而與之争，至謂未知句法。東坡而未知句法，世豈復有詩人？而渠所謂法者，果安出哉！老蘇論揚雄以爲使有孟軻之書，必不作太玄。魯直欲爲東坡之邁往而不能，於是高談句律，旁出樣度，務以自立而相抗然，不免居其下也。彼其勞亦甚哉！向使無坡壓之，其措意未必至是。世以坡之過海爲魯直不幸。由明者觀之，其不幸也舊矣。

王士禛《带經堂詩話》卷一：蘇文忠作詩常云"效山谷體"，世因謂蘇極推黄，而黄每不滿蘇詩，非也。黄集有云："吾詩在東坡下，文潛、少游上，雜文與無咎伯仲耳。"此可証俗論傳會之謬。

魯直與陳無己：

陳師道《後山居士文集》卷第四《贈魯直》：相逢不用早，論交宜晚歲。平生易諸公，斯人真可畏。見之三伏中，凜凜有寒意。名下今有人，胸中本無事。神物護詩書，星斗見光氣。惜無千人力，負此萬乘器。

蔡正孫《詩林廣記後集》卷六：或言後山之詩非一過可了，近於枯淡，彼其用意，直追《騷》《雅》，不求合於世俗，亦惟恃有東坡山谷之知也。自此兩公外，政使舉世無領解者，渠亦安暇恤哉！

劉克莊《後村集》卷九十五：後山樹立甚高，其議論不以一字假借人。然自言其詩師豫章公。或曰"黄陳齊名，何師之有？"余曰："射較一鏃，弈角一著。惟詩亦然。後山地位去豫章不遠，故能師之。若師同時人晁諸人，則不能爲此言矣。此惟深於詩者知之。文師南豐，詩師豫章，二師皆極天下之本色，故後山詩文高妙一世。

錢大昕《十駕齋養新録・餘録》卷十六《江西派》：吕本中《江西詩派圖》意在尊黄涪翁，并列陳後山於諸人中。後山與黄同在蘇門，詩格亦與涪翁不相似，乃抑之入江西派，誕甚矣。元遺山云："論詩寧下涪翁拜，未作江西社裏人。"又云："北人不拾江西唾，未要曾郎借齒牙。"遺山固薄黄體而不爲，亦由此輩尊之過當，故有此論。

王禮培《小招隱館談藝録初編》卷二：陳後山棄其少作，近師山谷，遠宗少陵，《贈山谷》詩云："陳詩傳筆意，願立弟子行。"山谷亦稱其《挽司馬公》"政方隨日化，身已要人扶"之句爲"不可及"。任淵注山谷，復注後山，其序後山云："讀后山詩，如參曹洞禪，不犯正位，切忌死語，非冥搜旁引，莫能窺其用意深處。因爲作注。蓋法嚴而力勁，學贍而用變，涪翁已後，難可與敵。"余謂後山嚴於首尾照顧之法，謀篇謀句，成之甚難，擁被微吟，肌骨聲調，務入純淨，其於涪翁得法外意，温密之中時露峭崛之態。涪翁如峻阪懸崖，絶人攀躋，后山徑路逶蛇，步步引人。馮定遠謂："後山五言貌似老杜，最不可學。彼自詆杜，遑論後山，但學杜要從山谷入，自無框廓，徒具之弊。後山惟其温密，學者又失其峭崛之致，遂爾不免落套。敖器之評後山"深林孤芳，冲寂自妍，語極精當。今人不求自妍，祇求媚人，性情所以日梏也"。

【謹按】

南宋以來，蘇黄彼此批評對方創作失誤之言論屢見於筆記、詩話中。蘇黄交遊始於元豐元年，其後酬唱愈多，但此時黄庭堅尚不足以與軾抗衡，後來庭堅詩名日益超過蘇門其他成員，與蘇軾齊名，加之蘇黄相互批評之語被後人曲解，遂誤爲蘇黄彼此争名，進而産生蘇黄優劣論。另曾棗莊亦有《蘇黄争名説》一文(見《黄庭堅研究論文選》)，可參考。魯直與後山之争，亦與蘇黄之争相似，多有後人附會曲解，故多有不通之語，因此本則詩話之惑，實爲斷章取義或矛盾之處所致。

十七

自古工詩者，未嘗無興也。睹物有感焉，則有興。今之作詩者，以興近乎訕也，故不敢作，而詩之一義廢矣！老杜《萵苣詩》云："兩旬不甲拆①，空惜埋泥滓②。野莧迷汝來，宗山實於此。"[1]皆興小人盛而掩抑君子也。至高適《題處士菜園》則云③："耕地桑柘間，地肥菜常熟。爲問葵藿資，何如廟堂肉。"[2]則近乎訕矣。作詩者苟知興之與訕異，始可以言詩矣。

【校注】

①"拆"，《杜工部集》卷七作"坼"，明乙本作"折"。

②"惜"，庫本作"憤"。

③"菜"宋本作"萊"，《高常侍集》卷八作"菜"，明甲本、明乙本及庫本皆作"菜"，今據改。

【注】

[1] 句出杜甫《種萵苣並序》，見《杜工部集》卷七。

[2] 句出高適《同群公題張處士菜園》，見《高常侍集》卷八。

【謹按】

興始於《詩經》。興與賦、比並列，《毛詩》注明"興也"的共一百十六篇。然漢經學家多將"興"釋爲"譬喻"。如鄭衆《周禮注》云："興者，托事於物也。"鄭玄將比、興分屬美、刺，《周禮注疏》云："比，见今之失，不敢斥言，取比类以言之；興，見今之美，嫌於媚諛，取善事以勸喻之。"王逸《離騷經序》："《離騷》之文，依詩取興，引類譬喻。"把"興"完全等同於

“比”。劉勰《文心雕龍·比興》“比興”並論：“興者，起也……起情者，依微以擬議。起情，故興體以立……興則環譬以托諷。”鍾嶸詩品序云：“文已盡而意有餘，興也。”至孔穎達《毛詩正義》云：“興者，起也，取譬引類，起發己心。詩文諸舉草木鳥獸以見意者，皆興辭也。”

雖有的注經牽强附會，但却啓迪了唐人詩歌創作。初唐陳子昂提出“夫詩可以比興也，不言何著？”（《陳伯玉文集》卷七《喜馬參軍相與醉歌序》）此时之“比興”、“興寄”，乃睹物有感，針對齊梁流弊而發，要求文質相稱，並不是諷諭之義。至白居易《與元九書》“自拾遺來，凡所適所感，關於美刺興比者……謂之諷諭詩”，把“比興”、“興寄”與美刺諷諭等同，體現了關注社稷民生的现实主义精神。

本則詩話秉承“睹物有感”説，因此認爲今之作詩者“以興近乎訕”不足取，且用杜甫、高適之例区别“興”“訕”之不同。“苟知興之與訕異，始可以言詩矣”，體現了對“興”之重視与講究托興温柔敦厚之創作理念。

十八

張籍，韓愈高弟也[1]。愈嘗作《此日足可惜》贈之，八百餘言。又作《喜侯喜至》之篇贈之，二百餘言[2]；又有《贈張籍》一篇[3]，二百言，皆不稱其能詩。獨有《調張籍》一篇大尊李杜，而末章有“顧語地上友，經營無太忙”之句[4]。《病中贈張籍》一篇有“半塗喜開鑿①，派别失大江。吾欲盈其氣，不令見麾幢”之句[5]。《醉贈張徹》有“張籍學古淡，軒昂避鷄群”之句[6]。則知籍有意於慕大，而實無可取者也。及取其集而讀之，如《送越客詩》云：“春雲剡溪口，殘月鏡湖西。”[7]《逢故人詩》云：“海上見花發，瘴中聞鳥飛。”[8]《送海客詩》云：“入國自獻寶，逢人多贈珠。”“紫掖發章句，青闈更詠歌。”[9]如此之類，皆駢句也。至於語言拙惡，如：“寺貧無施利，僧老足慈悲。”[10]“收拾新琴譜，封題舊藥方。”[11]“多申請假牒，衹送賀官書。”[12]此尤可笑。至於樂府，則稍超矣。姚秘監嘗稱之曰：“妙絶《江南曲》，淒凉《怨女詩》。”[13]白太傅嘗稱之曰：“尤攻樂府詞，舉代少其倫。”[14]由是論之，則人士所稱者非以詩也。

【校記】

① 半塗喜開鑿：《昌黎先生文集》中“喜”作“善”。

【注】

[1] 張籍，字文昌，蘇州人，或曰和州烏江人。貞元十五年及第，調補太祝，轉國子助教，遷秘書郎。由太學博士轉司業，歷水部員外郎中。生平長於樂府，多警策之句。裴度、令狐楚、白居易、元稹皆與之遊，韓愈尤賢重之。有集七卷，世以張司業、水部名之。辛文

房《唐才子傳》:(籍)初至長安,謁韓愈,一會如平生歎,才名相許,論心結契。愈力薦爲國子博士,然性狷直,多所責諷於愈,愈亦不忌之。《舊唐書》《新唐書》有傳。

[2] 此二詩均見《昌黎先生文集》卷二,題为《此日足可惜贈張籍》与《喜侯喜至贈張籍張徹》。

[3][4] 均見《昌黎先生文集》卷五。

[5] 見《昌黎先生文集》卷五,題爲《病中贈張十八》。

[6] 句出韓愈《醉贈張秘書》,見《昌黎先生文集》卷二。《五百家注昌黎文集》:孫曰:張秘書徹,元和四年登進士第,娶韓氏,禮部郎中雲卿之孫、開封尉俞之女,於公爲叔父孫女。

[7] 見張籍《張文昌文集》卷一。

[8] 句出張籍《嶺外逢故人》,見《張文昌文集》卷一。

[9] 句出張籍《送海客歸舊島》,見《張文昌文集》卷一。

[10] 句出張籍《遊襄陽山寺》,見《張文昌文集》卷一。

[11] 句出張籍《和陸司業習靜寄所知》,見《張文昌文集》卷一。

[12] 句出張籍《早春病中》,見《張文昌文集》卷二。

[13] 句出姚合《贈張籍太祝》,見《姚少監詩集》卷第四。姚秘監,姚合,吴興人,姚崇曾侄孫。元和十一年進士及第,授校書郎,調武功主簿,歷監察禦史、户部員外郎、金州刺史、杭州刺史、左諫議大夫、陝虢觀察使等,官終秘書監。世稱姚武功或姚秘監。傳見《舊唐書》《新唐書》卷九《姚崇傳》附,亦見于《唐詩紀事》《唐才子傳》等。參見曹方林《姚合考論》。姚合與賈島齊名,同以苦吟見稱,號"姚賈"。

[14] 句出白居易《讀張籍古樂府詩》,見《白氏長慶集·白氏文集》卷一。

【集評】

劉攽《中山詩話》:張籍樂府詞,清麗深婉,五言律詩亦平澹可愛,至七言詩,則質多文少。材各有宜,不可强飾,文昌有謝裴司空馬詩曰"乍離華廄移蹄澀,初到貧家舉眼驚"。此馬却是一遲鈍多驚者,詩詞微而顯,亦少其比。

周紫芝《竹坡詩話》:唐人作樂府者甚多,當以張文昌爲第一。近時高郵王觀可稱,而人不甚知……此篇詞意,大似李太白,恨未入文昌之室耳。至莫惱翁篇……遂與文昌爭衡矣。

許顗《彦周詩話》:張籍、王建,樂府、宫詞皆傑出,所不能追逐李社者,氣不勝耳。

張表臣《珊瑚鈎詩話》:李唐群英,惟韓文公之文、李太白之詩,務去陳言,多出新意。至於盧仝、貫休輩效其顰,張籍、皇甫湜輩學其步,則怪且醜,僵且仆矣然。

劉克莊《後村詩話》：樂府至張籍、王建，道盡人意中事，惟半山尤賞好，有“看若尋常最奇崛，成如容易却艱辛”之語，此十四字，唐樂府斷案也。本朝惟張文潛能得其道意。

曾季貍《艇齋詩話》：張籍樂府甚古，如永嘉行尤高妙。唐人樂府，惟張籍、王建古質，劉夢得《武昌老人説笛歌》宛轉有思致。

孟郊、張籍一等詩也。唐人詩有古樂府氣象者，惟此二人。但張籍詩簡古易讀，孟郊詩精深難窺耳。

張戒《歲寒堂詩話》：元白、張籍、王建樂府，專以道得人心中事爲工，然其詞淺近，其氣卑弱。……張司業詩與元白一律，專以道得人心中事爲工，但白才多而意切，張思深而語精，元體輕而詞躁爾。籍律詩雖有味而少文，遠不逮李義山、劉夢得、杜牧之，然籍之樂府，諸人未必能也。

辛文房《唐才子傳》卷五：公於樂府古風，與王司馬自成機軸，絶世獨立。自李杜之後，風雅道喪。至元和中，暨元白歌詩，爲海内宗匠，謂之元和體。病格稍振，無愧河砥柱也。樂天贈詩曰：“張公何爲者？業文三十春。尤工樂府詞，舉伶少其倫。”

王士禛《分甘餘話》卷三：許彦周謂張籍、王建樂府宫詞皆傑出，所不能追蹤李杜者，氣不勝耳。余以爲非也，正坐格不高耳。不但李杜，盛唐諸詩人所以超出初唐中晚者，只是格韻高妙。

喬億《劍溪説詩》：許彦周謂張籍、王建樂府宫詞皆傑出，而不能追逐李杜者，氣不勝耳。漁洋老人分甘餘話非之，謂正坐格不高耳。愚以爲皆非也。張王縱氣勝格高，衹追逐王李高岑，如何敢望李杜？

【謹按】

關於張籍之詩，历代评價不甚高，但多肯定其乐府成就。獨韓愈視之甚高。從《醉韓愈贈張秘書》“張籍學古淡，軒鶴避鷄群”之句看，籍詩尤其樂府詩渾樸古淡，契合其诗贵自然，反對雕琢的觀點，是以極力推崇，以致有過於拔高之嫌。

十九

應制詩非他詩比，自是一家句法，大抵不出於典實富豔爾。夏英公《和上元觀燈詩》云：“魚龍曼衍六街呈，金鎖通宵啓玉京。冉冉遊塵生輦道，遲遲春箭入歌聲。寶坊月皎龍燈淡，紫館風微鶴燄平。宴罷南端天欲曉，回瞻河漢尚盈盈。”[1]王岐公詩云：“雪消華月滿仙臺，萬燭當樓寶扇開。雙鳳雲中扶輦下，六鼇海上駕峰來。鎬宫①春酒霑周燕，汾水秋風陋漢材。一曲昇平人共樂，君王又進紫霞杯。”[2]二公雖不同時，而二詩如出一人之手，蓋格律當如是也。丁晉公《賞花釣魚詩》云:“鶯驚鳳輦穿花去,魚畏龍顔上釣遲。”[3]胡文恭云:“春暖仙蓂初靃靡,日斜芝盖尚徘徊。”[4]鄭毅夫云:“水光翠繞九重殿,花氣醲薰萬壽杯。”[5]皆典實富豔有餘。若作清癯平澹之語,終不近爾。

【校記】

①“宫”,他本作“京”。

【注】

[1] 夏竦《文莊集》卷三十四題爲《上元應制》,詩末云“此詩原本缺今從詩話總采入”。夏英公:夏竦,字子喬,江州德安人。以父死事補官,真宗朝舉賢良,除光禄丞。仁宗朝累擢知制誥,拜同中書門下平章事。封英國公,後改封鄭,卒,贈太師中書令,謚文莊,有集。《宋史》有傳。

[2] 句出王珪《恭和御製上元觀燈》,見《華陽集》卷四。王岐公,見卷一第 24 則。

[3]《吴紀聞》卷一《丁晉公》:公諱謂,字謂之,家世於冀,其祖仕錢氏,遂爲吴人。公少負才名……淳化三年,公登進士科,名在第四,與孫何俱有聲……祥符中爲參知政事,上問唐酒價幾何,公曰:“每斗三百。”按杜甫詩:“速宜相就飲一斗,恰有三百青銅錢。”又《侍宴賞花釣魚公》詩:“云鶯驚鳳輦穿花去,魚畏龍顔上釣遲。”上賞詠再三,群臣皆以爲不及。

[4] 句出胡宿《賞花釣魚應制》,見《文恭集》卷三。胡文恭:胡宿,字武平,晉陵人。天聖中登第,累官通判宣州,既而知湖州,爲兩浙轉運使,召還修起居注知制誥,遷翰林學士。嘉祐六年,拜左諫議大夫、樞密副使。英宗即位,出知杭州。神宗初,以疾告除太子少師。卒謚文恭。

[5] 句出鄭獬《恭和御製賞花釣魚》,見《鄖溪集》卷二十七。鄭毅夫:鄭獬,字毅夫,安州安陸人。皇祐五年進士第一,神宗朝拜翰林學士,爲王安石所惡,出知杭州,徙青州提舉鴻慶宫。卒有《鄖溪集》。

【集評】

祝穆《事文類聚前集》卷七《天時部·英公應制詩》:應制詩無出於典麗富艷。如夏英公及王岐公《上元詩》是也。英公詩云:“魚龍曼衍六街呈,金鎖通宵啓玉京。冉冉遊塵生輦道,遲遲春箭入歌聲。寶坊月皎龍燈淡,紫館風微鶴燄平。宴罷南端天欲曉,回瞻河漢尚盈盈。”

《岐公應制詩》:元豐中,元夕御樓觀燈,有御製詩。時王禹玉、蔡持正爲左右相,持正扣禹玉云:“應制上元詩如何使故事?”禹玉曰:“鰲山、鳳輦外不可使。”章子厚爲黄門侍郎,笑曰:“此誰不知?”後兩日登封山,獨賞禹玉詩,云:“雪消華月滿仙臺,萬燭當樓寶扇開。雙鳳雲中扶輦下,六鰲海上駕山來。鎬京春酒霑周宴,汾水秋風陋漢才。一曲昇平人盡樂，君王又進紫霞杯。"

趙令畤《侯鯖録》卷二：元豐中，裕陵以元夕御樓宰臣親王觀燈，有御製令從臣和進。王禹玉爲左相，蔡持正爲右相，蔡密叩王云："應制上元詩如何使事？"禹玉曰："鼇山、鳳輦外不可使。"章子厚時爲黄門侍郎，如面笑之云："此誰不知？"十七日登對，裕陵獨賞禹玉詩，云"妙於使事"。詩云："雪消華月滿仙臺，萬燭當樓寶扇開。雙鳳雲中扶輦，六鼇海上駕山來。鎬京春酒霑周燕，汾水秋風陋漢才。一曲昇平人共樂，君王又進紫霞杯。"

【謹按】

據廖道南《殿閣詞林記》卷十三："凡被命有所述作則謂之應制。"此处所之"命"常指帝王之命。漢武帝時命文學侍從待詔金馬門應制奏賦，遂成"一代之文學"。漢以後詩文也入應制之林，多由館閣大臣執筆。唐應制詩也很盛行。宋時館閣詩直接或間接受命於皇上，館職都要寫詩、和詩，已帶有明顯應制詩風格。本則詩話將應制詩概括爲"大抵不出於典實富豔爾"。祝穆《古今事文類聚》云"應制詩無出於典麗富豔"，看法基本相同，可謂中肯。本書卷一第 24 則云"人言居富貴之中者，則能道富貴語，亦猶居貧賤者工於説饑寒也。王岐公被遇四朝，目濡耳染，莫非富貴，則其詩章雖欲不富貴得乎？故岐公之詩，當時有"至寶丹"之喻。"亦可與本則詩話相參照。

二十

翰苑作春帖子[1]，往往秀麗可喜。如蘇子容云："璇霄一夕斗摽東，瀲艷晨曦照九重。和氣薫風摩蓋壤，競消金甲事春農。"[2]鄧温伯云："晨曦瀲艷上簾櫳，金屋熙熙歌吹中。桃臉似知宫宴早，百花頭上放輕紅。"[3]蔣穎叔云："昧旦求衣向曉鷄，蓬萊仗下日將西。花添漏鼓三聲遠，柳映春旗一色齊。"[4]梁君貺詩云："東方和氣斗回杓，龍角中星轉紫霄。聖主問安天未曉，求衣親護玉宸朝。"[5]皆佳作也。余觀鄭毅夫《新春詞》四首，其一云："春色應隨步輦還，珠旒玉几照龍顔。紫雲殿下朝元罷，便領東風到世間。"其二云："春風細拂緑波長，初過層城渡建章。草色未迎雕輦翠，柳梢先學赭衣。"其三云："晴暉散入鳳凰樓，一行朱簾不下鈎。漢殿鬬簪雙彩燕，併和春色上釵頭。"其四云："小池春破玉玲瓏，聲觸簾鈎漸好風。閑繞闌干掐花樹，春痕已着半梢紅。"[6]觀此四詩，與帖子格調何異？豈久於翰苑而筆端自然習熟耶？

【注】

[1] 春帖子：《武林舊事》卷二《立春》云："立春，學士院撰春帖子。帝、后、貴妃，夫人諸閣，各有定式，絳羅金縷，華粲可觀。"又據宋陳元靚《歲時廣記》卷八《立春請春詞》及《清

波雜志》卷十第3則引《司馬文正公日録》,帖子乃剪貼於禁中門帳者。另亦有端帖子,即端午帖子,常并稱春、端帖子。

[2] 蘇頌《春帖子》一首。見何溪汶《竹莊詩話》卷十七"雜編七"。明李蓘《宋藝圃集》卷十二亦收。蘇頌,字子容,南安人,紳之子。徙居丹陽,慶歷二年進士。神宗朝歷集賢院學士,知開封府。哲宗即位,累遷翰林學士,拜右僕射兼中書門下侍郎,罷爲集禧觀使。徽宗立,進太子太保,累爵趙郡公,卒,贈司空魏國公。有集。《宋史》卷三百四十有傳。

[3] 何溪汶《竹莊詩話》卷十七"雜編七"亦收。明李蓘《宋藝圃集》卷十二亦收。鄧潤甫:字温伯,建昌人。嘗避高魯王諱,以字行,别字聖求。後復舊名。舉進士,爲上饒尉,累除知制誥、翰林學士進承旨。紹聖初,歷尚書左丞,卒,贈開府儀同三司,謚安惠。《宋史》有傳。

[4] 何溪汶《竹莊詩話》卷十七"雜編七"亦收。明李蓘《宋藝圃集》卷十二亦收。蔣穎叔:蔣之奇,字穎叔,宜興人。嘉祐二年進士,哲宗朝累擢翰林學士。徽宗朝拜同知樞密院事,除觀文殿學士。出知杭州提舉。靈仙觀卒,入黨籍,有文集。《宋史》有傳。

[5] 何溪汶《竹莊詩話》卷十七"雜編七"亦收。明李蓘《宋藝圃集》卷十二亦收。梁君貺:不详。

[6] 四首詩何溪汶《竹莊詩話》卷十七"雜編七"亦收,明李蓘《宋藝圃集》卷十二亦收。鄭毅夫:見本卷第19則注釋[5]。

【集評】

周煇《清波雜志》卷十第3則:春、端帖子,不特詠景物爲觀美,歐陽文忠公嘗寓規諷其間,蘇東坡亦然。司馬温公自著日録,特書此四詩(按:此引文前有詩),蓋爲玉堂之楷式。自政、宣以後,第形容太平盛事,語言工麗以相誇,殆若唐人宫詞耳。近時楊誠齋廷秀詩,有"玉堂著句轉春風,諸老從前亦寓忠。誰爲君王供帖子,丁寧綺語不須工"之句,是亦此意。頃得《玉堂集》,分爲八帙。或云李漢老所編者,亦有皇太子府春、端帖子。

劉克莊《後村集》:夏英公《宫詞》云:"絳唇不敢深深注,却怕香脂汙玉簫。"不減香奩、花間之作。王岐公《夫人閣端午帖子詞》云:"後苑尋青趁午前,歸來競鬥玉欄邊。袖中獨有香芸草,留與君王辟蠹編。"出新意於綵絲巧粽之外,可喜也。

清趙翼《陔餘叢考》卷二十四:帖子詞:宋時八節内宴,翰苑皆進帖子詞,如歐陽公、司馬温公集中皆有之。《丹陽集》載春帖子詞尤多。如蘇子容"云璇霄一夕斗杓東,瀲灧晨曦照九重。和氣薰風摩蓋壤,競消兵甲事春農"。鄧温伯云:"晨曦瀲艷上簾櫳,金屋熙熙歌吹中。桃臉似知宫宴早,百花頭上放輕紅。"蔣穎叔云:"昧旦求衣向曉鷄,蓬萊仗下日將西。花添漏鼓三聲遠,柳映春旗一色齊。"梁君貺詩云:"東方和氣斗回杓,龍角中星轉紫霄。聖主問安天未曉,求衣親護玉宸朝。"皆莊麗可誦,見太平景象。乃明成化中編修黄仲昭、檢討莊昶不肯上元宵詞，且上疏論列以去。按：《宋史》鄒浩爲教授，范純仁托撰致語，浩不肯。純仁曰："翰林學士嘗爲之。"浩曰："翰林學士則可，祭酒可，業則不可。"致語與帖子詞同類，是浩亦未嘗以翰林爲不可撰也。況高季迪詩云："去歲端陽直禁闈，新題帖子進彤扉。"則明初猶有此例，而仲昭等并不知，其不學甚矣。潤色太平，翰林本職，歐陽、司馬何害其爲名臣，亦何損於朝政乎？

【謹按】

帖子詞在宋代十分盛行，周煇云："殆若唐人宫詞耳。"現存宋人詩文集多有，名公巨擘不乏其作，如《歐陽文中公全集》卷八二收《春帖子詞》二十首，《蘇東坡内制集》卷五收《元祐三年春帖子詞》二十七首。另王育紅著《唐五代宫詞研究》中據《全宋詩》進行統計，亦可參考。

二一

咸平景德中，錢惟演、劉筠首變詩格[1]，而楊文公與之鼎立①[2]，詩格與錢、劉亦絶相類，謂之"西昆體"[3]。大率效李義山之爲豐富藻麗，不作枯瘠語，故楊文公在至道中得義山詩百餘篇，至於愛慕而不能釋手。公嘗論義山詩，以爲包藴密緻，演繹平暢，味無窮而炙愈出，鑽彌堅而酌不竭，使學者少窺其一斑，若滌腸而浣骨。是知文公之詩，有得於義山者爲多矣。又嘗以錢惟演詩二十七聯，如"雪意未成雲着地，秋聲不斷雁連天"之類[4]，劉筠詩四十八聯，如"溪箋未破水生硯，爐酒新燒雪滿天"之類[5]，皆表而出之，紀之於談苑[6]。且曰二公之詩，學者争慕，得其格者，蔚爲佳詠。可謂知所宗矣。文公鑽仰義山於前，涵泳錢、劉於後，則其體制相同，無足恠者。小説載優人有以義山爲戲者，義山服藍縷之衣而出。或問曰："先輩之衣何在？"曰："爲館中諸學士撏扯去矣。"人以爲笑。

【校記】

① "而楊文公與之鼎立"：宋本及诸本均作"而楊文公與王鼎、王綽號江東三虎"，而下文"詩格與錢、劉亦絶相類，謂之'西崑體'"，上下文與王鼎、王綽二人無涉，故据阮閱《詩話總龜後集》卷一一引葛立方《丹陽集》"而楊文公與之鼎立，綽號江東三虎"，可推測"王鼎""王綽"之"王"蓋爲"之""立"之誤，又據《宋史》楊纮、王鼎、王綽並稱江東三虎，因而"號江東三虎"蓋上誤所致衍文。

【注】

[1] 錢惟演：字希聖，吴越王俶之子，幼有俊才，從俶歸朝，爲右屯衛將軍。大中祥符八年，擢知制誥翰林學士，累遷兵部樞密使，除大名軍節度使，知河南加同平章事，判許州上耕。卒贈侍中，初謚文穆，改謚思，又改文僖。惟演文辭清麗，名與楊億、劉筠相上下。

惟演有志於學,其家聚書侔於秘府,預修《册府元龜》凡千篇。詔與楊億分爲之序,《宋史》有傳。劉筠:字子儀,大名人,咸平元年進士,三遷右正言直史館,以司諫知制誥,出知鄧、陳兩州。後出知廬州、潁州。卒年六十一。爲人不苟合,尤工篇詠,音調凄麗。與楊億齊名,號爲楊劉。《宋史》有傳。

[2] 楊文公:楊億,字大年,建州蒲城人。七歲善屬文,雍熙初,年十一,召試童子科,授秘書省正字。淳化中,命試翰林賜進士第。與劉筠齊名。真宗朝,歷官知制誥。天禧中,拜工部侍郎、翰林學士兼史館修撰。卒贈禮部尚書,謚曰文。

[3] 西昆體:亦稱昆體。西昆,傳説帝王藏書之所。宋初楊億、劉筠、錢惟演等經常出入秘閣,遂將唱和之作編爲《西昆酬唱集》,共收十七人之詩,宗奉温李,詞藻綺麗,一時成風,號爲西昆體。歐陽修《六一詩話》云:"蓋自楊、劉倡和,西昆集行,後進學者争效之,風雅一變,謂之昆體。"《古今詩話》云:楊大年、錢文僖、晏元獻、劉子儀爲詩皆宗義山,號西昆體。"

[4][5] 見阮閲《詩話總龜》卷之十三《警句門中》。近年錢惟演、劉筠首變詩格,學者争慕之,得其標格者蔚爲嘉詠。二君麗句絶多,如惟演奉使塗中'云雪意未成雲,著地秋聲不斷雁連天。'……"江少虞《皇朝類苑》卷第三十七《錢惟演劉筠警句》亦收入。錢惟演句亦見於陳應行《吟窗雜録》卷三十六。

[6] 談苑:又名《楊文公談苑》。《宋史·藝文志》云:"宋庠《楊億談苑》十五卷。"《郡齋讀書志》云:"《楊文公談苑》八卷,右皇朝宋庠編。初楊公億里人黄鑑裒撰,平生異事爲一編。庠取而删之,分爲二十一門。"《直齋書録解題》云:"丞相宋庠公序所録楊文公億言論,初文公里人黄鑑從公遊,纂其異聞奇説,名《南陽談藪》。宋公删其重複,分爲十一門,改曰《談苑》。"《文獻通考》亦作"《楊文公談苑》八卷"。原書已佚。今據《宋朝事實類苑》《類説》等輯佚。

【集評】

蔡正孫《詩林廣記前集》卷六:《古今詩話》云:楊大年、錢文僖、晏元獻、劉子儀爲詩皆宗義山,號西昆體。後進效之,多竊取義山詩句。嘗内宴,優人有爲義山者,衣服敗裂,告人曰:"吾爲諸館職撏撦至此。"聞者大噱。亦見於《苕溪漁隱叢話前集》卷二十二。

胡仔《苕溪漁隱叢話前集》卷二十二:《隱居詩話》云:楊億、劉筠作詩務故實,而語意輕淺,一時慕之,號西崑體。識者病之,歐公云:大年詩有"峭帆横度官橋柳,疊鼓驚飛海岸鷗"。此何害爲佳句?余見劉子儀詩句有"雨勢宫城闊,秋聲禁樹多。"亦不可誣也。

葉夢得《石林詩話》:歐公詩始矯崑體,專以氣格爲主,故其詩多平易疏暢,律詩意所到處,雖語有不倫,亦不復問。而學之者往往遂失於快直,傾囷倒廩無復餘地。然公詩好處豈事在此。如《崇徽公主手痕詩》:“玉顏自昔爲身累,肉食何人與國謀。”此是兩段大議論,而抑揚曲折,發見於七字之中,婉麗雄勝,字字不失相對。雖崑體之工者,亦未易比,言所會處如是,乃爲至到。

惠洪《冷齋夜話》:詩到義山,謂之文章一厄,以其用事僻澀,時稱西崑體。然荆公晚年亦或喜之,而字字有根蒂。

石介《怪説》:今楊億窮研極態,綴風月,弄花草,淫巧侈麗,浮華纂組,刓鎪聖人之經,破碎聖人之言,離析聖人之意,蠹傷聖人之道……其爲怪大矣!

何溪汶《竹莊詩話》卷十六“雜編六”:《黄魯直傳贊》云:自李杜没而詩律衰,唐末以及五季,雖有比興自名者,然格下氣弱,無以議爲也。宋興楊文公始以文章莅盟,然至爲詩,專以李義山爲宗,以漁獵掇拾爲慱,以儷花鬭葉爲工,號稱西崑體,嫣然華靡,而氣骨安存。嘉祐以來,歐陽公稱太白爲絶唱,王文公推少陵爲高作,而詩格大變,高風之所扇,作者間出,班班可述矣。上嘗謂王旦曰:“億辭學無比,後學皆師慕之,文章有元和風格,自億始也。”卒謚文。

【謹按】

關於“江東三虎”,據《宋史·楊紘傳》,“江東三虎”指楊紘、王鼎、王綽,三人曾提點江東刑獄,競相揭發官吏隱罪,嚴於執法,故稱。據阮閱《詩話總龜》引葛立方《丹陽集》“咸平景德中,錢惟演、劉筠首變詩格,而楊文公與之立,綽號江東三虎”,可知此處誤。考楊、劉、錢三人,並非皆出“江東”,且楊億與王鼎、王綽無涉,不可能並稱爲“江東三虎”。淩郁之《韻語陽秋辨訂一則——“江東三虎”小考》一文,指出“王鼎”“王綽”之“王”蓋爲“之”“立”之誤,然而,淩文認爲楊、劉、錢三人並稱爲“江東三虎”,未能进一步指出“號江東三虎”爲“之”“立”之誤所致衍文,是同爲誤矣。但宋本也非至善之本,故此處將之删去。

二二

顔延之、謝朓各被旨擬北上篇[1],延之受詔即成,靈運久而方就。梁元帝云[2]:“詩多而能者沈約,少而能者謝朓①,雖有遲速多寡之不同,不害其俱工也。”[3]

【校記】

①“朓”,宋本原作“眺”,據《南齊書》改。

【注】

[1] 顔延之:見本卷第12則注釋[4]。謝朓:見卷一第一注釋。

[2] 梁元帝:蕭繹,字世誠,世祖孝元皇帝,武帝第七子,封湘東王,鎮守江陵。侯景叛

亂時,派王僧辯、陳霸先滅景,即位稱帝。承聖三年西魏軍破江陵時被殺。藏書十四萬卷,城破時自行焚毀。與兄綱皆擅詩賦,風格輕靡綺豔。生平著作繁富,多散佚。今存《金樓子》輯本。後人輯有《梁元帝集》。

[3] 姚思廉《梁書·何遜傳》:世祖著論論之云:"詩多而能者沈約,少而能者謝朓。"未有"雖有遲速多寡之不同,不害其俱工也"之句。《南史》記載亦同。

【集評】

劉勰《文心雕龍·神思》第二十六:人之稟才,遲速異分,文之制體,大小殊功。相如含筆而腐毫,揚雄輟翰而驚夢,桓譚疾感於苦思,王充氣竭於思慮,張衡研《京》以十年,左思練《都》以一紀。雖有巨文,亦思之緩也。淮南崇朝而賦騷,枚皋應詔而成賦,子建援牘如口誦,仲宣舉筆似宿構,阮瑀據案而制書,禰衡當食而草奏。雖有短篇,亦思之速也。

二三

米元章賦詩絶人[1],而人罕稱之者,以書名掩之也。如《不及陪東坡往金山作水陸詩》云:"久陰障奪佳山川,長瀾四溢魚龍淵。衆看李、郭渡浮玉,晴風掃出清明天。頗聞妙力開大施,足病不列諸方仙。想應蒼壁有垂露,照水百怪愁寒煙。"[2]《栖雲閣》云:"雲出救世旱,澤浹雲尋歸。入石了不見,豐功已如遺。龍骞薦復起,抱石明幽姿。雲乎無定所,隱者何當栖。"[3]如此二詩,殆出翰墨畦逕之表,蓋自邁往凌雲之氣流出,非尋規索矩者之可到也。

【注】

[1] 米芾,字元章,吴人。以母侍宣仁後藩邸舊恩,歷知雍丘縣、漣水軍、太常博士、知無爲軍。召爲書畫學博士。賜對便殿,上其子友仁所作《楚山清曉圖》,擢禮部員外郎,出知淮陽軍,卒。年四十九。芾爲文奇險,不蹈襲前人軌轍。特妙於翰墨,得王獻之筆意。畫山水人物,自名一家。《宋史》有傳。

[2] 句出米芾《東坡居士作水陸於金山相招足瘡不能往作此以寄之》,見《寶晉英光集》卷二。

[3] 詩見米芾《寶晉英光集》卷三。

【集評】

黄庭堅《書贈俞清老》:米芾元章在揚州,游戲翰墨,聲名籍甚,其冠帶衣,多不用世法,起居語默,略以意行,人往往謂之狂生。然觀其詩句,合處殊不狂。斯人蓋既不偶於俗,遂故爲此無町畦之行,以驚俗爾。見《豫章黄先生集》卷二五。

蘇軾《與米元章》九首:嶺海八年,親友曠絶,亦未嘗關念。獨念吾元章邁往凌雲之氣,清雄絶世之文,超妙入神之字,何時見之,以洗我積歲瘴毒耶!見《蘇軾文集》卷五。

蔡肇《米公墓志》:"刻意文詞,不剽襲前人語,經奇蹈險,要必己出,以崖絶魁壘爲工。"

二四

余襄公靖嘗在契丹作胡語詩云[1]:"夜筵没邏臣拜洗,兩朝厥荷情幹勒。微臣雅魯祝君統,聖壽鐵擺俱可忒。""没邏"言後盛,"拜洗"言受賜,"厥荷"言通好,"幹勒"言厚重,"鐵擺"言嵩高也。沈存中《筆談》載刁約使契丹戲爲詩云:"押燕移離畢,看房賀跋支。踐行三匹裂,密賜十貔狸。"[2]移离毕,如中国執政官;賀跋支,執衣防閤人;匹裂,小木罌;貔狸,形如鼠而大,狄人以爲珍饌。二詩可作對,故表而出之。

【注】

[1] 余靖,字安道,韶州曲江人。少不事羈檢,以文學稱鄉里。天聖初登進士,遷秘書丞,集賢校理。坐言事落職。慶曆中除右正言,出知吉州,改將作少監,分司南京。又坐習蕃語,三使北戎,帥潭州,移青州,累官至工部尚書。卒謚襄公。

[2] 句出宋沈括《夢溪筆談》卷二十五。原文云:"刀約使契丹戲爲四句詩曰:'押燕移離畢,看房賀跋。支餞行三匹裂,密賜十貔貍。'皆紀實也。移離畢,官名如中國執政官;賀跋支,如執衣防閤;匹裂,小木罌,以色綾木爲之,如黄漆;貔貍,形如鼠而大,穴居食果穀。嗜肉狄人爲珎膳,味如狆子而脆。"沈存中,見本卷第 9 則注[1]。

二五

詩之有思,卒然遇之而莫遏,有物敗之則失之矣。故昔人言覃思、垂思、抒思之類,皆欲其思之來,而所謂亂思、蕩思者,言敗之者易也。鄭棨①詩思在灞橋風雪中驢子上[1],唐求詩所遊歷不出二百里[2],則所謂思者,豈尋常只尺之間所能發哉!前輩論詩思多生於杳冥寂寞之境,而志意所如,往往出乎埃壒之外。苟能如是,於詩亦庶幾矣。小説載謝無逸問潘大臨云:"近日曾作詩否?"潘云:"秋來日日是詩思。昨日捉筆得'滿城風雨近重陽'之句,忽催租人至,令人意敗,輒以此一句奉寄。"[3]亦可見思難而敗易也。

【校記】

①"鄭棨":宋本作"李棨",據《新唐書》及他本改,亦有作"鄭綮"。

【注】

[1] 鄭棨:字蘊武,滎陽人,僖宗時舉進士,爲左司郎中,補廬州刺史。時黄巢掠淮南,

棨移檄令無犯境,巢爲斂兵。帝嘉之,賜緋魚,擢散騎常侍。大順後,王政日微,棨每以詩謠託諷。昭宗聞之,拜禮部侍郎,同中書門下平章事,居三月,以疾辭。拜太子少保,致仕,卒。《新唐書》有傳。

［2］唐求:一作唐球,生於唐末,篤好雅道,放曠疎遠。邦人謂之"唐隱居"。或云王建帥蜀,召爲參謀,不就。《北夢瑣言》曰"球詩思遊歷不出二百里"。《古今詩話》云:"唐末蜀州有唐求,放曠疏逸,方外人也。吟詩有所得,即將稿撚爲丸,投大瓢中,後卧病,投瓢於江曰:'兹文苟不沈没,得之者方知吾苦心耳。'瓢至新渠江,有識者曰:'此唐山人詩瓢也。'接得十纔二三。"

［3］謝無逸:謝逸,字無逸,臨川人,號溪堂居士,工詩能文,黄魯直讀其詩曰:"晁張流也,恨未識之耳。"秉性峻潔,以德行薦於朝,意不欲行,不得已詣之,信宿而返。從弟薖以詩文媲美其兄,時稱二謝。有《溪堂集》行於世。潘大臨:字邠老,齊安人,專學山谷爲詩,與次弟大觀皆有詩名,有《柯山集》。

【集評】

惠洪《冷齋夜話》卷四《滿城風雨近重陽》:黄州潘大臨工詩,多佳句,然甚貧。東坡、山谷尤喜之。臨川謝無逸以書問"有新作否?"潘答書曰:"秋來景物件件是佳句,恨爲俗氛所蔽翳。昨日閒卧,聞攪林風雨聲,欣然起,題其壁曰'滿城風雨近重陽'。忽催租人至,遂敗意,止此一句奉寄。"聞者笑其迂闊。

董逌《廣川畫跋》卷二《書孟浩然騎驢圖》:孟夫子一世畸人,其不合於時宜也,當其擁褦襶負苓箵,墮袖跨驢,冒風雪陟山阪。行襄陽道上時,其得句自宜挾冰霜霰雪,使人吟誦之,猶齒頰生寒……鄭綮謂:"詩思在灞橋風雪中驢子上,此處何以得之?"綮殆見孟夫子圖而强爲此哉?不然綮何以得知此。

尤袤《全唐詩話》卷五《鄭綮》:《古今詩話》曰:相國綮善詩,有《題老僧詩》云:"日照西山雪,老僧門未開。凍瓶黏柱礎,宿火陷爐灰。童子病歸去,鹿麑寒入來。"常云此詩屬對可以衡秤,言輕重不偏也。或曰:"相國近爲新詩否?"對曰:"詩思在灞橋風雪中驢子背上,此何以得之?"蓋言平生苦心也。

黄徹《䂬溪詩話》卷二:或問鄭綮:"相國近有詩否?"答云:"詩思在灞橋風雪中驢子上,此處那得之。"《北夢瑣言》載:綮雖有詩名,本無廊廟之望,及登庸,中外驚駭。太原兵至渭北,天子震恐,渴于攘却。綮請于文宣王謚號中加一"哲"字,其不究時病,率此類。愚謂此人止可置之風雪中令作詩也。

【謹按】

本則詩話談詩思即靈感。自六朝起靈感的迸發和稍縱即逝已受到關注。如劉勰《文心雕龍·神思篇》即涉及靈感心理的描摹及調節。《宋書·謝靈運傳》載沈約評謝詩"高言妙句,音韻天成,皆闇與理合,匪由思至"。劉孝綽《昭明太子集序》:"握牘持筆,思若有神,胸不斯須,風飛雷起"等。日本僧人遍照金剛《文鏡秘府論》認爲作文"必須安神靜慮","乘興便作,若似煩即止,無令心倦。常如此運之,即興無休歇,神終不疲"。陳與義《春日二首》:"忽有好詩生眼底,安排句法已難尋。"蘇軾《臘日遊孤山訪惠勤惠思二僧》"作詩火急追亡埔""清景壹失後難摹"。至近古文藝理論中,清代對靈感論亦引人注目。如袁枚《續詩品·神悟》"鳥啼花落,皆與神通。人不能悟,付之飄風。惟我詩人,衆妙扶智"等。

二六

韓退之《調張籍詩》曰:"刺手拔鯨牙,舉瓢酌天漿。"[1]魏道輔謂"高至酌天漿,幽至於拔鯨牙,其用思深遠如此"[2]。彼獨未讀《送無本詩》爾。其曰:"吾嘗示之難,勇往無不敢。蛟龍弄牙角,造次欲手攬。衆鬼囚大幽,下覷襲元窨。"[3]言手攬蛟龍之角,下覷衆鬼之窨,皆難事,而無本勇往無不敢,蓋作文以氣爲主也。則《調張籍》之句,無乃亦是意乎?

【注】

[1] 見《昌黎先生文集》卷五。

[2] 句出《朱文公校昌黎先生文集》卷五:魏道輔云:"高至於酌天漿,幽至於拔鯨牙。其思賾深遠如此。詎止於曹刘沈宋之間耶。"魏道輔:魏泰,字道輔,襄陽人,曾布之婦弟。爲人無行而有口。米元章稱其與王平甫並爲詩豪。崇觀間,章惇爲相,欲官之,不就。有《臨漢隱居集》《東軒筆録》《隱居詩話》。

[3] 句出《送無本師歸范陽》,見《昌黎先生文集》卷五。無本,即賈島。《新唐書·賈島傳》:島字浪仙,范陽人,初爲浮屠,名無本,來東都時洛陽令禁僧,午後不得出。島爲詩自傷,韓愈憐之,因教其爲文,遂去浮屠,舉進士。終普州司户參軍。東坡公《詩話》云:"韓退之贈賈島詩,世俗無知者所託也。"洪氏亦云按:"送无本時公爲河南尹,不應至是方相知。又島爲浮屠,後乃舉進士,此云後改名無本,乃傳者之誤。"詳見《朱文公校韓昌黎先生集》卷五。

二七

孟郊詩云:"食薺腸亦苦,强歌聲無歡。出門即有礙,誰謂天地寬。"[1]許渾詩云:"萬里碧波魚戀釣,九重青漢鶴愁籠。"[2]皆是窮蹙之語。白樂天詩云:"無事日月長,不羈天地闊。"[3]與二子殆霄壤矣。《青箱雜記》載李泰伯一絶云:"人言落日是天涯,望極天涯不見家。已恨碧山相掩映,碧山還被暮雲遮。"[4]識者曰:此詩意有重重障礙,李君其不偶乎!後果如其言。

【注】

[1] 句出孟郊《贈崔純亮》,見《孟東野詩集》卷六。

[2] 句出許渾《陵陽春日寄汝洛舊游》,見《丁卯集》卷上,"碧波"一作"緑波"。

[3] 句出白居易《偶作二首》,見《白氏長慶集》卷五十二。

[4] 李泰伯:李覯,字泰伯,盱江人。以文章知名,通經術,四方從學者常數百人。泰伯有富國彊兵之學,著《禮論》《易論》《明堂書》行於世。曾鞏、鄧潤甫皆其高弟。皇祐初,范仲淹薦爲試太學助教,赴太學説書以卒。潤甫上其《退居類稿》《皇祐續稿》,并《後集》。《宋史》有傳。

【集評】

江少虞《皇朝類苑》卷四十六:詩以言志,言以知物,信不誣矣。江南李遇(覯)通經術,又有文章,應大科召試第一,嘗作詩曰:"人言日落是天涯,望極天涯不見家。已恨碧山相掩映,碧山還被暮煙遮。"識者曰:"觀此詩意有重重障礙。李君恐時命不偶。"後竟如其言。陳文惠公未達時,嘗作詩曰:"千里好山雲乍斂,一樓明月雨初晴。"觀此詩意,與李君異矣。然則文惠致位宰相,壽餘八十,不亦宜乎。

趙與時《賓退録》卷七:《青箱雜記》載李太伯一絶云:"人言落日是天涯,望極天涯不見家。已恨碧山相掩映,碧山還被暮雲遮。"識者曰:"有重重障礙,李君其不偶乎!"後果如其言。吾族人紫芝師秀亦嘗賦一絶云:"數日秋風欺病夫,盡吹黄葉下庭蕪。林疏放得遥山出,又被雲遮一半無。"氣象略相似,僅脱選而卒。何月湖尚書少時登高峰壇,有"天風近轉清,地高日難晚"之句,林黄中侍郎見之,即知其異日必貴且壽。視前二詩不侔矣。

【謹按】

此則詩話亦爲詩讖之論。《東都事略》載李泰伯另一事:"(覯)嘗自述曰:'天將壽我與?所爲固未足也。不然,斯亦足以藉手見古人矣!'時以其言爲然。"似堪稱達觀之人。詩讖之論本卷第六則詩話已有詳論,可與相參佐,兹不贅述。

【作者簡介】譚敠,女,1977年生,文學博士,上海師範大學圖書館副研究館員,主要從事文獻整理、圖書館學等方面的研究。

再論定州漢墓竹簡本《論語》的性質*

丁紅旗

1973年,在河北定縣城關西南的八角廊村四十號漢墓出土了竹簡本《論語》(原在墓後東室的一件竹笥中)。推測墓主可能是西漢中山懷王劉循,其卒年在漢宣帝五鳳三年(前55)。對其與今本的差異,《定州漢墓竹簡〈論語〉》中有較詳細的説明,如"定州漢墓竹簡《論語》中的文字,差異很多,其中有的是抄寫者脱漏、抄錯或隨意簡寫的字,有的則是按底本上寫的字","還有一些與今本不同的詞句很特殊,如'如',今作'如有'、'如能'","一些與今本不同的字就更多了,其中有古老的寫法或用法,有假借或簡省字,也有誤字,……但這些還不包括許多'之乎者也矣焉哉'等虚詞的或有或無,或多少的不同"等①。又,河北省文物研究所定州漢墓竹簡整理小組釋文(劉來成執筆)、北京大學儒藏編纂中心校勘(聞賢執筆)《定州漢墓竹簡論語》②,又有所更定。聞賢在《校點説明》中指出,本次整理以"對校爲主,兼採他人成果","校勘底本爲《定州漢墓竹簡〈論語〉釋文》(又經劉來成執筆脩訂)",通校本有正平本等③,顯示了在校勘方面進一步努力的結果。這也是討論其性質的一個堅實的基礎。某種程度上,因2017年在南昌海昏侯墓葬又出土了大批的《論語》竹簡(初步認定爲《齊論》④),而進一步推升了當下《論語》研究的熱度。

對簡本《論語》的性質,自1981年《文物》第八期刊發《定縣40號漢墓出土竹簡簡介》《河北定縣40號漢墓發掘簡報》,以及整理小組合編的《定州漢墓竹簡〈論語〉》面世以來,

---

* 此文爲2017年度教育部規劃課題《宋代刻書史料的整理與研究》(項目編號:17YJA870004)階段性成果。

① 河北省文物研究所、定州漢墓竹簡整理小組《定州漢墓竹簡〈論語〉》,北京:文物出版社,1997年,第2—4頁。

② 載《儒藏》(精華編二八一册),北京:北京大學出版社,2007年4月第一版。

③ 同注②,第126頁。

④ 2017年,南昌西漢海昏侯劉賀墓考古的最新發現,對於出土的竹簡《論語》,《南昌市西漢海昏侯墓》一文有初步的推斷:"《論語》中發現《知道》篇,很可能屬於《論語》的《齊論》版本。"並公布了兩張《論語·知道》篇的竹簡圖片。江西省文物考古研究所、南昌市博物館、南昌市新建區博物館《南昌市西漢海昏侯墓》,見《考古》第7期,2016年7月,第61頁。

不斷有學者對這一竹簡《論語》的性質進行廣泛、深入的探討。但也一直有争議。

最早,李學勤曾有推論:"張侯《論》在中山懷王時恐怕還没有形成,八角廊《論語》不可能是張禹的本子。"又,其分章與今傳本"存在不少差異","説明竹簡不會是《魯論》系統的本子。考慮到《古論》流傳不廣,《齊論》的可能性更大一些"①。但其所論,並没有進一步的展開論證,推測的成分不免大了些。

進入二十一世紀,學界對其研究日趨深入。單承彬《定州漢墓竹簡本〈論語〉性質考辨》一文,將出土的簡本《論語》與《説文解字》中《論語》引文、《論語》鄭注本、東漢熹平石經本《論語》等比較後,認爲"此本不僅與許慎所見魯壁古文存在明顯差異,且與鄭玄用作校本的《古文論語》也顯然不同,應屬於今文《魯論》系統。從與熹平石經比勘的結果看,它與漢代有重大影響的《張侯論》也存在某種程度的差異,這可能是源自不同師傳家法。此本原本殘缺,後來曾據别本補抄"。陳東《關於定州漢墓竹簡〈論語〉的幾個問題》一文,則據簡本避"邦"字、惠帝以下皆不避的情況,認爲是"《古論語》問世以前已經在漢代流傳的今文《論語》",是獨立於《古論》《魯論》《齊論》之外的一種《論語》。該抄本當是流行於漢初(高、惠、文、景時期)的《論語》,即《古論語》問世以前已經在漢代流傳的今文《論語》②。

但以上二説,都有一個問題無法迴避,即因與今所見他書所引、能確定爲《古論語》的歧異較多(這當然有它的難度,因爲至今仍未有能確信的《齊論》《古論》文本來比較,只能是就一些例證分析),而不能够很好地解釋。爲此,王素明確提出了"融合説",認爲在西漢時代《齊論》《魯論》融合的趨勢下,當時應有不少類似的《論語》融合本出現。"簡本《論語》是一個比《張侯論》更早的融合本,這種融合本與《張侯論》相同,也是以《魯論》爲底本,以《齊論》爲校本。不同的是,簡本《論語》的章句保存《魯論》原貌更多,而《張侯論》的章句主要是根據《齊論》"③。李若暉認爲,漢代《論語》文本的出現不都在《古論》發現之後,漢武帝時期已經出現了以《魯論》爲主,《齊論》《魯論》融合的傾向,在劉脩去世之前可能早已産生《齊論》《魯論》的融合本了,並提出簡本《論語》"可能是與古、齊、魯三家《論語》並行而内容互有同異的一種文本"④。他的推斷比較謹慎。綜合而論,"融合説"無疑能對各種層出不窮的異文做出較好的解釋。

王澤强則另一個角度思考,他據竹簡《論語》"幾乎不知道避諱",文本粗疏,不像出自學派名家之手。它用字較隨便,前後不統一,且脱、衍、訛現象嚴重。全書有近七百處異

① 李學勤《八角廊漢簡儒書小議》,見《簡帛佚籍與學術史》,南昌:江西教育出版社,2001年,第391頁。

② 二文均見於《孔子研究》,2002年第2期。

③ 王素《河北定州出土西漢簡本〈論語〉性質新探》,載李學勤、謝桂華主編《簡帛研究》(第三輯),桂林:廣西師範大學出版社,1998年,第468頁。亦見王素《漢唐歷史與出土文獻》,北京:紫禁城出版社,2011年,第115頁。

④ 李若暉《定州〈論語〉分章考》,《齊魯學刊》2006年第2期,第20頁。

文,並舉例如"管仲"寫成"管中"、"管仲"、"菅仲";"子路"有時寫成"季路",把兩個人搞混了等,進而推斷"如此不嚴謹的文本不可能是出自宫廷中學術名家之手,也不會是一時轉抄所誤",即"民間抄本"①。此推斷有一定道理,但不免有争議,對於避諱,簡中實際上好多處諱"邦"字,不能視而不見;徑直説"不知道避諱",不能説是準確的揭示。至於異文,也不能一概説是"不嚴謹",因爲在漢代同音替代、運用古字(即古今字)、通假字等是較爲普遍的一個現象,是當日的一種書寫習慣(况且,竹簡的識讀如若不準確,有時也會産生一些誤字)。

就竹簡《論語》的長度而言,據《定州漢墓竹簡〈論語〉·前言》"簡長 16.2 厘米(約合當時的 7.5 寸)"。而當時法定的簡牘尺寸,"《論語》八寸策者,三分居一,又謙焉"②,可見是吻合當時禮制的尺寸,也體現了竹簡製作的嚴謹——這也是我們得以推論的一個前提。

但也顯然,在單一證據不能很好地解決問題時,就勢必要開闊視野,盡可能地綜合考慮各種因素,然後判斷。對其性質,至少可從以下四個方面綜合推斷。

一 避諱

首先,避諱並不能有效地説明問題,這是因漢代的避諱比較寬松,不是那麽嚴格,更没有嚴格劃一,充其量隻能是一種參考。曾有學者認爲簡本避"邦"諱,並舉例,如《八佾》篇"國君爲兩君之好",《公冶長》篇"至於也國,則曰猶吾大夫□子也"等今本作"邦"處,皆寫作"國"字。但是,不避惠帝、文帝、武帝諱,如《述而》篇"虚而爲盈、約而爲泰"中的"盈"字、"善人,吾弗得而見之矣,得見有恒者斯可矣"中的"恒"字、《八佾》篇"徹。子曰:相維辟公,天子穆穆"中的"徹"字。由此推定抄寫於"漢高祖在位的十餘年間"③。但這有一個關鍵問題,就是西漢時的避諱並不嚴格,不是這般截然分明,即便考慮到墓主爲同姓王,可能嚴格一些,但也不一定。

漢代的避諱較爲寬松,與後世不大一樣,陳垣先生曾就《史記》《漢書》中的諸帝諱,以及現存的東漢諸碑(具體考辨見其《史諱舉例》卷一"避諱改字例"條),"有避有不避"的情况,得出一個結論,"大約上書言事,不得觸犯廟諱,當爲通例。至若'臨文不諱,詩書不諱',《禮》有明訓";並總結"漢時避諱之法亦疏",告誡"漢時近古,宜尚自由,不能以後世之

① 王澤强《中山王墓出土的漢簡〈論語〉新論》,《孔子研究》第 4 期,2011 年 8 月,第 33—38 頁。

② 《儀禮·聘禮》賈公彦疏引鄭玄《論語序》。

③ 陳東《關於定州漢墓竹簡〈論語〉的幾個問題》,《孔子研究》第 2 期,2003 年 4 月,第 6 頁。

例繩之”①。這大約是時近，還依舊承襲周秦觀念的緣故，即《禮記·曲禮上》所説的“詩書不諱，臨文不諱”，如《漢書》卷一二《平帝紀》就載元始二年詔曰：“皇帝二名，通於器物，今更名，合於古制。”(平帝本名箕子，更名曰衎。箕，用器，故云“通於器物”)所謂“合於古制”，就是符合《禮記·曲禮上》中的規定“名字者，不以國，不以官，不以山川，不以隱疾，不以畜牲，不以器幣”，即不以“器皿”等來命名，以免别人容易觸諱；鄭玄注也説“此在常語之中，爲後難諱(不容易避諱)也”，這説明是遵從《禮記》的規定。既如此，也自會“臨文不諱”。

最能説明問題的是漢碑所載的文字(没有後人的更改)。洪适曾在備録殘存的漢《石經〈論語〉》後，總結了其避諱的規律：

> 漢人作文不避國諱，威宗諱志，順帝諱保，石經皆臨文不易。《樊毅碑》“命守斯邦”，《劉熊碑》“來臻我邦”之類，未嘗爲高帝諱也。此碑“邦君爲兩君之好，何必去父母之邦”，《尚書》“安定厥邦”，皆書“邦”作“國”，疑漢儒所傳如此，非獨遠避此諱也。②

作爲國家層面的規範文本，如若避諱制度嚴格的話，石經自是首當要嚴格遵守；但實際上却如此不謹嚴(更何况，開國皇帝“邦”字是一定要避的，始祖不祧)，這衹能説當日的避諱確實是比較寬松。再如《隸釋》卷六《漢郎中鄭固碑》“邦後珍瑋，以爲儲舉”、卷七《漢竹邑侯相張壽碑》“緩薄賦，牧邦畿，黎烝殷，四荒饑”等，“邦”字均不諱。窺其一斑，足見漢人避諱的寬松。

漢人避諱的寬松，近幾十年來出土的竹簡也能印證。在阜陽漢簡《詩經》中，不避“盈”字(惠帝名)，即斯097云“印(殷)其盈誒，女曰觀吾，士曰既且”③。這是《鄭風·溱洧》中的一段文字。在阜陽漢簡《周易》30號竹簡上載有“上六大君有命啓邦□”，對此字形，韓自强曾下按語判斷：“‘啓’字下面僅存右邊‘邑’旁，‘邦’字無疑。”之後，在與今本及馬王堆帛書比較的基礎上總結道：“阜《易》没有避漢高祖劉邦諱，帛書避劉邦諱，改‘邦’字爲‘國’字。”再如《一號木牘儒家者言章題》一文，其三十四號竹簡云“□公問萬邦子之病”，即文帝時仍不避“邦”字④。又，成書在漢武帝或稍早時期的銀雀山漢墓竹簡，據《銀雀山漢墓竹簡情况簡介》，“這批竹簡有時似避‘邦’諱，有時又不避，《孫臏兵法陳忌問壘》有‘晉邦之

---

① 陳垣《史諱舉例》卷一“避諱改字例”條、卷八中的“秦漢諱例”條，北京：中華書局，2004年，第3、108頁。

② 洪适《隸釋隸續》，北京：中華書局，2012年，第155頁。

③ 胡平生、韓自强《阜陽漢簡〈詩經〉研究·阜陽漢簡〈詩經〉初探》，上海：上海古籍出版社，1988年，第71頁。安徽雙古堆一號漢墓墓主是西漢第二代汝陰侯夏侯竈，西漢開國功臣夏侯嬰之子，卒於漢文帝十五年(前165)。

④ 韓自强《阜陽漢簡〈周易〉研究》，上海：上海古籍出版社，2004年，分見第49、105、154頁。

將'一語。'盈'(惠帝名)、'恒'(文帝名)、'徹'(武帝名)諸字,竹簡常見。"①時避時否,也説明了問題的複雜,遠非是簡單劃一。因此,與其費盡心思去盡力彌縫各種缺陷,探尋避諱的規律,還不如説這種情况正清楚揭示了漢人避諱的寬松②。

又,漢宣帝劉詢於元康二年(前64),曾下詔改雙名"病已"爲單名的"詢":

> 聞古天子之名,難知而易諱也。近百姓多上書觸以犯罪者,朕甚憐之。其更諱詢。諸觸諱在令前者,赦之。③

可見在元康二年之前,因"病已"二字較爲普遍,已有不少人因觸諱而受到懲罰("多");不過,宣帝既然能够普遍赦免,且據《漢書》卷八《宣帝紀》,元康二年並没有什麽特别大事(衹是感於一些官吏"增辭飾非,以成其罪",而下詔强調勿用其人,"吏務平法")值得這樣做,也側面説明其時的懲罰可能較輕,以致時人不甚在意避諱。

顯然,僅且從避諱的角度去判斷,並不能作爲一個較有力的證據。

二　字體

景帝末年(最遲在武帝初年),魯共王(一作恭)壞孔子壁所得到的《古論語》的字體,據一同出土的《尚書》來看,是"周時科斗書"(孔穎達《論語疏》引鄭玄《書贊》)。"科斗書",指篆字(包括古、籀)手寫體的俗稱。因其起筆處粗,收筆處細,狀如蝌蚪,故名。這種"科斗書",今人仍能一窺其貌,如著名的商周時銘文《大盂鼎》《史墻盤》《虢季子白盤》《毛公鼎》等,再如上海博物館藏的《戰國楚竹書》所載的"見"、"而"字④,就是典型的頭大尾細的形體。到漢代,通行隸書,如比較規範的《乙瑛碑》(永興元年,153年立)、《張景造土牛碑》(延熹二年,159年立)、《孔宙碑》(延熹七年,164年立)等。整體上,金文筆畫圓折,偏向柔潤;隸書則結字方正,略扁,特别是筆畫末尾的撇、捺,如《乙瑛碑》中的"於"、"子"、"大"等肥大、有力,與金文結尾細小恰好相反,截然有異。從"隨體詰詘"的曲綫改爲比較整齊、規範的隸書,即隸變,經歷了一個較長的歷史過程。王國維曾説:"自秦並天下,同一文字,於

---

① 銀雀山漢墓竹簡整理小組《銀雀山漢墓竹簡》,北京:文物出版社,1985年,第5頁。

② 又,漢代的避諱情形,可參鐘書林《上博简〈诗论〉"邦风"避讳说献疑》,《文博》第6期,2008年11月,第36—40頁。

③ 《漢書》卷八《宣帝紀》,北京:中華書局,1964年,第256頁。

④ 《戰國楚竹書》(第六册),上海:上海古籍出版社,2007年,第138頁。

是篆隸行而古文、籀文廢。”[①]《漢書·藝文志》也言“是時(指秦)始建隸書矣”。從馬王堆出土的帛書(約漢文帝初年,前一七九年前後)看,上面的文字有使用小篆,也有使用隸書的——正處在一種駁雜的過渡狀態。一般認爲,武帝時期是古隸向漢隸的轉折時期,漢宣帝以後(前七三),漢隸進入了成熟期(歷經了約一百四十餘年)。據此看竹簡《論語》的字體,如《河北定縣40號漢墓發掘簡報》所附的竹簡摹本,“子”、“志”、“孔”、“人”等字圓折處、捺等都較肥大,已呈現出隸書的典型形態。當然,東漢時期也有專用篆書刻碑的,如現存東漢《袁安碑》(袁安卒於永元四年,92年)。這也説明篆書在東漢仍有一定的市場,後來曹魏刻《三體石經》(古、篆、隸三體)也能證實這一點。可以想見,假如這一竹簡《論語》是西漢初抄寫的話,參照《戰國楚竹書》,估計西漢初不會産生這麽較爲成熟的隸書,這是因爲《戰國楚竹書》是战国晚期楚国贵族的墓葬,此時距高祖劉邦(前202至前195年在位)也不過幾十年或五六十年的光景(前221年秦始皇統一六國),對於一種字體形成後比較穩定的屬性來説,這個時間似乎短了些。可以説,竹簡《論語》的字體已呈現出隸書的典型形態,正與墓葬埋葬於漢五鳳三年後不久的時間相吻合,能作爲抄寫時間的一個判斷依據。

當然,如有可能,還可與同墓出土的《儒家者言》《哀公問五義》《保傅傳》《太公》《文子》《六安王朝五鳳二年正月起居記》等的字體比較;但現在因原竹簡的丢失(據有關人士稱),已無從比核了。

三　有關《古論》的一些内證材料

現今所能考知的《古論》,主要資料有《史記》《説文》、何晏《論語集解》等所引,但以陸德明《經典釋文》卷二四《論語音義》[②]所載爲大宗,共记载從《古論》23条,今備列如下;爲便於比較分析,其括號的内容爲竹簡《論語》、伯2510,以及吐鲁番阿斯塔纳363、184號墓出土《論語鄭氏注》所用的字,並作一定的按語。如無其字,則不比較:

《學而》:傳不習乎。鄭注云:魯讀“傳”爲“專”,今從古。案:鄭校周之本,以《齊》《古》讀正,凡五十事,鄭本或無此注者,然《皇覽》引魯讀六事則無者,非也。

《公冶長》:崔子弑齊君。鄭注云:魯讀“崔”爲“高”,今從古。(阿363號墓作“崔”。今按:以《左傳》崔杼事證之,《魯論》誤。)

---

① 《觀堂集林》卷七。

② 陸德明《經典釋文》,上海:上海古籍出版社,2013年。

《述而》:吾未嘗無誨焉。魯讀爲"悔"字,今從古。(阿 184 號墓作"誨"。)

《述而》:五十以學易,可以毋大過矣。魯讀"易"爲"亦",今從古。(竹簡本作"亦"。伯 2510 作"易"。)

《述而》:正唯弟子不能學也。魯讀"正"爲"誠",今從古。(竹簡本作"誠"。伯 2510 作"正"。)

《述而》:君子坦蕩蕩。魯讀"坦蕩"爲"坦湯",今從古。(竹簡本作"君子畃蕩,小人長戚"。伯 2510 作"坦蕩蕩"。)

《子罕》:冕衣裳者。鄭本作"弁",云:魯讀"弁"爲"絻",今從古。《鄉黨篇》亦然。(今按:竹簡本雖無其字,然同篇"麻冕"、《泰伯》"而致美乎黻冕"、《衛靈公》"服周之冕"、"師冕見"、"師冕出"等處"冕"字,竹簡本均作"絻",則此章亦當作"絻"字。伯 2510 作"弁"。)

《鄉黨》:下如授。魯讀"下"爲"趨",今從古。(伯 2510 作"下"。)

《鄉黨》:雖疏食菜羹瓜,祭。魯讀"瓜"爲"必",今從古。(伯 2510 作"苽"。)

《鄉黨》:鄉人儺。魯讀"儺"爲"獻",今從古。(伯 2510 作"儺"。)

《鄉黨》:君賜生。魯讀"生"爲"牲",今從古。(伯 2510 作"牲"。)

《鄉黨》:車中不内顧。魯讀"車中内顧",今從古也。(伯 2510 作"車中不内顧"。)

《先進》:仍舊。魯讀"仍"爲"仁",今從古。(竹簡本作"舊貫而可,可必改作"。)

《先進》:舞雩而歸。鄭本作"饋",饋酒食也。魯讀"饋"爲"歸",今從古。(竹簡本作"風乎舞雩,詠而歸"。)

《顔淵》:片言可以折獄者。魯讀"折"爲"制",今從古。

《衛靈公》:好行小慧。魯讀"慧"爲"惠",今從古。(竹簡本作"惠"。)

《季氏》:謂之躁。魯讀"躁"爲"傲",今從古。

《陽貨》:歸孔子豚。鄭本作"饋",魯讀爲"歸",今從古。

《陽貨》:古之矜也廉。魯讀"廉"爲"貶",今從古。(竹簡本作"廉"。)

《陽貨》:天何言哉。魯讀"天"爲"夫",今從古。(竹簡本作"天"。)

《陽貨》:惡果敢而窒者。魯讀"窒"爲"室",今從古。(竹簡本作"室"。)

《微子》:已而已而,今之從政者殆而。魯讀期斯已矣,今之從政者殆,今從古。

《堯曰》:孔子曰:不知命,無以爲君子也。魯讀無此章,今從古。(竹簡本有此章。)

敦煌、吐魯番地區出土的《論語鄭氏注》殘卷(約三十件),僅見伯 2510 號《論語鄭氏注》殘卷載有三條:

《子罕》:弁衣裳者。注:魯讀"弁"爲"絻",今從古。(按:此條與《釋文》重,但也説明了《釋文》所舉《古論》的正確性。)

《子罕》:沽之哉沽之哉。注:魯讀"沽之哉"不重,今從古也。(竹簡本作"賈"。)

《子罕》:不爲酒困。注:魯讀"困"爲"魁",今從古。

此外,日本東北大學教授金穀治在爲國外散藏的五件唐寫本《鄭注》殘卷作的校勘記中,還引録了古寫本《經典釋文》中保存的另外兩條:

《述而》:抑爲之而不厭。魯讀"抑"爲"意",今從古。(竹簡本作"印"。)

《泰伯》:侗而不願。魯讀"願"爲"亂",今從古。(竹簡本作"俑而不顧"。"俑",假借爲"侗"。顧、願或形近二誤,但此處簡本從古無疑。①)

這也是現今所能見到可以肯定是《古論》的全部條目。整體上,對以上《釋文》"從古"的文字,與整理的《定州漢墓竹簡論語》比較,十四條中除"《先進》'仍舊'"條不能判明、"《子罕》'沽之哉'"條均不同於《魯》《古》外,其餘十二條,簡本有七條從《古論》,五條同"魯讀"。純就比例來看,《古論》占的比例更高一些;當然,《魯論》也占了不小的比例,也說明《魯論》的重要位次。這也能解釋爲什麽一些學者會認爲是以《魯論》爲主的原因。進一步,在五條同"魯讀"的,第一條,竹簡本作"五十以學,亦可以毋大過",亦通,"亦"字强調了繼續求學,可以到達"毋大過"的境界。第二條,《述而》中的"正唯弟子不能學",竹簡本作"誠",表示確實,語氣更謙下;第三條《子罕》中"冕衣裳者",竹簡本作"絻",據《論語》本文"見期衰者、冕衣裳者",則"絻"(喪服,去冠,用布包裹髮髻)義勝;第四條《先進》"舞雩而歸",竹簡本作"歸",顯然比"饋"(贈送)更切合於真實情景,即一番擊鼓、舞蹈、求雨後歸來,與施行者的主體"冠者五六人、童子六七人",以及"暮春者,春服既成"的景象吻合。此處魯讀作"饋",反倒讓人有點不知所云了。第五條《衛靈公》"好行小慧",竹簡本作"惠",强調施行小的恩惠,顯然比要小聰明更合於邏輯。又,另外一些不從《魯》却從《古》的例子也存在這種情況,如《陽貨》"古之矜(謹慎)也廉(廉潔有守)","廉",《魯論》作"貶",於義難解。《陽貨》"惡果敢(固執)而窒(不通事理)者","窒",《魯論》作"室",顯然是因形近而誤。《陽貨》"天何言哉? 四時行焉,百物生焉,天何言哉","天",《魯論》作"夫",判斷之下,顯然是"天"字義勝,即强調四時運行、萬物生長,都是上天不言而化、自然順生的結果,其側重點不是突出個人的感慨,而是突顯上天的主體地位和人對天的敬畏之情,即敬天(春秋戰國時敬畏上天是一個時代普遍的氛圍)。

很明顯,這種切於事理——從《古》或改《魯》,特別是不恰當地方改動、調整的事實,足以證明竹簡本是據某一版本進行了校改的結果,非僅是某一種單一的本子;否者不會有這

① 據金穀治《唐抄本鄭氏注論語集成》,平凡社昭和五十三年(1978)版,此轉引自王素《唐寫本論語鄭氏注校録》,《述而》注[一四八]、《太伯》注[七二],北京:文物出版社,1991年,分見第90、101頁。

麽多的歧異之處。如再結合下面所舉簡本中多有用古字形的事實,就能得出一個結論,即與其説是據單一的某種《論語》爲底本,還不如説是以《古論》爲底本,融合了《魯論》的一個經過改動、調整的本子。

之所以説是以《古論》爲底本,還基於以下三點事實:

第一,從簡本的具體内容看,簡本中多有用古字形之處,竹簡《論語》的整理者已有較仔細的説明,今按順序排列①:

《爲政》:"對曰:無違。"案:漢石經作"毋違"。《儀禮・士昏禮》"毋違"鄭玄注云:"古文'毋'爲'無'。"

《八佾》:"周鑒於二代,彧彧乎文哉!"案:"彧彧",今本作"鬱鬱"。《漢簡》云:"《古論語》'鬱'作'戫'。"《説文》段注:"'戫',古多假'彧'字爲之。……今本《論語》作'鬱鬱乎文哉',古多作'彧'。"

《公冶長》:"至於也國,則曰。"案:"也國",今本作"他邦"。上古"也"常作"他"用,如《墨子・小取》:"辟也者,舉也物而以明之者。"孫貽讓《墨子閑詁》引王念孫云:"'也'非衍字,'也'與'他'同。"《史記・韓非子傳》:"彼顯有所出事,乃自以爲也故。"王念孫《讀書雜志・史記四》:"'也'讀爲'他'。'他故',他事也。"古文"也"與"它"字形相近,《説文》無"他"字,有"它"、"佗"。《説文》段注:"隸變'佗'作'他',用爲彼之偁。古相問'無它乎',祇作'它'。"依段説,"它"是較早的字形。

《公冶長》:"道不行,乘泡浮於海。""泡",整理者認爲是誤字,判斷不確。《集韻》"泡,蒲交切,平肴並,幽部",《廣韻》:"桴,縛謀切,平尤奉,又芳無切,幽部",可見二字在上古屬同一韻部,且聲紐相近,"泡"爲"桴"的通假字,是較古的字形。

《述而》:"子曰:若聖與仁,則吾幾敢?印爲之不厭,誨人不卷。""印",整理者認爲"有誤",實際並不錯。羅振玉曾推斷,"卜辭'印'字從爪、從跽形,象以手抑人而使之跽。……予意許書印、抑二字爲一字"②。

《鄉黨》:"非帷常,必殺之。"案:常,今本作"裳"。《説文》:"常,下裙也。從巾,尚聲。常或從衣。"段注:"今字'裳'行而'常'廢矣。""常"爲古文。

《先進》:"莫春者,春服既成。"案:《説文》無"暮"字,簡本是較古老的寫法。

《先進》:"舊貫而可,可必改作。"案:"可",今本作"何"。

《子路》:"如善而莫之韋也。"案:"韋",今本作"違"。《説文》:"韋,相背也。"用"韋"表

① 主要録自《定州漢墓竹簡論語》的《校勘記》,個别的地方參閲了郑春汎《从〈定州汉墓竹简论语〉的性质看汉初〈论语〉面貌》(《重慶社會科學》2007年第5期)一文。

② 羅振玉《增訂殷墟書契考釋》,北京:中華書局,1965年,第185頁。

'違'是較古老的用法。

《憲問》:"我無耐焉,仁者不憂,知者不惑。"案:"耐",今本作"能"。《禮記・禮運》"故聖人耐以天下爲一家",鄭玄注:"耐,古'能'字。"又,《衛靈公》"知及之,仁耐守之",亦作"耐"字。

《衛靈公》:"女以予爲多學而志之者與?"案:"志",今本作"識"。《説文・心部》"志"字,段注云:"《周禮・保章氏》注云:'志,古文識。'蓋古文有'志'無'識'。"《史記・孔子世家》作"識",蓋已隸定。

《子張》:"夫子之員,不亦宜乎!"案:"員",今本作"云"。《説文》段注云:"又假借爲云字,如《秦誓》'若弗員來',《鄭風》'聊樂我員',《商頌》'景員維河',(鄭)箋云:'員,古文云。'"

《堯曰》:"興滅國,繼絶世,擧泆民。"案:"擧",今本作"舉"。《説文》"舉"字正如是,大概是較早的字形。

又,對一些字的初文,裘錫圭曾有論證:"莫"是"暮"的初文,大概因爲被假借表否定詞"莫"一度很常用,故加注"日"旁分化出來"暮"字以表本義。"'韋'是'違'的初文","'韋'字大概是由於假借它來表示皮韋的'韋'一度很常用,所以加注'辵'旁分化出'違字來表示本義的。""疑問代詞'何',先借《説文》訓爲'肎'的'可'字表示(石鼓文'其魚隹可'讀爲'其魚惟何'。秦簡也借'可'表'何'),後來改借負荷之'荷'的本字'何'表示。"可見,借用"可"表'何'、"莫"表"暮"、"韋"表"違"都是較古老的用法①。

當然,以墓葬的時間爲界定,也自會使用一些較早或古老的字形;但這麽多古字形的出現,却也足以説明其《古論》的成分比較大,或者説佔據較大的優勢。

第二,從《史記》卷六七《仲尼弟子列傳》所引文來看,竹簡本的用字多有相同者,如《公冶長》"之國,可使治其賦也",今按《經典釋文・論語音義》中"《公冶長》篇"載:"孔云'兵賦也',鄭云'軍賦',梁武云'《魯論》作傅'。"②《史記》卷六七《仲尼弟子列傳》引正作"賦",即從《古論》。再如《雍也》:"命也夫!……而有斯疾也!命也夫!斯人也而有此疾也!"按:今本無"命也夫"三字,《史記》卷六七《仲尼弟子列傳》引有此三字,同於竹簡本。再如《子路》:"何其正?""何"字,《史記》卷四七《孔子世家》同,今本則作"奚"字。之所以如此,是因爲《史記》所引《論語》,王國維曾概要指出其爲"古文":

> 然則太史公所謂古文,皆先秦寫本舊書,其文字雖已廢不用,然當時尚非難識,故

① 裘錫圭《文字學概要》,北京:商務印書館,1988年,分見第154、228、191頁。
② 陸德明《經典釋文》,北京:中華書局,1983年,第347頁。

《太史公自序》云'十歲則誦古文'。太史公自父談時已掌天官,其家宜有此種舊籍也。……至孔壁書出,……《論語》《孝經》皆有古文。孔壁書之可貴,以其爲古文經故,非徒以其文字爲古文故也。①

不過,王氏所論較爲簡略。司馬遷對古文情有所鍾,除了世襲天官、能有舊籍的因素外,還有以下證據:首先,司馬遷幼時已接觸到古文,並誦讀其文("十歲則誦古文"),其原因一如王氏所言,司馬遷世襲天官而有其書。更進一步,其"十歲"時,可能已接觸到最新的出土資料——孔壁中書,因爲此際可能業已出土。司馬遷的生年,史無明文。王國維《太史公行年考》認爲生於景帝中元五年(前145),又一説生於武帝建元六年(前135)。據前考證,"壞孔子壁"可能在景帝末期,至遲在武帝初年,即武帝在位的十二年或十四年之前。因此,不管怎樣,司馬遷"十歲"至少已是武帝偏中期了——即能見到當日名動一時的孔壁中書(其在朝中任職,也有能知曉的便利),因爲孔壁文獻出土後,即由孔安國整理、收藏,最終獻給朝廷。其次,司馬遷成人後,曾從孔安國問學②,自是有過一些直接交往,言談之下,也勢必會對壁中古文有較多、深入的了解。又,孔安國曾受詔又作過《古文尚書》《古文孝經》的傳釋,從事的是古文經學;司馬遷向其"問學",自然也是傾向於古文。再次,重要的是,司馬遷在撰寫《仲尼弟子列傳》時,已直言其採用"孔氏古文","則論言弟子籍,出孔氏古文近是。余以弟子名姓、文字悉取《論語》弟子問,並次爲篇,疑者闕焉",即源自孔壁古文本,認爲其記載因時代距離較近而接近真實("近是")。

退一步,即便考慮到《史記》的撰寫、引文時往往有司馬遷一己的加工或增删,不一定能作爲嚴格的標準去衡判;但這種多處吻合情形的存在,也至少説明竹簡《論語》中"古文"份量的加重。

第三,竹簡《論語·堯曰》篇"子曰不知命"章與其他簡文明顯不同,"簡本在此用二個小圓點間隔,以雙行小字書於此簡的下部"③。在《堯曰》篇的章數簡上寫的是"凡二章(凡三百廿二字)",即指《堯曰》《子張問》兩章。就是説,至少抄寫者是對"子曰不知命"章作了有意區分。就字數來看,"三百廿二字"與今本的字數三百四十三字也比較接近。這表明"子曰不知命"章是獨立成篇的。據《漢書》卷三〇《藝文志》,《古論語》二十一篇,有兩《子張》。因《齊論》多《問王》《知道》,竹簡本没有涉及,應排除是《齊論》的可能。而《魯》《古》的區別主要就是兩《子張》,或者説,是章數的差異。因此,保守一點説,"子曰不知命"章的

① 王國維《觀堂集林》卷七《史記所謂古文説》,石家莊:河北教育出版社,2003年,第153頁。
② 《漢書》卷八八《儒林·孔安國傳》載"司馬遷亦從安國問故(故實)",北京:中華書局,1964年,第3607頁。
③ 《定州漢墓竹簡〈論語〉》,北京:文物出版社,1977年,第99頁。

特殊處理正反映了可能是以《古論》爲基礎,但又有了變更的事實(即作爲了附録,以雙行小字書寫);或者説,這是《古論》有兩《子張》篇的遺存。又,前引《釋文》"魯讀無此章(指《堯曰》'孔子曰:不知命,無以爲君子也'),今從古",即《古論》有"孔子曰"章,而且《集解》此章也是衹引用《古論》孔安國、馬融的注釋,這就充分説明"孔子曰:不知命"章確實是《古論》的一個特有標識。

桓譚曾在《新論》卷中《正經第九》中明言《古論》與《齊論》《魯論》的差異:"古《論語》二十一卷,與《齊》《魯》文異六百四十餘字。"①而《論語》白文一共約一萬一千七百餘字,異文約占百分之五。因此,在原書散佚、不能全面具體比核的前提下,以上所揭示的《古論》,應該有較强的説服力,即以上三點能比較充分證實竹簡《論語》中《古論》佔據重要的位次;或者徑直説,是以《古論》爲基礎。

還能大體肯定的一點是,竹簡《論語》不是《齊論語》,因爲《齊論語》有二十二篇,多《問王》《知道》二篇,竹簡本没有(與海昏侯墓出土的竹簡相比,即前引《南昌市西漢海昏侯墓》);且竹簡本的具體篇章也有區别:

> 《鄉黨》"食不厭精"至"鄉人飲酒",今本分爲二、三、五章的都有,而簡本衹是一章;"雷風烈必變"與"升車",今本分爲二章,簡本也是一章。《陽貨》"子貢曰:群子有惡乎",今本别爲一章,而簡本則同上面"子路曰"合爲一章。②

之所以要考慮篇章的分合,是因何晏《集解叙》直言"《齊論語》廿二篇,其廿篇中,章句頗多於《魯論》",即《齊論》的分章較多;皇侃《論語集解義疏·序》更進一步説"篇内亦微有異",由此能作爲一個較明顯的判斷標準。但這種分章的判斷實因竹簡的散亂而無法具體釐清。上所舉的執筆者劉來成亦僅是舉例的性質,因其最終還是不得不把無法判斷的"章數簡"除能明確的"《堯曰》"的一簡外,一股腦地全部附於書後。其中,高於三十章者計有五簡:第613簡"凡卅七章"、第615簡"凡[卅六]章"、第616簡"凡卅章"、第617簡"凡[卌]四章"、第618簡"[凡卌七章]"。而現存的章數,如據皇侃《論語集解義疏》,超過三十章的僅六篇。如此,即便考慮到竹簡的殘損、甚或滅失,但也顯然不能僅據劉來成所言,即簡本的分章並不比今本少,或者説二者至少能平分秋色。這種簡數差距不大、但却確實有一些分章少于現存章數的事實,或表明與其説是《齊論》,倒不妨説是不同《論語》融合的結果(因爲《論語義疏》已是一個定型的融合本)。

---

① 黄霖、李力校點,桓譚著《新論》,上海:上海人民出版社,1977年,第35頁。
② 《定州西漢中山懷王墓竹簡〈論語〉介紹》,第59頁;《定州漢墓竹簡〈論語〉》,第2頁。

最後,再從當日《論語》傳承的特點、大勢來看。

進一步,以上所分析的簡本不同於《古論》或《魯論》的情形也充分説明,竹簡《論語》不是那麽純淨、劃一。如果排除不斷鈔寫而産生異文的因素(這一點,對西漢中期以前的古籍來説,因抄寫而産生異文的幾率應小得多,畢竟歷時短;而有些典籍還在生成、寫定之中),不妨説,在諸家《論語》注釋的背後,是各種"煩惑"和紛争。這一時期出現的《論語》注,史籍記載的,就有劉德的《河間論》、王駿《魯論語説》、夏侯勝《論語説》等。爲此,不妨再一次審視《漢書》卷八一《張禹傳》所載:

> 初,禹爲師,以上難數對己問經,爲《論語章句》獻之。始,魯扶卿及夏侯勝、王陽、蕭望之、韋玄成皆説《論語》,篇弟或異。禹先事王陽,後從庸生,采獲所安,最後出而尊貴。

據《漢書》卷五三《河間獻王德傳》,劉德"以孝景前二年(前155)立,脩學好古,實事求是。從民得善書,必爲好寫與之",其《河間論》大概是其所收集到的一種《論語》。夏侯勝,據《漢書》卷七五《夏侯勝傳》,地節三年(前67)前後,其遷太子太傅,受詔撰《論語説》,顔師古注云"解説其意,若今義疏也",大概是爲了更好地勸導、教育太子(地節三年,劉奭立爲太子。《夏侯勝傳》載本始四年後"復爲長信少府,遷太子太傅",兩相吻合,則大約就在此際)的目的。王陽,即王吉,《漢書》卷七二有傳。"兼通五經,能爲騶氏《春秋》,以《詩》《論語》教授"。王陽教授的時間,當在宣帝即位(前73)之初"謝病歸琅邪"時期,因其這時才有大量的閑暇時間。蕭望之,據《漢書》卷七八本傳,其"爲太傅,以《論語》《禮服》授皇太子",時在五鳳二年(前56年,見《漢書》卷一九下《百官公卿表下》)。韋玄成,《漢書》卷七三有傳,"(前51)玄成受詔,與太子太傅蕭望之及五經諸儒雜論同異於石渠閣,條奏其對。及元帝即位(初元元年,前48),以玄成爲少府,遷太子太傅,至御史大夫",其所解説《論語》,也當在這一時期。可見昭、宣、元儒學急遽上升的時期,一時間,《論語》的傳授稱得上是波起雲涌。

《漢書》卷三〇《藝文志》載當日《論語》的傳習情形:

> 漢興,有齊、魯之説。傳《齊論》者,昌邑中尉王吉、少府宋畸、御史大夫貢禹、尚書令五鹿充宗、膠東庸生,唯王陽名家。(顔師古曰:"王吉,字子陽,故謂之王陽。")傳《魯論語》者,常山都尉龔奮、長信少府夏侯勝、丞相韋賢、魯扶卿、前將軍蕭望之、安昌侯張禹,皆名家。張氏最後而行於世。

可以想見,此處提及名字的一定是當日重要的傳承者。而《張禹傳》提及的五人,有四人是傳承《魯論》的專家(僅王陽傳《齊論》);這只能暗示《齊論》的衰落。從具體的時間看,王陽的聲名鵲起在宣帝即位初年(劉賀被廢,其因諫言而得減死),如以下葬的55年算起,則有近二十年的時間——大廈將傾,非一維能繫,昔日《齊論》的光彩在漸趨黯淡,進而遠離了講學的中心是可能的。

還可相信,這些不同的解釋,勢必會因《古論》《魯論》《齊論》本身的差異而有不小的區別,有時甚至會直接讓人無所適從,上所舉三種《論語》文字的岐異也充分説明了這一事實。更何況,還多是教授皇太子,自然要盡心盡力,進行充分、正確的選擇和解釋,特别是面對《論語》文本中不同的字詞,比如三《論》間字詞的差異,勢必是要確定一個可信的文本,給出一個明確的答案,以讓年幼的皇子易於接受。也正是在這一時期,面對經文的紛繁不定,也到了不得不加以解決的時候,最高層——宣帝於甘露三年(前51)詔蕭望之、劉向、韋玄成等名儒,在長安未央宫北的石渠閣講論"五經"異同。會議由梁丘臨提問,諸儒回答,各申其説,太子太傅蕭望之平奏其議,宣帝親自裁决評判。石渠講論的奏疏經過匯集,輯成《石渠議奏》(又名《石渠論》)一書。據《漢書》卷三〇《藝文志》"《(論語)議奏》,十八篇(原注:石渠論)",可見是有《論語》的討論。這也有其不得不爲的原因,即確定一個可以信從的文本;這是時代提出的一個課題。

還有一個關鍵的問題,這些《齊論》或《魯論》的傳承者,是不是就一如今人慣常理解的固守"師法"或"家法"(西漢重師法,東漢重家法)而一成不變呢?顯然不是,我們至少可以找到兩例在五鳳三年(前55)前更改、融匯《論語》的例證。其一是夏侯建,據《漢書》卷七五《夏侯勝傳》,其曾"左右采獲,又從五經諸儒問與《尚書》相出入者,牽引以次章句,具文飾説",時在其師從夏侯勝、歐陽高之時。揆之夏侯勝的生平,始元元年(前86),昭帝即位,夏侯勝因被劾"非議詔書,毀先帝"而被繫下獄。四年,才被大赦,出爲諫大夫給事中。地節三年,遷太子太傅。作爲夏侯勝的本家侄子,夏侯建勢必會早一些接觸到《論語》(《論語》因其文字淺易,篇幅相對短一些,又多有教育意義,而多在幼年時期就開始攻讀)。因此,保守一點説,也肯定在五鳳三年之前。又,夏侯勝本人所學,就已有駁雜的傾向,"少孤,好學,從始昌受《尚書》及《洪範五行傳》,説災異。後事蕳卿,又從歐陽氏問。爲學精孰,所問非一師也",估計這也直接影響了夏侯建。其一是山陽張長安、東平唐長賓、沛郡褚少孫等師事王式事。據《漢書》卷八八《王式傳》,三人曾"問經數篇,(王)式謝曰:'聞之於師具是矣,自潤色之。'不肯授"。對此,顔師古注曰"言所聞師説具盡於此,若嫌簡略,任更潤色",即可就師説簡略甚或疏漏處自己發揮潤色。後來,唐、褚二人應博士弟子選,初露才華就語驚四座,也説明了這種"潤色"還産生了出其不意的效果——這也勢必會有更廣泛的示範效應。王式教授唐、褚等人,正是在昌邑王被廢(前74)作爲臣僚因受牽連而家居時期。再如王吉，身爲齊人，是《齊論》的大家；但其子王駿却傳習《魯論》，有《魯王駿説》二十篇，即不再遵從家學。總之，夏侯建"左右采獲"、"具文飾説"，不正是一種綜合、融會各種《論語》章句的行爲。因此，《隋志》所言張禹"後遂合而考之，删其煩惑，……從《魯論》二十篇爲定"，就不再是孤覺先明，某種程度上正是一種順應時代、在他人基礎上進一步整合的結果[張禹以《論語》授成帝是從元帝初元二年(前 47)開始]。

《古論》出現在景帝末年，最遲在武帝初年[劉餘元朔元年(前 128)卒]；《魯論語》《齊論語》最遲在武帝天漢元年(前 100)之前已産生。這樣，假如竹簡《論語》鈔寫於當下(指埋葬時)，則距齊、魯、古三《論》至少有四五十年的歷史。這樣，竹簡本《論語》據《古論》，參校《魯論》也實屬正常，這是因爲：一，社會上早已流行至少有三種不同的《論語》文本，且業已造成了可能嚴重的"煩惑"和紛争，需要有所統一。二，這時社會上已出現對不同《論語》進行"左右采獲"、"具文飾説"和"潤飾"的風尚，如上所舉的夏侯建、王式等人。爲此，甘露三年(前 51)石渠閣議中，宣帝親自裁決異同，也説明整齊"煩惑"的經文使之統一，進而形成一個權威、可信的文本是一件迫切、重要，甚至不得不爲的事，整編、統一《論語》文本已提上了議事日程。因此，這一時期《論語》融合本的出現是一件極其自然的事。

整體上，綜上所論，竹簡本《論語》應是以《古論》爲底本，融合《魯論》《齊論》等一個經過改動、調整的本子。

還能補充説明的是，中山王國的經濟實力雄厚，這可從中山靖王劉勝墓以及此墓所出土的琳瑯滿目的各類器物看出。從具體出土的文物看，劉勝墓出土的多爲各類器物，如陶器、铜器、铁器、金银器、玉石器等，没見文書的出土，這也大體吻合《漢書》卷五三載劉勝"爲人樂酒好内(顔師古注：'好内，耽於妻妾也')，有子百二十餘人"，耽於逸樂的記載。而其後代，因政治上朝廷鑒於七國之亂，一再削弱、擠壓各王國的實力，已明顯傾向於學術、文化，這也是定州漢墓多出土文書的一個重要原因。當然，這也説明了這一代中山王劉脩比較好學，這種心理下，也自會尋覓一個較好的最新的《論語》本子閱讀(畢竟王國有這個經濟實力和能力)。從地域上説，西漢時《論語》傳授的主要地域是魯地(指琅邪郡、東海郡、膠東國，三郡國正彼此相連)。中山國正毗鄰這一地域，也自是能方便找尋來各種不同的《論語》本子參閲、讀習。再從竹簡的實際情況看，抄寫者的態度也很認真、嚴謹，現存簡上還留存有刮去、脩改的痕跡，即《先進》篇中"賜[不受命]，〇貨殖焉"，"'增由與求〇之問。所謂大臣〇，以道[事君，不可][則]止。曰與求也，可[謂具臣]〇。'〇'然則從之者與？'"以及《衛靈公》篇"耕也，饑在其中〇；學矣，食在其中〇"，共七處"原簡刮去某字而形成的空格"①,即"○"處。如與正平版《論語集解》比較,除第二處外,依次爲"而"、"者"、"者"、"曰"、"者"、"者"字。這些刮去字的意義都比較虚,至少不全是抄錯的原因,而是據他本校勘後有意脩改的結果。既然是有過多的校改,從版本上説,就是融合了不同的《論語》文本。這也是融合説的一個最直接的證據。

【作者簡介】丁紅旗,男,1973年生,文學博士,古典文獻學博士後,華東師範大學古籍研究所副研究員,研究領域爲漢魏六朝唐宋文獻及文學。

① 《定州漢墓竹簡〈論語〉》,第8頁。

覆巢之下豈有完卵?

——新見唐柳秀誠墓志考釋

王慶昱

《洛陽流散唐代墓志彙編》一書收録有唐初柳秀誠墓志一盒。根據記載可知柳秀誠墓志一盒,有志有蓋。志文四十一行,滿行四十一字,正書,長寬均七十五厘米。志蓋篆書:"大唐故柳府君墓志銘。"三行,行三字①。因爲《洛陽流散唐代墓志彙編》收録有墓志圖片圖片和録文,爲了方便起見,不再抄録録文,是文以《洛陽流散唐代墓志彙編》録文爲準。

根據志文記載志主柳秀誠出身於河東柳氏,衆所周知,河東柳氏從北朝後期到唐前期,一直作爲盛門望族,宦歷顯赫。但是到唐高宗初年,由於王皇后被廢,作爲王皇后舅家的柳氏一門也受到株連,一直到中宗神龍反正之前,柳氏家族成員被貶,抑或政治上長期受到打壓,嚴重影響了其家族的仕宦。正如《舊唐書》所載:"(柳)奭既死非其罪,甚爲當時之所傷痛。神龍初,則天遺制,與褚遂良、韓瑗等并還官爵,子孫親屬當時緣坐者,咸從曠蕩。"②

志主柳秀誠雖然出自河東柳氏,但是從其仕宦來看,應當是受到了影響,但是根據其後來的仕宦生涯來看,儘管在唐高宗、武則天時期一直受到打壓,但是最後也榮登高層文官行列。關於柳秀誠的相關事跡,傳世史書只有《新唐書·宰相世系表》記載了"揚州長史柳秀誠"③,《唐尚書省郎官石柱提名考》也只是記載了柳秀誠擔任金部郎中的情况④,新見柳行滿墓志及夫人乙弗氏墓志記載有柳秀誠相關宦歷⑤。因而柳秀誠墓志的出土爲我們

---

① 毛陽光、余扶危《大唐故安州都督柳府君(秀誠)墓志銘》,《洛陽流散唐代墓志彙編》,北京:國家圖書館出版社,2010年,第144頁。

② 劉煦《舊唐書》卷七七,北京:中華書局,1975年,第2682頁。

③ 歐陽修、宋祁《新唐書》卷七三上,北京:中華書局,1975年,第2853頁。

④ 勞格、趙鉞著,徐敏霞、王桂珍校《金部郎中》卷一五,《唐尚書省郎官石柱題名考》北京:中華書局,1992年,第717頁。

⑤ 吴鋼《周故壯武將軍豳州良社府統軍廣州番禺府折衝上柱國柳府君墓志銘并序》,《全唐文補遺》(五),西安:三秦出版社,1998年,第254—255頁;吴鋼《周故壯武將軍豳州良社府統軍廣州番禺府折衝上柱國柳府君夫人永壽郡君河南乙弗氏墓志銘并序》,《全唐文補遺》(五),西安:三秦出版社,1998年,第255頁。

提供了新的材料,對於補遺相關史事,特别是唐高宗、武則天時期由於政治鬥争受到株連的家族的相關史事,因而筆者嘗試對其墓志所涉史事進行相關的考釋。

柳秀誠家族世系考釋

根據志文記載可知柳秀誠卒年七十三歲,唐睿宗景雲二年(711)葬於洛陽。由於古人往往在去世之後,隔上一段時間再下葬,所以其葬年不一定是其卒年。則柳秀誠當生於唐太宗貞觀十三年(639)之前,卒於唐睿宗景雲二年(711)之前不久。關於柳氏的姓氏來源,志文這樣記載:"龜蒙啓祚,士師膺食菜之封;蛇澤開階,太守踐頒條之寄。雖復時遷五運,道革千齡,琳琅與峻岳争飛,青紫共長河不竭。今之志也,可略言焉。"《元和姓纂》記載相當簡略,大致敘述了柳氏的姓氏來源①。《新唐書·宰相世系表》則記載詳細,並且説明了柳氏出自姬姓,並且對其後來的發展也有記載②。因而結合傳世史料,可以對柳氏姓氏的起源以及發展有一個大致的了解。

關於柳秀誠祖上的仕宦和姓名,志文也有詳細記載:"曾祖乾緒,少好棲遁,耽玩琴書,博學多能,詞韻清簡。魏帝頻征給事中,不拜。祖王弁,周中山王記室參軍、越王刑獄參軍、雍州櫟陽縣令、慶州司馬、宣城郡東曹掾。曳裾蕃邸,結綬重泉。猿巖招置醴之恩,鸞樹動鳴琴之化。掌列司儀之任,克叙彝倫題輿。入計之功,無虧考績。父行滿,字無溢,身長八尺三寸,瓌才挺秀,偉器宏達。潘江沃日,喻之以坳塘;嵇嶽干雲,方之以覆簣。用柔爲範,光存電舌;持剛作則,氣叶雷精。解褐授上儀同右十九府驃騎將軍,後加授豳州良社府統軍,緣坐貶授廣州番禺府折冲。脱屣文場,腰鞬武校。豳岐禁旅,佩七德之雄圖;岷越佳兵,師六韜之秘策。俄懷止足,謝病丘園,奄違昭代之遊,復沐幽泉之禮,贈銀青光禄大夫、饒州刺史。"然《元和姓纂》記載不見其家族世系情况,岑仲勉先生認爲"柳滿"當是"柳行滿",但是又認爲與《新唐書·宰相世系表》記載不符③。《新唐書·宰相世系表》記載了"(柳)行滿給事中",但是在輩分上柳行滿與其子柳秀誠一輩,因而《新唐書·宰相世系表》記載混亂④。並且《新唐書·宰相世系表》記載的柳行滿家族世系根據《柳秀誠墓志》及《柳行滿墓志》來看也不符。根據《柳秀誠墓志》及《柳行滿墓志》可以看出其家族一直在北方,並没有從南入北的經歷。然而《新唐書·宰相世系表》及《元和姓纂》記載可以看出,東

---

① 林寶撰,岑仲勉校,郁賢皓、陶敏整理《柳姓》卷七,《元和姓纂》,北京:中華書局,1994年,第1095頁。

② 歐陽修、宋祁《新唐書》卷七三上,第2835頁。

③ 同注①,第1114—1115頁。

④ 同注②,第2853—2854頁。

眷柳氏在永嘉之亂時南下，在南朝梁末又北上的經歷。因而根據《柳秀誠墓志》及《柳行滿墓志》的記載，其家族當不屬於東眷柳氏。況且如果柳秀誠家族作爲河東柳氏東眷的支系，根據史書的記載，其家族被遷嶺南，並且作爲奴婢。但是從《柳行滿墓志》《柳秀誠墓志》記載來看，其境况顯然不同於其他河東柳氏東眷的成員。因而對於柳行滿、柳秀誠家族世系的情况，只能期待新出材料來進行解决。

根據志文記載："父行滿，字無溢，身長八尺三寸，瓌才挺秀，偉器宏達。潘江沃日，喻之以坳塘；嵇嶽干雲，方之以覆簣。用柔爲範，光存電舌；持剛作則，氣叶雷精。解褐授上儀同右十九府驃騎將軍，後加授豳州良社府統軍，緣坐貶授廣州番禺府折冲。"這當與唐高宗王皇后被廢事件有關，正如《資治通鑒》所載："詔柳奭、韓瑗所至斬决。使者殺柳奭於象州。韓瑗已死，發驗而還。籍没三家，近親皆流嶺南爲奴婢。"[①]雖然柳秀誠家族與柳奭同出河東柳氏，但是從墓志記載來看，柳秀誠家族儘管受到牽連，但是並没有淪爲奴婢，只是受到了貶官的待遇而已。但是根據《柳行滿墓志》記載來看，柳行滿去世之後葬在了廣州，直到武則天久視元年(700)才歸葬蒲州[②]。

根據志文記載："夫人清河崔氏，中書侍郎、銀青光禄大夫、守户部尚書知悌之女也，毓德河洲，飛名漢浦。"柳秀誠的夫人出自清河崔氏，其岳父崔知悌在史書中有零星記載，根據《唐尚書郎闕注時題名考》可知崔知悌出自鄢陵崔氏，在唐高宗時期擔任過户部尚書[③]。因而可知柳秀誠的夫人崔氏也出自當時的名門世家。根據志文記載："嗣子朝議郎、行太子内直監仲愛，庭中号玉，掌上名珠，捧遺劍而崩心，瞻豎旒而泣血。"可知柳秀誠去世之時其子柳仲愛，其時擔任朝議郎行太子内直監。根據志文可知柳秀誠去世于唐睿宗景雲二年(711)，其時唐睿宗的太子是後來的唐玄宗李隆基。根據《新唐書》記載可知朝議郎是正六品上的文散官[④]。太子内直監，根據《唐六典》記載，唐高宗龍朔二年改稱内直郎[⑤]。但是爲何在唐睿宗景元二年還稱内直監，這有待于更多的史料來證明内直監(内直郎)職官的演變歷程。

因而根據墓志記載可知柳秀誠家族應該是一直在北朝隋唐作爲顯赫家族，並没有由南入北的經歷，因而其家族屬於東眷柳氏要暫且存疑。由於受到唐高宗王皇后被廢事件

① 司馬光撰、胡三省注《資治通鑑》卷二〇〇，北京：中華書局，2011年，第14册，第6430頁。

② 吴鋼《周故壯武將軍豳州良社府統軍廣州番禺府折衝上柱國柳府君墓志銘并序》，《全唐文補遺》(五)，西安：三秦出版社，1998年，第254頁。

③ 勞格、趙鉞著，徐敏霞、王桂珍校《户部員外郎》卷一二，《唐尚書省郎官石柱題名考》，北京：中華書局，1992年，第604—605頁。

④ 歐陽修、宋祁《新唐書》卷四六，第1187頁。

⑤ 李林甫等撰，陳仲夫校《太子三師三少詹事府左右春坊内官卷》卷二六，《唐六典》，北京：中華書局，1992年，第667頁。

的影響，柳秀誠家族也受到牽連，流放嶺南，但是只是貶官而已。因爲根據《柳行滿墓志》及《柳秀誠墓志》記載，其家族世系與《新唐書》及《元和姓纂》記載不符。其夫人出自崔氏，也是顯赫家族，《墓志》只是記載了其子柳仲愛。因而根據《墓志》記載可以大致對其家族的情況有所了解。

柳秀誠墓志所涉史事考

根據志文記載可知：（柳秀誠）"解褐授杞王府記室參軍。"根據《唐六典》記載可知記室參軍事爲從六品上①。一般在唐代解褐入仕從基層文官做起，然而柳秀誠一開始就從王府記室參軍做起，與當時的官制不符。根據志文記載："秩終，授汴州司功參軍，又授許州長社縣令。"汴州在唐代屬於上州，根據《新唐書》記載司功參軍爲從七品下②。根據《新唐書》記載許州是望州，長社縣是望縣③。根據翁俊雄先生的研究認爲望縣在縣等級中屬於上縣④。根據《新唐書》記載可知上縣縣令從六品上⑤。在唐代縣令屬於中層文官，根據對柳秀誠墓志記載其入仕解褐的職官來看，一開始就擔任中層文官，與當時的制度不符，很顯然應當是有所隱晦。

柳秀誠在擔任了長社縣令不久，其母親去世，根據其母《乙弗氏墓志》記載，其母親去世於唐永隆二年（681 年）⑥。根據《柳秀誠墓志》記載可知柳秀誠生於唐太宗貞觀十三年（639 年）之前，永隆二年（681 年）柳秀誠已經四十多歲。因而聯繫到其家族受到唐高宗王皇后被廢事件的影響，對其仕途産生了不良影響。志文記載其父親仕宦："解褐授上儀同右十九府驃騎將軍，後加授豳州良社府統軍，緣坐貶授廣州番禺府折冲。"估計很有可能柳秀誠在入仕不久也和其父親一樣被貶，墓志爲了避諱而没有記載其被貶之前的經歷。對於武后爲上位而殘害王皇后及衆臣，吕思勉先生評論到："懿戚、舊臣，相繼被戮，非極暴虐忌憚者，不敢如此。"⑦因而在唐中宗神龍反正之後，爲了穩定社會，就以其母武則天的遺詔的形式，赦免了當時受到王皇后被廢所株連的大臣。

柳秀誠在其母去世之時，辭官丁憂。根據志文記載："服闋，授太府寺丞，差充河北道

---

① 李林甫等撰，陳仲夫校《諸王府公主邑司卷》卷二九，《唐六典》，第 730 頁。
② 歐陽修、宋祁《新唐書》卷四九下，第 1317 頁。
③ 同注②，第 987—988 頁。
④ 翁俊雄《唐代州縣等級制度》，《北京師範學院學報》（社科版）第 1 期，1991 年，第 11 頁。
⑤ 同注②，第 1318 頁。
⑥ 吴鋼《周故壯武將軍豳州良社府統軍廣州番禺府折衝上柱國柳府君夫人永壽郡君河南乙弗氏墓志銘并序》，《全唐文補遺》（五），第 255 頁。
⑦ 吕思勉《隋唐五代史》，上海：上海古籍出版社，2005 年，第 119 頁。

滄、瀛、冀、博、棣六州訪察賑給大使。白藏珍藏，儲國貨於無垠；皇華使車，播朝恩於有截。人胥及命，天獎載隆，加朝散大夫、行洛州福昌縣令。”根據《唐六典》可知，太府寺丞，從六品上。職責爲掌判寺事①。根據志文可知，柳秀誠作爲太府寺丞臨時差遣爲訪察賑給大使，這當與太府寺掌管邦國財貨有關。由於河北道六州受災，因而朝廷臨時指派太府寺官員作爲賑災大使。根據志文記載這次賑災應當比較成功，最終柳秀誠以朝散大夫行洛州福昌縣令。根據《新唐書》記載可知朝散大夫爲從五品下的文散官②。洛州福昌縣是畿縣③。根據《新唐書》記載畿縣縣令爲正六品上④。福昌縣屬於東都河南府，儘管從朝官轉爲地方官，但是當時的洛陽經濟發達，並且在唐高宗、武則天時期長期在洛陽，故這一時期的官員在洛陽任職與在長安没有太多區别。儘管擔任福昌縣令，根據志文記載：“奉墨敕兼攝右台侍御史，復充河東道蒲、絳、晉、潞、并、汾、隰等廿三州風俗廉察使。”御史臺制度在武則天統治時期受到空前的加强，成爲武則天爲了鞏固統治的工具。根據相關研究可知墨敕是皇帝直接下命令，而不通過三省的詔令⑤。

根據志文記載：“加中散大夫、行婺州司馬。郡無連率，獨制專城，爰奉九重之恩，將度四流之衆。”根據《新唐書》記載中散大夫爲正五品下⑥。根據《新唐書》記載婺州爲上州，人口有七十多萬⑦。《元和郡縣圖志》記載婺州爲上州，開元時期有户九萬九千多，元和時期爲四萬八千多⑧。根據翁俊雄先生的研究唐代初年婺州人口二十二萬多⑨。因而根據婺州的人口變化來看應當屬於上州。根據《新唐書》記載上州司馬爲從五品下⑩。根據志文記載當時“郡無連率”來看，此時的婺州刺史没有軍權，只是管民而已。根據志文記載：“式甄邪正，有賴堤防，特加太中大夫、賜物五十段、行幽州都督府長史，又奉敕充營州紫蒙軍、嬀州清夷軍支度大使。千里饋糧，三軍果腹，自息有烏之覘，不煩流馬之功。使了還京，遂承朝獎，除尚書金部郎中。”根據《新唐書》記載太中大夫爲從四品上的文散官⑪。根據《新唐書》記載可知幽州爲大都督府⑫。大都督府長史爲從三品⑬。在唐高宗、武則天時期唐在東北邊境與契丹等部族的戰爭，極大地消耗了其國力，大都督府長史爲從三品，然

① 李林甫等撰，陳仲夫校《太府寺卷》卷二〇，《唐六典》，第542頁。
②⑥⑪ 歐陽修、宋祁《新唐書》卷四六，第1187頁。
③ 同注②，第982頁。
④ 同注②，第1318頁。
⑤ 游自勇《墨詔、墨敕與唐五代的政令運行》，《歷史研究》，2005年第5期。
⑦ 同注②，第1063頁。
⑧ 李吉甫撰，賀次君校《江南道二》卷二六，北京：中華書局，1983年，第620頁。
⑨ 翁俊雄《唐初政區與人口》，北京：北京師範學院出版社，1990年，第230頁。
⑩ 同注②，第1317頁。
⑫ 同注②，第1019頁。
⑬ 同注②，第1315頁。

而朝廷只是給予柳秀誠從四品的文散官,可能與之前柳秀誠家族受到唐高宗王皇后被廢事件拖累有關。不然根據柳秀誠的軍功,其升遷當不能如此緩慢。

志文記載了柳秀誠擔任營州紫蒙軍、嬀州清夷軍支度大使等職。根據相關研究可知嬀州清夷軍是垂拱時期所設置①。既然柳秀誠同時前去這兩個軍鎮,則營州紫蒙軍也應當是設立於唐睿宗垂拱時期。在完成任務之後,柳秀誠回到朝廷擔任尚書金部郎中,因而根據其出使時期來看,應當約是垂拱時期(685年—688年)。根據《唐六典》記載金部郎中爲從五品上,主要職責是掌管庫藏出納,金寶財貨之用、權衡度量之制②。

在擔任了金部郎中之後,根據志文記載:"加正議大夫,賜物六十段并及錦褾,除使持節濟州諸軍事、濟州刺史。"《新唐書》記載正議大夫爲正四品上③。濟州在天寶十三載被廢,并入鄆州④。根據相關研究可知唐初濟州大約有人口三萬多。⑤ 在唐代應當屬於下州,根據《新唐書》記載下州刺史爲正四品下⑥。通過柳秀誠的仕宦經歷可見,朝廷並不是有功不賞,但是只是給予其升遷文散官,而不是通過對其職事官的升遷來表彰其業績。由此可以隱約感受到作爲被貶家族的成員,其仕途受到了嚴重的影響。

根據志文記載:"屬獯虜挺妖,榆關失險。趙北燕南之境,搏踏風塵;鳴鐎擊柝之聲,沸騰城闕。飛挽芻粟,用贍輕齎;水陸舟車,咸應重寄;豐功簡帝,重賜徽章。加銀青光禄大夫,賜物七十段、紫袍錦褾、金龜袋,除使持節彭州諸軍事、彭州刺史。"這件事指的是武則天時期契丹李盡忠的叛亂。根據《突厥第二汗國漢文史料編年輯考》的記載可知在武則天萬歲通天元年(696),唐朝東北邊境的契丹反叛,朝廷派兵鎮壓⑦。最終雖然平息了叛亂這場叛亂,然而吕思勉先生認爲李盡忠之亂雖然不久就平定了,但是影響深遠⑧。根據《資治通鑑》記載:"辛卯,制以契丹初平,命河内王武懿宗、婁師德及魏州刺史狄仁傑分道安撫河北。"⑨由此可見當時的唐政府也感覺到這場叛亂產生的影響,因而才派遣重臣前去安撫。

根據志文記載可知當時作爲濟州刺史的柳秀誠爲戰爭擔運軍糧,因爲功勞加封金紫光禄大夫,賜給金龜袋。《新唐書》記載,金紫光禄大夫爲正三品的文散官⑩。由此可知柳

① 馮金忠《唐代河北藩鎮的軍鎮及其防禦體系》,《唐代河北藩鎮研究》,北京:科學出版社,2012年,第73頁。
② (唐)李林甫等撰,陳仲夫校《尚書户部卷》卷三,《唐六典》,第81頁。
③⑩ 歐陽修、宋祁《新唐書》卷四六,第1187頁。
④ 同注③,第992頁。
⑤ 翁俊雄《唐初政區與人口》,第131頁。
⑥ 同注③,第1318頁。
⑦ 吴玉貴《突厥第二汗國漢文史料編年輯考》,北京:中華書局,2009年,第588—630頁。
⑧ 吕思勉《隋唐五代史》,第134頁。
⑨ 司馬光撰、胡三省注《資治通鑑》卷二〇六,第6638頁。

秀誠擔任濟州刺史當在萬歲通天元年(696)左右,《唐刺史考全編》只是記載在武則天時期[①]。因而通過對柳秀誠墓志的考釋,大致可以得知柳秀誠擔任濟州刺史在武則天萬歲通天(696)時期。由於運送軍糧,受到朝廷的獎賞。

根據志文記載,本來要讓柳秀誠前去擔任彭州刺史,然而:"尋加河東縣開國男,食邑三百户,未之任。又奉墨制,授左羽林將軍。"給予其河東縣開國男的爵位,可見其在運送軍糧的過程中,功勞不小。根據《唐六典》記載左羽林將軍爲從三品,職責是掌統北衙禁軍之法令,左右羽林將軍各二人[②]。因而儘管品級很高,但是在左右羽林軍上有兩個大將軍,左右將軍各有兩人,因而其實際權力有限。根據志文記載:"加上柱國、權檢校揚州大都督府長史,進加開國伯、食邑七百户。"根據《新唐書》記載可知大都督府長史爲從三品[③]。並且給予其爵位開國伯,根據《新唐書》記載開國縣伯爲正四品上,食邑七百户[④]。由此可見在唐與契丹的戰爭中,柳秀誠還是立下了很大的功勞,但是有功而不大賞,只是給予其升遷文散官和封爵。可見之前柳氏家族由於唐高宗廢后王皇后事件,還是嚴重阻礙了其仕途的發展。

根據志文記載:"不逾期月,改授右驍衛將軍,尋除使持節邢州諸軍事、邢州刺史,又改授使持節、都督安、隨、沔、郢四州諸軍事、守安州刺史、上柱國。累綰八屯,頻昇九牧。"根據《唐六典》記載右驍衛將軍爲從三品,也是各二人,主要是與左右衛負責宫城的護衛等事情[⑤]。右驍衛將軍的職責多是負責朝會等象徵性的工作。之後柳秀誠擔任邢州刺史,則當在萬歲通天(696年)之後。《唐刺史考全編》没有記載柳秀誠擔任邢州刺史的情况。因而墓志的記載可以補缺《唐刺史考全編》。根據《新唐書》記載可知邢州爲上州,有人口三十八萬多[⑥]。因而根據《新唐書》記載可知上州刺史爲從三品[⑦]。介於之前柳秀誠擔任官職的情况來看,其擔任邢州刺史很可能是中宗神龍反正之後。

在擔任了邢州刺史之後,又擔任安州都督,根據《新唐書》記載安州都督府爲中都督府[⑧]。中都督府都督爲正三品[⑨]。郭聲波先生詳細的論述了安州都督府的變遷,但是掌管四州有記載的到了唐玄宗天寶元年[⑩]。根據郭聲波先生的研究可知武周長安二年(704

① 郁賢皓《河南道・濟州》卷七五,《唐刺史考全編》,合肥:安徽大學出版社,2000年,第1069頁。
② (唐)李林甫等撰,陳仲夫校《諸衛府卷》卷二五,《唐六典》,第643頁。
③⑨ (宋)歐陽修、宋祁《新唐書》卷四九下,第1315頁。
④ 同注③,第1188頁。
⑤ 同注②,第619頁。
⑥ 同注③,第1013頁。
⑦ 同注③,第1317頁。
⑧ 同注③,第1055頁。
⑩ 郭聲波《中國行政區劃通史・唐代卷》,上海:復旦大學出版社,2012年,第447—448頁。

年)安州都督府管理安、沔二州,此前不定。嚴耕望先生認爲安州當長安出武關經過鄧州、襄州南行及洛陽、鄭州、汴州取許州、申州南行之總道,以南達江南西道到嶺南,爲南北交通樞紐之地①。正是因爲安州地理位置重要,因而筆者認爲唐玄宗天寶時期的安州都督府掌管四州,很可能是唐中宗神龍反正之後,安州都督府掌管四州的延續。

根據志文記載:“春秋七十有三,終於申州賓館。即以景雲二年正月廿六日歸窆於洛州萬安山南,皇堆南之原。”由此可見柳秀誠應當是在安州都督府都督任上病危北歸,到了申州就去世了。根據嚴耕望先生的研究,申州取百雁、禮山兩關南行,亦至應山縣及安州②。則柳秀誠就是從安州北上到達申州去世,最後葬在洛州。可見其在申州賓館去世之後,過許州而達洛陽。

柳秀誠出身於河東柳氏,其父親柳行滿去世之後安葬蒲州,但是柳秀誠去世之後葬在了河南府。根據凍國棟先生的相關研究認爲入唐之後,很多士族由於仕宦的緣故,多遷居兩京,經過幾代的發展變化,最後其都自稱兩京人士,而很少再見居住在原先的郡望之地③。

因而通過對柳秀誠墓志的簡單考釋可以看到河東柳氏自北朝以來,無論是從南歸北的,還是一直在北朝爲官的,仕途都很顯赫。但是入唐至唐高宗時期,由於廢后王皇后事件,作爲王皇后舅家的柳氏受到株連,親近之間流放嶺南,對其家族仕途的發展產生了很大的影響。志主柳秀誠儘管沒有記載受到這次事件的株連,然而看其在唐高宗、武則天時期的任職情況,隱約可以感覺到有很大的制約。有功而不大賞,不擔任顯赫職位等。在中宗神龍反正之後,柳秀誠的仕途比之前順利,最終擔任了正三品的中都督府都督,後在北歸的時卒於申州。縱觀柳秀誠一生的仕宦生涯來看,儘管其最終得以躋身高層文官行列。然而從其仕宦生涯來看,在唐高宗、武則天時期,受到打壓,長期不能擔任要職正常升遷。因而通過對柳秀誠墓志的簡單考釋,我們可以看到在武則天掌權時期,對原來的關隴士族及山東士族由於政治見解的不同,在政治上進行的打壓。因而通過對柳秀誠墓志的相關記載,可以一窺唐高宗、武則天時期的政治變化發展。

【作者簡介】王慶昱,男,1985 年生,暨南大學中外關係研究所博士研究生,主要從事中古時期出土文獻與政治發展研究。

① 嚴耕望:《唐代交通圖考》,上海:上海古籍出版社,2007 年,第 1882 頁。
② 同注①,第 1881 頁。
③ 凍國棟《中國人口史·隋唐五代時期》,上海:復旦大學出版社,2002 年,第 320—324 頁。

唐《王九言墓志》與神禾原名稱之演變*

党　斌

《西安新獲墓志集萃》收録唐天授二年(691)《王九言墓志》一方,其出土於今西安市長安區神禾原,且志文有關於神禾原得名之記載。本文對《王九言墓志》之相關問題進行考察,并結合典籍及石刻文獻中關於長安神禾原的記載,對其歷史上名稱的演變進行初步論述。

《王九言墓志》,蓋佚。志正方形,邊長 0.59 米,厚 0.12 米。志題"唐故朝議大夫并州大都督府司馬上柱國清源縣開國男王府君墓志銘並序"。志文楷書 31 行,滿行 32 字。志左下方略損數字,其餘基本清晰①。

王氏爲世家大姓,《新唐書》略述王氏淵源稱:"王氏出自姬姓。周靈王太子晉以直諫廢爲庶人,其子宗敬爲司徒,時人號曰'王家',因以爲氏。八世孫錯,爲魏將軍。生賁,爲中大夫。賁生渝,爲上將軍。渝生息,爲司寇。息生恢,封伊陽君。生元,元生頤,皆以中大夫召,不就。生翦,秦大將軍。生賁,字典,武陵侯。生離,字明,武城侯。二子:元、威。元避秦亂,遷於琅邪,後徙臨沂。四世孫吉,字子陽,漢諫議大夫,始家皋虞,後徙臨沂都鄉南仁里。生駿,字偉山,御史大夫。二子:崇、遊。崇字德禮,大司空、扶平侯。生遵,字伯業,後漢中大夫、義鄉侯。生二子:旹、音。音字少玄,大將軍掾。四子:誼、叡、典、融。融字巨偉。二子:祥、覽。覽字玄通,晉宗正卿、即丘貞子。六子:栽、基、會、正、彦、琛。載字士初,撫軍長史,襲即丘子。三子:導、穎、敞。導字茂弘,丞相始興文獻公。六子:悦、恬、劭、洽、協、薈。洽字敬和,散騎侍郎。二子:珣、珉。珣字元琳,尚書令、前將軍,謚曰獻穆。五子:弘、虞、柳、孺、曇首。曇首,宋侍中、太子詹事、豫寧文侯。二子:僧綽、僧虔。僧綽,中書侍郎,襲豫寧湣侯。生儉,字仲寶,齊侍中、尚書令、南昌文憲公。生騫,字思寂,梁給事中、南昌安侯。生規,字威明,左户尚書、南昌章侯。生褒,褒字子淵,後周光禄大夫、石

---

* 本文爲 2014 年度國家社科基金重點項目《陝西碑刻文獻精粹彙編》(項目編號:14AZD095)相關成果。

① 《王九言墓志》圖版及釋文見西安文物稽查隊編《西安新獲墓志集萃》,北京:文物出版社,2016 年,第 96—98 頁。

泉康侯。生肅，字玉鉉，隋安都通守、石泉明威侯。子弘讓、弘直。”[1]以《新唐書》記載，再結合其他文獻資料可知，隋唐以來王氏諸姓，以琅琊王氏、太原王氏和京兆王氏三支規模最大。相較而言，京兆王氏雖然不及琅琊王氏、太原王氏，但仍屬州郡大族、地方著姓。本志云王九言系京兆霸陵人，則其當爲京兆王氏一支。

京兆王氏系姬姓畢公高之後，兩漢魏晉以來亦有名人載諸史籍，以兩漢之際的王遵和北朝時期的王羆最爲著名。王遵，《後漢書》稱其："字子春，霸陵人也。父爲上郡太守。遵少豪俠，有才辯，雖與囂舉兵，而常有歸漢意。”[2]王遵曾投歸更始帝劉玄，後又歸附光武帝劉秀，任大中大夫、河南尹，封向義侯。王羆爲王遵之後，魏太和年間任殿中將軍、荆州刺史，授撫軍將軍，封霸城縣公，又拜驃騎大將軍，加侍中、開府，鎮守華州、河東，以功進爵扶風郡公。大統七年卒，贈太尉、都督、相冀等十州刺史，謚曰忠。其子慶遠、孫長述均以功臣後裔仕魏。《周書》《北史》均有傳[3]。《王九言墓志》“赤雀銜符，方啓日周之祚。金鷄失旦，終分有魏之祥”之句均與此有關。

除王遵、王羆見諸正史之外，近年出土於西安地區的《王昌墓志》《王瑱墓志》[4]補充了北朝、隋代京兆王氏一族的相關資料。今《王九言墓志》的出土則又爲唐代京兆王氏一支的研究提供了重要實物文獻資料。

據《王九言墓志》記載，其曾祖王繇曾任隋潞州刺史、義綏縣開國公、贈禮部尚書。義綏縣，即今河南遂平縣北，據《魏書》記載：襄城郡領三縣，義綏、遂寧、武陽[5]。除此之外，未見其他記載。施和金《北齊地理志》則稱："豫州襄城郡，治武陽縣，北齊改爲文城郡……又廢義綏縣，故天保七年後文城郡之領武陽、遂寧二縣。又稱《魏書・地形志》襄城郡領義綏縣，而不言其沿革。”[6]《隋書・地理志》吴房縣下有“遂寧，後齊省綏義縣入焉。大業初改曰吴房”[7]。本志所載可爲佐證，隋代初年仍有義綏縣之名，後又並入吴房縣。

王九言祖父王遐，任隋膳部員外郎、宗正少卿。膳部，初設於北齊，即魏晉時期的左右士曹，執掌祭器、牲豆、酒膳等事。《北齊書》《周書》中有“尚書膳部郎中”[8]、“膳部中大

---

① 《新唐書》卷七二中《宰相世系表》，北京：中華書局，1975年，第2601—2602頁。

② 《後漢書》卷十三《隗囂公孫述傳》，北京：中華書局，1965年，第528頁。

③ 見《周書》卷十八，中華書局，1971年，第291—293頁；《北史》卷六二，1974年，中華書局，第2201—2204頁。

④ 參見張占民等：《西安洪慶北朝、隋家族遷葬墓地》，《文物》，2005年第10期，第47—67頁；崔世平：《王昌父子墓志與北周京兆王氏》，《考古與文物》，2009年第2期，第76—80頁。

⑤ 《魏書》卷一百六中《地形志》，北京：中華書局，1974年，第2235頁。

⑥ 施和金：《北齊地理志》卷七《河南上》，北京：中華書局，2008年，第660—661頁。

⑦ 《隋書》卷二十《地理志中》，北京：中華書局，1973年，第839頁。

⑧ 《北齊書》卷三七《魏收傳》，北京：中華書局，1972年，第495頁。

夫”、“膳部下大夫”①等官職的記載。隋代沿襲北齊職官，“開皇三年，尚書二十四司各置員外郎一人，以司其曹帳籍”②，由此可知膳部員外郎爲膳部郎中之助理官員。宗正置於秦代，爲秦漢時期九卿之一，掌皇族、外戚屬籍及相關事務。南北朝時期，北齊設立宗正寺，隋唐沿用，爲九寺之一，其副官稱宗正少卿。王九言之父王玄德，曾任唐倉部員外郎、綿州長史、龍州刺史。倉部初置於魏，後代沿用，因其掌九穀之倉儲，故唐代亦曾改稱司庾、司儲。

《王九言墓志》述及家世先祖，僅上溯至隋代，但其曾祖、祖父、父親等人均未見史籍記載，補充了隋唐兩代京兆王氏家族成員資訊的同時，對於研究魏晉至隋唐時期京兆王氏家族的社會地位和狀況有一定的參考價值。

王九言，字孝則，志云其卒於垂拱四年(688)，春秋五十七，則其當生於唐貞觀六年(632)。志稱王九言補國子生高第，其時間約在“流芳荷戟之年”。依唐代初年府兵制，男子21歲入伍。由此推測，王九言補入國子學研習儒家經典當在20餘歲。王九言由國子生補任許州參軍，後歷任太子率府倉曹參軍、御史台主簿、司農主簿，又遷雍州司功③，結合志文記載的前後時間推斷，其此段任職時間大致在唐高宗永徽至咸亨年間。從王九言初期所任職官來看，基本爲參軍、主簿等七品至九品的卑官，與多數唐代士人入仕之初的履歷類似。

其後，王九言又除司門員外郎，屬輪台放命大將，但任職時間均不長。志又云：“中書令李敬玄親總元戎，引君爲倉曹參軍。”李敬玄，早年曾爲唐高宗侍讀，歷任中書舍人、弘文館學士、尚書右丞、太子右庶子、中書侍郎、吏部侍郎、吏部尚書、中書令，卒贈兗州都督，賜謚文憲，兩《唐書》均有傳。據《新唐書》載：“儀鳳元年，(敬玄)拜中書令，封趙國公。”④則王九言任其倉曹參軍，隨軍征戰亦在儀鳳年間。《新唐書》又載：“永徽後，選員浸多，惟敬玄居職有能稱。性強記，雖官萬員，遇諸道，未嘗忘姓氏。有來訴者，口諭書判參舛及殿累本末無少繆，天下伏其明。”⑤可見，李敬玄在官員選用和考核方面有其獨到之處，王九言被選用應當與其歷任主簿、參軍等職的表現有關。“調露二年(680)，吐蕃入寇……以敬玄爲洮河道大總管，兼安撫大使，檢校鄯州都督，率兵以禦吐蕃”⑥。志文稱王九言“謀兹軍政，握彼兵權”當與其隨李敬玄征戰吐蕃之事有關。但因李敬玄不擅將兵，最終兵敗，故志

① 《周書》卷三三《趙剛傳》，第574頁；卷十一《晉蕩公護傳》，第168頁。

② 高承：《事物紀原》卷五，中華書局，1989年，第242頁。

③ 據馮九言任職來看，志文中的“雍州司功”疑爲“雍州司功參軍”。

④⑤ 《新唐書》卷一百六《李敬玄傳》，第4052頁。

⑥ 《舊唐書《卷八一《李敬玄傳》，北京：中華書局，1975年，第2755頁。

文對此事並未詳述。

此後,王九言加朝散大夫、太常丞,遷駕部郎中。唐代兵部領四司,駕部司爲其一,設駕部郎中一人,掌輿輦、車乘、傳驛、廄牧馬牛雜畜之簿籍。駕部郎中系從五品,王九言官品有所提升。之後,王九言又先後充河源道經略使,加朝議大夫,攝左衛中郎將、便留宿衛,授並州都督府司馬,充神武道經略使。

此處的河源道、神武道經略使需要略作説明。《左傳》云"天子經略,諸侯正封,古之制也"①,"經略",即經營、治理之意。經略使作爲地方官員,主要負責管理地方事務,但其職權管轄在各代則並不統一。目前,與經略使相關的研究均與唐代藩鎮、節度使等問題關聯,多引《新唐書·地理志》稱"開元二十一年,分天下爲十五道,每道置採訪使,檢察非法,如漢刺史之職……又於邊境置節度、經略使,式遏四夷。凡節度使十,經略守捉使三"②。此處的重點在於節度使,對經略使的設置並没有進行詳細説明。經略使的始置時間雖無明確記載,但結合正史及相關文獻的考察可知,北朝時期已有經略使官名的記載,《北齊書》《北史》均稱辛術曾於武定年間任淮南經略使之職③。兩《唐書》中關於經略使的記載較多,包括"經略使"、"經略大使"、"經略副使"等三種,以唐玄宗開元年間之後居多。但開元之前也有零星記載,如:唐高宗儀鳳年間,"左武衛將軍黑齒常之力戰,大破蕃軍,遂擢爲河源軍經略大使"④;武周證聖年間,"嶺南獠寇邊,容州都督張玄遇爲桂、永等州經略大使"⑤。除此之外,兩《唐書》中"金方道經略大使"、"五府經略使"、"五府經略大使"等在玄宗開元初年已經出現。可見,唐代經略使的設置應當是沿用了北朝之制,初期爲臨時性派,設置於周邊重要地區,玄宗開元年間數量逐漸增多。玄宗末年,邊鎮節度使勢力逐漸擴張,則多以節度使兼任經略使之職。志文記載王九言任河源道經略使之事雖未見文獻記載,但河源道經略使之職則可與兩《唐書》所載互證。"神武道"之名雖未見文獻記載,但唐玄宗時期曾在青海石堡城(今青海西寧市西南湟源縣)設神武軍,與吐蕃多次征戰。結合經略使設置於邊疆地區的慣例,志文所稱"神武道經略使"當即設置於當時的石堡城附近。

垂拱四年(688),王九言卒於汾州。天授二年(691),與妻子崔氏合葬於長安神和鄉。其地亦稱神和原,又作神禾原,大致相當於今西安市長安區韋曲、杜曲、王曲一帶。今出土

① 楊伯峻:《春秋左傳注》"昭公七年",中華書局,1981年,第1283—1284頁。

② 《舊唐書》卷三八《地理一》,第1385頁。

③ 《北齊書》卷三八《辛術傳》,第501頁;《北史》卷五十,中華書局,1974年,第1822頁。

④ 同注②,第106頁。《資治通鑑》卷二百二"儀鳳三年"則云:"上嘉黑齒常之之功,擢拜左武衛將軍,充河源軍副使。"

⑤ 《新唐書》卷四《則天皇後本紀》,第95頁。

之隋、唐碑志均有少量刊載“神和原”之名者,如:隋開皇二十年(600)《大隋故儀同席君(淵)墓志》云“建德四年正月薨於王壁,春秋五十有六,以開皇廿年八月廿七日葬於大興城南神和之原”[①];武德二年(619)的《女子蘇玉華墓志銘》云“大唐武德二年五月九日終於居德里之第,即以其年之廿有五日葬之於京兆之神和原”[②];聖曆三年(700)《大周故致果校尉左千牛備身戴君(希晉)墓志銘》云“聖曆二年五月廿八日遘疾,終於神都修業里之私第,春秋廿有一。即以三年歲次庚子二月辛巳朔二日壬午,遷窆於雍州幹封縣神和原”[③];景雲二年(711)《蕭思亮墓志》云:“即以其年二月景子朔十五日庚寅,遷窆於神禾原”[④];開元二十九年(741)《大唐故朝議郎行尚書祠部員外郎裴君(積)墓志銘》云“開元廿八年十二月十九日終於長安光德里私第,春秋卌。其先葬於聞喜之東凉原也。即以辛巳歲二月癸丑廿日壬申,旋窆于長安萬春神和原”[⑤];天寶二年(743)《大唐實際寺故寺主懷惲奉敕贈隆闡大法師碑銘》云“式建墳塋,遂于鳳城南神和原崇靈塔也”[⑥];天寶十四年(755)《大唐故尚書祠部員外郎裴公夫人滎陽鄭氏墓志銘》云“先府君以開元二十八載十二月十九日棄背,遷窆於神和之原”[⑦]等。

相較而言,刊載“神禾原”的碑志數量更多,詳見下表[⑧]:

唐代墓志所見“神禾原”記載表

時間	名稱	關於“神禾原”之記載
長安三年(703)	趙智侃及妻宗氏墓志	粤以長安三年歲在癸卯二月癸巳朔廿八日庚申合葬,窆於長安縣神禾原,禮也
開元三年(715)	韋紀墓志	即以其年廿三月,合葬於萬年縣山北鄉神禾原
開元十二年(724)	淨業塔銘	即以其年十月廿五日,陪窆於神禾原大善導閣梨域内
開元十四年(726)	思恒律師墓志	其年十二月十五日,葬神禾原塗山寺東
建中四年(783)	裴嬰妻崔氏墓志	粤若來八月既望陪葬於萬年縣神禾原先塋之側,禮也
貞元六年(790)	正性墓志	以其年十月八日遷神于城南神禾原□郎中之塋,從俗禮也

① 王其禕,周曉薇.《隋代墓志銘匯考》第二册,北京:綫裝書局,2007年,第333頁。
② 周紹良:《唐代墓志彙編》,上海:上海古籍出版社,1992年,第1頁。
③ 同注②,第964頁。
④ 同注②,第1122頁。
⑤ 同注②,第1516頁。
⑥ 吴敏霞:《長安碑刻》,西安:陝西人民出版社,2014年,第460頁。
⑦ 同注②,第660頁。
⑧ 按:表中所列并非唐代墓志關於“神禾原”記載之全部。

續表

時間	名稱	關於"神禾原"之記載
貞元十二年(796)	裴嬰墓志	以其年十月甲申遷祔於京兆府萬年縣神禾原故夫人崔氏之塋,禮也
元和十二年(817)	獨孤士衡墓志	其年九月廿三日葬於萬年縣山北鄉神禾原,祔先塋,禮也
大中四年(850)	裴氏小娘子墓志	定以其年十一月十六日歸葬於長安里御宿川神禾原,祔先塋之側也

從目前已經出土的隋唐兩代碑志資料來看,隋代碑志並未見到"神禾原"之名,唐代碑志雖然"神禾"、"神和"並用,但明顯作"神禾原"者居多。考其淵源,則要從前代與"神禾原"名字由來相關的三種説法開始。其一爲上古時期傳説,稱炎帝時有仙鶴銜穀穗降於此原,後人遂以"神鶴"名之,其後又作"神禾原";其二則稱唐太宗貞觀年間曾在原上見禾生雙穗,遂以"神禾"名之;其三見於元代駱天驤所撰《類編長安志》"神禾原"條,云:"《劇談録》曰:'晉天福六年,生禾一穗,重六斤,故號神禾原'"[①]。但是,以上三種説法均沒有其他相關文獻佐證,孰是孰非,没有定論。陳鈐《唐代墓志所見關中鄉里詞語研究》一文認爲:神禾原在唐以前的墓志中暫未見,而唐代墓志已有"神禾原"之記載,故可排除《劇談録》之説和"神鶴原"之説。相較而言,"禾生雙穗"之"神禾"得名更爲合理[②]。以上觀點存在一定的合理性,但推論比較簡單,並未充分考慮到"神禾原"名稱由來的三種説法之間存在的内在聯繫。

"神鶴"、"神禾"、"神和"三個名稱中,"鶴"爲曷各切,"禾"爲胡戈切,"和"則胡戈切、胡臥切兼有,三者在發音方面有一定的相似之處,在實際使用過程中很可能出現誤用、混用的現象。從時間的角度來看,關於"神禾原"名稱由來的三種説法中,"炎帝神鶴説"年代最早,屬上古傳説;"唐貞觀説"所述爲唐代初年的傳説;"晉天福説"則爲五代時期之事,且見諸文獻記載。三種説法時間間隔雖然較長,但均與"禾穀"有關,這就從側面反映出三種説法之間存在一定的内在關聯。基於此,可以作出如下推測:"炎帝神鶴説"並非空穴來風,先秦時期的神禾原很可能本名"神鶴原"。而"神鶴原"之名在人類社會早期口耳相傳的歷史記載方式之下,因"鶴"、"和"同音,造成在流傳過程中的誤傳,遂有"神和原"之稱的出現。"神和原"之名的具體出現時間雖然無從確定,但結合出土文獻資料的記載可知,至遲在隋文帝開皇末年,這一名稱已經出現和使用。隋末唐初,"神和原"之名的使用已較爲廣泛。至於"神禾原"之名的出現,傳説稱其在唐太宗貞觀年間,但結合已經出土的大量唐代

① 駱天驤:《類編長安志》卷七,西安:三秦出版社,2006年,第197—198頁。
② 參見陳鈐:《唐代墓志所見關中鄉里詞語研究》,重慶:西南大學碩士論文,2014年5月,第36頁。

墓志記載來看,卒葬時間在貞觀年間之前的墓志中暫未發現“神禾原”之名,而唐高宗時期之後,志文關於“神禾原”名稱相關記載則陸續出現。因此,“神禾原”之名的出現可能是在唐太宗貞觀末年或者唐高宗在位時期。“貞觀年間禾生雙穗”的傳説不會空穴來風。新見之《王九言墓志》中恰有關於“神禾”的這樣一段記載:“以咸亨四年歸葬先考及諸父昆弟凡一十一□於明堂縣之舊塋。明年,有嘉禾廿六莖生於墳側,縣令元知讓乃改其所居里爲神禾鄉。”因“嘉禾廿六莖”之吉兆而命名“神和鄉”,説明當時“禾”與“和”存在混用的現象。這恰好解釋了雖然有“貞觀年間禾生雙穗”的傳説,而同時期墓志中仍然存在“神和原”的名稱。因此,大約在唐代中期,曾出現過短時間的“神和”與“神禾”並用的現象,如:《韋紀墓志》稱其去世後與夫人長孫氏合葬舊塋,《韋紀妻長孫氏墓志》文中爲“神和原”,但《韋紀墓志》中則爲“神禾原”。而“神禾原”最終取代“神和原”應當在唐中後期基本完成。至唐後期,“神鶴——神和——神禾”名稱的逐漸替代過程完成,神禾原之名沿用至今。

由於唐代墓志中已有“神禾原”之名的記載,因此《劇談録》關於晉天福年間神禾原得名的説法明顯是不成立的。但這也從側面反映一個問題:即由於文獻闕載,隋唐以來,神禾原最初名字的由來已經鮮爲人知,當地百姓則以年代較近的傳説附會神禾原的得名。而口耳相傳的方式缺乏説服力,因此至五代仍有人以其他傳説來解釋神禾原之得名。多種傳説流傳下來,人們只知神禾原之名,而無從分辨究竟哪種傳説最爲可信,更毋説去研究三種傳説之間的關係了。

從王九言生平及其曆官情況可以看出,京兆王氏在唐代中期的社會地位已大不如前。但據墓志所載,王九言夫人爲出身清河崔氏,爲魏晉隋唐時期望族,崔氏之祖父曾官置兵部尚書之職。王九言的婚姻狀況則説明,京兆王氏作爲當時的州郡著姓,仍然有很大的影響,而通過望族聯姻的方式維持家族社會地位和影響也是唐代社會的較爲普遍的一種方式。

王九言之葬地神禾原,位於古樊川、御宿川之間,其周邊區域在唐代建都長安後享有“城南盛境,神和風物”的美譽,是唐代帝王將相、文人墨客頻繁遊賞之地。神禾原之名自唐代沿用至今,但關於其名稱的由來則没有準確的記載,因此只能根據相關的傳説以及出土墓志展開推測。“神鶴——神和——神禾”演變替換的推測尚待更多出土文獻之佐證。

【作者簡介】党斌,男,1981年生,歷史學碩士,陝西省社會科學院古籍整理研究所副研究員,主要從事碑刻文獻整理與研究。

黑水城出土 M1·1541 號文書考釋*

景新强

《中國藏黑水城漢文文獻》著録黑水城出土 M1·1541[F19:W11]號文書(圖 1),殘件高 38 厘米,寬 22 厘米。整理者認爲是圖畫①,杜建録認爲是"墨繪,有硃筆點畫"②,孫繼民等認爲是"供養如意珠火焰圖案"③,皆未得其真義。按《中國藏黑水城漢文文獻》同書 1841 頁著録 M1·1540[F19:W108]號文書與此件完全相同,但殘破過甚,本文謹以此 M1·1541[F19:W11]號討論考釋。

圖 1　黑水城出土 M1·1541 號文書

* 本文爲陝西省教育廳科研計劃項目(人文社科專項)(項目編號:10JK295)資助成果。

① 塔拉等主編《中國藏黑水城漢文文獻》,北京:國家圖書館出版社,2008 年,第 9 册 1842 頁。

② 杜建録《中國藏黑水城漢文文獻整理研究》,北京:人民出版社,2016 年,第 496 頁。

③ 孫繼民等《中國藏黑水城漢文文獻的整理與研究》,北京:中國社會科學出版社,2016 年,第 1507 頁。

一

此件爲印刷品，非繪寫文書；紙墨綫條略粗糙，給人以繪寫本子的印象。以其殘剩畫面之大之複雜，當是印刷張貼，以供奉崇拜之用，與信仰密切相關。筆者認爲此件爲元代雜寶信仰的供奉圖，或曰“雜寶圖”。略述如下：

這是一件宗教氣息濃郁的圖畫。底部爲蓮花底座、左右卷草紋邊框、上部荷葉蓋。框内從下至上爲堆叠經卷，經卷應爲佛經，佛家有佛、法、僧三寶，法寶即爲佛經。宋代耀州窑瓷器紋飾有卷軸雜寶紋飾[①]，元代以後瓷器雜寶紋樣中更多見，如 2010 年山東菏澤古沉船出土青釉八寶紋盤就有書卷紋(圖 2)[②]。

圖 2　菏澤元代沉船青釉八寶紋盤
(圖中 3 點鐘方向爲書卷)

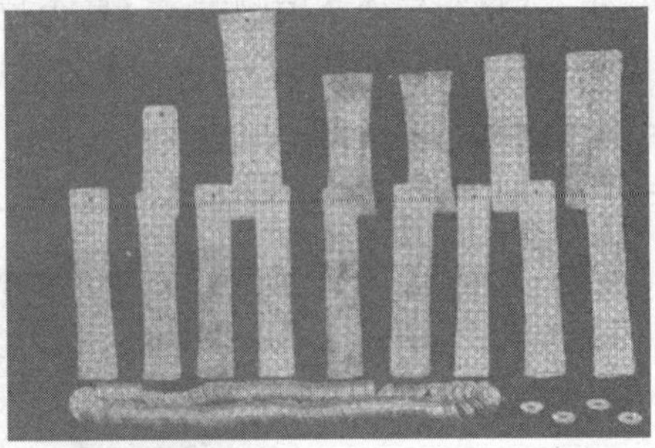

圖 3　西安何家村唐代窖藏出土銀鋌

束腰形有對稱桃心之物爲銀鋌。唐宋時期銀鋌有弧形束腰，中間窄兩端寬，此處即其變形。如西安唐代何家村窖藏出土銀鋌(圖 3)[③]，遼代韓師訓墓壁畫中也有雜寶銀鋌(圖 4)[④]，安徽六安出土南宋銀鋌也爲束腰弧形(圖 5)[⑤]。河南禹縣白沙宋墓壁畫中有與韓師訓墓壁畫相似紋飾，經宿白先生考訂爲銀鋌(圖 6)[⑥]。山東嘉祥元代曹元用墓壁畫雜寶“銀鋌”與 M1・1541 文書銀鋌完全一致(圖 7)[⑦]。

---

① 陝西省考古研究所、耀州窑博物館《宋代耀州窑址》，北京：文物出版社，1998 年，第 669 頁。
② 山東省文物考古研究所等《山東菏澤元代沉船發掘簡報》，《文物》2016 年第 2 期，第 46 頁。
③ 陝西省博物館等《西安南郊何家村發現唐代窖藏文物》，《文物》1972 年第 1 期，第 30—42 頁。
④ 河北省文物研究所《宣化遼壁畫墓》，北京：文物出版社，2001 年，第 97 頁。
⑤ 邵建白《安徽六安出土南宋銀鋌》，《文物》1986 年第 10 期，第 91—93 頁。
⑥ 宿白《白沙宋墓》，北京：文物出版社，2002 年，第 39 頁。
⑦ 山東省濟寧地區文物局《山東嘉祥縣元代曹元用墓清理簡報》，《考古》1983 年第 9 期，第 805 頁。

圖 4 遼韓師訓墓壁畫截圖(左起第二物爲銀鋌)

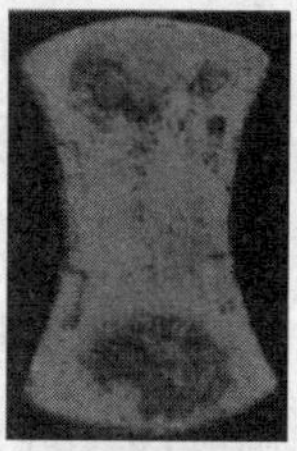

圖 5 安徽六安出土南宋銀鋌

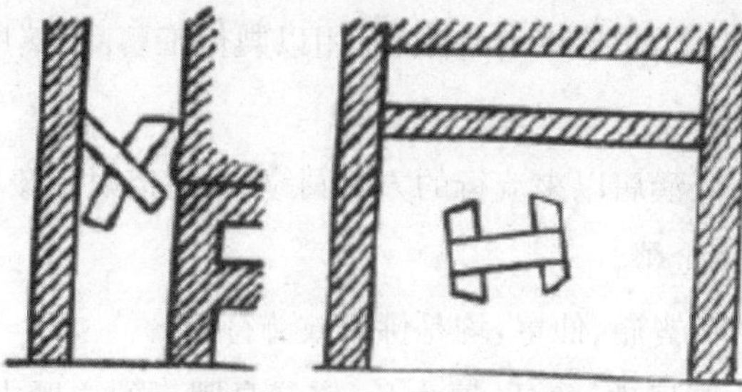

圖 6 白沙宋墓壁畫“金鋌”和“銀鋌”

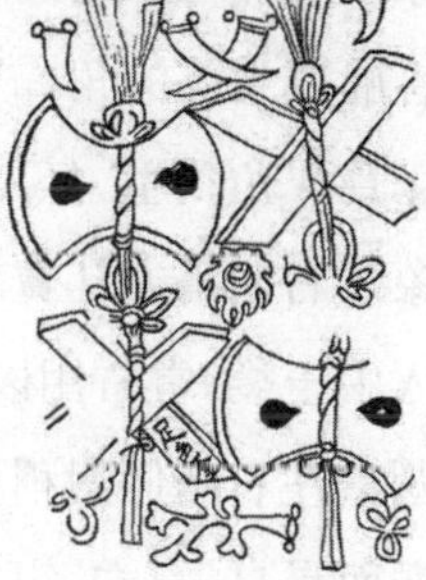

圖 7 山東嘉祥元墓壁畫雜寶圖

十字交叉長條形物爲金鋌。唐宋時期金鋌多爲長條形,如 1977 年西安唐長安城東市遺址出土金鋌[1]、1999 年西安市西七路出土金鋌[2]、1979 年合肥市出土宋代金鋌[3],等等。雜寶裝飾中的金鋌也作長條形,多丨字相交。白沙宋墓壁畫中有金鋌紋樣(圖 6)。山東嘉祥元代曹元用墓壁畫雜寶也有金鋌(圖 7),寫作“足色金”。金、銀是貴金屬,本爲世俗財寶,象徵財富。更值得注意的是,佛教也視金、銀爲寶,是“七寶”之一[4]。

銀鋌、金鋌背後枝杈狀物爲珊瑚。珊瑚是海底珊瑚蟲骨骼的累積物,色彩艷麗,自古就被視作珍寶。佛教“七寶”中即有珊瑚,“《無量壽經》云:金、銀、琉璃、頗梨、珊瑚、瑪瑙、硨磲。”[5]

金鋌之上三個燃燒火焰狀球珠爲摩尼珠。又寫作末尼珠,佛教寶物,一般具有發光發熱、明亮光明、純潔無垢的屬性。《長阿含經》:“其土常有自然釜鍑,有摩尼珠,名曰焰光,置於鍑下,飯熟光滅,不假樵火,不勞人功。”[6]《七佛經》:“彼菩薩摩訶薩從兜率天下降閻

① 晁華山《唐長安城東市遺址出土金鋌》,《文物》1981 年第 4 期,第 56—57 頁。

② 王長啓,高曼《西安出土唐代金銀鋌》,《西安錢幣學會成立十週年紀念文集》,西安:西安錢幣學會,2004 年,第 81—82 頁。

③ 合肥市文物管理處《合肥市出土宋代金鋌和金牌》,《考古》1981 年第 6 期,第 559—560 頁。

④ 白化文《七寶與八吉祥》,《佛教文化》1992 年第 2 期,第 29—32 頁。

⑤ 法雲編《翻譯名義集》,《大正藏》第 54 册,第 1105 頁。

⑥ 佛陀耶舍共竺佛念譯《長阿含經》卷十八,《大正藏》第 1 册,第 118 頁。

浮處母胎時，其身清净光明照耀，如摩尼珠。”①《大莊嚴論經》:“猶如濁水中，若置摩尼珠，水即爲澄清，更無濁穢相。”②佛教也視摩尼珠爲“七寶”之一③。

摩尼珠左右交叉尖狀物爲象牙。是亞洲象、非洲象和遠古猛獁象的獠牙(偶爾也有海象牙)，是珍貴的賞玩裝飾品。在佛教中，象牙是與金銀、玻璃、琉璃、香泥等相同的珍寶法物。如佛經説:“或以玻胝迦寶或末尼寶，或金或銀或鍮或銅，乃至木石或象牙等，鑄寫雕鏤作佛形像。”④即是。

象牙左側彎狀物爲犀牛角。犀牛角爲犀科動物白犀牛、黑犀牛、印度犀牛、爪哇犀牛、蘇門答臘犀牛等的角。犀角本和象牙一樣，是珍貴的外來物，用以製作工藝品、藥用等⑤。佛教認爲犀角獨生，無二，寓意獨行獨覺。

象牙右側爲方孔寶錢。是起於戰國、漢唐以來流行的方孔圓錢，爲世俗財富象徵。佛教傳入中土後，常常用以供奉，有時也用金幣。

圖畫左右兩側對稱裝飾有“卍”字符、寶瓶、仙草，均是佛教紋飾符號。

顯而易見，經卷、銀鋌、金鋌、珊瑚、摩尼珠、象牙、犀牛角、寶錢是圖畫的主體内容，與裝飾物一起搆成一幅飽滿的畫面。以上諸物，都是佛教認爲的“寶”。佛教有許多寶，如“七寶”、“七珍”、“八寶”，均不是實數，也不固定，而是多種供奉物的統稱，被認爲有重要的法力、内涵或象徵意義。這類供奉物往往是自然界的奇珍異石，但與世俗的金銀珠寶畢竟不同。中土佛教供奉中經常使用“七寶”，如河北正定北魏塔基遺址出土金、銀、玉石、瑪瑙、水晶、珊瑚、琉璃、錢幣、貝類等材質的裝飾品、實用器⑥;隋代佛寺塔基出土金、銀、玉石、瑪瑙、水晶、琉璃、銅、琥珀、錢幣等更爲普遍，多爲裝飾物、珠狀物⑦;唐代佛教繁盛，供奉品奢華豐富，遠超“七寶”範疇⑧。

二

雜寶起於何時？又是如何演變的？這裏還想略加申説。目前對早期雜寶紋飾專門研

---

① 法天譯《七佛經》卷一，《大正藏》第1册，第152頁。
② 鳩摩羅什譯《大莊嚴論經》卷九，《大正藏》第四册，第304頁。
③ 如:《大樓炭經卷》卷三、《起世因本經》卷二，等等。
④ 法賢譯《佛説金光王童子經》卷一，《大正藏》第14册，第853頁。
⑤ 謝弗著、吴玉貴譯《唐代的外來文明》，北京:中國社會科學出版社，1995年，第516—517頁。
⑥ 河北省文物工作隊《河北正定縣出土北魏石函》，《考古》1966年第5期。
⑦ 冉萬里《中國古代舍利瘞埋制度研究》，北京:文物出版社，2013年，第63—64頁。
⑧ 參見《中國古代舍利瘞埋制度研究》“供養品數量的演變”，第195頁。

究以郭學雷《南宋吉州窑瓷裝飾與世俗文化》和劉艷榮《宋元時期雜寶紋研究》爲代表。郭文認爲南宋吉州窑瓷器紋飾使用雜寶紋反映了世俗社會對金錢、財富、官爵、長壽等的普遍追求，是市井利欲觀的表現①。劉文較全面總結了早期雜寶紋實物資料，並初步探討了雜寶紋的文化背景②，但劉文對佛教用"七寶"和世俗"雜寶"混爲一談，對其演化並無分析，是不足的。元明清時期，雜寶紋飾進一步演化、融合，出現了藏密八寶(八吉祥)、漢地八仙(暗八仙)雜寶等多種形態，廣泛應用於瓷器紋飾、紡織品紋樣、建築裝飾等世俗領域，論者衆多，兹不贅舉③。

佛教諸"寶"隨着佛教的傳入、佛教中國化進程的過程，就逐漸植根於中土了。佛寶與中土財貨之寶多有重合，更與中國人普通世俗生活的基本需求相結合，逐漸"中國化"，"寶"開始具備世俗意義。《太平廣記》是唐代志怪小説的淵藪，也是社會風俗世情的映畫，其中卷 400—405 爲"寶"類，記録各種寶物奇珍，多爲唐代故事，大量記録了唐人對"寶"的觀念和情態，值得發掘。《太平廣記》中的"寶"，有：金、銀、珊瑚、象牙、犀角、寶錢等，在中原早已視作珍物、財貨，不足爲奇。本文謹以"珠"寶(摩尼珠)爲例，審視唐代社會中的"寶"及其文化意義。筆者歸納了《廣記》中唐代珠寶的典型殊異及規律，列表如次：

《太平廣記》所録珠寶選表

寶名	殊異特徵	價值	事態	時代	出處
火珠	狀如水精④	不詳	林邑國獻，得之羅刹國	貞觀初	《廣記》卷 402"火珠"條
青泥珠	可化泥爲水	十萬貫	西國獻，胡人識之，重金購買	則天時	《廣記》卷 402"青泥珠"條
水珠	可埋土引泉	值億萬	大食胡人識之，重金購買	開元中	《廣記》卷 402"水珠"條
珠	徑寸有光，令死者貌如生	不詳	病波斯饋贈，外國求索甚急	未知	《廣記》卷 402"李灌"條

① 郭學雷《南宋吉州窑瓷裝飾與世俗文化》，《收藏》2012 年 11 期，第 58—63 頁。

② 劉艷榮《宋元時期雜寶紋研究》，西安：陝西師範大學碩士學位論文，2014 年。

③ 如：朱艷等《八寶紋样的搆成及寓意》(《四川絲綢》2007 年 2 期)、谷莉《宋遼夏金裝飾紋樣研究》(蘇州：蘇州大學博士學位論文，2011 年)、劉珂艷《元代紡織品紋樣研究》(上海：東華大學博士學位論文，2014 年)、滕雪梅《解讀雜寶紋的寓意——以清宫廷服飾爲例》(《紡織導報》2015 年 2 期)、葉英挺《一對罕見的元龍泉窑劃花七寶紋碗》(《東方收藏》2016 年 5 期)、鄭泓敏《八寶紋樣的藝術符號在陶瓷裝飾中的表現》(《美術教育研究》2014 年 16 期)、張雯《陶瓷裝飾中八寶紋飾的文化意藴及其運用》(景德鎮：景德鎮陶瓷學院碩士學位論文，2014 年)等。

④ 火珠，謝弗認爲是球狀水晶，有凸透鏡效果，聚光發熱生火，人以爲神異。詳見《唐代的外來文明》第 510—514 頁。

續表

寶名	殊異特徵	價值	事態	時代	出處
上清珠①	光明潔白、可照一室	不詳	罽賓國獻	開元中	《廣記》卷402"上清珠"條
珠	徑寸,光耀射目,如火	不詳	賣與胡商	元和初	《廣記》卷402"守船者"條
珠	色黑有光,潔澈,可濁水使清	三十萬	西國胡人識之,厚價購買	未知	《廣記》卷402"嚴生"條
大珠	白光焰焰,瑩無纖翳,使貧致富	不詳	珠光暗淡而主人死	僖宗時	《廣記》卷402"衛慶"條
珠	如彈丸,不甚光澤	五十萬	胡人遺贈,胡人購去	未知	《廣記》卷402"鬻餅胡"條

前面説過,佛教摩尼珠具有發光發熱、明亮光明、純潔無垢的屬性。首先,從表格可知,唐代社會上的各種"珠"寶,或晶瑩剔透,或光焰照人,或引泉净水,或去貧致富,其諸端殊異與佛教"摩尼珠"極爲相似。再者,小説家眼裏這些寶珠的價值不菲,迎合了人們對於財富的渴望。其三,能識别、珍視寶珠的均爲西域胡人②,説明其與外來文化密切相關,絶非偶然。唐人將胡人與寶看作是具有異域風情的、具有宗教神異的、能够給世俗生活帶來非凡效果的精神寄託。在文學世界中,人們把宗教供奉物的殊異功能放大並設置在自己的日常和身邊,寄託了對世俗生活的超越想象。只有在外來思想、外來文化、外來經濟交往(胡商)大交融的社會環境中,這種想象才高頻度地躍然紙上。因此,將宗教供奉物世俗化並寄寓在凡俗生活中,這一現象應是從唐代開始的。摩尼珠如此,"雜寶"中的經卷、金銀、珊瑚等也是如此。筆者試圖梳理唐以來諸"雜寶"元素在古人日常生活中的折射遺存,以説明這種轉變的過程。

摩尼珠是佛教裝飾藝術的常見符號,兹不贅述。在非宗教環境中出現也在唐代,如中晚唐摩羯紋銀盤(圖8)的"火焰寶珠"③,即借用佛教摩尼珠的光焰形象。1990年西安西郊出土唐代玉带有"胡人獻火珠圖"紋飾(圖9)④,也是摩尼珠形象。

---

① "上清珠"是道教用語,應是玄宗崇奉道教而將外國貢獻寶珠定名"上清"之故。

② 關於"胡人識寶"的文學叙事與社會背景,參看程薔《驪龍之珠的誘惑——民間叙事寶物主題探索》,北京:學苑出版社2003年,第104—152頁。

③ 喀喇沁旗文化館《遼寧昭盟喀喇沁旗發現唐代鎏金銀器》,《考古》1977年5期,第327—334頁。

④ 王自力《西安西郊出土唐代玉带圖像考》,《文物》2013年8期,第59—65頁。

圖 8 唐代摩羯紋銀盤中心的"摩尼珠"　圖 9 西安西郊出土玉带"胡人獻火珠圖"

在白沙宋墓壁畫中,不但繪製了墓主人的凡俗生活,還繪入了象徵財富的金鋌、銀鋌、錢幣、寶珠等物①,以支持這種生活的富足感②。

宋代耀州窑瓷器裝飾紋樣中,有寶瓶紋、法輪紋、雜寶紋等紋飾③,陶瓷器是實實在在的生活日用器。

遼代韓師訓墓壁畫出現了數種寶的組合,依次是:寶珠、銀鋌、象牙、寶錢、珊瑚、胡瑪瑙,凡 6 種,是否有更多品類,因畫面被人物所遮擋而未予表現(圖 4)。另,韓師訓墓壁畫雜寶的珊瑚、胡瑪瑙並不典型,尚需考訂。該珊瑚作枝杈狀,但類戟形,與常見不同。該胡瑪瑙呈品字形如意紋,與郭學雷考證吉州窑雜寶紋飾胡瑪瑙一致④,故應作胡瑪瑙。

遼金時期北京龍泉務窑址出土瓷爐,貼塑"火焰紋及朵花紋",其實是摩尼珠紋(圖 10)⑤。

圖 10 北京遼金龍泉務出土貼塑火焰紋瓷爐

① 據報告:白沙二號墓壁畫繪製有"兩端較寬長的鋌狀物二、十字形物二、清錢一貫、紅色出焰明珠一枚等",據此分析這幅圖也是銀鋌、金鋌、圓錢、寶珠等雜寶内容。參見《白沙宋墓》,第 73 頁。

② 宿白先生分析白沙墓主人爲没有做官的商業地主。詳見《白沙宋墓》,第 103—104 頁。

③ 陝西省考古研究所,耀州窑博物館《宋代耀州窑址》,文物出版社,1998 年,第 666 頁。

④ 郭學雷《南宋吉州窑瓷裝飾與世俗文化》,第 61 頁。

⑤ 北京市文物研究所《北京龍泉務發掘報告》,北京:文物出版社,2002 年,第 273 頁。

廣東省博物館藏北宋末登封窑珍珠地劃花鹿紋枕,裝飾有摩尼珠、珊瑚、象牙①。

南宋淳祐三年黄昇墓出土刻花髹漆木尺,陰刻有犀角、珊瑚、胡瑪瑙、象牙、金鋌、銀鋌和圓錢方勝紋飾,凡7種(圖11)②。同墓出土的深褐色綺上織綉有"梅花卍字方勝"紋(圖12)③,應該包含卍字符、金鋌、火焰摩尼珠、胡瑪瑙等元素的抽象變形。

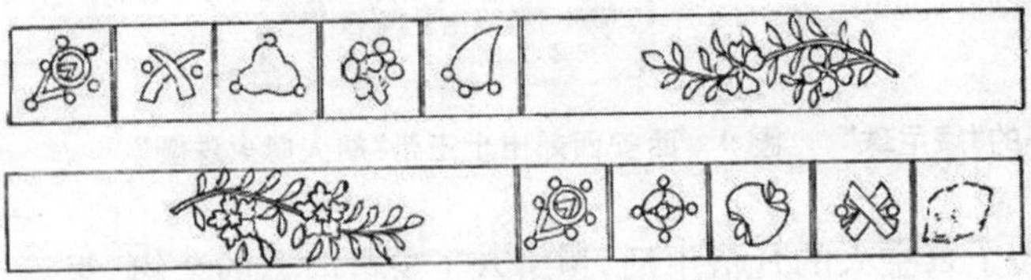

圖11 福州南宋黄昇墓出土木尺

圖12 福州南宋黄昇墓出土絲綺紋飾

除上述幾種寶紋,宋代以來還有一種兩個菱形叠交的"方勝"紋,在建築裝飾中多見,如河南登封宋代壁畫墓方勝紋④、湖南桂陽劉家嶺宋墓棺床地畫方勝紋等⑤。方勝屬於漢地傳統紋樣,寓意同心相結。

總之,中晚唐以來逐漸出現了一種將佛教"寶"符號用作生活化、世俗化用途的新形式,南宋以後使用更加廣泛,遠遠超出了宗教性質。人們也許是需要借鑒宗教神聖的法力,也許還更需要使普通生活寄寓吉祥、富足、不朽,於是宗教寶物與世俗需求緊密結合,雜寶這種純粹裝飾樣態就遍地開花了。舉凡寄託來生的墓葬、生活實用的瓷器、用具、衣飾,無一不在。這就是雜寶由佛教寶向民間世俗寶演變的道路。需要指出的是,雜寶源出於佛教七寶,元代以後密宗(喇嘛教)流行於中原,也興起新的宗教紋飾,稱"八吉祥",有法輪、法螺、寶傘、白蓋、蓮花、寶瓶、雙魚、盤長等,比雜寶供奉要晚⑥。但法輪、寶傘、寶瓶等作爲佛教法器,五代北宋時期就以器物的形式供奉了⑦,比"八吉祥"紋飾要早。此件文書中寶瓶爲輔助裝飾,應是元代密教影響的產物。但其蓮花底座、荷葉蓋與"八吉祥"的寶傘、蓮花無涉。

① 劉艷榮《宋元時期雜寶紋研究》,第5頁。
② 福建省博物館編《福州南宋黄昇墓》,北京:文物出版社,1982年,第80頁。
③ 《福州南宋黄昇墓》第107頁。
④ 鄭州市文物考古研究所《鄭州宋金壁畫墓》,北京:科學出版社,2005年,第85頁。
⑤ 湖南省文物考古研究所《桂陽劉家嶺宋代壁畫墓》,北京:文物出版社,2013年,第40頁。
⑥ 白化文《七寶與八吉祥》。
⑦ 冉萬里《中國古代舍利瘞埋制度研究》,第418—423頁。

三

考察了雜寶的源流,最後還需總結一下此件文書的用途、屬性。如前所述,此類型的文書同時出土 2 件,且完全相同;其紋飾雖與宋元社會上雜寶紋一路,但根本不是實用器物的裝飾紋樣,而是特定製作的紙品,不具有實用性。由於 1983—1984 年黑水城考古工作目前没有全面報告出版,只有一個簡報[①],出土該文書的 F19 的屬性、F19 是否還有其他伴隨出土物,是否經過人爲、自然風沙等的擾動,還需考古工作者全面報告發掘情況才能揭曉。所以,筆者謹以爲這兩件文書是宗教意義濃厚的、用作祀神供奉的專門物品,宜稱作“供養雜寶”。未知妥否,請同行批評指正。

【作者簡介】景新强,男,1978 年生,歷史學博士,西北大學文博學院講師,主要從事宋代文獻整理研究。

① 内蒙古文物考古研究所,阿拉善盟文物工作站《内蒙古黑城考古發掘紀要》,《文物》1987 年 7 期,第 1—23 頁。

清人墓志疏證三則

李向菲

雷于霖自志銘疏證

上個世紀七十年代，陝西省文管會和大荔縣文化館在朝邑鎮發現一方清人雷于霖的墓志，現藏大荔縣文物管理委員會。此志、蓋均爲青石質，周圍均作陰線粗雕不規則的連環圖案，同長 1.18 m，同寬 0.8 m。蓋文六行，滿行四字，篆書“前癸酉科舉人柏林雷子暨配楊氏劉氏兩室人自撰墓志銘”。志文行書，分上中下三欄，上、中兩欄各五十行，下欄四十八行，滿行均十五字。此志雷于霖自云，乃效陶淵明、王績于生前自撰，卒後其子刻石。

雷于霖，《(康熙)朝邑縣後志》《(雍正)陝西通志》有傳，所述生平較簡略。而此志洋洋灑灑 2700 餘字，許多内容可以彌補、糾正史書的記載，因結合傳世文獻對此志略作考釋。

墓志録文如下：

癸酉科舉人柏林雷子暨配楊氏劉氏兩室人自志銘

予少學干禄，壯懷濟世。至不遇而思出世，及今别世之際，而垂世之思尤爲兢兢，此予之内懷而人不及見者。然以人志予，擬之大高，予不敢當；抑之大卑，予不甘受，不若予之自志者真也。古之人有行之者，陶淵明、王無功是也，予具取而效之，對鬼神以自述往跡，敢俟同志於奕世云。志曰：

柏林翁，雷氏子也，名于霖，號午天，别號柏林，世居秦之朝邑西廊。始祖準，傳及七世祖伸，配常氏，繼儲氏。生父體充，配楊氏，窰前村楊公烈之女也。兩尊人賦性慈惠，貧而好施，解衣衣人，至冬不重衣；減食食人，至日不再食。崇儒尊師。生兄子成，克肖善慈。次生予，時萬曆己丑冬十月十九日也。十歲就小學，十五師事宗兄質庵先生讀書，思希聖作文，知摹古搦管。放曠不斤斤於尺寸，先生知予不□□□。庚戌母亡，夏四月，葬於西原。哀思母渴，日灌墓前，秋深乃止。初試童子科，西安守尹公伸越格鑑賞，譽起一時。甲寅，督學洪公翼聖歲試入庠。乙卯，大比不第，聞父喪，奔來。哀慟之感，烏鳥悲鳴，栖滿庭槐。貧不能葬，得海山荆公之賵，合母氏而葬於西原祖塋之次。風木興懷，下帷益力，廣昌令唐衢劉兄知我，遣二子從予而館穀之。服闋，尹公升校奉士，拔予第一，館予從在兹書院，日造恭定公馮夫子從吾之門而聽講焉，緣是知理學之宗也。思予一介叨食於廩□，讀《西銘》而三復之，以免素餐之饈，及今終身不厭。甲子，督學陳公應元。丁卯，督學錢公天錫，皆拔第一，三冠諸生。歷聘侯門，侍郎薛公國用、中書孫公弘祚、憲副王公嗣美、平陽尹王公喬棟、司獄紀公大可，皆卑禮厚聘，而賓當之至。崇禎戊辰，皇帝登極，應恩選出貢於庭。嗟予終不能大用，即神通異夢，作告天父，誓行善事三百餘條。癸酉，場□□□張公天機首薦之主司，忌其奇險，諸房師同揖而再薦之，中五十一名。思予父兄困於負擔，母氏勞於機杼，今鷄豚俱不逮也。明發之懷，血淚滿枕，歸來謁華嶽廟，誓行善事三千條，期不負科名者，報效神明。甲戌，大盗横起，率衆築泰安堡，作勸善約，與衆同保。賊數至，不攻而去，全活者萬人。己卯，善滿三千條，對神回向。庚辰不第，歸過湯陰，謁岳武穆祠，殿前鐫“忠孝”二大字，向墨工鬻之。是夜夢武穆入吾邸舍，歡若平生。抵家啓篋，存兩“孝”字，失一“忠”字。嘻，異哉！武穆之不與予忠耶？癸未，公車淹滯，闖逆大亂，自審予衰矣，企思報韓存楚者，彼何人斯，而我不如焉，武穆之不與我以“忠”也，信哉。遂入柏林，静卧一室，參理性命，不復再過邯鄲矣。丙戌，土人縱暴，予嚴閉堡門，聚衆而謀曰：此輩皆素所積惡，而人不齒者，天將厚其毒而滅之。懼吾曹胥及於難，曷蚤貳焉。衆皆曰：然。遂擁官入城。城中人應嚮，群起擊散惡黨。奈群孽尋禍，仍聚白塚，下瞰如虎。旬日，官兵渡渭，聞官城如故，直抵白塚，破城而屠之，殍首以歸，其他邨落免死者不知其幾億萬。予哀白塚之陷也，白衣冠者三月，因思多暴子弟，皆由忘其親以不愛其身。每日祈天祝聖，注《孝經》一十六章，作《烏哺》千有餘言，通天下萬世之孝，以報百親。嘻！武穆之教我以孝也，亦信乎。暇日閱道經而學深深之息，翻釋藏而求空空之照。忽尔雨霽天空，月明海湛，身心泰定，渾無邊際。還而觀吾未發氣象，知在彼者，兼在此也。向拔制舉一業，隔越千重，此日脱盡千禄習氣，覺先聖先賢與自聖自賢活潑潑密有契證，濃沲生氣，虚明生理，映滿四體，孔子曰不知老之將至，信哉。丁酉冬日，燕對曦光，謁者忽報潼關兵憲湯公至矣。撥草入廬，予隨以野服接見。坐中話道學之要，對曰：道本於誠，學主於敬。公曰：就今云之，存誠則鬼神可格，而厲物莫侵；居敬則江河可砥，而流俗莫移。嗣是頻相接見。問及格物，曰：晦翁之解貫通無外，陽明之説孤明内省。題吾門曰“學宗濂洛”。公莊嚴清儉，蚤年學道之君子也。吾自見公，晚學益力，自甲申至丁未，林居二十四載，所著者《孝經報生篇》一卷、《太極圖説》一卷、《西銘續生篇》一卷。此三書者，名爲本源三注，尤予學問精魂之所寄。但恐板有殘闕，命予仲子書之石而立於祠堂之前，《四字鳥哺》一卷、《柏林詩文》二卷、《柏林續集》一卷、《資善集》八卷、《柏林别世言》一卷，皆已刊行。居恒念人間福禄，冥司忌其貪耶。吾取於田廬者不敢多，用於口體者不敢奢，與鄉人處，好言陰騭報應事，戒殺者五十餘年，今行年七十九歲，亦可謂壽矣。但自嗟者，誦讀半生，澤未加諸一國；晤對千古，行僅成乎一家。雖煉石斷鰲，終何能補予心之缺也哉！配楊氏，副劉氏。楊氏者，南岐村楊公彦斌之女也。外嚴而中慈，多威而少□，自歸予家也，与予父母之前，生事葬祭，咸盡其孝焉。予少也，或負笈他邦，就館别室，時而不遑内顧，子乃寒機霜砧，自食其力，使予得一志攻業也。其育予子也，易乳飼甘，延師請益，而劬勞罔極者，靡不曲至。其課予農也，烈日載穫，繁霜滌場，而力穡節儉者，毫不憚勞。簪荆曳布，不修富貴之容；樂善好施，能接先人之緒。即予覽滄桑之山川，嗟暮天之風雨，入柏林而以古道自處，且能與予有同志焉。奈天不假年，棄世者今已九載矣。生於萬曆癸巳五月十三日，卒於順治己亥十一月廿一日，在世六十七歲。劉氏者，安昌村劉□慎女也。惴惴其懷，雍雍其度。處壹以内事，而於上下僮婢之間，終日不見疾言遽色，少有矜詡之意。惜其蚤年玉折，未見若子若孫之成立，得奉甘旨於膝下，與予垂白於一堂也。言念及此，獨令予兩眶如注矣。生於萬曆甲辰八月十九日，卒於崇禎壬申四月初八日，在世二十九歲。嗟嗟！成吾業者，楊也；續吾後者，劉也。何不幸而俱先我逝也。男三人，長子衍澤，夭，娶高氏，繼王鳳玉女；仲子衍恩，生員，教以服古，不急急於制舉之業，娶諸生侯可達女，繼仇允捷女；季子衍忠，娶諸生韓昇女。女一，適袁□基，蚤卒。孫男三，開萬，澤出，娶張炳女；壽萬，忠出，娶史文印女；篤萬，恩出，尚幼。曾孫男四：代馨，聘張璽女；代崇、代楊、代新，俱幼。曾孫女一，字張芳男張顯祚：俱開萬出。今康熙六年七月十三日也，夜夢烏雲繞室，青霞飛空，予其告終哉？若卒，則葬於祖塋之側。銘曰：

憫予雷子，分秦鄙疆。孑爾自振，獨闢奥堂。於古求師，西銘獲張。入於柏林，泰定發光。宿惡不留，宿善亦忘。晚霽孤尋，誰與同行。來有知音，百世孔章。

嗚乎痛哉！吾父當易簀之際，爰授自志於恩，恩故不敢求當世學士大夫之撰以忘吾父也。爲之滴淚研硃，敬壽諸石。父卒於丁未年七月十三日未時，越歲戊申，卜吉十一月初七日，合母氏葬於西原祖塋傍北之新兆。

不肖男衍恩、衍忠，孫壽萬、開萬、篤萬泣血納石。

雷于霖生於萬曆己丑(1579)，卒於康熙六年(1667)，終年八十七歲。爲明崇禎癸酉

(六年,1633)舉人,此志一個重要内容就是詳細叙述了他爲治舉業所做的種種努力,以及在這一過程中,得到了多位官員的賞識或幫助。

雷氏先取得童生資格,受到尹伸賞識。尹伸,《(雍正)陝西通志》載,"字弱生,富順(今四川自貢)人,進士。初知西安府,廉明耿介,臺省皆嚴憚之。後爲督學,教士嚴峻,請謁不行"。《明史》卷二九五《尹伸傳》載:"字子求,宜賓人。萬曆二十六年進士,授承天府推官,累遷南京兵部郎中,外爲西安知府,歷陝西提學副使、蘇松兵備參政。居官公廉,强直不事婞阿,凡三任皆投劾去。"①兩書所載其字不同,然古人取多個字號者大有人在;又富順與宜賓兩地相鄰,兩書或有一屬誤記。兩書未載其何時爲西安知府,據此志所述,當在雷氏母去世之萬曆庚戌(1610)之後。

後通過歲試,考中秀才。志云:"甲寅,督學洪公翼聖歲試入庠。"甲寅爲四十二年(1614)。洪翼聖,據《(雍正)陝西通志》載:"字季鄰,歙縣人,萬曆戊戌進士。四十一年,任陝西提學副使,嚴介自持,不通交際,津要咸望而自却。升光禄寺卿。"則云四十一年(1613)督學陝西。兩説當有一誤。

後尹伸"升校奉士,拔予第一",當指其升任督學,在雷氏守父喪、服闋之後,其父萬曆乙卯(1615)卒,三年後即戊午(1618年)。雷氏之後入關中書院,從關中大儒馮從吾聽講,知理學宗旨。前後三次考試第一。志云:"甲子,督學陳公應元,丁卯,督學錢公天錫,皆拔第一,三冠諸生。"甲子爲天啓四年(1624),丁卯爲天啓七年(1627)。陳應元生平不詳,據《明清進士題名碑録索引》,萬曆三十八年(1610)進士有陳應元②,進賢縣(今屬江西南昌)人。據《明史·何楷傳》,崇禎時登萊巡撫有陳應元③。當即此人。錢天錫,《湖廣通志》載其字公泳,沔陽人,天啓壬戌(1622)會元,官至僉都御史④。由此志知二人天啓初年先後督學陝西。

其後似多次參加鄉試不中,遂入各處幕府爲僚。歷聘于"侍郎薛公國用、中書孫公弘祚、憲副王公嗣美、平陽尹王公喬棟、司獄紀公大可"爲僚屬。薛國用,《明史》卷二五九、《洛南縣志》有傳⑤,略云:字獻我,洛南人,萬曆二十六年(1598)進士。歷任襄垣(今屬山西)縣令、江陵(今湖北江陵縣)知府,入爲禮部祠祭司主事、兵部車駕司郎中,出任開原(今遼寧開原市)、赤城(河北赤城縣)道僉事、遼海道左參政、遼東巡撫等。孫弘祚,亦洛南人,

① 張廷玉等《明史》,北京:中華書局,2000年,第5062頁。
② 朱保炯等《明清進士題名碑録索引》,上海:上海古籍出版社,1980年,第2588頁。
③ 《明史》卷一六四,第4731頁。
④ 《湖北文徵》第四卷,武汉:湖北人民出版社,2014年,第436頁。
⑤ 洛南縣地方志編纂委員會編《洛南縣志》,北京:作家出版社,1999年。

天啓五年(1625)進士[1]。生平仕歷不詳。明《熹宗實録》載天啓六年十一月丁丑,“遣行人顔繼祖、中書孫弘祚往湖廣、陝西守催缺官變産錢糧及挪借未補銀兩”[2]。王嗣美,《(康熙)朝邑縣後志》卷之六《人物上》《(雍正)陝西通志》卷五十七下《人物三》有傳。略云:字賓之,朝邑人,萬曆庚辰(1580)進士。歷太原推官、南户科給事、山東参政等。王喬棟,《明史》卷二九五有傳,雄縣人,天啓時爲朝邑縣令。崇禎初,起順天教授,累遷湖廣參政等。據此志,天啓初似曾爲平陽(今屬浙江)尹。紀大可,不詳,或爲陝人。

雷氏於崇禎元年(1628)“出貢於庭”,出貢指屢試不第的秀才,可按年輪次到京,由吏部選任雜職小官。終于癸酉(1633)中舉。首薦者張天機,生平不詳,崇禎間任渭南知縣。之後雷氏又參加過崇禎十三年(1640)年會試,未中。

此後雷氏長居鄉里。李自成起義後,雷氏卷入起義之事,後此經歷均與此事有關,這也是此志所述另一重要内容。志云“庚戌,大盗横起”,當指崇禎七年(1634),李自成起義軍從漢中脱險,攻下寶鷄等七州縣。志云雷氏在朝邑縣修築泰安堡,全活數人。然此事入清後涉及政治敏感,因此墓志含糊其辭,稱李自成爲“闖逆”,又自責不“忠”於朝廷,遂隱居柏林。志中癸未年指崇禎十六年(1643),是年十月,李自成攻破潼關,占領陝西。次年在西安稱帝,國號大順。墓志叙述此事語焉不詳,《(雍正)陝西通志》本傳未及此事。據《大荔縣志》載,雷氏生前亦曾作《自傳》(藏於陝西省博物館)及《柏林居士自傳》“手卷”(藏於大荔縣文管會),述及此事,較爲詳細。“手卷”云:“僞李據關,甲申,迫予從行。予愛父母之身不能死。既而曰:黎庶,吾子弟也,耆老,吾父兄也。塗炭極矣。吾可入險濟險,金鷄報韓,寶劍存楚,或有日乎。夏四月,置予於遼州防禦。閔吾故國官僚,殺者葬之,羈者歸之,百姓離散者招復之,縉紳以餉而縲紲者解釋之。未幾,聞崇禎皇帝崩矣。大清入中原。吾自審無能爲也。歷險歸來,而得不死者其天乎。遂掩柏林園,築翠柏堂,參理性命,不復再度邯鄲矣。”[3]另一《自傳》所述大略相同。有學者據此認爲雷是“混進李自成起義軍的内奸”[4]。今從雷氏自述,是遭脅迫入起義隊伍。然而雷氏的這些叙述都是多年以後,在清朝統治之下,談起對抗清軍的起義隊伍自然有所隱晦。

黄衛平《大順史稿》(三秦出版社 2010 年版)據順治元年(1644)十月二十五日王文奎題本所奏,雷于霖永昌元年(1644)二月任大順遼川防禦使,十月,大順軍在山西失敗,雷氏

① 《明清進士題名碑録索引》,第 2603 頁。

② 轉引自李國祥主編《明實録類纂·湖北史料卷》,武漢:武漢出版社,1991 年,第 710 頁。

③ 轉引自《大荔縣志》,西安:陝西人民出版社,1994 年。

④ 秦波《混進李自成起義軍的一個内奸的自供狀——剖析明末雷於霖的一份手書“自傳”》,《文物》1974 年第 12 期。

“陽順清朝”，秘密發書“求救於闖”，被清廷察覺後朱批命將其“拿解來京正法”，雷氏伺機逃回籍里。現中國歷史博物館陳列有《大順遼州防禦使雷于霖生壙志》，爲起義失敗後，雷氏歸里著書，在朝邑的泰安堡自營生壙，并自撰此志。由其自署大順遼州防禦使可知，雷氏并非被義軍脅迫，而是積極追隨。其銘曰：“創築泰安堡，著書翠柏堂。幽光千載現，勁骨一丘藏。”《生壙志》的撰寫當在其回鄉不久，他對自己追隨義軍之事還是很感自豪的。

又志所云“丙戌，土人縱暴”事亦語焉不詳。《（康熙）朝邑縣後志》卷之六《人物》上《鄉獻·明》所載較詳：“順治丙戌，土人縱暴入城，知縣宋大儒逃去。于霖謂衆曰：此名舉義，皆不義者也。天厚其毒，懼禍，吾曹曷蚤自貳焉？因以兵法部勒堡人，擁官入城，城中響應，遂滅賊，邑人德之。然卒歸功大儒。”順治丙戌爲順治三年（1646），此當爲清初各地此起彼伏的農民起義之一，而雷氏顯然已站在了起義軍的對立面。

雷于霖所存著作，史籍著録較多。清錢林《文獻徵存録》卷四：“《孝經神授篇》《西銘續生篇》《太極圖説》，其古文辭曰《柏林集》。”《朝邑縣後志》卷之八《藝文·撰著》：“《孝經神授篇》一卷、《太極圖説》一卷、《西銘續生篇》一卷、《柏林集》四卷、《資善集》八卷、《别世言》一卷、《四言烏哺》一卷。”《廣録》：宋張載撰、清雷于霖釋《西銘續生篇》不分卷，清雷于霖撰《四字烏語》不分卷，收入清李春元編《青照堂叢書摘》，清道光間朝邑劉氏刻本。然篇名歧互，當以志爲準。《孝敬神授篇》當爲《孝經報生篇》；《四言烏哺》《四字烏語》均誤，當爲《四字烏哺》；又有《孝經注》。諸書生前或刊刻，或刊立于石，現均散佚。1928 年雷於霖的十世孫雷銘丹編輯刊印了《柏林文集》，共分四卷，其所著大部收入其中。

許占魁墓志疏證

許占魁，清順治、康熙時期鎮守陝西等地。《清史稿》《（雍正）陝西通志》《（康熙）延綏鎮志》等有傳。其墓志出土於陝西省蒲城縣，現藏大荔縣博物館。志蓋長 0.85 m，寬 0.79 m，底長 0.92 m，寬 0.86 m。蓋、底周圍均作雲、龍、鳳形图案。蓋文九行，行六字，篆書“皇清誥授光禄大夫太子少保鑾儀衛鑾儀使左都督加三級世襲拜他喇布勒哈番前鎮守陝西延綏掛印總兵官文元許恪敏公墓志銘”。志文行書，六十一行，滿行六十四字。郝惟訥撰，梁鋐篆額，張雲翼書丹。

志文如下：

皇清光禄大夫太子少保鑾待儀衛鑾儀使左都督加四級①世襲拜他喇布勒哈番前

① “四”，蓋作“三”，不詳何者爲是。

鎮守陝西延綏掛印總兵官文元許恪敏公墓志銘

賜進士、光禄大夫、吏部尚書加二級、前户禮刑工四部尚書加一級、都察院左都御史、吏户二部左右侍郎加二級、大理寺卿、通政使司、左右通政參議、太僕寺少卿、福建督糧道參議、刑部陝西廣西司郎中員外主事、戊戌甲辰庚戌丙辰文武殿試讀卷官、侍經筵、甲辰文會試主考益津眷弟郝惟訥頓首拜撰文

賜進士出身、資政大夫、工部左侍郎加一級、前工部右侍郎、通政使司通政使、太常太僕寺卿、通政寺右通政加一級、太僕寺少卿、提督東路馬政兵科都給事中、考察戎政軍務克、戊戌文武兩闈考試官、經筵侍儀加一級、工科左右給事中、刑科給事中、前内翰林院庶吉士三原年家眷弟梁鋐頓首拜篆額

特進、通奉大夫、大理寺少卿加三級、經筵侍儀年眷姪張雲翼頓首拜書丹

康熙丁巳臘月四日,光禄大夫文元許公以予告疾終原籍,仍带俸馳驛,士大夫恩榮極矣。實今上之欲公旦暮來朝也,念公之勞,成公之志,因而俞公之請焉。時有識者謂公雄鎮延綏將十年,西陲底定,文算武昭如昔者,黄□東山,風高□古,而士大夫欷歔泣下,相與睹其勳業爛然者,又願公之少留而不可得。嗚呼!天下必不可少之人爲當代愛慕之,咨嗟之,有如此公,典□於朝。竊於公同鄉,且幸際承平相與,慕其節烈,而嘆公之握廟算於窮者,又能享福德於考終也。蓋天實爲之,而非人力之所能爲矣。於是因令子登隆以狀來請,不得辭而爲之志。夫志,記也,古者書其姓名、籍貫、祖考、子孫、生年卒葬及官爵贈封而已。代諛之事起於孝子顯揚親德者,必祈大手筆爲之,余非作者,然知公之素喜,公之事業克終,且日援聖天子褒嘉倚毗之,洋洋筆不勝記,庶無諛墓之譏,故樂志之。

按狀,許公諱占魁,字文元,號公捷。自洪洞遷關中,西安蒲城人也。其高曾王父覃恩誥贈,遠不具悉。公父遜齊公,天性孝友,高尚不仕,崇祀鄉賢。公以少子,幼習舉子業,及長,從戎遼瀋間,值我朝鼎定,還從豫王南征,以招撫蘇、松、杭、嘉諸郡有功,順治四年冬授漢羌陽平副總兵,誠重之也。時有巨寇盤踞,公一至即帥師直抵其巢,而陽平之路通焉。復有趙僞定遠侯,王、于兩僞,總兵十餘萬衆,嘯聚龍安松盤茂諸路,公合定西將軍發兵剿之。而且變幟爲奇兵,間道從碧魚襲其後,生擒于、王兩逆,其餘手刃者無算,是時望幟遥遁,四民安業。軍中以飛將軍擬之。定西題請回旗,奉世祖有"許占魁收撫殘疆,不必回旗"之旨。

十一年秋七月,遷山右平陽副總兵,道由聞喜,有伏戎焉曰張五,擁衆劫掠州縣。時值嚴冬,公下令冒雪疾馳,一鼓擒之。俗所傳魏王朱秀唐者,蓋公親獲之也。於是山西肅清,晉人倚以爲重。

十五年冬，轉西寧副總兵。十六年夏六月，移駐鞏昌。秋八月，升都督簽事官、直隸紫荊關副總兵事。訓練精鋭，繕城峻垣，而烽煙不間者又十餘年。

康熙九年春正月二十九日，今上巡幸，公接駕，諭以乘馬隨上盤道岭十餘里，升南天門，大閲騎射，喜動天顔，賜彩幣御馬，至今勒碑山城有"天子閲武處"五大字。又五言古風紀事勒石上，皆公親筆也。越三月，召見瀛臺，特簡延綏掛印總兵官，賜宴、賜蟒、賜弓矢，散御果金盤以寵餞之行。秋九月，抵榆首，厲義學，教忠孝也。禁輩供應，甦民困也。繕邊垣，修樓櫓，崇武備也。飭互市，除草逕，寬屯力也。爰及矜寡，施棺濟藥之多方，不可悉紀。

至若生聚散訓，投醪挾纊之風，秣馬厲兵，細柳金城之略，而且從容整暇，繕顔柳之書，兼李杜之韻，至今山川臺榭碑版增光，士大夫重之。由是榆鎮數年間安□有以也。

慨自滇黔變動，有逆協朱龍以短狐而附長鯨，復遣協黨馮雲投遞逆稟，公即會文武大小拆視之，隨書具首。天子嘉其攻，加二等爲都督同知。

無何，鎮兵被調日久，而中西營堡兩路淪陷，公隨集文武紳衿會議誓守，乃請蒙古滿兵，仍遣令子登隆擐甲星馳請救，不特俞發禁旅，抑且喜動王言，有諭令子登隆隨處可用者，即此時也。援兵繼至，奈延土不毛，沙深圾峻，糧亦懸而難至，况運販既阻，庚癸嘵嘵，公日夜焦思，仍與令子登隆竭家貲二千餘金，米萬石，從寧夏買運以惠此兵民之勸。在城募義奬輸，仍疏姓名題報，復奉旨加二級，至是賊衆已竄營堡盡復，所未下者神木耳。公親統官兵，同理藩院修製攻城器具，限三日克復之。逆協正法，賊衆投誠。本年秋七月二十七日具疏，奉旨覽卿奏，恢復縣城，具見調度，有方剿撫，并用事平，議叙大約先後三十餘疏，言聽計從。保全孤城，活億萬人命，復數十處營堡，以早夜之勞心，加風霜之遞，染病日以篤，是用哀疏控辭，皇上慰留不許，公不得已，蓋勉力温綸冒疾任事，未及，兩目昏瞶，筋力愈衰，再四控疏，上寵留益至。又軫念榆谿爲河西重鎮，業已平定，公系大臣，自變亂以來，勤勞邊事，應加三等，恢復神木，應加二等，加左都督，仍紀功二次，奉有得守城池，綏輯地方，勞績茂著，應給世職之旨，隨加左都督，給拜他喇布勒哈番。念昔者推轂于朝，仗鉞以鎮，聖天子褒乃軍功，良不誣也。

十六年秋七月二十九日，鑾儀使員缺，會推提鎮，奉旨請授鑾儀使，仍以左都督仍帶加四級管理衛事。公接恩綸迴，思自昔巡幸，命更衣諭上焉，復賜錦鞍，殷勤清問，飲湛露而饗彤弓，皇恩帝德，嶽峙淵深，又何惜區區之身，備員輦轂，咫尺覆載之間哉。

無如病勢日加，不得已仍請疏就亟調治，公似明知捐軀報國在此時矣，但未識天意之如何成就老臣骸骨也。幸奉馳驛，回籍調埋，仍支原俸，痊起用之旨。嗚呼！公烈足以濟當時,德足以邀主眷。從此暫開緑野,復謁京門,以副皇上望公且展鎖鑰北門之略,詎不休歟?奈旋里五日,遽爾逝矣。公生於前丙午年三月十七日巳時,享年七十二壽。督臣急疏聞於朝,爲之惋惜者久之。奉有"遽爾奄逝,深可憫惻,應得卹典,察例具奏"之旨。隨兵部覆,贈太子少保,禮部覆,賜諭祭一壇,謚恪敏。工部覆,賜諭葬全價。皇恩有加,無已之隆。嗟乎!公之身已逝,公之名愈彰。古之名公大人良有有其才而無其運者矣。以公受知遇於皇上者獨深,公於生死又何憾焉。公事父母以孝聞,篤兄弟以友聞,以至慷慨好施,與人温然,無可畏之色。然人望而畏之,蓋沉毅篤誠,其天性然也。獨是三十餘年,歷任以疆,賢勞國事。至先公太夫人尚未就壙土,其平日所□蕪者,以公□孝而實每欲請其事於朝而未建,而尤惓惓遺□,啣結以報。天子囑令子登隆,年力方强,正可報效於未盡。昔之忠孝不能兩全者多矣,況公之勞未息肩乎。公可謂無忝所生者矣。以今朝士大夫及親知遠近,聞公卒者莫不撫膺流涕,然以箕疇之福論之,公以□受其全,余固謂公之所能者,人也,天實成之矣。

公元配姚氏故,贈一品夫人,生子登階,恩廕六品京職,故娶梁氏,原任四川剿撫總兵官梁公諱加琦女。繼配延氏,封一品夫人,生子登隆,恩廕歷任通政使司左參議,娶李氏,封恭人,鑲紅旗,原任廣東廉州總兵官李公諱永盛女。副張氏。故王氏生女二,長適戊戌科□榜眼,原任□□□綏□□都督僉事張□彦,康熙十四年五月全家殉難,贈太子太保左都督,贈一品夫人,留三子,長甥紹英,世襲拜他喇布勒哈番。次適梁世勳,恩廕五品京職,原任四川剿撫總兵官梁公諱加琦子。□氏生子登升,由丁酉科武舉任廣東游擊,娶張氏。次登榜,由戊戌科□進士任福建□□,娶吕氏,故。次登際,國學生,娶李氏。賈氏生子登陟,候□□□□。孫五人:長偉□,國學生階出;偉劭,國學生際出;偉勳,業儒□出;偉勛、弘勛,俱業儒榜出。兹卜於康熙十七年十月二十九日葬於城西白楊樹。爰詳其始終以俟采風,示世之爲人臣者當以蒲城大將軍爲法,且爲之銘曰:

投筆關中,成功朔方。肇自龍興,時維膺揚。三遥副□,□□金湯。留侯於漢,晉公于唐。六龍有幸,天語載勳。比肩王侯,上駟金章。延綏特簡,邊陲樂康。帝眷良弼,勇號莫當。功成逝世,五日錦堂。箕疇考終,千公有光。魂魄□定,卜□白楊。貞珉千載,同休未央。

許占魁生平,墓志與史書記載互有詳略。首先,其籍貫,志云"自洪洞(山西)遷關中,西安蒲城人也",《陝西通志》卷二三稱其"滿洲,改歸蒲城籍""遼東籍",《八旗通志》(四庫本)則載其隸屬正藍旗漢軍。

其任官，入清之前所任，志僅云“從戎遼瀋”，據《延綏鎮志》載：“初授鐵騎左營守備，升督標都司，復推徐州參將，升歸德副總兵。”之後所歷，據墓志，任漢羌陽平副總兵、山右平陽副總兵、西寧副總兵、都督簽事官、直隸紫荆關副總兵事、延綏掛印總兵官、都督同知、左都督等。《清史稿》本傳所載大體相同，惟云“漢羌陽平參將”，而志同《延綏鎮志》，爲“陽平副總兵”，當以志爲正。總兵爲許占魁所任最爲頻繁的職位，其職掌，據《大清會典》：“凡天下要害地方，皆設官兵鎮戍。其統馭官軍者，曰提督總兵官。其總鎮一方者，日鎮守總兵官。其協守地方者，曰副將，次曰參將，又次曰遊擊，曰都司，曰守備。”又《清史稿·職官四》云：“鎮守總兵官，正二品，掌一鎮軍政，統轄本標官兵，分防將弁。”

墓志及史傳記載許占魁一生主要功績相同，有三次平定反清武裝。陝西軍事地位突出，既是抵禦西北民族東侵的前沿陣地，又是防禦南方反叛勢力北上的屏障，故清廷於此駐札兵力獨厚。許占魁鎮守此地時的主要功績，一是平定趙榮貴抗清事，即墓志所云“趙僞定遠侯、王于兩僞總兵”。史書載其事在順治六年(1649)，明將趙榮貴擁明宗人朱森滏爲王，號秦王，率總兵余上傑、王應宣等十餘萬犯階州。許占魁從與定西將軍李國翰等夾擊，其年二月即平定此亂；二是順治十一年(1654)平定張五事，即墓志所云“有伏戎焉曰張五，擁衆劫掠州縣”之事。《清史稿·許占魁傳》載：“土寇張五挾朱秀唐，號魏王，掠聞喜。占魁與游擊苗成龍等分道搜剿，戰紫家峪，擒秀唐等，斬級百餘。”又《八旗通志·馬鳴佩傳》載：“副將許占魁搜擒賊渠張五等二百八十餘人，悉斬之。復招撫餘賊九十餘人，下部議叙。”三是平朱龍事，事在康熙十三年(1674)，即志所云“有逆協朱龍以短狐而附長鯨”。史載，康熙十三年，提督王輔臣以平凉叛，應吴三桂。朱龍爲王輔臣副將。是年康熙上諭陝西總督哈占、甘肅提督張勇曰：“雲南作亂，先已有諭，固守地方。今叛逆吴三桂倘有僞札，僞言煽惑軍民，當曉諭官兵百姓，令其出首具奏。”許占魁即截獲其來往書信，朱龍又犯榆林，許占魁與朝廷來援的將軍畢力克圖、都統覺和托自大，合力平叛。清人入主中原初期，順、康年間，各地抗清勢力此起彼伏，南明政權、大順與大西兩個農民政權及其餘部，是主體力量，此外還有一些其他軍事力量，有的是明舊宗室及部將，如趙榮貴與朱森滏，張五挾朱秀唐，均屬此類，有的原爲明朝將吏，投降清朝後又再次反叛，如王輔臣及其副將朱龍。清朝斥其爲“逆協”、“土寇”的反清武裝，對清廷帶來了很大壓力，因此史書及墓志對許占魁在平叛中的功績給予了極大地肯定。

《延綏鎮志·藝文志》收許占魁詩《五原署中漫興》一首：“新霽晴嵐爽，砧聲啓暮隣。花香風送客，院静鳥依人。寂夜分清月，深簷虚舊塵。迢迢更漏至，唳雁過重闉。”

撰文者郝惟訥，據《四庫提要·郝恭定集》云，字敏公，霸州人。順治丁亥(四年，1647)進士。書者梁鋐，據《(乾隆)西安府志》載，字子遠，三原人。登順治乙未(十二年，1655)進士。

李天秀墓志疏證

李天秀,陝西華陰人,葬於乾隆三十四年(1769)。其墓志蓋四行,滿行十二字,篆書“皇清賜進士出身文林郎翰林院庶吉士山東濟南府歷城縣知縣焦婁李公暨配孺人魏氏合葬之墓”。志文楷書,三十六行,滿行四十三字。王士棻撰文,趙海書丹。在華陰。

志文如下:

皇清賜進士出身文林郎翰林院庶吉士山東濟南府歷城縣知縣焦婁先生李公暨配孺人魏氏合葬墓志銘

先生諱天秀,字子俊,姓李氏。始祖進,自河東蒲州之焦婁徙河西,著籍華陰。先生因號焦婁。大考諱所用,贈文林郎。大妣張氏,贈孺人。考諱公遜,封文林郎。妣蘇氏,贈孺人,繼妣楊氏。高曾以來,以德行稱鄉里。祖父績學不達,先生束髮就塾,毅然有大志。年十八,補邑博士弟子員;年二十六,中康熙庚子鄉試第一。雍正癸丑登進士第,選翰林院庶吉士。乾隆元年改知山東濟南府歷城縣,其年八月抵任,四年四月罷官。先生篤學,潛心經史,務得其粹精,尤沉酣於唐宋大家。爲制舉文,理法一本先民。庚子受知茶陵彭石原、震澤王寶傳兩夫子。兩夫子先後校士山左,先生皆從之遊數年,親炙其道德文章,且得瞻拜闕里,登泰岱,觀海於蓬萊。後又從茶陵於中州觀察署中,以故學問益進,而術日深。久屈禮部,有勸之仕者不應。茶陵督學兩浙,復渡江負笈歸,過震澤,時王夫子已即世,夫子爲明文恪公裔孫,乃披覽其先代所藏書。雍正七年,應四川鄉試同考官聘,適蜀,掣空籤,未得入闈而返,巴漢名山水多有題詠焉。在館閣日,茶陵爲大司農協辦大學士,邀寓其邸第。既茶陵獲罪,世廟下詔獄,禍且不測,人情洶洶。或懼株及,諷先生爲引避計。先生曰:“是不有命在乎。”終不去。今上御極之初,茶陵首蒙擢用,有朝官欲夤緣者,囑先生爲通其意。先生不答,遂啣之。及茶陵以憂去,乃擠之外出。其宰歷城也,歷城爲山左首邑,最稱難治。先生愛民直己,不撓於權。政不便於民者,必傳經據古以爭。其聽訟甚明敏,案無留獄。時黄崑圃爲藩司,白惠南爲臬司。二公玲葦雅重先生,通省疑讞皆委决焉,先生多所平反。然以此爲群小所嫉,謀去先生。罷官之日,歷人如失慈母。後仲子汝榛筮仕東省兩署歷篆,父子先後同宰一邑,二東傳爲盛事。歷人莫不加額,謂殆天所以報我公也。先生居東數年,士争執經于門,經其指授,率掇巍科以去。歸而教授鄉里,四方來學者日衆,先生終日口講指劃不倦。會鄰邑延主講席,渭南、蒲城兩設皋比,一時出其門者皆成知名士，函丈之間彬彬如也。乾隆甲戌，仲子爲平陰令，先生同魏孺人扶父順卿公就禄養，順卿公年逾大耋，孫、曾繞膝，五世一堂，兼能優遊孫署，誠人子所謂一則以喜者。然先生年三十有二，母蘇太孺人見背，則又其終身所悲痛者矣。順卿公歸，先生孺人歸養。順卿公捐館舍，先生哀毁如喪母。時未免喪，又丁繼母楊太孺人憂，數年肉食不入口，後竟不欲再嘗羹臠云。己卯，仲子調東阿，俟先生服除，先迎養孺人。辛巳冬，先生至署甫半載，疾作，數月，孺人憂之亦成疾，而孺人先卒於東阿官署，甲申十一月十一日也。次年乙酉二月，先生輿疾歸里，四月二十六日亦卒，俱享年七十有一。先生爲人嚴重潔廉，謹交遊，慎取予，動止有常，燕居默坐，竟日無懈惰容。約身從儉，以率其家。嘗謂一生得力在知恥二字。好書籍，構耘業閣，藏書萬卷，丹鉛不離手。尤喜抄書，有《國語》《列子》及魏晉唐宋名人詩文諸集數十種。在平陰署，猶摘抄《明史》所載名臣言行四册。其餘地理、醫卜、星命諸雜家，亦多旁及，平生所著書及詩文制□諸稿，皆藏於家。邑乘自明萬曆後未續補，先生恐其久而愈湮，隨見聞爲札記，晚年粗叙成書，以俟後之項筆者得有所考焉。孺人姓魏氏，處士諱都韓公女，秉性端静，敬事舅姑，治家有法度，與先生雍穆如賓客。先生久於外，督責諸子讀書，皆有成立。在官日，匡助爲多，故終先生之身無内顧憂也。男六：汝楠，舉人；汝榛，舉人；明通，任山東平陰、東阿兩縣令，補江南溧水縣；汝桐，廩生，後先生四年卒，俱孺人出。汝梅、汝樫、汝檀。女一，適雷潤德，俱少室出。孫男九：倓，□生；□，廩生；崇璋、□、崇磷、崇璋、儼、倞、崇珪。孫女九，曾孫男三，曾孫女二。汝楠等以己丑十一月六日合葬先生與孺人於鳳嶺新阡，以先生叔子汝桐祔於墓側。銘曰：

太華之精，降神于李。文追龍門，品睎伯起。秋林振翮，遠冠其儔。大賢是師，如蘇從歐。清班侍從，乃遭娼嫉。爲政愷悌，遺愛冬日。逃讒而歸，著書滿家。傳授吾徒，教澤雲奢。其道既著，其嗣彌昌。偉歟先生，千載耿光。

賜進士出身、奉直大夫、刑部郎中、提督貴州學政、前翰林院庶吉士、姻年眷姪王士棻頓首拜撰

賜進士出身、江蘇江寧府溧水縣知縣、姻年家眷晚生趙海頓首拜書丹

男汝楠泣血納石

李天秀，《(道光)濟南府志》有傳，記載較簡略，所載仕宦經歷略同此志。李天秀現存的碑、志目前所見有三件，此志之外，尚有乾隆四十九年王杰撰書、道光三年十月其孫傯刻石的墓志銘一件，原石已佚，今見《華山碑石》著録僅存的後半拓片①；又有王士棻撰、王杰

① 張江壽《華山碑石》，西安：三秦出版社，1995年，第400頁。

書《焦婁李公傳》，道光二十四年(1844)七月立碑刻石，亦在華陰。此志與《焦婁李公傳》述李天秀生平大致相同，詳略各異，《華山碑石》所收雖然僅存銘文，但可以從銘文約略推出志文所記，亦同此志。主要從三個方面來叙述：受知於彭維新、任歷城知縣、歸鄉著書。

此志所云李天秀受知於"茶陵彭石原"，即彭維新，《滿漢名臣傳》有傳，字肇周，號石原，湖南茶陵人，康熙四十五年(1706)進士。李天秀一生仕歷受其影響甚大。彭維新康熙五十九年(1720)七月，充陝西鄉試正考官。李天秀之受知當始於此時。是年十一月，彭維新提督山東學政，天秀從遊泰岱等地。雍正二年(1724)，彭維新調河南按察使，天秀亦從遊，即志所云"又從茶陵於中州觀察署中"。五年(1727)，彭維新擢浙江布政使，志云天秀"復渡江負笈歸"，既渡江，當是從彭至浙江，後又歸鄉。彭維新獲罪事，史籍載，雍正十一年(1733)二月，以户部尚書彭維新辦理内閣事務；十一月，命稽查糧倉。未幾，果親王允禮劾彭維新結黨營私，濫保官員，私借庫銀，徇私庇護，阻礙部務。詔革職，交部議處。十二年(1734)四月，查實，斬監候。至十三年(1734)八月，高宗即位後釋出。天秀此時授山東曆城令。乾隆三年(1738)十二月御史王俊劾維新先聞父喪，隱而不報，及有旨令官員不得在任守制，方奏報回籍，"身爲大臣，罔顧綱常"，詔革職①。天秀四年四月罷官，當是受此牽連。《焦婁李公傳》叙此事較詳：云："司馬(按彭維新)以事下刑部獄，禍且不測。門外邏卒如織，或勸之徙去。曰：'某曾讀數行書，粗曉大義，早辱司農之知，教誨飲食十四年矣。今司農得罪朝廷，愧不能隨侍囹圄，省視起居，顧作遠害計，其何以問吾心耶？'司馬亦慮累及，從獄中飛片紙，使避之。即對其家人曰：'爲我上覆夫子，夫子知秀者也，何忍以此命秀？'司馬遂不復强也。事定始移出，然朝夕出入第中，爲經紀家事如故。"可以想見其爲人。

志所云"震澤王實傳"即王世琛(1680—1729)，長洲(今江蘇蘇州)人，字寶傳，號艮甫。康熙五十一年(1712)狀元。授職翰林院修撰，掌修國史。康熙五十九年(1720)主考陝西鄉試，副彭維新。(《民國)吴縣志》有傳。李天秀之受知於兩人始此時。然墓志叙事與史有不同之處。王世琛雍正五年(1727)出任山東學政，若李天秀雍正二年(1723)從彭維新遊中州，至五年又從彭維新至浙江，則不能同時在王世琛任山東時從遊，志所云"兩夫子先後校士山左，先生皆從之遊數年"當有誤；又王世琛雍正七年(1729)卒於山東任上，則志所云天秀"茶陵督學兩浙，復渡江負笈歸，過震澤，時王夫子已即世"，時間上亦不確。

李天秀乾隆元年(1736)八月至四年(1739)四月任歷城知縣，"時黄崑圃爲藩司，白惠

① 彭維新事均引自清國史館輯：《滿漢名臣傳·漢名臣傳》卷二六，哈爾濱：黑龍江人民出版社，1991年，第2149—2151頁。

南爲臬司”。黄崑圃即黄叔琳,順天大興縣人。《清史稿》卷二九〇有傳。乾隆二年(1737)至四年任山東布政使。白惠南即白映棠,《(光緒)通州直隸州志》卷九有傳。乾隆三年(1738)任山東按察使。志云二人雅重天秀,《焦婁李公傳》則有更生動的描述:“臬司某貴倨而暴,屬吏入謁,率屈一膝致恭,公獨三揖而已。臬司不悦,即曰:‘某不敢妄比揖客,但《會典儀注》,上下官相見定有禮數,憲台過求之,竊恐以此損德。’某爲之斂容。流人王昌培者,幕犯也,攜妻子鮮衣美食而竄名孤貧册中,支分額糧。公廉知之,悉革去。昌培與藩伯某舊識,走訴藩伯,藩伯愠詰之。對曰:‘孤貧口糧,朝廷所以養孤者、貧者也。昌培攜妻子則不孤,豐衣食則不貧,且廁一不孤、不貧之人,即失一真孤、真貧之人,有負朝廷設制之意。夫昌培流人,而能使憲台爲言,此無異於郭解矣。’語未竟,藩伯起謝曰:‘知過矣!知過矣!’蓋藩伯翰林前輩,夙負重名,平時接待甚優,初未嘗以面孔嚇也。至是愈加敬禮。”可見其“高簡硜執”的性格,因而爲“群小所嫉,謀去先生。”因此,李天秀乾隆四年的罷官一則因爲受彭維新所牽連,同時也因爲同僚的排擠。

志所云其所著書及續補邑乘事,《焦婁李公傳》云有“《來紫堂詩》《古文》等集,飭子孫守藏,不得授梓”,因此生前均未成稿刊刻。後來其孫吉人將其所著與其子汝榛、汝楠所作輯刊爲《來紫堂合集》三卷,有清咸豐二年(1852)止足園刻本,今藏陝西社科院圖書館。其生前續纂《華陰縣志》六十餘萬字,後由其子汝榛編修完成二十二卷。

此志及《焦婁李公傳》撰者均爲王士棻,字蘭圃,陝西華州人。乾隆十九年(1754)進士,歷官刑部主事、郎中、江蘇按察使等。《清史稿》有傳。

【作者簡介】李向菲,女,1979年生,文學博士,西安文理學院講師,主要從事古典文獻學研究。

《蛛隱瑣言》與王韜小説“抄襲”問題略論

阮東升

清末民初文言小説集《蛛隱瑣言》(以下稱《瑣言》)三卷十二篇,題鄒弢撰,其中有七篇見於王韜《淞隱續録》(以下稱《續録》1887—1888 年連載於《點石齋畫報》附贈頁)、十二篇全見於王韜《淞濱瑣話》(1893 年刊,系《續録》增十七篇而成),略有篇名字句之異。關於《蛛隱瑣言》著作權問題,張振國、段懷清皆有論述①。拙文《晚晴小説集〈蛛隱瑣言〉著作權考》亦曾續貂②,多有未檢,本文補論之。

一、《蛛隱瑣言》《淞隱續録》重複的七篇分析

二書重複的七篇爲《煨芋夢》(《瑣言》題作《居仲琦》)、《辛四娘》《沈蘭芬》《皇甫更生》《反黄粱》《花妖》《畫妖》,連載於光緒十四年(1888)四月初六至七月初六日《點石齋畫報》附贈頁,時間在鄒弢離滬之後(三月下旬)、王韜離滬之前(九月初九)。就二書的字句差異看,《辛四娘》可確定是鄒弢就《淞隱續録》原稿加以修改,《居仲琦》《沈蘭芬》《反黄粱》因其拙劣的訛誤而不應出自鄒弢之手,《皇甫更生》與《淞隱漫録》卷二《何蕙仙》有明顯的構思延續性,《花妖》《畫妖》可確定是王韜所作。

1.《煨芋夢》(《瑣言》作《居仲琦》),寫博山居氏因入山求仙、夢中遇魖,歷諸幻境後悟“妖由心生,堅持即息,世上悲歡離合,大抵如斯”。這一歡場無常的主題似爲舒昌森(1852—1927)而作,不過舒氏并未説是鄒弢的作品③。從改動情況看,《續録》中居氏入山

---

① 張振國:《王韜小説集中部分作品著作權質疑》,《南京師範大學文學院學報》,2009 年第 4 期;張振國:《王韜淞濱瑣話中的鄒弢小説考辯》,《暨南學報》(哲學社會科學版),2013 年第 8 期;段懷清:《王韜與近現代文學轉型》,上海:復旦大學出版社,2015 年,第 276—297、302—338 頁。

② 阮東升:《晚晴小説集〈蛛隱瑣言〉著作權考》,《古典文獻學術論叢(第 6 輯)》,合肥:黄山書社,2017 年,第 234—245 頁。

③ 潛溪問梅山人:《暑夜無聊讀〈淞隱漫録〉第一百四十五篇感作呈纏僊大吟壇正刊》,《字林沪报》,1890 年 7 月 4 日。按:以王韜連載於《點石齋畫報》的《淞隱漫録》《續録》合計,“第一百四十五篇”《煨芋夢》,不過其詩意,又似指第一百四十篇《羅浮幻跡》。

之初在寺廟遇"一鶴氅者"、"一衣緇者",《瑣言》將"氅"該爲"髮",原因或是後文居氏夢中隨一"老者"游,但其後居氏夢醒時"鶴氅者曳之起",《瑣言》並未與前文一樣改成"鶴髮"①,顯是删改未盡。此篇僅二千餘字,作者構思不當錯置人物,蓋非出自鄒弢之手。

2.《辛四娘》,寫潛溪舒氏在廣東救濟某女,後又遇之羅浮山中,遂成神仙眷屬之事。此篇"潛溪舒氏"即"潛溪問梅山人舒昌森",1887—1888年舒昌森寓滬期間與王韜、鄒弢等人唱和頗多。又寓滬期間,舒昌森眷一校書金翠梧,然金氏别嫁,王韜以此事爲原型寫過兩篇小説,系《續録》卷二《羅浮幻跡》《瑣話》卷七《梅鶴緣》。不過《辛四娘》中舒昌森的故事出於虚構,小説以"征信"方式展開,云:"淞溪王二兮善詼諧,能以舌戰勝,賓筵相對,妙趣環生,座客聽之忘倦,一日在喬姓席上述辛四娘事。"以王、舒的熟悉程度,舒氏若有贈金救困之事,並不需要得之傳聞。鄒弢對篇中人物的改動有四,"王二兮"後加"名翠芬"、"喬姓"改"喬定侯"、"雅仙"改"謝珊寶"、"蘼香館主"改"延秋榭主"。"謝珊寶"、"延秋榭主"是鄒弢《海上塵天影》(1895年始創)中的兩個主要人物,鄒弢借此宣傳新作。"雅仙"或指徐雅仙,1886年前後《申報》所刊的文人詩詞常見其名,其小傳見《淞濱瑣話》卷七《記滬上在籍脱籍諸校書》。謝寶珊是1906年前後滬上新出現的校書,王韜有贈詩②,其出現時間在《辛四娘》發表之後。據此,此篇是鄒弢就《續録》原稿進行改動。

3.《沈蘭芬》,以洞庭水系爲背景,寫無錫後宅鎮沈家橋的沈蘭芬與霞姑的情緣。該篇以鄒弢爲原型,后宅鎮即鄒弢家鄉,文中尚出現了鄒弢家鄉附近的諸多地名。此篇與《辛四娘》發表相隔十日,同一時間内寫作的痕跡甚爲明顯,如《辛四娘》中辛氏投水漂流遇"蘼香館主",而《沈蘭芬》霞姑也是落水歷劫居"蘼香院"。此篇並未改王韜作爲叙事者的口吻,小説開篇云:"巢湖在吾吴東北,……凡十有二收束處,……最後收束處有鎮曰后宅鎮。""巢湖"系"漕湖"之誤,在長洲、金匱交界,《(同治)蘇州府志》《(光緒)無錫金匱縣志》對漕湖得名之由、流域所經都有確切的説明,與安徽之"巢湖"本不相涉。地理方位上,王韜家鄉蘇州府長洲縣甫里村在漕湖"東北",鄒弢家鄉常州府金匱縣后宅鎮在漕湖"東南"。該篇未改"吾吴東北",或可理解爲以蘇州府爲中心進行判斷,但"巢湖"之誤未加訂正則説明此篇未必是鄒弢重新發表者。又此篇中"蘼香館主"原本可參照《辛四娘》例改爲"延秋榭主",所未改者,當也説明非出自鄒弢之手。

---

① 按:本文關於《蛛隱瑣言》《淞隱漫録》《淞濱瑣話》的差異,主要採自段懷清《王韜淞濱瑣話與鄒蛛隱瑣言相關篇目對勘表》(《王韜與近現代文學轉型》,第302—338頁),另參校王韜《淞隱漫録》(人民文學出版社,1983年版)、《淞隱續録》(點石齋合訂本)、《淞濱瑣話》(齊魯書社,2004年版)、《王韜詩集》(上海古籍出版社,2016年版);《蛛隱瑣言》("蘇報館"刊本);鄒弢《三借廬集》(《清代詩文集彙編》,第773册)。後文所列諸差異比照皆同此,不復另注。

② 王韜:《偶赴綺筵間有屬意聊複增言藉寄所思》之六、《懺綺遊詩》,王韜著、陳玉蘭校點:《王韜詩集》,上海:上海古籍出版社,2016年,第297、312頁。

4.《皇甫更生》，由兩個獨立的故事組成，一叙更生與若蘭情緣、一叙若蘭弟家莒與某狐女情緣。小説中出現了天南遁叟（王韜）之名，也説到了王韜校書場所陸月舫，對其贊譽有加。文中更生之舅氏"購第（京師）米市胡同"，《淞隱漫録》卷二《何蕙仙》中李星史出生"於（京師）米市胡同"。《淞隱漫録》《續録》中出現"米市胡同"的僅此兩篇，由此可證作者在創作構思上的延續性。

5.《反黄粱》，寫粵西桂林人徐某"以父蔭襲雲騎尉，讀書應試，仍補博士弟子員，少負大志，以臂力自矜，挽强躍駿"，在山東破賊，遇羽士歷諸幻境後，"從羽士雲遊，不知所終"。此篇或爲寫潘嶽森的遊戲之作。潘嶽森系"廣西名孝廉"，"生而岐嶷，長益倜儻，具文武才。嘗隨剿土匪，手刃賊酋"，"詩、書、畫三絶，名擅當時"①。1886—1887年潘嶽森寓滬期間與王韜來往頗多，酒樓相會、一同訪花者時時有之。潘嶽森離滬時王韜"以青絹爲姚蓉初詞史索書泥金小字"，嶽森"倚裝録《玉台新詠序》全首報之"②，此舉亦是潘氏在滬時首次破例寫小楷。此文的改動中，有百餘字的方外、方内遊區别的討論基本與《居仲琦》重複，似非出自有一定小説創作水平的作家之手。

6.《花妖》，寫李某與四花仙的綺遇，主題、結構同於《畫妖》。小説也通過人物之口對王韜所眷校書姚容初進行贊譽，另外王韜《遁窟讕言》卷六亦有《花妖》一篇，惟系志怪而非傳奇，又《淞隱漫録》《續録》中花神遊戲人間的篇目亦爲習見。

7.《畫妖》，寫豫章書生盧某與諸氏四美綺遇事，後風流雲散，四美複見於畫中。該篇可斷定爲王韜所作，篇中盧某所作《一萼紅》見於王韜的《眉朱珠庵詞》，亦見於《四溟瑣記》第一期（1875年刊）。

二、《蛛隱瑣言》《淞濱瑣話》重複的另外五篇分析

二書重複的另外五篇爲《徐太史》（《瑣言》作《記徐太史事》）、《因循島》《玉香》（《瑣言》作《姊妹同郎》）《夢中夢》《粉城公主》。後三篇1912年之後鄒弢皆重新發表，通過比較後三篇的字句差異，可知重新發表者有同於《淞濱瑣話》（以下稱《瑣話》）而異於《蛛隱瑣言》的，據鄒弢二次改寫的反復可知，此三篇在《蛛隱瑣言》的字句差異是1897年鄒弢第一次發表時刻意修改而致。

1.《徐太史》（《瑣言》作《記徐太史事》）叙陽江徐某幼依舅家歷經人情冷暖，後科舉及

① 百花祠香尉：《捧琴詞十絶有引》，《申報》，1989年6月24日。

② 意琴室主：《由滬如閩舟中十一疊海上留别詩元韻録寄吟壇斧政》，《申報》1987年10月31日。

第而揚眉吐氣事。此篇的徐氏以鄒弢爲原型,篇中徐氏寓臨清客舍時所作一詩,與鄒弢發表於光緒十四年八月《申報》的《般陽雜作》之四意境相同,云:"枕函滴淚冷於水(《申報》作'閉門終日竟如僧'),獨客無聊定若僧(《申報》作'攤飯澆書百不成')。如此愁懷銷不得(《申報》作'夜雨簾纖人獨坐'),旅窗涼煞一枝燈(《申報》'旅'作'山')。"①文中徐某赴山左時舒梅卿(鄒弢作"舒問梅")勸其參加科舉考試並"出二十金壯行色";現實中舒昌森也確實知道鄒弢有應試計劃並有贈金之舉②。1888年王韜原擬與鄒弢一同前去山東,熟悉事情始末且可看見鄒弢發表於《申報》之詩,有寫作此篇的條件。又《徐太史》有情節人物沈姓公子"瘦腰郎",而《淞隱漫録》卷七《沈荔香》有"瘦腰郎",卷八《丁月卿校書小傳》有"山陰瘦腰生",系王韜的友人沈文熒。以情節人物的重複出現而言,此篇亦在王韜小説二書創作的整體構思中。若《徐太史》是鄒弢作,則鄒弢接受了王韜小説的整體敘事框架。

2.《因循島》,寫項某在島上所見官吏皆豺狼化身,以喻官場的貪墨與逢迎。此篇因其淺顯的動物"隱喻"而主題過于直露,王韜《瑣話》卷五《紀四大和尚》以四和尚所好以喻酒、色、財、氣之害與此篇風格頗爲相似。又此種淺顯隱喻風格在鄒弢小説集《澆愁集》中最爲明顯。

3.《玉香》(《瑣言》作《姊妹同郎》),叙"姊妹共事一婿"事。王韜小説中同類主題者有《淞隱漫録》卷三《淩波女史》、卷五《尹瑤仙》,《淞隱續録》卷三《徐希淑》。1912年鄒弢第二次將《姊妹同郎》發表於《申報》③,比較二篇的差異,可發現《申報》近乎對《瑣話》《瑣言》的折中,如《瑣話》中王生並未偷竊燕窩但被人誤會,《瑣言》中是王生直接偷竊,而《申報》是王生向燕窩鋪的熟人賒帳被拒絶後再行竊。另比較三篇文字差異,《申報》同於《瑣話》而異於《瑣言》者有"乃舍讀/乃舍講讀"、"與玉香不啻雙璧/不啻雙璧"、"癡蛤蟆吃天鵝肉/蛤蟆吃天鵝肉"、"妹之病/妹之心事"、"以五十金定聘/以七十金定聘"、"市肆喧闐/市肆喧然"、"身在柩中/身在柩内"、"尚須一杯冷酒/須一杯冷酒"、"殷勤勸釂/殷勤釂茁"、"暫濟米鹽/暫濟鹽米"十條。

4.《夢中夢》,寫卜元夢境中歷經權勢、美色諸幻化後而"自此安貧樂天,不作妄想"。該篇夢中有夢的結構方式頗新穎,檢《淞隱漫録》卷三《三夢橋》以二次夢境展開情節;卷四《金鏡秋》金氏夢中遇魅、"驚覺"(仍在夢中)、被唤醒、遇絳綃女子即夢中所見、女子也曾於夢中見金氏;卷五《笙村靈夢記》玉無玷兩次同一夢境;卷九《陶蘭石》三人同夢。王韜對夢

---

① 瘦鶴詞人金匱鄒弢:《般陽雜作》,《申報》1888年10月4日。

② 鄒瀚飛:《留别問梅並呈瘦竹寄萍録請夢畹生點鐵》,《申報》1885年5月14日。

③ 酒丐(鄒弢):《朱素芳》,《申報》1914年8月20、21日。

境的運用原本頗爲嫻熟。1914 年鄒弢第二次將此篇發表於《遊戲雜志》[①]，比較三篇差異，有折中者，如《瑣話》云"卜聞，遣奴歸，避益遠"，《瑣言》作"卜聞之，避益遠"，《遊戲雜志》作"卜聞之，遣奴歸，避益遠"。有同於《瑣話》而異於《瑣言》者，如"妻冠佩笑迎/妻冠服笑迎"、"廉介不阿/廉介不附"、"月余升方伯/半年升方伯"、"了不經心/事不經心"、"朕以卜元/以卜元"、"受朝廷飛擢/受朝廷拔擢"、"卜錦繡之餘/錦繡之余"、"卜無可謀食/卜無處謀食"、"浼卜捧茗/浼師捧茗"、"坐客懷/依客懷"、"座上冥王/冥王"、"竭力斡旋/竭力周旋"、"婢報紫姑至/婢謂紫姑至"等。又文中卜元所作《催妝詞》八章亦被鄒弢收入《三借廬集》卷三，題作《催妝詞八章賀俞鳳賓先生女公子錦文于歸》。俞錦文系俞鳳賓（1884—1930）長女[②]，以年齡計之，出嫁必在 1914 年之後。文集中《催妝詞》針對俞錦文略有改動，通過此詞的四篇出處比較，可發現文集此詩"天下色"、"一笑逢"、"鬥宮腰"、"仙蕊"沿用了《淞濱瑣話》的用法。

5.《粉城公主》系俠義兼海島漂流主題。1914 年鄒弢也將此篇再次發表[③]，同於《瑣話》而異於《瑣言》者有"得一尾攜歸/得一尾移歸"、"雇舟啓行/雇舟而行"、"挾置懷中/置懷中"、"恐君腦少/恐君腦血少"、"紅襠秀襺/下體紅襠繡袴"、"旋有一婢攜酒肴來/旋有婢攜酒肴來"、"頻頻窺任/頻頻窺問"、"故尚遲待耳/尚遲待耳"、"求計/跪地求計"、"顯遭非命/顯遭死命"、"女已立俟階前，任拜，女亦答拜/女已立俟階前，引入庭中"等。

通過上文的分析，《蛛隱瑣言》不當視爲鄒弢作品的證據略如下表：

序號	《瑣言》篇目	不當視爲鄒弢作品的證據
1	《居仲琦》	作者不當有情節人物"鶴髦者"、"鶴髮者"之誤。
2	《辛四娘》	鄒弢借改動宣傳新作《海上塵天影》及揄揚滬上新出現的校書。
3	《沈蘭芬》	未改變王韜作爲小説敘事者的口吻，未訂正故鄉名勝"漕湖"之誤，未以《辛四娘》之例改動情節人物。
4	《皇甫更生》	與王韜《淞隱漫録》卷二《何蕙仙》有明顯的延續性。
5	《反黄粱》	不應出現與《居仲琦》重複的段落。
6	《花妖》	據王韜《遁窟讕言》卷六《花妖》以及與《畫妖》的類同性不當視爲鄒弢作品。
7	《畫妖》	引用了王韜早年的詞作。
8	《記徐太史事》	與《淞隱漫録》卷七《沈荔香》、卷八《丁月卿校書小傳》有情節人物重複出現。

① 酒丐（鄒弢）：《夢中夢》，《遊戲雜志》，1914 年第 5 期。

② 俞煥文：《名醫俞鳳賓博士》，《太倉文史資料輯存》第 1 輯，第 110 頁。

③ 漁郎：《粉城公主》，《禮拜六》，1914 年，第 7 期。

續表

序號	《瑣言》篇目	不當視爲鄒弢作品的證據
9	《因循島》	未有直接證據。
10	《姊妹同郎》	據鄒弢第二次改寫有同于《淞濱瑣話》而異于《蛛隱瑣言》及對二者的折中情況看,不當視爲鄒弢作品。
11	《夢中夢》	同上。
12	《粉城公主》	同上。

三、初步結論

1914年鄒弢申辯自己的著作權時説,光緒十四年(1888)自己在山東"著《續澆愁集》數卷","曾在撫署將草稿呈弢園先生(王韜)",而王韜"將余稿《朱素芳》《因循島》《粉城公主》等五六篇借抄入《畫報》,旋竟刊入《淞濱瑣話》"①。從本文的分析看,此語用之於《淞濱瑣話》重複的"五六篇"尚可,用之於《淞隱續録》重複的七篇並不合適。或認爲鄒弢言詞有所保留,從民國初鄒弢將《夢中夢》中《催妝詞》略作修改以賀俞錦文出嫁的情況看,他爲了證明自己的著作權其實并不太保留。

鄒弢陳述自己"《續澆愁集》數卷"的發表、存留云:"迨弢师物故,丐屡在报馆从事,时出旧稿,为报上附张之点缀。……今《浇愁续稿》祇剩五六篇。"從本文的分析看,《蛛隱瑣言》中可確定出於鄒弢改動的有《辛四娘》《姊妹同郎》《夢中夢》《粉城公主》四篇,加上他自稱的《因循島》《朱素芳》(未收入《瑣言》)適爲"五六篇"之數。結合前文"五六篇借抄入《畫報》"之語,知鄒弢所承認的王韜"借抄"者爲"五六篇",而這五六篇"舊稿"也是因王韜的"借抄"才得以保存的。若此,則《蛛隱瑣言》是書商在鄒弢發表的"五六篇"的基礎上增飾而成,1912年之後鄒弢發表的《姊妹同郎》《夢中夢》《粉城公主》中兩可字句的改動有同於《瑣話》而異於《瑣言》的情況似乎也證明了這一推斷。另就小説市場而言,鄒弢的小説至民國初仍很受歡迎,其《澆愁集》即被書商改頭換面以《瀟湘館筆記》之名盗印,也可由此例推斷《蛛隱瑣言》是書商的盗版。

就本文的分析看,《蛛隱瑣言》十二篇全在王韜《淞隱漫録》《淞濱瑣話》的整體叙事框架中,即此十二篇若是鄒弢所作,視作王韜的作品也並不無可。又從鄒弢二次發表的《姊妹同郎》等三篇中兩可語句改動的反復情況看,其所謂"舊稿"實與《淞濱瑣話》無異,鄒弢

① 鄒弢:《酒丐覆夢廬主人書》,《申報》,1914年8月21日。

是在後者的基礎上進行修改的。换言之,《蛛隱瑣言》若是鄒弢作,也是在王韜的“指導”下進行創作的,以之作爲王韜小説“抄襲”的例子並不恰當。

【作者簡介】阮東升,男,1977 年生,文學博士,貴州興義民族師範學院文傳學院副教授,研究領域爲古典文獻學。

清朝學者的日本古代金石文研究

——兼論日本七八世紀出現的“上野三碑”

拜根興

引　言

“上野三碑”是指位於日本群馬縣的三座古碑，依次爲“山上碑”(681年)、“多胡碑”(711年)、“金井澤碑”(726年)，其時間相當於中國的初盛唐時代。除《續日本紀》中有創建“多胡郡”的相關内容，1511年連歌師柴屋軒宗長《東路のつと》中最初記載《多胡郡碑》之外，十八世紀之前似未見其它記載。隨著1720年伊藤東涯《盍簪録》著録“多胡碑”，1786年奈佐勝皋《山吹日記》提到“金井澤碑”，1800年松平定信《集古十種》、1818年狩穀望之《古京遺文》兩書收録三碑，以及1819年木部白滿“三碑考”的問世，人們對此三通碑石才有了一定的認識①。然江户、明治之際，可能因日本正處社會大變革浪潮之中，以及明治時期奉行“脱亞入歐”國策的緣故，學界對此關注有限。而這一時期清人學者對日本所在金石文却賦予極大的熱情，有人收到朋友寄贈的拓片，如獲至寶，進而撰述跋文發表看法；有人千里迢迢前往實地考察，收集日本所在的資料，編撰日本專門的金石著作，成爲日本金石學最前沿的研究。毋庸諱言，清朝學者們對上述“上野三碑”等金石文研究新意頻出，值得探究。然而，此後中國學界對日本金石文的研究趨於停滯，據筆者查閱相關文獻，雖然有一些文章隱約提到清人的日本古代金石學研究②，但專論者至今還未看到。本文力圖在現有零星研究的基礎上，探討清朝學人瞭解研究日本金石文的動機，爬梳清朝學者對日本金石文的探索成果，並對“上野三碑”涉及問題試作論述，以就教於諸師友方家。

① 前沢和之《古代東國の石碑》，山川出版社，2008年。

② 金燁曾對日本上代金石文與漢語俗字做過探討，其中提到“山上碑”中的“黒”字，“多胡碑”中的“弁”字。見《日本上代金石文與漢語俗字》，《安慶師範學院學報》(社會科學版)2013年第4期。

一、清朝學者的日本金石文著録研究

1. 清朝學者關注日本金石文

衆所周知,清朝自雍正時期實行嚴格的文字獄,採取殺戮政策,杜絶民間及官場任何形式的反清苗頭動向。文字獄涉及到科舉考試以及文人日常活動,使得讀書人對現實生活無所適從,進而將筆墨投向遥遠的過去。在從事經學考據研究的同時,衆多學者涉足金石學領域,金石學因而盛極一時,成爲一代顯學①。這一時期在繼承此前顧炎武(1613—1682)、葉奕苞(1629—1686)、朱彝尊(1629—1709)金石研究理念與成果的同時,翁方綱、王昶、武億、錢大昕,阮元、孫星衍、陸增祥等群星燦爛,産出如《寰宇訪碑録》《金石萃編》《潛研堂金石文跋尾》《授堂金石跋》《兩漢金石記》《八瓊室金石補正》等代表最高水準的金石文研究著作。

雖則如此,金石學者們並不滿足,他們將研究的觸角伸向同爲漢字文化圈的朝鮮半島和日本。且不説 1805 年刊印的《金石萃編》一書中,金石學家王昶(1725—1806)就收入遠在朝鮮半島的《大唐平百濟國碑銘》(其拓片來自學生言朝標所贈)。隨後董誥(1740—1818)在編撰《全唐文》的過程中,不僅收録上述碑銘,還收録同樣出自朝鮮的《劉仁願紀功碑》。與此同時,隨同朝鮮朝貢使臣來到北京的朝鮮學者金正喜、趙寅永、金命喜等人,頻繁和上述金石學者翁方綱、阮元、劉喜海接觸,贈送拓自朝鮮半島當地金石拓片;酷愛金石碑志的上述學者欣喜若狂,金石學家劉喜海最終將收集到的朝鮮金石文編輯成册,並潛心研究,《海東金石苑》八卷得以問世,成爲朝鮮半島有史以來第一部不可多得的金石總集類書籍,廣受各界的推崇和贊譽②。

收集東亞各國的石刻碑志,進而著録研究,成爲十九世紀中葉以後清朝學者樂於從事的事情。繼孫星衍(1753—1818)編撰《寰宇訪碑録》之後,一些學者紛紛依據自己的所見,對該書加以續修訂補,以求最大信息量及最新品樣的收集。清同治三年(1865)趙之謙(1829—1884)纂集,沈樹鏞(1832—1873)覆勘的《補寰宇訪碑録》刊印出版。據筆者統計,該書在收集清朝各地新見石刻碑志的同時,還收録有 65 件朝鮮半島金石碑志,包括此前金石集中未見著録的《新羅武烈王碑額》《新羅文武王陵殘碑》等。值得注意的是,本書卷 3 還收録了一通日本金石碑志,即著名的“上野三碑”之一《多胡碑》;不過,趙之謙依據拓

① 陳尚君《貞石詮唐》,上海:復旦大學出版社,2016 年,第 331—332 頁。

② 拜根興《朝鮮半島現存金石碑志的現狀和展望:以七至十世紀爲中心》,《社會科學戰線》2017 年第 2 期。

片，著録其名爲《日本國片罡緑野甘良三郡題名殘碑》[1]，排列於唐景雲二年(711)[2]。可以看出，趙之謙編撰此書之時，《多胡郡碑》拓片已經流入清朝。對其字體，清人翁方綱(1733—1818)就有精闢的評論，在《平安館金石文字》中，葉志銑就是依據翁方綱贈送的雙鈎本，對《多胡碑》多有考辨[3]。有日本學者依據相關記載，認爲《多胡碑》拓片在日本桃園天皇寶歷年間(1751—1763)已傳入清朝[4]，至於具體年分還有待進一步考論。

1877年，鑒於清朝和日本新型外交關係的建立，清朝派遣外交官前往日本。首任駐日公使何如璋(1838—1891)東渡日本展開工作[5]。與此同時，作爲使館工作人員，以書法和金石考據享譽學界，精通歷史地理的學問大家楊守敬(1839—1915)亦前往日本。到達日本之後，楊氏利用公務之餘暇，與日本各界同仁學者切磋學問、交流心得。因對金石碑志的眷顧，他特别留心日本所在的金石文狀況，故而多有所得。羈留日本四年後，楊守敬返回國内，居住於湖北黄州。在此之前，楊守敬曾對上述趙之謙編撰《補寰宇訪碑録》頗有看法，並收集新見金石碑志，即"書出，則脱漏宏多，而其人高自標置，不受攻錯，故餘所得拓本出於趙書之外者，已數百事而未入其録中，自是，有别爲《三續》之志"[6]。特别是楊守敬"庚辰東渡，又得日本諸石刻補入之，歸後伏處黄州江濱，十年間絶無所得"。也就是説，楊守敬有心續補趙之謙《補寰宇訪碑録》[7]，除過收集國内新見金石碑志之外，還將在日本所見金石碑志，補録於新著。據筆者統計，楊守敬編撰的《三續寰宇訪碑録》一書中，收録日本所在石刻共有61件[8]。單從收録日本所見金石碑志看，就比上述趙之謙所著增加很多。除此之外，楊守敬編著《寰宇貞石圖》一書，其中書尾"日本"條目下，收有《多胡郡碑》，《釋迦佛足跡碑》，《修造多賀城碑》三碑拓片照片，並有簡單的文字説明。《壬癸金石跋》一書中，則對《多賀城碑》撰寫長篇跋文，其雖非本稿論述之重點，不妨抄引其文。跋云：

此《修造多賀碑》在日本國陸奥國宫城郡市川村，村即多賀城廢址。碑詳四至抵

① 碑銘下題小字，云："正書。和銅四年三月九日甲寅，考爲景雲二年辛亥。舊題《多胡郡碑》，傳爲日本人平鱗得之土中，後藏朝鮮成氏。"

② 趙之謙纂集，沈樹鏞覆勘《補寰宇訪碑録》，見《石刻史料新編本》(第1輯)，臺北新文豐出版公司，1987年。

③ 葉志銑道光十九年(1839)詳細考證《多胡碑》的建立年代、上野國位置所在、日本當時的官制、碑文涉及的其他内容等。

④ 榊莫山著，陳振濂譯《日本書法史》，上海：上海書畫出版社，1985年，第6—7頁。

⑤ 曾民《清朝第一任駐日公使何如璋》，《廣州研究》1987年第5期。

⑥ 金石學家羅振玉曾撰《補寰宇訪碑録刊誤》一卷，就是對上述《補寰宇訪碑録》所做的勘校。

⑦ 清人劉聲木撰《續補寰宇訪碑録》二十五卷，《補寰宇訪碑録校勘記》二卷，《再續寰宇訪碑録校勘記》一卷。其中前者續補的主要内容爲新見南北朝時期的金石碑志，未見對朝鮮半島及日本金石碑志的收集補録。可能正因如此，亦成爲此後羅振玉編《再補寰宇訪碑録》，楊守敬撰《三續寰宇訪碑録》的重要原因之一。

⑧ 楊守敬《三續寰宇訪碑録・序》，《楊守敬集》，武漢：湖北人民出版社，第8册，1986年。

界。額有一“西”字,未詳其義,或當時立此碑凡有東西南北四碑,此其西碑也。碑稱:神龜元年(當中國唐玄宗開元十二年),按察使兼鎮守將軍,縱四位上,勳四等大野朝臣東人之所置也。按《續日本紀》(四十卷,前二十卷菅野朝臣真道撰,後二十卷藤原朝臣繼繩撰,爲日本古六國史之一),神龜元年二月,以大野朝臣東人授從五位上,二年閏正月,授從四位下,勳四等。天平三年(當中國開元十九年)正月,授從四位上。其爲鎮守將軍在天平元年九月,其爲按察使則在九年正月。其後,十一年四月爲參議,十二年閏三月敘從三位,十四年十一月卒於位。碑合其神龜至天平九年之官位書之,而又遺其十一年爲參議,十四年敘從三位,何耶?若以置城之時言之,則又未嘗爲“勳四等從四位上”也。碑又云“天平寶字六年(當唐肅宗寶應元年),歲次壬寅,參議東海東山節度使,從四位上,仁部省鄉兼按察使,鎮守將軍藤原惠美朝四朝獦修造”也者。按朝獦官銜與《續紀》所載多合,惟天平寶字五年(唐肅宗上元二年)十一月丁酉,以朝獦爲東海道節度使,不云“東山”。然記載其所管國有上野、下野,東山地所在上野、下野之中,則書“東山”非有異。又據六年十二月《紀》及九月《押勝傳》(大師授從一位,後以反伏誅)並云“從四位下。”不載至“從四位上”。是碑爲朝獦自署,不容有誤,疑日本史爲脱漏也。此碑蓋東人築多賀城於前,朝獦複築於後,記其始末如此。至其官制,多依仿唐代。日本别有《職源》一書,詳其品秩。其書庋在黄州,他日當爲匋齋尚書詳考之。①

應該説,楊氏對《多賀碑》的探討全面深入,在當時實屬難得。不僅如此,楊守敬還做了另外三項工作:其一,對此前因各種原因輸入日本的中國歷代書籍如數翻檢查詢,並寫有詳細的跋文考辨,編輯完成《日本訪書志》《日本訪書志補》《日本訪書志續補》三書。其二,協助新任駐日公使黎庶昌收集編撰刻印《古逸叢書》26 種,將在日本看到的善本古籍編印出版。而其有關金石碑志的學術研究持續進行,使清朝國内更多的人士瞭解日本,以及日本豐富多彩的文化遺存。其三,和駐日公使何如璋、黎庶昌等人一起,與日本知名學者詩詞唱和、切磋學問,在日本學界引起轟動,成爲此一時期中日文化交流的重大事件。

此後,亦曾東渡日本,和日本學者多有交接,撰有《扶桑兩月記》(1901)《扶桑再遊記》(1909)的著名金石學家羅振玉(1866—1940),在日本公務之餘,潛心收集日本金石文,並做過一定的研究。羅氏 1896 年編撰《再補寰宇訪碑録》收録日本各種金石文 58 件②,上

① 《壬癸金石跋》,《楊守敬集》,第 1030 頁。

② 羅繼祖《羅振玉年譜》,南京:江蘇人民出版社,1980 年。羅振玉曾想利用閑暇,將上述孫星衍、趙之謙,以及嚴鐵橋、繆荃孫等諸家所作“彙爲一書”。參羅振玉《俑盧日札》,《羅振玉學術論著集》第三册,上海:上海古籍出版社,2013 年,第 149 頁。

述楊守敬撰集《三續寰宇訪碑録》時曾參考過羅振玉所編。另外,因羅氏曾長達八年(1912—1919)居住日本,和日本學者多有交集,如内藤湖南1902年曾托人轉送羅氏上文提到的松平定信《集古十種》中的《鐘銘記》[1]。而日本友人平子鐸嶺則寄贈《那須直韋提碑》拓片,羅氏在贊許此前狩穀望之《古京遺文》著録並考證精細的同時,指出:

惟碑首署"永昌元年己丑",掖齋謂當是"朱鳥四年",係洗者改作。予按:永昌元年下署己丑,爲武周年號無疑,且石上並無改刻之跡。蓋日本曾奉唐朔,其國《大阪八幡宫鐘銘》,亦署"天寶四年",是其明證。掖齋謂是改洗,蓋以奉唐朔爲諱也。

即對該碑"永昌元年己丑"紀年,提出自己的看法;不僅如此,他還以另一出自日本的《大阪八幡宫鐘銘》紀年爲證,闡明日本學者"洗改説"産生的原因,進一步證明自己看法的正確[2]。

清末民初另一著名金石學家葉昌熾(1849年—1917年),撰有《語石》一書[3],其卷二專列"日本"條目,即論及劉喜海收羅朝鮮半島金石碑志的同時,還著録四件日本金石碑志。葉氏特别提及上述《多賀城碑》,潛心研究日本金石碑志整體現狀,提出自己的看法;他還談及傅雲龍遊歷日本,編撰《日本金石志》一書,因下文將要論及,在此不贅。總之,葉昌熾對日本金石碑志的現狀多有瞭解,只是具體論述得並不多。

2. 傅雲龍赴日考察與《日本金石志》

隨着西方列强的東來,清政府對外認識的期許大大加强,並逐漸開啓對外交流的大門,主動採取措施力圖更多的瞭解外部世界。1887年清政府舉辦的出國考察遊歷官員考試,浙江德清人傅雲龍(1840—1901)以第一名的成績被選派出洋考察。傅雲龍先後到達日本、美國、巴西、秘魯、加拿大、古巴六國遊歷考察,其中在日本遊歷考察六個月,從北美返回後又在日本居住五個月,即利用一年時間,最終完成《遊歷日本圖經》三十卷等著作。對此,有學者評述曰:

十二位考察官員中傅雲龍是最仔細、最勤奮的,也是留下遊歷著述最多的。他每到一個國家,即收集該國地理、歷史、政治、風俗、特産等資料,親自勘察並繪製各種地圖和表格,據以編制圖經,僅他一人在遊歷期間就編寫了《遊歷日本圖經》30卷、《遊歷美利加圖經》32卷、《遊歷英屬加拿大圖經》8卷、《遊歷古巴圖經》2卷、《遊歷秘魯

① 金程宇《〈内藤湖南全集〉補遺》,《域外漢籍叢考》,北京:中華書局,2007年,第238—239頁。
② 見羅振玉《俑廬日札》,《羅振玉學術論著集》第三册,上海:上海古籍出版社,2013年,第140頁。
③ 葉昌熾著,韓鋭校注《語石校注》,北京:今日中國出版社,1995年。

圖經》4卷、《遊歷巴西圖經》10卷等。傅雲龍邊考察邊撰寫考察報告，並以短促的時間裏完成各國圖經編寫、畫表、製圖，其緊張辛苦可想而知，在他的日記中有這樣的記載："是夜四鼓，筆不得休"，"是夜鷄鳴，草猶未脱"①。

單就《遊歷日本圖經》三十卷來説，其中包括天文、地理、河渠、食貨、兵制、外交、金石、文學、政事等諸多内容，囊括了當時日本政治、經濟、軍事、文化的各個方面，堪稱瞭解日本的百科全書。該書卷二十三至二十七中，傅雲龍專列《日本金石志》名號，別具一格，成爲《遊歷日本圖經》中最受推崇的撰述内容。對此傅雲龍自序云：

> 往無中國人録日本金石專書，翁氏方綱僅跋日本殘碑，即所謂《建多胡郡辨官苻碑》者，是實未之殘，征信不其難歟？日本人松平氏集古而撫之刊之，然求如狩穀望之之能援古，則百不獲一。自詡故實者爲之，真面目不一傳。雲龍非好賈餘勇也，同文寖微而欲求弊於後，舍金石其奚爲哉！……

就是説，傅雲龍對中國學者罕有專門從事日本金石文著録研究，缺少這一方面的研究著作，僅有的研究竟多有乖舛深感憂慮；日本學者所做工作在他看來又相當基礎，這樣致使日本金石文的真實狀況不爲更多的人所知。因而，他想利用難得的遊歷機會，從事日本金石文的收集研究。至於如何做、怎麽做，他認爲"昔歐、趙録金石目，跋尾成帙，洪適《隸釋》有續，嘗合一編。雲龍既廣益集思，依歐趙例，著跋尾文；複參洪續例，續録所見刀劍。然彼繫於工，此重厥文，而草薙劍無文，時尚無文也。彼重神器，以類聚之，難可分見。……"也就是説，傅氏參照宋人歐陽修、趙明誠、洪適金石著作的編撰方式，依據日本金石文的現實情況，編撰《日本金石志》一書。

當然，在如此短的時間内，完成大部頭的著作，單憑傅雲龍一人之力顯然難以辦到，期間駐日公使黎庶昌(1837—1896)提供諸多便利，並多有襄助。特别是身爲黎庶昌使館隨員，喜好古書、醉心金石的貴州人陳矩(號衡山，1850—1939)，給予傅雲龍無私幫助，明治後期日本漢文學家小山朝宏就對陳矩其人大加贊賞，云：陳矩"客歲隨星使黎公駐在我邦，署務餘暇，廣求金石遺文。時傅郎中懋元奉命遊歷日本等，亦搜索古跡。衡山大贊其業，出平生所聚，且身抵諸州，勿論破驛荒村，幽壑斷港，曆揭跋涉，採訪殆遍。自豐碑片石，佛塔鐘銘，至瓦經函識、古印刀劍、銘款係金石文字者，凡四千八百有奇，匯作《日本金石志》，其好古之篤，氣力之厚，真可嘆服也"②。傅雲龍自己亦云："訪古之助，賴貴陽陳氏(矩)力

① 張群《傅雲龍其人及其著述》，《河南圖書館學刊》2005年第5期。
② 轉引王寶平《日本遊歷圖經·前言(傅雲龍及其〈遊歷日本圖經〉考)》，上海：上海古籍出版社，2003年。

居多,生平友益,極不能忘,矧其受多聞益於海外歟!"[1]就是説,傅雲龍編著《日本金石志》很大程度上得到在日公務的好古之士陳矩的襄助,至少可以説,《日本金石志》的編撰,凝結著兩人共同的心血和汗水,而陳矩於此貢獻實大[2]。而且,對此書的編撰,無論從收録金石的數量,還是考訂的詳確,傅雲龍均有信心滿滿之感覺。在《日本金石志·金石年表·序》中,他寫道:

> 日本人西田直養《金石年表》所載五百二十有三種,彼人士多之,然如宇治川摩崖即涅槃經摩崖也,刊於寶龜九年,而列之七年,猶可曰拓本不可辨也矣。遠江長福寺鐘,天寶七年字不一蝕,而列之六年,似此往往而有。以土著之見聞,安問之歲月,猶難詳且精如此,況迫不及審。如雲龍之遊歷,而欲無一舛也?雖然畏難,恥也,以避指摘爲口實,尤爲恥也。賴同志陳氏矩襄蒐討力,既志厥文矣!餘皆録目入表,有年可紀者,得八百九十有餘種;無年可紀者,今亦得數十種,合之印文及刀劍款識,不下四千八百有奇。其質有金有銀、有銅有石、有瓦有瓷(如伊勢大神宫正印筥以木爲之,西田入表,類此所不敢沿)。其文有篆有隸,有飛白,有行有正,有梵有日本文。其年以中國爲宗,非沿西田例也![3]

可以看出,正是由於傅雲龍與陳矩的勤勉努力,以及日本各界朋友的大力支持,保障了《日本金石志》從收録數量到編撰考訂水準的超一流,成爲研究日本金石學最前沿的研究成果。

對於這部所謂外邦人編著的《日本金石志》,當時日本學者好評如云,上述小山朝宏評價此書云:

> 曩者,自何樂翁侯著《集古十種》,收古碑鐘銘等,然不及十六七。市河寬齋聚金石拓本,自附考證,著《金石私志》五卷,亦止一百餘種耳。大樂翁有上賢侯,世稱該博,寬齋好古通雅,用數十年之力。今衡山以外邦之人,淹留不過二三年,而網羅薈萃,以著斯書,不亦偉哉!

日本文學藝術家石英爲陳矩作《東瀛訪碑圖》,其題詩云:"蓬島千年物象移,徐仙遺跡

① 傅雲龍《遊歷日本圖經》卷二十三《日本金石志·金石文》,上海:上海古籍出版社,2003年。

② 有日本學者石田肇撰文《傅雲龍的〈日本金石志〉與陳矩》,提及該書的著作權問題。筆者同意王寶平教授的觀點,即該書爲兩人合著更接近事實,其中凝結著兩人共同的汗水和心血。見《日本遊歷圖經·前言(傅雲龍及其〈遊歷日本圖經〉考)》。

③ 傅雲龍《遊歷日本圖經》卷二十六《日本金石志·金石年表上》。

遂難知。當時竹簡今烏有，才剥蒼苔讀斷碑。”其詩後題記曰“衡山陳先生大人求東瀛訪碑圖，碑在上野國多胡郡，和銅年間所樹，乃寫其勝概，並題小詩”云云。陳氏將日本學者所作此圖帶回國内，當時十四位中國學者亦題箋祝賀，足見時人對傅、陳二人作爲的推崇和認同①，以及此書的非凡影響力。上述《語石》的作者葉昌熾對此亦多有評論，云：“（傅雲龍）網羅搜討，作《日本金石志》五卷。内《印文》一卷，《刀劍款識》一卷，其餘分前後兩卷，前目九十四種，後目百廿四種，又附録十六種，皆有跋尾。又仿歐、趙目録之例，有年可記者八百九十有餘種，録其目爲表。考日本金石者，於此歎觀止焉！”②無疑，上述評述均符合實際，道出傅氏著作的真實價值。

雖則如此，筆者以爲從學術研究及史料的珍貴來看，傅氏《日本金石志》五卷，應該是《遊歷日本圖經》一書中最有價值的内容，爲什麽如此？其一，書中的其他内容，如實業、教育、政府運營等，同時期出現的著作中均有大同小異的體現，如黄遵憲（1848—1905）《日本國志》四十卷（1887年）、姚文棟《日本地理兵要》十卷（1884年）、葉慶頤《策鼇雜摭》八卷（1887年）、陳家麟《東槎聞見録》四卷（1887年）等。其二，作者的編輯方式亦與其他卷次有明顯差異，即第二十三—二十七卷單獨以《日本金石志》命名，並題有“單行五卷”字樣，足見作者編撰當時就有將其獨立成書的規劃，凸顯編撰日本金石類總集的必要性。其三，迄今爲止，傅雲龍、陳矩兩人共同編撰的《日本金石志》，從收録金石文數量上看，囊括了當時能够看到所有的日本金石文，並分門别類、條分縷析，撰寫題跋論考，堪稱日本金石文的百科全書；從研究角度看，作者對所見金石碑刻的詮釋探討，迄今仍然是深入瞭解日本金石文不可或缺的最詳細並具備權威性質的著作。

3. 清末金石學者醉心日本金石文的原因

十八世紀乾嘉學派掀起考據學問之後，金石學逐漸成爲一門顯學，衆多知名學者參與其中，産出大量流傳後世爲人稱道的金石學著作。與此同時，學者們將研究的觸角伸向更爲廣闊的邊疆地帶及周邊國家地區，豐富了金石學的研究内容，促進了周邊國家地區金石學研究的深入。

那麽，是什麽契機促使清朝學者擴展研究範圍，對周邊地區國家金石産生興趣呢？筆者認爲有以下幾點值得注意。首先，從乾嘉學派金石考據學的肇啓，到咸豐、同治之時，由於研究人員的持續投入，金石學關聯的諸多問題均已涉及，新的金石文的出土面世有限，金石學著作的重複或“炒冷飯”現象時有出現。這樣，開拓新的研究領域勢在必行。其次，

① 杜白珣《陳矩輯〈東瀛訪碑圖詠〉》，《文物》1979年第11期。

② 葉昌熾著、韓鋭校注《語石校注》，第273頁。

鴉片戰争之後，隨着東亞國家特有的朝貢册封體系的逐漸瓦解，維繫數百年乃至千年的宗藩關係岌岌可危，清王朝無論是東南海疆，還是西北陸域，乃至東北數百年封禁之地，均出現此前不曾有的危機，清廷採取措施充實邊疆，人們開始不同程度的關注遥遠的邊境地帶，那裏不爲人知的金石碑志因此得以面世，著名的《好大王碑》就是一例。而其他金石碑刻也間有發現，這些由於有異域人士參與研究廣受關注，進而吸引清人金石學者的注意力，並投入到新的研究領域。第三，國門洞開，和周邊國家的來往增多，進而也爲醉心金石的清代學者提供了新的用武之地。且不説在此之前，隨朝鮮朝貢使臣前來的朝鮮學者贈送朝鮮半島所在金石碑志拓片，擴展了這一時期金石碑志研究領域，豐富了研究内容，研究朝鮮半島金石碑志劃時代著作《海東金石苑》得以問世；其他金石著作中的朝鮮金石也引起更多研究者的興趣。而明治維新後，清朝與日本間雙向交往增多（此前中國文化單向流入日本），雙方文化雙向交流趨於正常，但師生地位的互换却成爲事實；不僅如此，前往日本找尋中國文化遺存成爲一個時代的强音。第四，這一時期日本金石文著録研究，日本本土無論從人員投入，還是研究産出，均呈現相對薄弱景象，這就爲清朝金石學者開闢新領域、探討新問題提供了可能。上述翁方綱、葉志銑、劉喜海、趙之謙因風雲際會，接觸到少量日本金石文拓片，進而精心考釋，做過不同程度的探討。隨著中日交往日漸密切，從事金石研究的清代學者有機會到達日本，開始了他們非同尋常的日本金石文收集研究之旅，楊守敬、傅雲龍、陳矩等人，以及此後的羅振玉，是當時研究日本金石文最具代表的人物。他們的日本金石文著録研究，特别是傅雲龍的《日本金石志》，對日本金石學研究來説，無疑是具有里程碑的重要地位，應該引起研究者的注意。總之，十九世紀八十年代之後，清代學者對日本金石文的編撰研究，體現出這一時期清人金石學者研究視野、領域的拓展，周邊地域國家的金石文統統納入他們的研究範圍。當然，周邊地區國家本土學者的研究，應當是這種研究的基礎。雖則如此，這使得東亞各地的金石文，亦成爲組成東亞文化圈舉足輕重的必備要素之一①。清末民初葉昌熾《語石》一書，縱論這一時期金石學研究，涉及朝鮮、日本、越南等地的金石文，其亦可説明這一問題。

① 日本西嶋定生教授提出東亞文化圈組成的四大要素有漢字、儒教、佛教、律令制度。中國臺灣大學高明士教授在此基礎上增加了古代科技。見高明士《東亞古代的政治與教育》，臺北：樂學書局，2003年，第255—265頁。筆者認爲，從金石碑刻在東亞文化圈的發展歷史、普及程度，以及迄今爲止流布研究延續不斷看，將其作爲一種新的要素補充進去未嘗不可。當然，對此還應做進一步的研究。另外，日本學者平勢隆郎以東亞册封體制與龜趺碑爲題，探討中國周邊國家的"中華觀"，見平勢隆郎《東亞册封體制與龜趺碑》，高明士主編《東亞文化圈的形成與發展：政治法制篇》，臺灣大學歷史學系，2002年。

二、“上野三碑”涉及的幾個問題

如上所述,對於日本“上野三碑”等金石碑志,十八世紀開始,日本學者伊藤東涯、奈佐勝皋、狩穀望之、木部白滿等人作了相應的記載著録。隨後清朝金石學者開始接觸其中金石文拓片,進而依據拓片撰寫跋文;也有人因故赴日實地考察,收集相關金石文資料,撰寫日本金石學著作,探討“上野三碑”等金石文涉及問題。上世紀八十年代之後,日本學者對“上野三碑”的研究趨於細化,尾崎喜左雄、東野治之、前沢和之等人均有著作出版,而專門探討“上野三碑”的論文集亦間或刊出,零星發表的論文也多見於期刊雜志。據筆者不完全瞭解到的信息,涉及“上野三碑”有如下幾個問題需要瞭解。

1. “上野三碑”建立的時間及命名問題

《山上碑》位於日本群馬縣高崎市山名町字山神穀 2104 番地。碑文明確記載其爲“辛己歲集月三日”所建。依據日本學界的通説,該碑建立於天武天皇九年,即西元 681 年,唐高宗永淳元年。當然,也有學者認爲該碑中的“辛己歲”,應該向前推 60 年,即推古天皇二十九年,西元 621 年①。當然,如果這樣的話,《山上碑》就是日本現存最早出現的金石碑志了。但筆者認爲,西元 621 年,東山道上野國緑野郡所在可能還不會有如此能力製作此碑,因爲作爲製作的主力,來自新羅、百濟,乃至高句麗的渡來人還不會很多,而經過七世紀中葉東亞世界的大變革、大整合②,流寓日本的朝鮮半島渡來人逐漸增多,故而才有渡來人在新的居住地的適應和融合發展。至於《山上碑》的命名,此前有“山名村碑”“山名郫碑”③“山名村觀音堂碑”④“上野國山名村碑”⑤等名稱,楊守敬《三續寰宇訪碑録》未見著録該碑。據學者前沢和之研究,1929 年日本内務省發行的《史跡精查報告 1》中,採用當時學者黒板勝美的説法,開始將這通七世紀後半出現的碑石稱作“山上碑”⑥,並得到學界的認同,故現在學界統稱其爲《山上碑》。

《多胡碑》建在日本群馬縣高崎市擊井町大字池禦門。據該碑銘記載,其建立時間爲日本元明天皇和銅四年,西元 711 年。因爲碑銘文字清晰可辨,加之《續日本紀》中有記載

---

① 鈴木晴美《山上碑の建碑時期にフいて:推古天皇二十九年(621)説の可能性を探フて》,《史泉》第 113 輯,2011 年,第 1—12 頁。

② 拜根興《七世紀中葉唐與新羅關係研究》,中國社會科學出版社,2008 年,第 234 頁。

③ 傅雲龍《遊歷日本圖經》卷二十三、卷二十六《金石年表》,第 419 頁、第 538 頁。

④ 松平定信等《集古十種》,東洋堂,日本明治二十七年(1905)。

⑤ 内藤湖南著,劉克申譯《日本歷史與日本文化・關於飛鳥時代中國文化的傳入》,商務印書館,2012 年,第 168 頁。

⑥ 前沢和之《古代东国の石碑》,日本山川出版社,2008 年,第 12 頁。

可資佐證，故對碑石建立時間，學界没有異議。關於該碑的命名却五花八門。如上述十六世紀初《東路のつと》記爲“上野國多胡郡弁官苻碑”，也有記爲“上毛多胡郡碑”①；傅雲龍記爲“建多胡郡辨官苻碑”，楊守敬稱作“日本國片岡緣野甘良三郡題名碑”“和銅題名碑”。日本學界最終命名其爲“多胡碑”，應該是對該碑很好的界定。關於該碑，自上世紀初黑板勝美之後，尾崎喜左雄、高島英之、東野治之、前沢和之等日本學者，探討碑石涉及的諸多方面，取得了令人信服的成果。

金井澤碑建在日本群馬縣高崎市山名町字金井澤。依據碑文題字，該碑建立時間爲日本聖武天皇神龜三年，西元 726 年，即唐玄宗開元十四年。作爲上野三碑之一，和上述兩碑一樣，該碑歷來稱呼各異，一般看到的就有“高田裏結知識碑”“下贊鄉碑”“六刀自碑”“根古屋碑”②；還有“上野下贊鄉碑”（傅雲龍《日本金石志》）等。

2. 渡來人與“上野三碑”形狀、書體

和發展成熟的同時期唐代碑石雕琢華麗規整巍巍壯觀、統一新羅初期王陵碑石的中規中矩相比，“上野三碑”的形狀尤顯雅拙天然、樸實無華。《山上碑》呈不規則自然形狀，該碑石料學稱輝石安山岩，産自榛名山系河川。製作者很好的利用當地資源就地取材，選擇這塊幅長 47 厘米，厚 52 厘米，高 111 厘米的自然石料鐫刻 53 個文字，實現了石面價值的最大化。正如此前學者所云，這種選擇利用天然石料製作碑石，與六世紀前期新羅真興王時代出現的巡狩管境碑（即北漢山碑、摩雲嶺碑、昌平碑、黄草嶺碑）③異曲同工。不過，新羅真興王巡狩管境碑因其爲國家行爲，故從碑的大小、雕琢規整度等方面，明顯優於“山上碑”。

《金井澤碑》與《山上碑》製作材料相同。其幅長 70 厘米，厚 65 厘米，高 110 厘米，利用石料自然面鐫刻文字。它與新羅蔚珍鳳坪碑④、丹陽赤城碑，以及上述新羅真興王昌寧碑的製作較爲相似。

《多胡碑》爲砂岩質石方柱，上方有笠形石冠覆蓋。碑幅長 69 厘米，厚 62 厘米，高 129 厘米。其製作模樣及外表與上述新羅真興王管境巡狩碑中摩雲嶺碑、黄草嶺碑相似。從

---

① 平麟景瑞《上毛多胡郡碑考》，單行線裝本。

② 雷志雄《日本金石舉要》，武漢：湖北美術出版社，1998 年，第 64—65 頁，。

③ 内藤湖南《新羅真興王巡境碑考》，津田左右吉《真興王巡境碑考》，譯文見《國立北平圖書館館刊》1932 年第 5 卷第 6 號；盧鏞弼《新羅真興王巡狩碑研究》，一潮閣，1996 年。

④ 韓國學者延敏洙考察六世紀新羅東海岸一帶與日本列島的人員等交往，論證《蔚珍鳳坪碑》中涉及問題；當然，止因爲這種交往，使得傳入朝鮮半島的大陸文化在隨後的日子裏繼續南下，到達日本列島各地。見延敏洙《古代韓日關係와蔚珍地方》，盧重國等編《韓國古代社會와蔚珍地方》，韓國廣尚北道蔚珍郡、韓國古代史學會，1999 年。

碑石製作形狀等要素看,學者們趨向於碑石製作者應當出自朝鮮半島渡來人之手①。

有關"上野三碑"的書體,此前學者多有論述。如清人楊守敬認爲"《和銅題名》,最爲高古,神似顔魯公","書法雄古,顔魯公近之。"②作爲當時頂尖的書法鑒賞家,楊守敬認定《多胡碑》書體"接近顔體",無疑切中要害,只是楊守敬並未進一步説明。而楊氏所説《多胡碑》書體"接近顔體",應該理解爲顔體對此前北魏書法的吸納發展,並最終形成自己的風格。日本學者内藤湖南則認爲:"這些日本風格的文章不止於當時的都城大和附近,還流行於遠離京城的東部地區,上野國緑野郡山名村的碑就是一例。這些日本風格的文字,在同樣使用漢字的新羅等地,同一時期很難找出與其相似的例子。"③即從碑文風格,當然也包括書體要素探討。此文發表於 1929 年《佛教美術》第 13 册上,其觀點可能與當時日本整個國家所呈現的整體氛圍有關。此一時期日本學者對古代文化的詮釋判斷,特别是和大陸文化交集方面,表現出强烈的自立和自信。只是七、八世紀當時遠離京城的上野地區,其土著文化與外來文化交接的真實情況到底如何?外來移民在文化的傳承與表現方面扮演何種角色?其與土著之間是否有一定的文化差異?這些顯然均需要冷静並專業化探討。田淵保夫從日本書道史發展角度,論證"上野三碑"的書體文化淵源,認爲當時相當數量的歸化人居住於上野國甘泉郡一帶,他們通過海路傳來經過朝鮮半島消化之後的中國北魏文化風尚,其中也帶來魏碑所體現的書法風格。"上野三碑"製作時間前後經過四十餘年,但碑文書體却表現出難得的相似。追溯其原因,其與此一時期朝鮮半島移民頻繁到達日本居住,特别是百濟、高句麗滅亡,新羅與日本交往的頻繁,致使朝鮮半島移民蜂擁而至④,東山道上野國一带成爲渡來人重要的移居地,其間身懷絶藝傳承北魏書法技藝的書者渡來,並經過他們的再度消化創造,造就了這一時期日本書法碑刻文化的獨特風格⑤。對日本書法多有研究的陳振濂先生亦認爲"上野三碑"書法有北魏碑刻特點,云:"金井澤碑文、筆跡書風,山上碑及多胡郡碑似爲同一人筆跡,頗多相似點。其與北魏石門銘、鄭文公碑書風相似"⑥,只是其並未提及與朝鮮半島渡來人的關係。王勇教授亦指出"此碑雖然成於奈良初期,但書風依然六朝傳統,還看不出唐朝書法的明顯投影。

① 前沢和之《古代东国の石碑》,日本山川出版社,2008 年。权泰鸣《관동일원에문명의씨앗을뿌린한반도도래인》,2010 年。

② 楊守敬《學書邇言》,《激素飛清閣評碑記》卷三,《楊守敬集》,武漢:湖北人民出版社,第 8 册,1986 年。

③ 内藤湖南著,劉克申譯《日本歷史與日本文化・關於飛鳥時代中國文化的傳入》,第 165 頁。

④ 李根雨《日本列島의百濟移民에대하여》,《韓國古代史研究》第 23 輯,2001 年;李婷《流入日本的高句麗百濟移民研究》,陝西師範大學 2008 年碩士論文。

⑤ 田淵保夫《書道史上からみた"上野三碑"》,《立正大學文學部論叢》第 75 輯,1983 年。

⑥ 陳振濂編著《日本書法通鑒》,鄭州:河南美術出版社,1989 年。

不過書者已經參透六朝書法的奥秘，運其氣韻駕輕就熟，象徵著飛鳥時代以來修煉六朝書法已近功德圓滿，預示著破舊立新時機已經成熟。”[①]即從另一角度解釋《多胡碑》書法風格形成與發展。

如上所述，三塊碑刻無論從製作形狀、石料的選擇，以及書體本身，均與六世紀朝鮮半島某些碑刻保有相似或相同的特點。如果仔細對比其與新羅真興王管境巡狩四碑，其書體的相似度似更高。鑒於此，無論是上述前沢和之、田淵保夫，還是亦有研究論著發表的東野治之等學者[②]，均通過大量的史實及縝密的論證，認爲“上野三碑”的製作與前來日本的朝鮮半島渡來人有關。無疑，筆者同意上述學者的看法。而從中國古代增設新的地方行政機構所具備的條件看，某些地方人口劇增，原行政機構不足以很好的行使管轄狀況下，往往成爲增設新的地方行政機構（州、郡或縣）的重要原因之一。從這一點看，東山道上野國增設多胡郡，以及相鄰地區擴大交通網絡、建立新的驛站，證實當地人口的增多，地域經濟人文規模擴大的事實。而多胡郡轄下地名，如織裳、韓級等似與朝鮮半島關聯的地名，其亦可説明問題。對此，應該整理現有研究，發掘新的資料，做進一步深入探討。

3. “上野三碑”的具體内容

有關“上野三碑”的内容，事實上日本學界尾崎喜左雄、東野治之、前沢和之等學者論述已經很多，應有的史實也很清晰，並代表了學界最前沿研究，故無需再做饒舌。只是據筆者查閱相關研究動態，中國學界除過清末學者所做探討之外，很少再有相關探討，因而對已有研究再做回顧爬梳亦很有必要。

A.《山上碑》

據傅雲龍《日本金石志》卷二三所載，《山上碑》共53字，其録文標點如下：

辛巳歲集月三日記

佐野三家定賜健守，命孫黑売刀自，此新川臣兒斯多多禰足，邊孫大兒臣娶三兒，長利僧母，爲記定文也放光寺僧因爲撰碑者的渡來人身份，故而運用古拙的漢語，爲放光寺僧母親撰寫碑文。據黑板勝美實地調查，確認《山上碑》東側即有碑刻上所示的古墳存在，進而使該碑刻成爲日本全國唯一的墓碑。其中健守、黑売、斯多多彌足爲人名，“刀自”爲當時對女性的尊稱。

---

① 王勇《日本文化：模仿與創新的軌跡》，北京：高等教育出版社，2008年，第244頁。

② 東野治之《上野三碑》，《日本古代金石文の研究》，岩波書店，2004年。

B.《多胡碑》

有關設立多胡郡,《續日本紀》卷五記載云:

(和銅)四年春正月丁未,始置都亭驛。山背國相樂郡岡田驛,綴喜郡山本驛,河内國交野郡楠葉驛,攝津國嶋上郡大原驛,嶋下郡殖村驛,伊賀國阿閇郡新家驛。

二月辛丑,從四位下土師宿彌馬手卒。

三月辛亥,伊勢國人磯部祖父、高志二人賜姓渡相神主。割上野國甘良郡織裳、韓級、矢田、大家,緑野郡武美,片岡郡山奈等六鄉,别置多胡郡。

就是説,因爲多胡郡的設立,當時政府才决定在當地豎立多胡郡碑。另如上所述,《多胡碑》十六世紀初爲人發現,後來逐漸受到關注。其拓片十八世紀流傳至中國,引起當時著名金石學者翁方綱、葉志銑、楊守敬,以及前往日本考察遊歷的傅雲龍、陳矩等人的注意。《多胡碑》銘文標點斷句如下:

弁官符上野國片岡郡、緑野郡、甘良郡並三郡内三百户,郡成,給羊成多胡郡。和銅四年三月九日甲寅。宣左中弁正五位下多治比真人,太政官二品穗積親王,左太臣正二位石上尊,右太臣正二位藤原尊。①

對此,清人葉志銑依據翁方綱所贈,其可能是來自朝鮮學者的《多胡碑》雙鈎拓本,詳細詮釋探討《多胡碑》。云:

右日本國殘碑凡八十字。按:碑文"和銅"爲元明天皇建號,"四年"當唐睿宗景雲二年,歲紀辛亥也。日本域地,内有五畿,外有七道。上野國爲東山道所屬八國之一,本名上毛野,在渡瀨河之西,凡隸郡十四,片岡、甘良、多胡、緑野皆其所屬。"甘良",《志》作"甘景"。"中弁"之職有左右之分,當正五位下,秩爲朝議大夫,在國爲重職,擇華族中有才名者居之,執行宫中之事。"太政官"始設於天智天皇十年,至孝德天皇時改爲"太師",後仍復原稱,爲文官之至極,助理萬機。"左右大臣"設于孝德天皇時,奉行諸政,在太政之次。"親王"以國後子改立者,初叙三品。妃子初叙四品。任國守事者,維上野、上總、常隆三國有之,他國則否。"正二位"秩爲特進上柱國。"多治比"島名。"真人""藤原"皆賜姓,"石上"亦姓也。此文首尾殘缺,似系題名。書勢雄偉,類

① 西崎亨利用日本出土木簡、《萬葉集》、正倉院文書、現存其他石刻資料,以及日本六國史中的記載,探討日本文獻及金石碑志中出現"尊"字含義,其中涉及對《多胡碑》文字的解釋。見西崎亨《〈石上布の尊〉少考》,《武庫川女子大學紀要(人文・社會科學)》1999 年第 47 輯第 86—92 頁。

上皇山樵《瘗鶴銘》字。相傳日本人平麟得於土中,拓本流入朝鮮,爲成氏所藏①。

楊守敬同治十年(1871)在自己的著作中全文轉録葉志詵的跋文,但並未做進一步探討。而傅雲龍編撰《日本金石志》一書,其在抄録日本狩穀望之著録文的同時,指出上述葉氏題跋之誤,並在一些問題上提出自己的看法:

此碑蓋刻當時符文也。按:碑云九日甲寅,則辛亥爲六日,碑、史相差三日。"給羊"字不可讀,俗傳羊大大之事,不經甚矣!蒙齊曰:應做"半",意粗可通。然文理不穩,不如闕疑之爲勝也。"太政官"即知太政官事,慶雲二年九月紀云:詔二品穗積親王知太政官事是也。石上尊麻吕公,藤原尊不比等公也。尊訓美古登,古時尊重其人之稱。穀川淡齋誤以爲"朝臣"之省者,可笑矣!二公官銜亦皆與《續紀》合。蒙齊曰:多治比真人,三宅麻吕也。三宅麻吕爲左中辨,《續紀》不載,然位階適合,亦後爲左大辨,則或其人也。(《古京遺文》)

雲龍按:碑在東山道群馬縣上野國多胡郡,高三尺九寸,寬一尺九寸。正書六行,第一、第一第二兩行□十三字,三行四行五行□十四字,六行十三字。《金石年表》謂之多胡郡碑,今依狩穀著目。此碑曾流傳中國。葉氏雙鈎刻本翁氏方綱跋云"可與樵山《瘗鶴銘》並峙"誠重之也。呼爲日本殘碑,實未之殘。和銅四年當唐太極元年。"岡"作"罡","寅"作"寅","尊"作"尊","穗"作"穗",它碑字體往往同此。②

可以看出,傅雲龍十分瞭解當時中日學界研究動態,他對《多胡碑》的一些看法,以及對此前研究成果的指責訂正,應該是當時學界最前沿的研究之一。而《多胡碑》文涉及問題,在上述葉志詵、狩穀望之、傅雲龍等人的研究中均有體現,進而成爲此後日本學界研究的重要基礎。

C.《金井澤碑》

和上述兩碑相比,《金井澤碑》的文字相對較多。依據群馬縣提供的録文,筆者標點斷句如下:

上野國群馬郡下賛鄉高田裏

三家子□爲七世父母,現在父母,

---

① 葉氏明確提出,《多胡碑》拓本是"廿年前,翁覃溪師以雙鈎本見貽,偶爾撿得,因詳爲考證,並重摹以廣墨緣"。並注明題跋撰寫時間爲"道光十有九年太歲在亥夏六月望日",即西元1839年6月15日。參楊守敬《望堂金石跋》,《楊守敬集》,第8册。

② 傅雲龍《遊歷日本圖經》卷二十三《日本金石志》,上海:上海古籍出版社,2002年。

現在侍家刀自[他田]、君目[頰]刀自、又兒[加]

那刀自、孫物部君午足、次□刀自、次[若]□

刀自合六口,又知識所結人,三家毛人

次知萬呂,鍛師礒礒君身麻呂,合三口。

如是知識結而天地誓願仕奉

石文。

神龜三年丙寅二月廿九日①

有關此碑,上述日本學者東野治之、前沢和之有深入研究,增尾申一郎則從儒教受容與祖先崇拜角度探討②,顯示出日本學界對此碑研究的深入和權威性。相信經過更多的人員投入,對《金井澤碑》的研究會更上一層樓。

結　語

本稿對以下問題做了相應的探討:首先,認爲十九世紀末金石學者將研究觸角伸向更加廣闊的周邊國家地區,在收集編撰朝鮮半島金石文著作的同時,又利用當時中日公式化外交關係的開啓,雙向交流的增加,以及親自遊歷日本之便,收集探討編輯日本金石文,其中傅雲龍、陳矩共同編撰的扛鼎之作《日本金石志》,成爲這一時期日本金石文研究的里程碑。其次,探討此一時期清人金石學者開拓學問研究新視野的動因,以及所體現的中日間文化交流的新趨勢。第三,依據日本學界現有的一些研究,探討"上野三碑"研究中涉及的幾個重要問題。總之,"上野三碑"是日本古代金石碑刻的代表作,具有强烈的地域性文化特點,是東亞區域文化融合發展的活化石遺存。這些金石碑刻體現出七八世紀日本社會發展的現實,這就是中國大陸及朝鮮半島移民(渡來人)源源不斷到達,並定居於都城鄰近、關東地域等廣大區域,他們帶來豐富多彩的文化習尚,並與當地固有的文化融合發展,

① 傅雲龍《遊歷日本圖經》卷二十三《日本金石志》。録文如下:"上野國群馬縣下贊鄉高田裏三家子孫爲七世父母現在父母現在侍家刀自□□君□□刀自人紀□部刀自後物部君千足吹馱刀自次□□刀自會六口又知識所結人三家氏人□□次知萬呂鐵師礒了君牛麻呂今三口如是知識結而天地誓願仕奉石文神龜三年丙寅二月廿九日"。傅雲龍録文有個別字與上引群馬縣提供的録文有差異(引用文中字底線者);群馬縣録文新確認了五個字(用[　]好標出者),但另有一個字留白(□)。而前沢和之録文中的個別字,則與群馬縣録文存在差異。相信今人經過辨識探討該碑石拓片,其録文或比百餘年前清人所録應更爲準確。而學者間探討該碑出現不同意見,其亦是正常不過的事情。參前沢和之《古代東國の石碑》第29頁,山川出版社,2008年。

② 增尾申一郎《〈七世父母〉と〈天地誓愿〉——古代東國における儒教受容と祖先信仰をめぐつて》,平野邦雄監修・新しい古代史の會編《東國石文の古代史》,吉川弘文館,1999年。

促進了日本政治、經濟的發展和文化繁榮，成爲日本文化的重要組成部分。

2017.4.12 初稿

2017.5.25 修改

【作者簡介】拜根興，男，1964 年生，歷史學博士，陝西師范大學歷史文化學院教授、博士生導師，主要從事中古時期中外關係史研究。

陝西存藏碑刻的書法藝術*

吴敏霞

中國傳統書法藝術源遠流長，是中華傳統文化的重要組成部分。中國傳統書法與漢字字形的發展、演變密切相關，殷商甲骨文、兩周金文、先秦大篆以及後代隸書、楷書、行書、草書等，既是漢字發展的不同階段，也是中國書法藝術的不同書體。作爲一種傳統的藝術形式，書法藝術的載體十分多樣。碑刻是造紙術發明和推廣之前，流傳廣泛的書法載體之一；在紙張發明並廣泛應用於日常生活之後，碑刻及碑帖仍然是傳統書法藝術重要的載體和傳布形式。陝西存藏碑刻數量衆多，形式多樣，書體兼備，風格迥異，其中不乏歷代書法大家之作，對於研究中國書法的歷史發展，對於弘揚中國傳統書法藝術，具有重要的意義和價值。

一、陝西存藏碑刻的篆體書法

篆書，是大篆、小篆的統稱。其筆法瘦勁挺拔，直線較多。大篆以今寶鷄發現的《石鼓文》爲代表①，是迄今發現的最早的石刻文字，也是先秦大篆書體重要的實物資料。其書體遒勁厚重，結構工整，筆劃圓匀，被譽爲中國古代大篆書體的最高水準，向爲後人所推重。

石鼓文局部

* 本文是2014年度國家社會科學基金重點項目《陝西碑刻文獻精萃彙編》（項目編號：14AZD095）階段性成果。

① 發現於今陝西寶鷄渭濱區的石鼓山上（一説發現於今鳳翔縣）。石作鼓形，十面刻有文字，故稱石鼓文。現藏北京故宫博物院。

陝西存藏小篆書法碑刻以秦《嶧山刻石》《三墳記》《千字文》《清防護唐昭陵碑》《重修西嶽廟記碑》等爲代表。

《嶧山刻石》，秦始皇二十八年(前 219)刻，北宋淳化四年(993)摹刻。碑高 2.18 米，寬 0.84 米，厚 0.14 米；碑文 15 行，滿行 15 字。爲頌揚秦始皇廢分封立郡縣之功績而刻。此碑是秦丞相李斯篆書留世之珍品之一。現存西安碑林者，爲五代南唐徐弦臨寫、鄭文寶重刻。其書體横平豎直，匀挺整齊，剛健端莊；篆書筆劃圓勁，古意畢臻，形神俱有，在章法上行列規矩和諧，整齊畫一，彰顯出强健有力的藝術風範。

嶧山刻石局部

《三墳記》，唐大曆二年(767)刻，北宋大中祥符時重刻。現藏西安碑林博物館。碑殘高 2.05 米，寬 0.79 米，厚 0.24 米。碑文 13 行，滿行 20 字。李季卿撰文，李陽冰書丹。碑文記述李季卿遷葬三位兄長之事。書者李陽冰，唐代著名文學家、書法家，尤工小篆。此碑承秦李斯《嶧山刻石》筆法，以瘦勁取勝，結體對稱均衡，茂美雍容，匀穩自然，爲李陽冰的代表作。清人孫承澤對此有高度評價："篆書自秦漢而後，推李陽冰爲第一手。今觀《三墳記》，運筆命格，矩法森森，誠不易及。"①

① 孫承澤《庚子銷夏記》卷七《李陽冰李氏三墳記》，上海：上海古籍出版社，2011 年，第 127 頁。

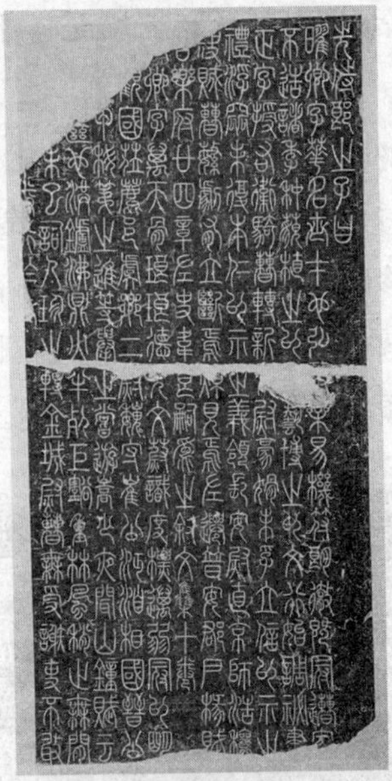

三墳記

《千字文》,北宋乾德三年(965)刻立。現藏西安碑林博物館。碑通高 3.27 米,寬 1.03 米。碑文 25 行,滿行 40 字。夢英書丹。夢英,宋代高僧,工書法。其篆書書法《千字文》,在繼承李陽冰篆書體勢的基礎上,更加工整精湛,幾成後世篆書之楷模範本。

篆書千字文局部

《大清防護唐昭陵碑》，清乾隆四十九年（1784）刻。石原立於陝西禮泉縣煙霞鄉東坪村東越國太妃燕氏墓前，1975年移入昭陵博物館。碑高1，70米，寬1.06米。碑文28行，滿行55字。畢沅撰文，錢坫書丹，孫星衍摹勒並篆額，王景桓刻字。碑文貶秦修驪山陵墓、漢造茂陵一萬六千户大遷徙，勞民傷財；褒唐太宗"深遵節約，廑鑿嵯峨"，主旨是防護昭陵，以"恐古墓爲良田"。書者錢坫，江蘇嘉定（今上海）人，字獻之，號小蘭，曾任乾州判。平生尤工篆書，其書宗李斯，取法李陽冰，沉著蒼勁，得漢人法。素被稱爲清代篆書第一人。

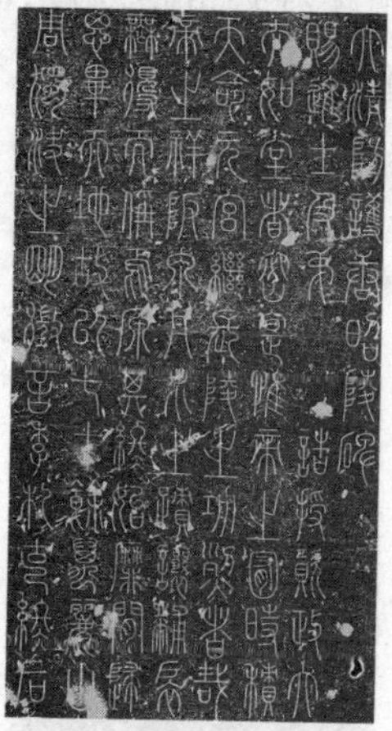

大清防護昭陵碑局部

《重修西嶽廟記碑》，清同治九年（1870）刻立。石現藏華山西嶽廟。碑高3.60米，寬0.77米。碑文13行，滿行32字。左宗棠撰文並書丹。左宗棠於同治六年（1867），奉命爲欽差大臣，督辦陝甘軍務，率軍入陝西攻剿西撚軍和西北反清回民起義軍。此碑文即其過華陰時所作，碑記重修西嶽廟之經過、財用、董事、祈願等事。此碑書體結構嚴密，筆力渾厚雄健，爲清篆中之佳品。

重修西嶽廟記碑局部

陝西現藏篆書書法重要碑刻另外還有李陽冰書《高力士神道碑》碑首①,柳公權書《圭峰定慧禪師碑》碑首②,董瑰書《大唐重修内侍省碑》碑首③,元孔元措書《十方重陽萬壽宫》碑首④,李道謙書《全真教祖碑》碑首⑤等,這些都是陝西碑刻中篆書書法的傑出代表。

特别值得一提的是高翿篆書《道德經》,此碑兩通,元至元二十八年(1291)刻立,現藏陝西周至縣樓觀臺。碑高3.30米,寬1.00米,厚0.33米。碑額皆篆書"古老子"三字。正文99行,滿行54至58字不等。書者高翿,山東大儒,書法出衆,善書古,筆法精妙,古今罕有。唐時曾有人用古籀書寫《道德經》,可惜湮没,高翿搜羅古籀字,綴輯而成。其書法勁力蒼古,風格絢麗,筆法精妙,運用嫺熟,工整勁健,富有韻律,近看是字,遠看如花,字字珠璣,如梅花初放,被後人譽爲"梅花篆字碑",是後來臨摹籀文者不可多得的範本。

道德經碑

---

① 高力士神道碑,唐大曆十二年(777)刻。碑通高4.05米,寬1.50米,厚0.25米。碑文30行,行55字。尚書駕部員外郎潘炎撰文,翰林待詔張少悌奉敕書丹。京兆府户曹參軍李陽冰篆額,額題"大唐故開府儀同三司贈揚州大都督高公神道碑"。

② 《圭峰定慧禪師碑》,唐大中九年(855)刻立。碑高2.16米,寬1.04米,厚0.33米。碑正文楷書36行,滿行65字。裴休撰文並書丹,柳公權篆額,邵建初刻字。額陰刻篆書"唐故圭峰定慧禪師碑"。

③ 《大唐重修内侍省碑》,唐光化二年(899)刻立。現藏西安市文物保護考古所。碑通高3.60米,寬0.98米,厚0.32米。碑文39行,滿行70字,行書。鄭璘撰文,閻湘書丹,董瑰篆額。額文篆書"大唐重修内侍省之碑"。

④ 《十方重陽萬壽宫》,蒙古海迷失後元年(1249)刻立。現藏陝西户縣重陽宫後院。碑通高5.16米,寬1.56米,厚0.50米。正文35行,滿行80字,楷書。孟攀鱗撰文,張志敬書丹,孔元措篆額。額篆書"十方重陽萬壽宫記"。

⑤ 《全真教祖碑》,蒙古至元十二年(1275)刻立。現藏陝西户縣重陽宫。碑通高5.12米,寬1.48米,厚0.50米。碑文36行,滿行84字,楷書。金源璹撰文,李道謙書丹並篆額。額篆書"終南山神仙重陽王真人全真教祖碑"。

二、陝西存藏碑刻的隸體書法

漢隸和魏碑體是中國古代隸體書法藝術的最高成就。在陝西存藏的碑刻中，漢隸如《石門頌》《西嶽華山廟碑》《曹全碑》，堪稱極佳品。

《石門頌》，東漢建和二年(148)刻。現藏陝西漢中古漢臺博物館。全稱"故司隸校尉犍爲楊君頌"，長2.05米，寬2.61米，25行，滿行31字。王升撰，王戒書。此頌爲漢中太守王升爲歌頌原司隸校尉犍爲楊涣開通褒斜道的功勳所刻，其書法嚮爲後人所稱頌。其書體多用圓筆，起筆逆鋒，收筆回鋒，中間運筆道勁沉著，故筆劃古厚含蓄而富有彈性。全文布局巧妙，參差錯落，揮灑自如，富於變化，是漢隸中奇縱恣肆風格的代表，素有"隸中草書"之稱。

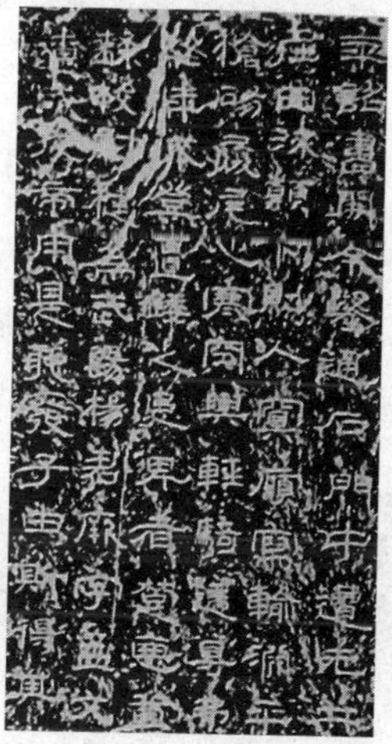

石門頌局部

《西嶽華山廟碑》，東漢延熹八年(165)刻立。原碑毀於明嘉靖年間關中大地震，清代錢寶甫複刻，現藏華山西嶽廟。碑高2.55米，寬1.20米。額篆書"西嶽華山廟碑"。22行，滿行38字。郭香察書。記載西嶽廟修建歷史及前代祭祀之事。其書法價值尤高，筆劃豐潤，變化多端，奇妙精絶，氣度典雅，屬漢碑絶佳之品，歷來爲書家所重。清代朱彝尊在《金石文字跋尾》中曾謂漢隸凡三種，一種方整，一種流麗，一種奇古，"惟延熹華山碑，正變乖合，靡所不有，兼三者之長，當爲漢隸第一品"①。

① 朱彝尊《金石文字跋尾》卷二《跋漢華山碑》，《石刻史料新編》第一輯第二十五册，臺北：新文豐出版公司，1982年，第18685頁。

西嶽華山廟碑局部

《曹全碑》，東漢中平二年(185)刻立。明萬曆初出土於陝西合陽縣故城(今莘裹村)，現藏西安碑林博物館。碑高 2.72 米，寬 0.95 米。碑文 22 行，滿行 45 字。碑文詳述了曹氏家族世系、職官及歷史史事。此碑結字匀整，秀潤典麗，用筆方圓兼備，以圓筆爲主，簡靜雅和，美妙多姿，是成熟漢隸飄逸秀麗標準書法的典型。

曹全碑局部

陝西現藏隸書書法碑刻還有榆林綏德、米脂等地出土的田魴、楊孟元、牛季平、任孝孫、田文成等漢代紀年刻石，其書體亦變化多端，蒼勁古樸，是漢隸向魏碑體過渡的典型範例。

陝西現藏魏碑體書法碑刻有《姚伯多造像碑》，北魏太和二十年(496)刻立。現藏銅川藥王山。碑高 1.40 米,寬 0.70 米,厚 0.30 米。四面刻。銘文爲後秦建立者姚萇之後裔、北地羌族豪姓姚伯多兄弟爲其先人造像的發願文。其書法點畫細膩,結字規整,同時又勁健有力,拙朴自然。

姚伯多造像碑局部

另有《廣武將軍碑》,苻秦建元四年(369)刻立。現藏西安碑林博物館。碑高 0.32 米,寬 0.20 米。碑文 17 行,滿行 31 字。其書法結體寬博,筆勢肆意,布局疏朗,情勢飄逸,被譽爲"絶品"。于右任先生曾將此碑與《姚伯多造像碑》及《慕容恩碑》稱爲"秦中三絶碑",即是對其隸書書法的極佳贊頌。

廣武將軍碑局部

上世紀七十年代,在陝西華陰五方村出土了弘農楊氏多方墓志銘,包括有北魏楊播、楊穎、楊阿難、楊泰等墓志,均屬較爲工整的隸書書寫,其結字方整寬裕,用筆柔中寓剛,氣勢雄强勁健,皆爲魏碑中之精品,爲中國古代書法由隸變楷過渡的典型代表。

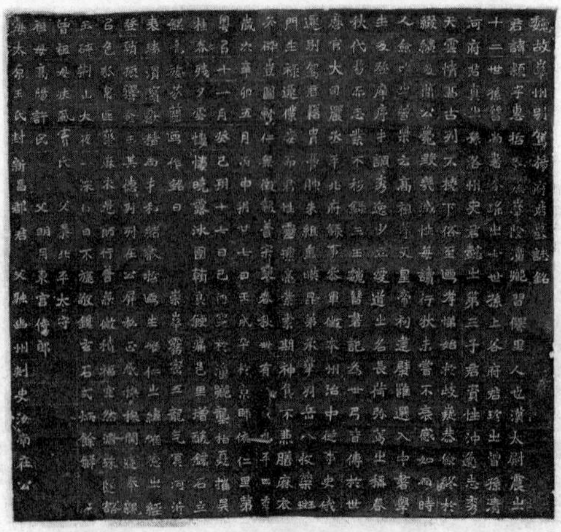

楊穎墓志

其後隸體書法成就較高者，如現藏樓觀鎮樓觀臺的唐武德九年(626)刻立的《大唐宗聖觀記碑》，是歐陽詢的隸書代表作品之一。歐陽詢書法源於漢隸，險勁遒刻，鋒骨凜凜，法度嚴謹，結構獨異，儘管《大唐宗聖觀記碑》不及楷書《九成宮碑》盛名遠播，且原碑早佚，但重刊碑文是較爲少見的歐陽詢隸書碑刻，字裏行間可見歐體書法由隸入楷的風格和趨勢，表現出了歐陽詢早期書法的風格和特徵。

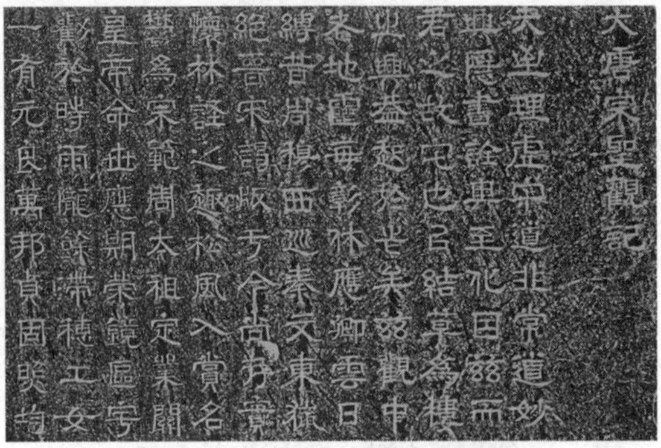

大唐宗聖觀記碑局部

另外，唐代著名書法家史惟則書丹的《大智禪師碑》，開元二十四年(736)刻立，現藏陝西樓觀臺，在中國書法史上具有特殊的意義。此碑書法筆劃圓潤豐腴，老勁莊嚴，剛柔相濟，疏密舒適，間雜楷法，有上追漢隸的筆意，是唐人楷法隸作的典型。清代書家學者孫承澤稱："惟則分隸爲開元時第一……暢適匀妥，不乏筋骨，是一代高手也。"①

① 孫承澤《庚子銷夏記》卷七《史惟則大智禪師碑》，第127頁。

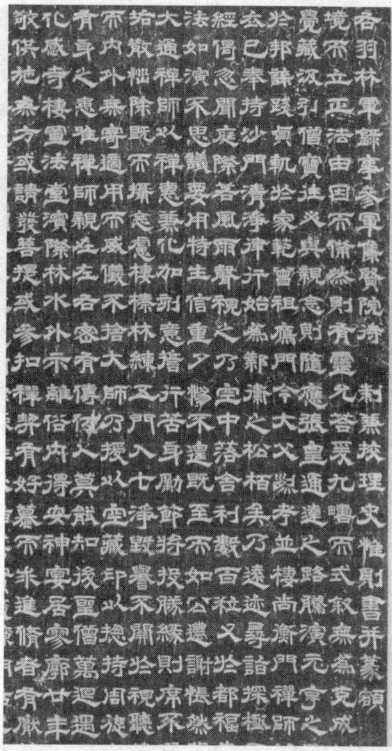

大智禪師碑局部

再，吴善經撰、盧元卿書《畢原露仙館虚室記碑》，唐貞元二十年(804)刻立。碑高0.57米，寬0.95米。碑文18行，滿行13字。是碑用筆渾圓，氣韻生動，是學習隸書難得的一通碑帖。

三、陝西存藏碑刻的楷體書法

楷書是由隸書逐漸演變而成，其特點是横平豎直，形體方正，規矩整齊，故亦被稱爲正書，在中國古代書法發展中有著重要的藝術價值。

魏晉南北朝是楷書的形成期，這一時期的楷書略帶隸書的味道，如北魏《暉福寺碑》，太和十二年(488)刻立，現藏西安碑林博物館。碑高2.94米，寬0.90米，厚0.17米。碑文24行，滿行44字。碑文記載宕昌公王慶在家鄉爲“二聖”即文明太后和孝文皇帝祈求神福，同時爲自己父母子弟消災滅難而建造暉福寺三級浮圖之事。此碑書法古拙遒麗，鋒芒内斂，秀勁平穩，氣象渾穆，有漢魏遺風，是魏碑體向楷書過渡的珍品佳作。

暉福寺碑局部

又如《張僧妙法師碑》,北周建德三年(574)刻立,現藏藥王山博物館。碑高 2.05 米,寬 0.75 米,厚 0.25 米。碑文 24 行,滿行 46 字,界以方格。該碑書法隨意疏朗,結體奇崛無常,字裏行間充滿天真爛漫的稚拙之氣,表現出一種率意自然的情趣。是隸書向楷書過渡的代表之作。

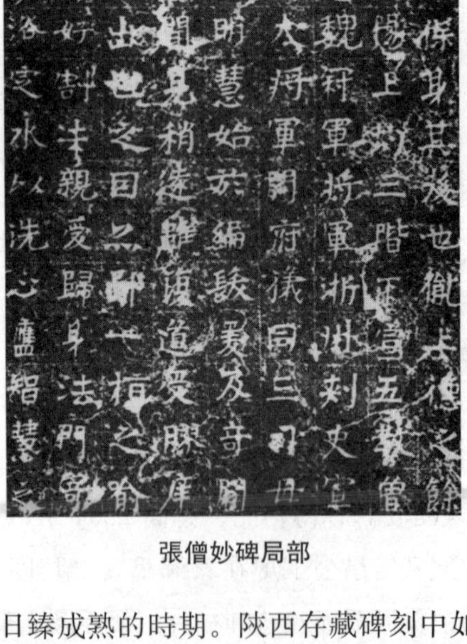

張僧妙碑局部

隋唐是中國古代楷書日臻成熟的時期。陝西存藏碑刻中如隋《蘇慈墓志》,仁壽三年(603)刻,現藏蒲城縣博物館。志邊長 0.84 米,37 行,滿行 37 字。該志書法整嚴温秀,其楷書精見絶倫,實爲佳刻。

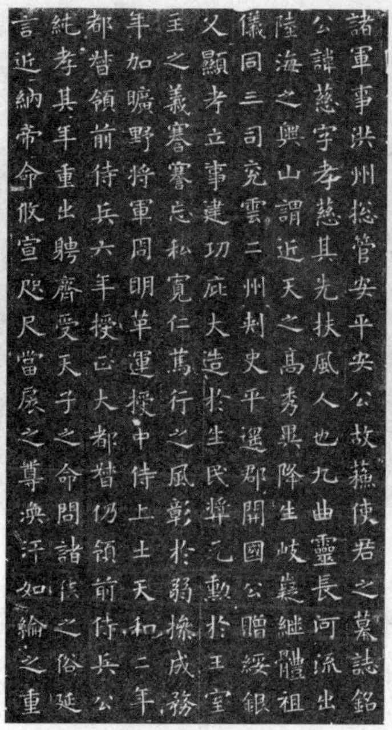

蘇慈墓志局部

還有《孟顯達碑》,隋開皇二十年(600)刻立。1901 年出土於西安市長安區南裏王村,現藏西安碑林博物館。碑通高 1.94 米,寬 0.67 米。碑文 26 行,滿行 48 字,楷書,不著書者姓名。此碑書法秀勁端雅,質樸大方,整體布局寬闊疏朗,清極方正,可謂隋楷上乘之作。

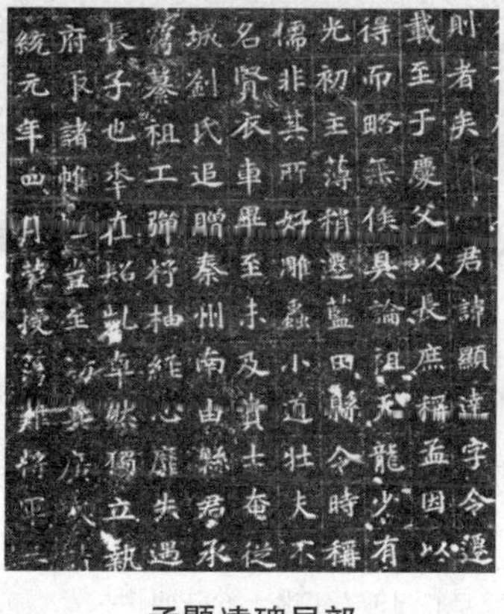

孟顯達碑局部

唐代楷書的珍品在陝西存藏碑刻中非常豐沛。如《皇甫誕碑》,唐貞觀年間(627—649)刻立。石原立陝西西安市長安區鳴犢鎮,現藏西安碑林博物館。碑高 2.68 米,寬

0.96米,厚0.28米。碑文28行,滿行59字。于志甯撰文,歐陽詢書丹。此碑書法結構完美,險勁精絶,方正峭勁,雄强温雅,是初唐歐體具有代表性的作品。

皇甫誕碑局部

《張士貴墓志》①,書者張玄靚,史書闕載。其書體介於虞世南、褚遂良之間,波勢自如,遒麗圓潤,疏瘦勁練,清新悦目,是不可多得的唐初楷書之精品。

張士貴墓志

《尉遲敬德墓志》②,書者不知何人,其書法摹臨歐體,形神兼備,意態精密,端嚴俊秀,遒峻緊結,實爲墨林之佳作;其模勒之工,鍛鐫之精,是衆多墓志中的精品。

① 《張士貴墓志》,唐顯慶二年(657)刻。1972年出土於陝西禮泉縣煙霞鄉馬寨村西南張士貴墓中,現藏昭陵博物館。志、蓋均呈正方形,邊長均0.98米,厚0.15米。蓋四周及四刹均飾以寶相花紋。蓋文篆書"大唐故輔國大將軍荆州都督虢國公張公墓志銘";志文55行,滿行57字,楷書。上官儀撰文,張玄靚書丹。

② 《尉遲敬德墓志》,唐顯慶四年(659)刻。1971年出土於陝西禮泉縣煙霞新村公路北側尉遲敬德墓中,現藏昭陵博物館。志、蓋均呈正方形,志邊長1.20米,厚0.20米。蓋四刹飾纏枝牡丹紋,志四刹飾十二生肖圖案及梅花。蓋文飛白書"大唐故司徒並州都督上柱國鄂國忠武公尉遲府君墓志之銘";志文47行,滿行50字,楷書。

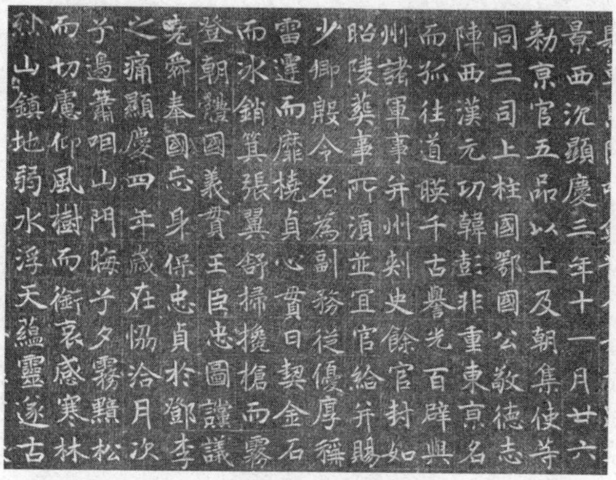

尉遲敬德墓志局部

《越國太妃燕氏墓志》①，書法品位當在昭陵其它出土墓志之上，從書體風格上看，用筆方圓兼備，歐體特徵明顯，又博採虞、褚之長，其章法布局，錯落有致，賞心悦目，充分顯現出剛健險勁、法度森嚴的風貌。

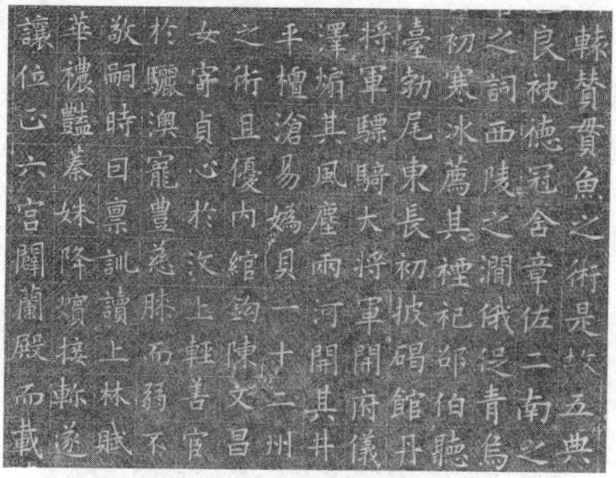

越國太妃燕氏墓志局部

《韋承慶墓志》②，書法字體方整幹練，豐瘦得當，工整險絶，氣度不凡，堪稱唐初歐體楷書之佳品。

---

① 《越國太妃燕氏墓志》，唐咸亨二年(671)刻。1990 年出土於陝西禮泉縣煙霞鄉東坪村東約二百米處燕妃墓中，現藏昭陵博物館。志、蓋均呈正方形，志邊長 0.96 米，厚 0.18 米。蓋四周及四刹飾以寶相花紋。蓋文篆書“大唐越國故太妃燕氏墓志銘”；志文 50 行，滿行 48 字，楷書。

② 《韋承慶墓志》，唐神龍二年(706)刻。陝西西安市出土，現藏西安市文物保護考古所。志、蓋均呈正方形，志、蓋邊長均 0.94 米。志四刹飾以纏枝花紋，蓋四刹飾以青龍、白虎、朱雀、玄武圖案。蓋文篆書“大唐故銀青光禄大夫行黄門侍郎贈禮部尚書韋府君墓志銘”；志文 47 行，滿行 47 字，楷書。岑羲撰序，鄭愔制銘。

韋承慶墓志局部

顔真卿是盛唐書壇最傑出的名家，歐陽修將顔氏人品與書品並提，稱“顔公書如忠臣烈士，道德君子，其端嚴尊重，人初見而畏之，然愈久而愈可愛也。其見寶於世者不必多，然雖多而不厭也”①。蘇軾更有“書至於顔平原，畫至於吴道子，而古今之變，天下之能事畢矣”的盛贊②。顔氏傳世的《多寶塔碑》③、《顔勤禮碑》④、《顔氏家廟碑》⑤等，均在陝西存藏，集中展現了顔體書法由魏晉風軌向唐楷法度演化發展的軌跡。《多寶塔碑》是顔真卿四十四歲時所書，爲現存顔氏碑版最早者。此碑筆力貫注厚重，行筆映带豐腴，筆劃粗細相襯，結體平穩謹嚴，一絲不苟。《顔氏家廟碑》爲顔真卿五十六歲所書，其風格雄秀豪縱，格力天成。内向環抱，遒勁寬博，以中鋒雄狀之筆力，一氣到終。以篆籀之法使得結字雄强茂密，渾厚含蓄，温潤剛健，中和磊落。《顔勤禮碑》爲顔真卿七十一歲時所撰書。此碑書法結字端莊，寬潤疏朗，骨架開闊，氣勢雄强，方形外拓，方圓轉折之筆法清晰。

顔勤禮碑局部

① 歐陽修《集古録跋尾》卷八《唐顔氏家廟碑》，《石刻史料新編》第一輯第二十四册，第17901頁。

② 蘇軾《東坡題跋》卷二《書吴道子畫後》。《叢書集成初編》，商務印書館。

③ 《多寶塔碑》，唐天寶十一年(752)刻立。石原在長安安定坊千福寺，現藏西安碑林博物館。碑通高2.85米，寬1.02米，厚0.30米。碑額隸書“大唐多寶塔感應碑”；碑文34行，滿行66字，楷書。岑勳撰文，徐浩題額，顔真卿書丹。

④ 《顔勤禮碑》，唐大曆十四年(779)刻立。現藏西安碑林博物館。碑通高3.18米，寬0.92米，厚0.25米。碑四面環刻，存書三面。楷書，碑陽19行，碑陰20行，滿行38字，左側5行，滿行37字。顔真卿撰文並書丹。

⑤ 《顔氏家廟碑》，唐建中元年(780)刻立。石原在長安敦化坊顔氏家廟之中，現藏西安碑林博物館。碑通高3.30米，寬1.30米，厚0.31米。碑額篆書“顔氏家廟之碑”；碑文刻於四面，陰陽各24行，滿行47字，左右側各6行，滿行52字，楷書。顔真卿撰文並書丹，李陽冰題額。

唐代另一著名書法家徐浩書丹的《不空和尚碑》，唐建中二年(781)刻。現藏西安碑林。碑高 3.05 米，寬 0.99 米，厚 0.30 米。碑文 24 行，滿行 48 字。書者徐浩，與顔真卿並世，時稱“顔徐”。此碑爲徐浩去世前一年所書之傑作。用筆圓勁厚重，筆勢力雄氣沉，結體穩健，於大處見新構，不涉小巧，骨壯氣豪。

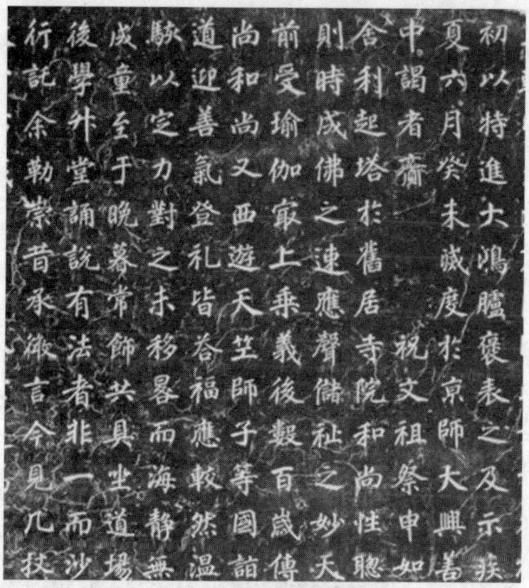

不空和尚碑局部

柳公權，是唐代以楷書見長的著名書法家，其代表作爲《李晟碑》《玄秘塔碑》等。《李晟碑》，唐大和三年(829)刻立。碑原立于陝西高陵縣榆楚鄉渭橋村，現藏高陵縣文化館。碑通高 4.37 米，寬 1.44 米，厚 0.55 米。額文篆書“唐故太尉兼中書令西平郡王贈太師李公神道碑”，正文 34 行，滿行 64 字。此碑爲柳公權知命之年所書，書法技藝日臻嫻熟，結構嚴謹，重心穩定，顯示了柳體書法舒展灑脱的風度，故爲歷代書家所重。

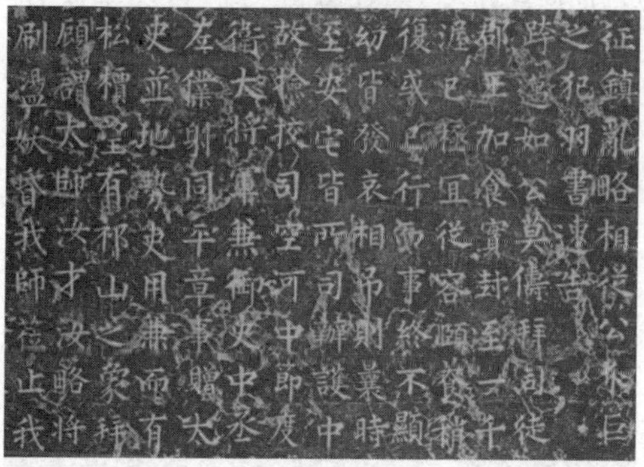

李晟碑局部

《玄秘塔碑》,唐會昌元年(841)刻立。石原在長安興甯坊安國寺,現藏西安碑林博物館。碑通高 3.86 米,寬 1.30 米,厚 0.32 米。碑額篆書“唐故左街僧録大達法師碑銘”。正文 28 行,滿行 54 字。此碑爲柳公權六十四歲時所書,點畫峻拔,骨勢剛健,行住提頓,精悍出神。其結構勁緊,中宫斂聚,用筆果斷,俐落豪俊,爲柳體書法的珍品。

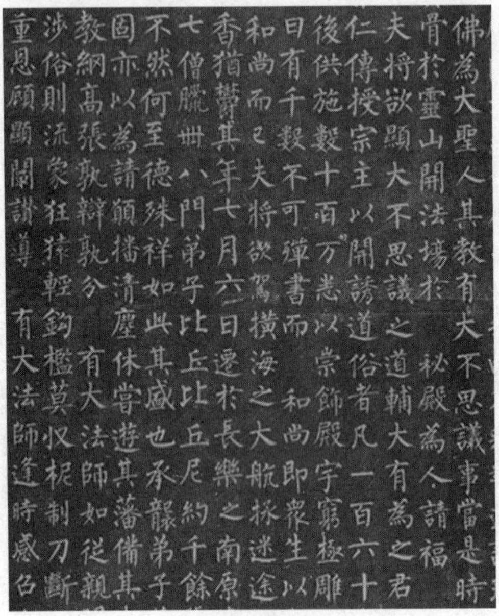

玄秘塔碑局部

唐代楷書書法碑還有《圭峰定慧禪師碑》,唐大中九年(855)刻立。現藏陝西户縣草堂寺。碑高 2.16 米,寬 1.04 米,厚 0.33 米。碑額陰刻篆書“唐故圭峰定慧禪師碑”;碑文 36 行,滿行 65 字,楷書。裴休撰文並書丹,柳公權篆額,邵建初刻字。裴休,字公美,唐孟州濟源(今屬河南省)人,進士出身,後爲宰相。據載他能文工正書,爲晚唐著名書法家。此碑筆法謹嚴,清勁瀟灑,結構尤爲精密,取法於歐、柳,是唐碑珍品。

圭峰定慧禪師碑局部

元代大家趙孟頫書法師承晉、唐，諸體皆能，自成清腴秀麗之風，堪稱元代書法之冠。其《大元敕藏禦服之碑》①，是陝西存藏碑刻中趙體書法的典型代表。此碑雖不及《膽巴碑》《仇鍔墓碑》聞名，但仍可見成熟時期趙孟頫楷書的特點，其用筆圓潤柔和，點畫厚軟，與歐、褚、顔、柳諸家爲代表的唐楷碑版風格迥異，各具特色，反映了這一時期書法流派進一步發展和細化的趨勢。《石墨鐫華》認爲此碑"婉媚"有餘而"圓逸"稍遜②。

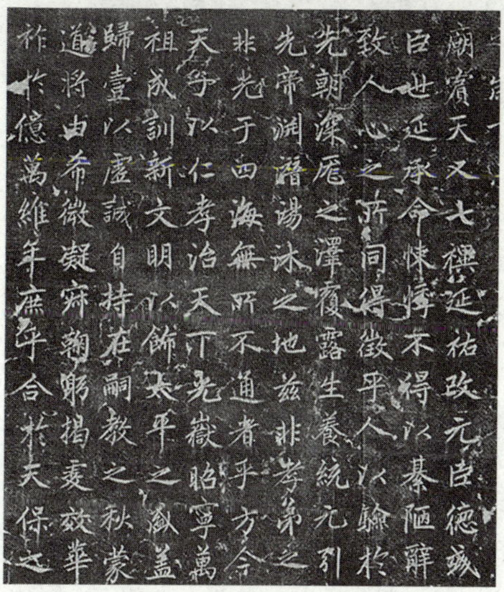

大元敕藏禦服之碑局部

四、陝西存藏碑刻的其他書體

行書如唐懷仁書丹的《集王聖教序》，唐咸亨三年(672)刻。通高 3.96 米，寬 1.14 米，厚 0.31 米。集字爲碑，始自懷仁，王右軍之書跡大都賴此以傳世。王羲之筆法精絶，筆勢遒勁，大小錯落，變化無盡，於端莊處顯流麗，於剛健處含婀娜，是行書書法的至高境界。

① 《大元敕藏禦服之碑》，元延祐二年(1315)刻立。現藏陝西户縣重陽宫。碑通高 5.25 米，寬 1.38 米，厚 0.35 米。碑額篆書"大元敕藏禦服之碑"；碑文 34 行，滿行 81 字，楷書。趙世延撰文，趙孟頫書丹，李孟篆額。

② 赵崡《石墨镌华》卷六《元趙孟頫敕藏禦服碑》，《石刻史料新編》第一輯第二十五册，第 18641 頁。

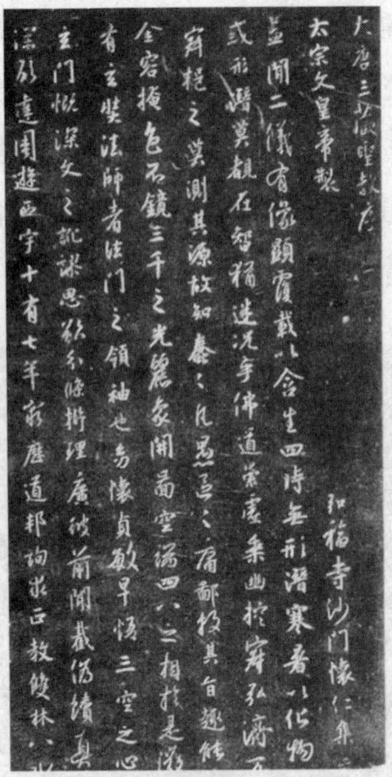

集王聖教序碑局部

李邕撰文並書丹的《雲麾將軍李思訓神道碑》，唐開元八年(720)刻。原碑立於陝西蒲城縣唐睿宗橋陵李思訓陪葬墓前，石現藏蒲城縣博物館。碑通高 4.10 米，寬 1.30 米，厚 0.50 米。其書結字取勢縱長，用筆自然，遒勁妍麗，瘦勁蒼健，歷來作爲李邕書法第一而稱美於世。

雲麾將軍李思訓碑局部

張少悌書丹的《高力士墓志》，唐寶應二年(763)刻。陝西蒲城縣高力士墓出土，石現藏蒲城縣博物館。長1.02米，寬0.78米。其書體如行雲流水，字體瘦勁，筆力飽滿，堪稱盛唐行書之佳作。

高力士墓志

顏真卿撰文並書丹的《争座位稿》，唐廣德二年(764)刻。現藏西安碑林博物館。碑高0.8米，寬1.52米。此碑書法莊嚴雄偉，氣勢磅礴。其字體正端雅，圓勁蒼古，與王羲之《蘭亭序》並稱行書雙璧。據載蘇軾、黄庭堅、米芾均曾從安氏處借臨過此稿，得睹真跡。蘇軾《東坡集》評："比公他書尤爲奇特，信乎自然，動有姿態，乃知瓦注賢於黄金，雖公猶未免也。"①清楊守敬《學書邇言》稱："行書自右軍後，以魯公此帖爲創格，絶去姿媚，獨標古勁。何子貞至推之出《蘭亭》上。"②

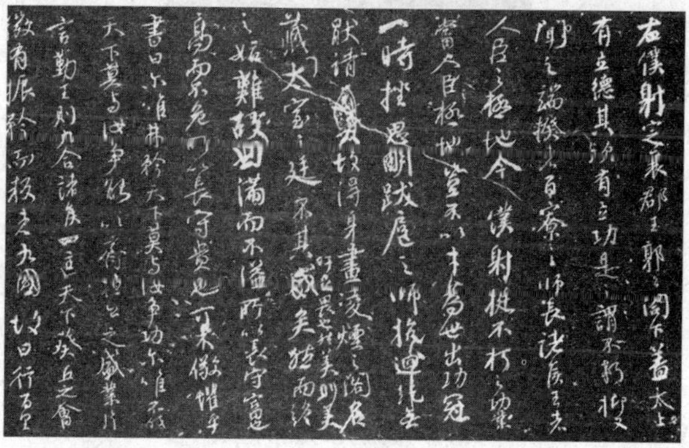

争座位稿局部

① 蘇軾《東坡題跋》卷四《題顏魯公書草》。
② 楊守敬:《學書邇言》，文物出版社，1982年。

閻湘書丹的《大唐重修内侍省碑》，唐光化二年(899)刻。出土於陝西西安市第二機床廠基建工地，現藏西安市文物保護考古所。碑通高3.60米，寬0.98米，厚0.32米。該碑書體柔中帶剛，工整流暢，爲唐末行書之珍品。

大唐重修内侍省碑局部

另外，張摸書丹的《唐武自和墓志》①和《梁匡仁神道碑》②，均以行書書寫。其書體間架疏朗，寬和清雅，既道勁挺拔，又流利美觀，不失唐末之行書佳品。

元代韓冲書丹的《披雲宋真人道行碑》，元延祐七年(1320)刻。石現藏陝西户縣重陽宫。碑高4.50米，寬1.28米，厚0.38米。其書法《陝西金石志》認爲，"此碑文既雅潔，書法模仿右軍《聖教序》，頗圓熟可喜，元之嘉刻也"③。

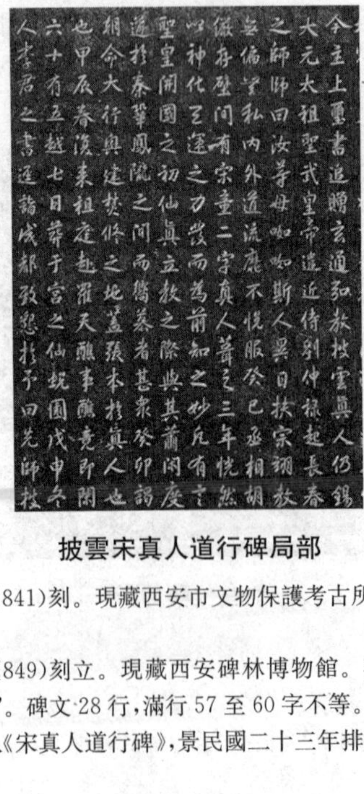

披雲宋真人道行碑局部

① 《唐武自和墓志》，唐會昌元年(841)刻。現藏西安市文物保護考古所。志長、寬均0.60米，厚0.09米。志文31行，滿行25字，行書。張摸述並書。

② 《梁匡仁神道碑》，唐大中三年(849)刻立。現藏西安碑林博物館。碑通高3.60米，寬1.04米，厚0.31米。碑額篆書"大唐故内常侍梁公神道之碑"。碑文28行，滿行57至60字不等。行書。張模撰文、書丹、篆額。

③ 武树善《陝西金石志》卷二十八《宋真人道行碑》，景民國二十三年排印《續修陝西通志稿》本，第16770頁。

清康熙帝玄燁之十七子，果親王愛新覺羅·允禮，工書法，尤以行書見長。其所書《果親王題詩碑》①、《詠華山詩》②等，下筆嫻熟，氣息飽滿，恣意縱横，自由飛逸，形成了點畫活潑爽利，氣勢雍容磅礴的特點，體現了非館閣體的瀟灑風格，是清代少見的自由體行書書法。

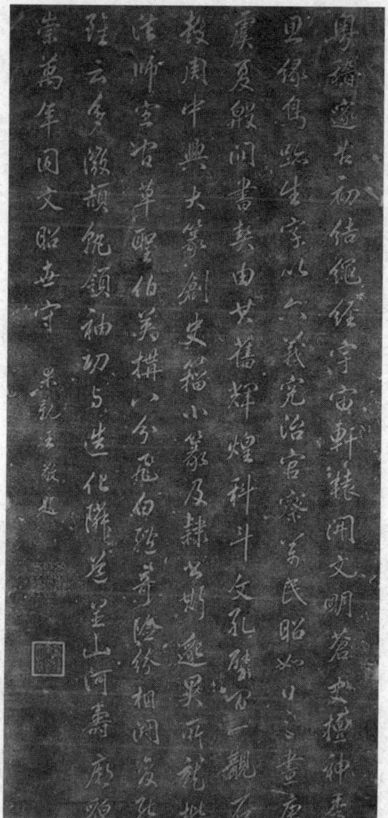

果親王題詩碑

陝西藏存的草書碑刻，如唐代不署名書丹的《百塔寺心經》③，張旭的《肚痛帖》④，其書逸勢奇狀，連綿回繞，自創風格。另外，還有懷素、張旭、智永、許宗魯、朱敬鑪等分别書丹

① 《果親王題詩碑》，清雍正十二年(1734)刻立。現立於岐山縣鳳鳴鎮。碑通高 3.49 米，寬 0.95 米，厚 0.23 米。正文行草書 7 行，滿行 13 字。果親王撰並書。

② 《詠華山詩》，清雍正十二年(1734)刻立。現藏華山西嶽廟。碑高 2.00 米，寬 0.90 米。正文行書 7 行，滿行 19 字。果親王允禮撰並書。

③ 《百塔寺心經》，唐代刻立。共 4 通，皆高 0.37 米，寬 0.24—0.65 米不等。正文草書 25 行，行字不等。原在長安區百塔寺，現藏西安碑林博物館。

④ 《肚痛帖》，唐代刻立。碑高 0.56 米，寬 0.34 米。草書 6 行，張旭書。現藏西安碑林博物館。

的《千字文》，亦同藏於西安碑林博物館，彰顯了各個時期不同的草書特色，或奔放流利，或瀟灑飄逸，彰顯了書者的豪放情結和自由精神。還有臨潼華清池存藏的《喬元龍草書碑》，也是一通出神入化的草書碑刻。

心經局部

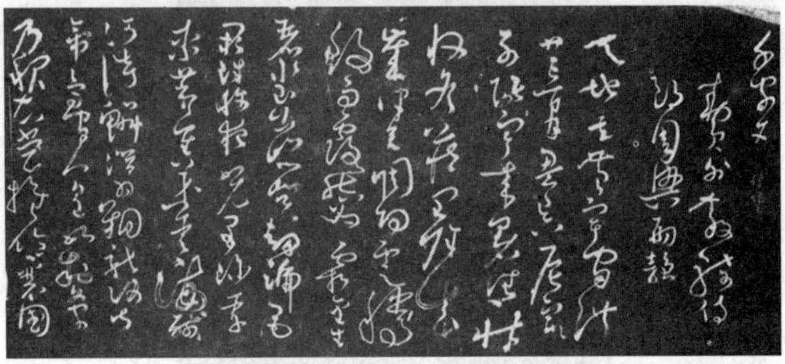

懷素草書千字文局部

特别需要説明的是，現存户縣鐘樓内的《雁字回文詩碑》，清道光元年(1821)刻。凡二十四通。每通碑身高 1.54 米，寬 0.66 米，厚 0.20 米，分上下五欄，各欄用陰線界格區分，用真草篆隸行五體書成。每首詩前以韻代題，一詩一韻。按地支分爲子丑寅卯辰巳午未申酉十册，每册 30 首左右，凡 296 首。詩爲七言律詩，以“雁字”二字爲題賦詩，可倒讀，稱回文。撰書者張玉德，字比亭，户縣北街人，邑庠生，一生無意於功名，傾心書法與回文詩的研究和創作，對周秦漢唐諸名帖無不臨摹，因之兼獲衆妙，五體皆工。該碑的篆隸草行楷五體，筆姿清新，結體秀整，中規入矩，法度嚴謹，是中國書法的集大成者。

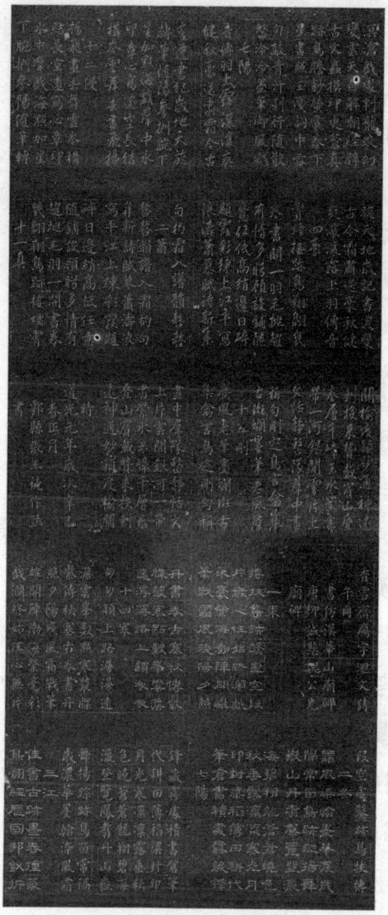

雁字回文詩碑第 2 通

雁字回文詩碑第 21 通

總之，陝西存藏碑刻的書法藝術，承載了中國傳統書法的發展歷史，展現了中國傳統書法的突出成就，爲研究中國傳統書法提供了依據，爲繼承和弘揚中國傳統書法提供了模本典範，在中國傳統書法藝術發展史上有十分重要的地位。

【作者簡介】吴敏霞，女，1959 年生，歷史文獻學碩士。現任陝西省社會科學院研究員、古籍整理研究所所長。主要研究領域爲中國古代文獻，具體從事碑刻文獻和典籍文獻的整理與研究工作。

《漢書》校讀舉誤*

孫曉磊

中華書局點校本《漢書》自問世至今，流傳廣，影響大，公認爲最精善的《漢書》版本。然而，古書之點校實非易事，今觀此點校本《漢書》在校勘、句讀方面仍存有一些不足。中華書局點校本"二十四史"及《清史稿》修訂工程早已啓動，旨在修訂出更爲精善的史書版本。今以此點校本《漢書》爲底本，參校《漢書》六種傳世善本，并結合有關資料展開討論、辨正，糾正點校本《漢書》之誤十六例，冀望爲《漢書》新校本提供些許參考。

現存《漢書》刻本，以北宋刻遞修本（前人稱"景祐本"）爲最古，而南宋"慶元本"因加入宋祁校語及三劉（劉敞、劉攽、劉奉世）刊誤，參考價值極大，此兩種版本對《漢書》在宋之後的流傳始終起决定性的作用。另外，《漢書》白鷺洲本、汲古閣本、武英殿本、補注本，在《漢書》版本系統中均占重要位置，影響亦極大。中華書局點校本《漢書》流傳廣，影響大，自1962年問世以來，爲學人提供了一部較爲可靠的通行文本，學界均圍繞此點校本來開展相關方面的研究。隨着學術的發展，專家學者發現點校本《漢書》仍存有如誤校、誤排、漏校、誤標等不少問題，應有更爲精善的《漢書》新校本出現。目前，中華書局點校本"二十四史"及《清史稿》修訂工程旨在修訂出更爲精善的史書版本，《漢書》新校本成爲此次修訂工程的重中之重。今以點校本《漢書》作底本，參校上述幾種《漢書》傳世善本①，並結合有關資料展開討論、辨正，糾正點校本《漢書》中存在的一些錯誤，希望能爲《漢書》新校本提供一些有價值的參考資料。

---

* 本文爲浙江師範大學江南文化研究中心2015年自設課題"《史記志疑》訂誤"（項目編號：KY32220606021402 1023）階段性研究成果。

① 文中所引《漢書》"景祐本"係沿用舊稱，所據爲中國國家圖書館藏北宋刻遞修本；"慶元本"據北京大學圖書館藏宋慶元元年（1195）建安劉元起刻本；"白鷺洲本"據中國國家圖書館藏宋嘉定十七年（1224）白鷺洲書院刻本；"汲古閣本"據日本早稻田大學藏明崇禎十五年（1642）汲古閣刻本；"武英殿本"據五洲同文書局光緒癸卯（1903）冬十月石印清武英殿本；"補注本"據北京中華書局1983年影印長沙王氏虚受堂刊本。

軑侯黎朱蒼

軑侯黎朱蒼。以長沙相侯，七百户。（卷一六《高惠高后文功臣表》，2/618/2/1—2，依次爲中華書局1962年版《漢書》册、頁、欄、格數，下同）

按："黎朱蒼"三字，各本同。當作"來蒼"。今本《漢表》有訛文又有衍文。軑侯姓黎，或作"利"，通作"來"，名蒼，又作"倉"。

考《史記·惠景閒侯者年表》："（軑）（孝惠）二年四月庚子，侯利倉元年。"《索隱》："《漢書》作軑侯朱倉。故長沙相。"①則知《史表》作"利倉"，小司馬所見本《漢表》作"朱倉"。又考《通志·氏族略》"來氏"條曰："本作郲。《漢·功臣表》軑侯来蒼。"②《後漢書·來歙傳》"來歙字君叔"惠棟曰："《漢·功臣表》有軑侯來蒼。"③則鄭樵、惠棟所見本《漢表》又作"來蒼"。黎即利，蒼即倉。黎（利）、來通用：《毛詩古音考》："來音利。今讀來有萊、賴二音。古有三音。"④《朱子語類》："來字音黎。"⑤《爾雅·釋邱》"陳有宛邱"邵晋涵曰："淮南有州黎邱者。州黎即州來。古者來、黎音同。"⑥隱公十一年《春秋經》："公會鄭伯于時來。"⑦《公羊傳》"來"字作"黎"⑧。《史》《漢》或作"利（黎）倉"，或作"來倉"，利（黎）倉即來倉。小司馬所見本《漢表》作"朱倉"，今本《漢表》作"黎朱蒼"，其"朱"字均爲"來"字形誤。趙生群説："朱，當爲'來'之訛。《通鑑》卷四一《漢紀三十三》胡《注》：'《姓譜》：郲，子姓，商之支孫，食采於郲，因以爲氏，後避難去邑。《漢·功臣表》有軑侯來蒼。'《通鑑》卷一七七《隋紀一》引《姓苑》同。《隋書》卷三三《經籍志二》著録《姓苑》一卷，何氏撰。《舊唐書》《新唐書》皆有《姓苑》十卷，何承天撰。《新唐書》卷一九九中《儒林傳中》：'宋何承天有《姓苑》二篇。'則何氏當爲劉宋時人也。"⑨陳直曰："（軑侯利倉元年）《索隱》：《漢書》作軑侯朱倉。今本《漢書》作黎朱蒼。一九七二年長沙馬王堆發掘一號漢墓爲軑侯妻辛□之墓。七三年又發掘二號墓出有'長沙丞相'、'軑侯之印'、'利倉'等三印，足證《史記》記載'利倉'姓名

---

① 司馬遷《史記》卷一九，北京：中華書局，2014年，第1171頁。
② 鄭樵《通志》卷二七，北京：中華書局，1987年，第457頁。
③ 惠棟《後漢書補注》卷六，《續修四庫全書》，上海：上海古籍出版社，2002年，第270册，第538頁。
④ 陳第著、康瑞琮點校《毛詩古音考》卷三，北京：中華書局，1988年，第115頁。
⑤ 黎靖德編、王星賢點校《朱子語類》卷七三，北京：中華書局，1986年，第1871頁。
⑥ 邵晋涵《爾雅正義》卷一一，《續修四庫全書》，第187册，第201頁。
⑦ 杜預注、孔穎達疏《春秋左傳正義》卷四，阮元校刻《十三經注疏》，北京：中華書局，1980年，第1735頁。
⑧ 何休解詁、徐彦疏《春秋公羊傳注疏》卷三，《十三經注疏》，第2210頁。
⑨ 趙生群《〈史記〉斠議（二）》，《文史》第2輯，2012年，第212頁。

之正確,《漢書》之'黎朱蒼'則爲誤文。"①當是《漢表》原作"來蒼",通作"黎蒼",亦即《史記》、馬王堆漢印之"利倉"。小司馬所見本《漢表》"來蒼"訛作"朱蒼"。今本《漢表》作"黎朱蒼"者,"朱"乃"來"之訛,且"黎"字是衍文,頗疑此字乃後人旁録《史記》異文而衍入《漢書》者。周壽昌辨此《漢表》"軑侯黎朱蒼"曰:"《史表》黎朱蒼作利蒼。利與黎同音有輕重耳。《水經·江水三》注從《史表》亦作利倉。《通志·氏族略》引作來蒼,則脱黎字。朱、來字轉寫訛也。"②誤以《通志》脱"黎"字。

元光三年

元光三年,頃侯充嗣。(卷一八《外戚恩澤侯表》,3/685/2/4)

按:"元光"兩字,各本同。當依《史表》作"元狩"。

考此《表》:"(蓋靖侯王信)(孝景)中五年五月甲戌封,二十五年薨。"③又:"(武帝)元光三年,頃侯充嗣。"④又:"侯受嗣,(武帝)元鼎五年坐酎金免。"⑤再考《史記·惠景閒侯者年表》:"(蓋)(孝景)中五年五月甲戌,靖侯王信元年。五。"⑥又:"二十。(武帝)元狩三年,侯偃元年。八。(武帝)元鼎五年,侯偃坐酎金,國除。"⑦梁玉繩辨《史表》曰:"《漢表》蓋侯王信薨,頃侯充嗣,又侯受嗣。雖不書充、受薨嗣之年,而傳位三世甚明。此止書二代,年名並異,則所謂偃者,充耶?受耶?"⑧王先謙曰:"《史表》無頃侯充一代,作:元狩三年,侯偃元年;元鼎五年,國除。"⑨梁氏存疑,王氏誤辨。《史》《漢》兩《表》頗有出入,均有錯訛,今分析如下:

據"元鼎五年坐酎金免"一句,似《史表》侯偃即《漢表》侯受。張文虎辨《史表》曰:"《漢表》王信封二十五年薨,自中五年盡元狩二年,其數正合。乃中間又書'元光三年,頃侯充嗣',則信止十三年矣。下格書'侯受嗣,元鼎五年坐酎金免',似即以受當偃,既不著充在位年數,又失受嗣封年,而與信二十五年之數自相違異。"⑩若以侯受當侯偃,則《史》《漢》

① 陳直《史記新證》,北京:中華書局,2006年,第51—52頁。
② 周壽昌《漢書注校補》卷八,《續修四庫全書》,第267册,第468頁。
③ 班固《漢書》卷一八,北京:中華書局,1962年,第685頁。
④ 同注③,第685頁。
⑤ 同注③,第685頁。
⑥ 司馬遷《史記》卷一九,第1215頁。
⑦ 同注⑥。
⑧ 梁玉繩著、賀次君點校《史記志疑》卷一二,北京:中華書局,1981年,第650頁。
⑨ 王先謙《漢書補注》卷一八,北京:中華書局,1983年,第281頁。
⑩ 張文虎《校勘史記集解索隱正義札記》,《二十四史訂補》,北京:書目文獻出版社,1996年,第1册,第116頁。

兩《表》全不可解。實乃《漢表》侯充即《史表》侯偃,《史表》失書侯受一代;因侯充即侯偃,故《漢表》"元光三年,頃侯充嗣"之"元光",當依《史表》作"元狩"。據《史》《漢》兩《表》,蓋靖侯王信孝景中五年封,二十五年薨,此二十五之數,爲孝景朝五年,武帝朝二十年。孝景中五年(前145)侯信立,至元狩三年(前120)侯充(偃)嗣立,前後恰爲二十五年。若依《漢表》作"元光三年"(前132),則侯信在位僅十三年耳。孝景後元三年(前141)薨,武帝建元元年(前140)即位,則侯信在孝景朝五年,在武帝朝二十年,《史》《漢》兩《表》皆合。據《史表》,侯偃(充)在位八年,於武帝元鼎五年(前112)坐酎金國除,自武帝元狩三年(前120)侯偃(充)嗣立,至元鼎五年(前112)國除,前後恰爲八年,此即侯偃(充)在位年數。元鼎五年侯偃(充)國除,侯受嗣立,同年坐酎金免,則知《史表》失書侯受一代,因侯受嗣立及免均在元鼎五年,前後不滿一年,故《史表》不載,止記侯信、侯偃(充)二代耳。

廣陵太守孫寶

(元延二年)廣陵太守孫寶爲京兆尹。(卷一九下《百官公卿表下》,3/839/2/15)

按:"廣陵",景祐本、慶元本、白鷺洲本、殿本皆作"廣漢"。當作"廣漢"。

考《漢書·孫寶傳》:"會益州蠻夷犯法,巴蜀頗不安,上以(孫)寶著名西州,拜爲廣漢太守,秩中二千石,賜黄金三十斤。蠻夷安輯,吏民稱之。征爲京兆尹。"①則孫寶以廣漢太守征爲京兆尹。今考《漢書·地理志上》:"廣漢郡,高帝置。莽曰就都。屬益州。縣十三:……廣漢,莽曰廣信。"②《地理志下》:"廣陵國,高帝六年屬荆州,十一年更屬吴,景帝四年更名江都,武帝元狩三年更名廣陵。縣四:廣陵、江都、高郵、平安。"③漢代有廣漢郡、廣漢縣、廣陵國、廣陵縣。因"秦漢萬户以上的縣,長官稱令;不及萬户的縣,長官稱長。秦漢縣以上的行政單位是郡。秦代郡的行政長官是郡守。漢代郡守改稱太守。漢代和郡平行的還有國,這是皇帝子弟的封地,設官初仿中央,吴楚七國之亂後加以裁削,由中央派相處理行政。相和太守相當,都是二千石的官,所以漢代往往用二千石作爲'郡國守相'的代稱"④。知:隸屬廣陵國之廣陵縣,廣漢郡之廣漢縣,其長官稱令(長);廣陵國爲皇室侯王之地,中央派遣之官吏爲相;唯廣漢郡長官可稱太守。

① 班固《漢書》卷七七,第3259頁。
② 班固《漢書》卷二八上,第1597頁。
③ 班固《漢書》卷二八下,第1638頁。
④ 王力《古代漢語》,北京:中華書局,1999年,第3册,第880—881頁。

其本曰人

星者,金之散氣,其本曰人。(卷二六《天文志》,5/1292/15,依次爲中華書局 1962 年版《漢書》册、頁、行數,下同)

按:"人"字,各本同。當依《史記》作"火"。

考此《志》:"星者,金之散氣,其本曰人。星衆,國吉,少則凶。漢者,亦金散氣,其本曰水。星多,多水,少則旱,其大經也。"①孟康曰:"漢,河漢也。水生於金。多少,謂漢中星也。"②《史記·天官書》:"星者,金之散氣,其本曰火。星衆,國吉;少則凶。漢者,亦金之散氣,其本曰水。漢,星多,多水,少則旱,其大經也。"③《索隱》:"水生於金,散氣即水氣。《河圖括地象》曰'河精爲天漢'也。"④《史》文以"星"與"漢"、"火"與"水"對舉。沈欽韓曰:"《史記》'人'作'火'。按:《淮南·天文篇》:'天道曰圜,地道曰方。方者主幽,圜者主明。明者,吐氣者也,是故火曰外景;幽者,含氣者也,是故水曰内景。'蓋星爲陽精,爲外景。《史記》作'火'爲是。"⑤據孟康注,漢即河漢,亦即天漢。《索隱》引《河圖括地象》"河精爲天漢",今考《埤雅·釋天》"漢"字條:"萬物之精上爲列星,河精上爲天漢。《詩》曰:'倬彼雲漢,昭回于天。'言水氣之在天爲雲,水象之在天爲漢。"⑥《説文》釋"星"字曰:"萬物之精上爲列星。"⑦《初學記》卷一引《春秋説題辭》:"星之爲言精也,陽之榮也。陽精爲日,日分爲星。"⑧物精、陽之榮,亦當屬火。據此,星應火,漢應水,當無疑義,故知今本《漢志》"人"字必"火"字壞文。

十六年

陽朔四年四月,雨雪,燕雀死。後十六年,(孝成)許皇后自殺。(卷二七中之下《五行志中之下》,5/1426/2)

按:"十六年",景祐本作"二年",白鷺洲本録劉氏校本,引監本作"十三年"。

---

① 班固《漢書》卷二六,第 1292—1293 頁。
② 同注①,第 1293 頁。
③ 司馬遷《史記》卷二七,第 1591 頁。
④ 同注③,第 1591 頁。
⑤ 沈欽韓《漢書疏證》卷二〇,上海:上海古籍出版社,2006 年,第 580 頁。
⑥ 陸佃著、王敏紅校點《埤雅》卷二〇,杭州:浙江大學出版社,2008 年,第 202 頁。
⑦ 許慎《説文解字》卷七上,北京:中華書局,1963 年,第 141 頁。
⑧ 徐堅《初學記》卷一,北京:中華書局,1962 年,第 11 頁。

考《漢書·成帝紀》："（建始二年三月）丙午，立皇后許氏。……（鴻嘉三年）冬十一月甲寅，皇后許氏廢。"①又："（綏和元年）廷尉孔光使持節賜貴人許氏藥，飲藥死。"②顔師古注："即前所廢皇后許氏也。"③據此知：孝成許皇后立於建始二年（前31），廢於鴻嘉三年（前18），死於綏和元年（前8），則陽朔四年（前21）至綏和元年（前8）共計十三年。劉氏校本引監本作"十三年"，是。今本《漢志》當據改。景祐本作"二年"者，乃"十三年"之脱誤。

止屯曹陽二月餘　復走黽池十餘日

周文走出關，止屯曹陽。二月餘，章邯追敗之，復走黽池。十餘日，章邯擊，大破之。（卷三一《陳勝項籍傳》，7/1790/3—4）

按：當讀"止屯曹陽二月餘"句、"復走黽池十餘日"句。

考此《傳》："周文，陳賢人也，嘗爲項燕軍視日，事春申君，自言習兵。（陳）勝與之將軍印，西擊秦。行收兵至關，車千乘，卒十萬，至戲，軍焉。秦令少府章邯免驪山徒、人奴産子，悉發以擊楚軍，大敗之。周文走出關，止屯曹陽。二月餘，章邯追敗之，復走黽池。十餘日，章邯擊，大破之。周文自剄，軍遂不戰。"④再考《史記·陳涉世家》叙此作："周文敗，走出關，止次曹陽二三月。章邯追敗之，復走次澠池十餘日。章邯擊，大破之。周文自剄，軍遂不戰。"⑤《集解》引徐廣曰："（周文自剄）（二世二年）十一月。"⑥《史記·秦楚之際月表》："（二世元年）九月，周文兵至戲，敗。"⑦又："（二世二年）十一月，周文死。"⑧據此知：《傳》文所謂周文西擊秦，行收兵至關，"至戲，軍焉"，秦令少府章邯擊之，周文兵敗，事在秦二世元年九月；周文兵敗之後，出關，止次曹陽，章邯擊敗之，復走次澠池，章邯又大破之，周文自剄死，事在秦二世二年十一月。秦以十月爲歲首，秦二世元年九月至二年十一月，凡三月，此乃周文止次曹陽、復走次澠池時間總和。《史》《漢》言止次曹陽"二三月"、"二月餘"，又言復走次澠池"十餘日"者，皆約計之辭，分言此三月也。《史》文"二三月"與《漢》文"二月餘"對等。今本《史》文讀"止次曹陽二三月"句，"復走次澠池十餘日"句，甚是。《史》文"二三月"當上屬"止次曹陽"爲句無疑，則《漢》文亦當讀"止屯曹陽二月餘"句、"復走黽

① 班固《漢書》卷一〇，第306頁、第318頁。

② 同注①，第329頁。

③ 同注①，第329頁。

④ 班固《漢書》卷三一，第1790頁。

⑤ 司馬遷《史記》卷四八，第2371頁。

⑥ 同注⑤，第2372頁。

⑦ 司馬遷《史記》卷一六，第926頁。

⑧ 同注⑦，第927頁。

池十餘日”句。

逐其故主趙王

(項王)逐其故主趙王,乃北居代,(陳)餘以爲不可。(卷三一《陳勝項籍傳》,7/1811/10)

按:當讀“逐其故主”句、“趙王乃北居代”句、“餘以爲不可”句。

考此《傳》:“陳餘使張同、夏説説齊王榮,曰:‘項王爲天下宰不平,今盡王故王於醜地,而王群臣諸將善地,逐其故主趙王,乃北居代,餘以爲不可。聞大王起兵,且不聽不義,願大王資餘兵,使擊常山,以復趙王,請以國爲扞蔽。’齊王許之,因遣兵往。”①又考《史記·項羽本紀》:“(項羽)逐其故主,趙王乃北居代。”②則今本《史》文將“趙王”兩字下屬爲句,甚是。如今本《漢書》句讀,則“趙王”(趙王歇)爲項羽之故主,非,“趙王”乃陳餘之故主也。今考《史記·高祖本紀》載漢王説項羽曰:“項羽皆王諸將善地,而徙逐故主,令臣下争叛逆。”③《漢書·高帝紀上》同作“徙逐故主”④,可證讀此《傳》“逐其故主”爲句不誤。又考《史記·張耳陳餘列傳》載陳餘使夏説田榮曰:“項羽爲天下宰不平,盡王諸將善地,徙故王於惡地,今趙王乃居代!願王假臣兵,請以南皮爲扞蔽。”⑤《漢書·張耳陳餘傳》同作“今趙王乃居代”⑥,可證讀此《傳》“趙王乃北居代”爲句不誤。項羽引兵屠咸陽,殺秦降王子嬰,使人致命懷王,尊懷王爲義帝,項羽欲自王,先王諸將相,乃分天下,立諸將爲侯王。《史記·項羽本紀》載此事曰:“徙趙王歇爲代王。趙相張耳素賢,又從入關,故立耳爲常山王,王趙地,都襄國。”⑦又曰:“徙燕王韓廣爲遼東王。燕將臧荼從楚救趙,因從入關,故立荼爲燕王,都薊。徙齊王田市爲膠東王。齊將田都從共救趙,因從入關,故立都爲齊王,都臨菑。”⑧此三事即陳餘所謂項羽“盡王故王於醜地,而王群臣諸將善地”者也。今考《史記·高祖本紀》載漢王説項羽“皆王諸將善地,而徙逐故主”《索隱》:“(故主)謂田市、趙歇、韓廣之屬。”⑨是其證。趙相張耳立爲常山王而王趙地,逐故主趙王歇之代;燕將臧荼立爲

---

① 班固《漢書》卷三一,第1811頁。
② 司馬遷《史記》卷七,第408頁。
③ 司馬遷《史記》卷八,第475頁。
④ 班固《漢書》卷一上,第44頁。
⑤ 司馬遷《史記》卷八九,第3131頁。
⑥ 班固《漢書》卷三二,第1838頁。
⑦ 同注②,第403頁。
⑧ 同注②,第403頁。
⑨ 司馬遷《史記》卷八,第475頁。

燕王，逐故主燕王韓廣之遼東；齊將田都立爲齊王，逐故主齊王田市之膠東。此即陳餘所謂"逐其故主"，兼上述三事言之，非指其一端。陳餘舉此三事以明項羽之爲天下宰不平，盡逐走故主，尤使陳氏故主"趙王乃北居代"，故陳餘"以爲不可"，請齊王榮給予其兵馬，"使擊常山，以復趙王"。此"趙王乃北居代，餘以爲不可"，爲陳餘借齊王榮兵之由。

九年

澤王燕二年，薨，謚曰敬王。子康王嘉嗣，九年薨。子定國嗣。(卷三五《燕王劉澤傳》,7/1903/2)

按："九年"，各本同，當作"二十六年"。

考《漢書·諸侯王表》："燕敬王澤。高帝從祖昆弟。高后七年，以營陵侯立爲琅邪王，二年，孝文元年，徙燕，二年薨。(孝文)三年，(子)康王嘉嗣，二十六年薨。孝景六年，(孫)王定國嗣，二十四年，坐禽獸行，自殺。"[①]是爲證。《史記·漢興以來諸侯王年表》："(孝文三年)康王嘉元年。(孝景五年)二十六(年)，薨。(孝景六年)王定國元年。(孝武元朔元年)二十四(年)，坐禽獸行自殺，國除爲郡。"[②]知：孝文三年(前177)康王嘉嗣，孝景五年(前152)薨，孝景六年(前151)定國嗣，則孝文三年至孝景五年共二十六年。

武帝元朔中

(張敺)景帝時尊重，常爲九卿。至武帝元朔中，代韓安國爲御史大夫。(卷四六《張敺傳》,7/2204/10)

按："元朔"，各本同。當作"元光"。

考《史記·張敺傳》："至武帝元朔四年，韓安國免，詔拜(張)歐爲御史大夫。"[③]則與《漢傳》同誤作"元朔"。今考《漢書·百官公卿表下》："(孝武)建元元年。中尉張敺，九年遷。"[④]建元元年(前140)下距九年，即元光四年(前131)，故《公卿表下》又曰："(元光)四(年)。九月，中尉張歐爲御史大夫。五年老病免，食上大夫禄。"[⑤]《史記·漢興以來將相

---

① 班固《漢書》卷一四，第406頁。

② 司馬遷《史記》卷一七，第995—1025頁。

③ 司馬遷《史記》卷一〇三，第3355頁。

④ 班固《漢書》卷一九下，第766頁。

⑤ 同注④，第769—770頁。

名臣年表》:“(元光)四(年)。御史大夫(張)歐。”[①]又考《公卿表下》:“(建元)六(年)。大農令韓安國爲御史大夫,四年病免。”[②]則建元六年(前135)下距四年,亦即元光四年(前131),是所系年份相同。由此知:建元六年,韓安國爲御史大夫,安國爲御史大夫四歲餘,即元光四年,病免,中尉張歐代韓安國爲御史大夫。今考《前漢紀·武帝紀二》:“(元光四年)五月丁巳,御史大夫韓安國免。秋九月,中尉張歐爲御史大夫。”[③]《資治通鑑·世宗孝武皇帝上之下》:“(元光四年)(韓安國)引,墮車,蹇。五月丁巳,安國病免。九月,以中尉張歐爲御史大夫。”[④]則將其事明系於元光四年。再考《史記·平津侯主父列傳》:“元朔三年,張歐免,以(公孫)弘爲御史大夫。”[⑤]則元朔三年(前126)公孫弘代張歐爲御史大夫,上距元光四年恰爲五年,此即前引《公卿表下》載中尉張歐元光四年爲御史大夫,又“五年老病免,食上大夫禄”之所謂。《史》《漢》兩《傳》謂張歐元朔間代韓安國爲御史大夫,則是將張歐爲御史大夫之年與病免之年前後混淆。

惠王

元王之子,帝之從弟也;今之王者,從弟之子也。惠王,親兄子也;今之王者,兄子之子也。(卷四八《賈誼傳》,8/2239/10—11)

按:“惠王”,各本同,下脱“之子”兩字,當補。

考《漢書·高五王傳》:“高皇帝八男:吕后生孝惠帝,曹夫人生齊悼惠王肥,薄姬生孝文帝,戚夫人生趙隱王如意,趙姬生淮南厲王長,諸姬生趙幽王友、趙共王恢、燕靈王建。”[⑥]《史記·楚元王世家》:“楚元王劉交者,高祖之同母少弟也,字游。即位二十三年卒,子夷王郢立。夷王四年卒,子王戊立。”[⑦]《齊悼惠王世家》:“齊悼惠王劉肥者,高祖長庶男也。悼惠王即位十三年,以惠帝六年卒。子襄立,是爲哀王。(孝文帝元年)齊哀王卒,太子側立,是爲文王。”[⑧]《漢興以來諸侯王年表》:“(孝文六年)(楚)王戊元年。”[⑨]又:

---

① 司馬遷《史記》卷二二,第1345頁。
② 班固《漢書》卷一九下,第769頁。
③ 荀悦撰、張烈點校《漢紀》卷一一,《兩漢紀》,北京:中華書局,2002年,第183頁。
④ 司馬光撰、胡三省注《資治通鑑》卷一八,北京:中華書局,1956年,第586頁。
⑤ 司馬遷《史記》卷一一二,第3574頁。
⑥ 班固《漢書》卷三八,第1987頁。
⑦ 司馬遷《史記》卷五〇,第2413—2414頁。
⑧ 司馬遷《史記》卷五二,第2427—2433頁。
⑨ 司馬遷《史記》卷一七,第997頁。

“(孝文二年)(齊)文王則元年。”①《漢書·諸侯王表》:“(孝文)六年,(楚)王戊嗣,二十一年,孝景三年,反,誅。”②又:“孝文二年,(齊)文王則嗣,十四年薨,亡後。”③《史記·漢興以來諸侯王年表》:“(孝文十五)(齊文王則)薨。無後。”④據此以考《漢傳》之文:元王之子,即高祖同母少弟楚元王劉交之子夷王郢,乃今帝(文帝)之從弟;今之王者,即夷王郢之子楚王戊,亦即文帝從弟之子;惠王之子,即高祖長庶男齊悼惠王劉肥之子哀王襄,爲文帝親兄子;今之王者,即哀王襄之子文王則,亦即文帝兄子之子。明乎此,方知今本《漢傳》“惠王”字下脱“之子”兩字。《通志·賈誼傳》作“惠王之子,親兄子也”⑤,又《資治通鑑·太宗孝文皇帝中》“惠王之子,親兄子也”,胡三省曰:“楚元王交,高帝之弟,其子於文帝爲從弟。齊悼惠王肥,高帝之庶長子,其子於文帝爲親兄子。”⑥所言甚明。

不得立嗣

初,吴王濞與七國謀反,及發,齊、濟北兩國城守不行。漢既破吴,齊孝王自殺,不得立嗣。濟北王亦欲自殺,幸全其妻子。(卷五一《鄒陽傳》,8/2356/11—12)

按:“不得立嗣”,各本同。當作“得立嗣”,今本《漢傳》衍“不”字。

今本《漢傳》作“不得立嗣”,則濟北王亦欲自殺,又有何意義?又如何能幸全其妻、子?考《史記·齊悼惠王世家》:“齊孝王懼,乃飲藥自殺。景帝聞之,以爲齊首善,以迫劫有謀,非其罪也,乃立孝王太子壽爲齊王,是爲懿王,續齊後。”⑦則知景帝立孝王太子壽爲齊王,續齊後,孝王得立嗣。齊孝王自殺,因此而得立嗣,故濟北王亦欲自殺,效仿孝王,得幸全其妻、子。今本《漢傳》當删“不”字方合事理。今考《册府元龜》卷八九一:“景帝時,吴王濞與七國謀反,及發,齊、齊北兩國城守不行。漢既破吴,齊孝王自殺,得立嗣。濟北王亦欲自殺,幸全其妻子。”⑧則《元龜》明是引《漢傳》之文,止作“得立嗣”,無“不”字。考《前漢紀·孝景帝紀》:“漢將聞齊初有謀,欲擊齊。齊王將閭(即齊孝王——引者注)懼,自殺。上以齊迫脅,非其罪,乃立其太子壽爲齊王。濟北王志亦初與諸侯通謀,後乃堅守,聞齊王

① 司馬遷《史記》卷一七,第993頁。
② 班固《漢書》卷一四,第397頁。
③ 同注②,第398頁。
④ 司馬遷《史記》卷一七,第1000頁。
⑤ 鄭樵《通志》卷九七,第1315頁。
⑥ 司馬光撰、胡三省注《資治通鑑》卷一四,第472頁。
⑦ 司馬遷《史記》卷五二,第2435頁。
⑧ 王欽若《册府元龜》卷八九一,北京:中華書局,1960年,第10540頁。

自殺而得立嗣，志亦欲自殺。"[①]王叔岷據《前漢紀》駁《漢傳》"不得立嗣"曰："不，當作'而'。涉彼上文'城守不行'而誤也。蓋齊孝王雖自殺，其子壽猶得立爲齊王，故濟北王欲效孝王之自殺，冀得全其妻子。若孝王自殺，不得立嗣，則濟北王何必欲效其自殺邪？《漢紀》作'而得立嗣'，正可證《漢書》之誤。"[②]雖《漢傳》"不"字未必即如王說爲"而"字之誤（我們定其爲衍文），然王氏駁《漢傳》作"不得立嗣"全不可通，甚是。

鞠音臣六反

從行至甘泉、雍、河東，東巡狩，封泰山，塞决河宣房，游觀三輔離宫館，臨山澤，弋獵射馭狗馬蹵鞠刻鏤，上有所感，輒使賦之。（卷五一《枚乘傳》，8/2367/5—6）

師古曰："蹵音千六反。鞠音臣六反。"（8/2367/10）

按：顔注"臣"字，景祐本、慶元本、白鷺洲本、武英殿本皆作"巨"。當作"巨"，今本《漢書》作"臣"，形近而誤。

上古音，鞠爲見母，巨爲群母，而臣爲禪母[③]。見、群同屬牙音（或稱舌根音），旁紐雙聲，發音甚近，而與禪母讀音甚異。今作"鞠"字反切上字者，當爲"巨"。考《漢書·外戚傳上》"鞠域"師古曰："鞠音巨六反。"[④]《史記·衛將軍驃騎列傳》"蹋鞠"《索隱》："鞠音巨六反。"[⑤]《說文》釋"鞠"字："从馬鞠聲。巨六切。"[⑥]皆用"巨"字作"鞠"反切上字。

靡音式皮反

（今陛下）大興繇役，重增賦斂，徵發如雨，役百乾谿，費疑驪山，靡敝天下，五年不成而後反故。（卷八五《谷永傳》，11/3462/9—10）

師古曰："靡，散也，音式皮反。"（11/3463/2）

按：顔注"式"字，景祐本、慶元本、白鷺洲本、武英殿本皆作"武"。當作"武"，今本《漢書》作"式"，形近而誤。

---

① 荀悦撰、張烈點校《漢紀》卷九，《兩漢紀》，第139頁。
② 王叔岷《史記斠證》卷五二，北京：中華書局，2007年，第1869頁。
③ 唐作藩《上古音手册》，南京：江蘇人民出版社，1982年，第66頁、第15頁。
④ 班固《漢書》卷九七上，第3938頁。
⑤ 司馬遷《史記》卷一一一，第3557頁。
⑥ 許慎《説文解字》卷一〇上，第201頁。

上古音，靡、武同爲唇音明母，式爲舌音書母①。今作"靡"之反切上字者，當爲"武"字無疑。今考《漢書·賈誼傳》"俱靡"師古曰："靡，碎也，音武皮反。"②《酷吏傳》"靡爛"師古曰："靡音武皮反。"③《詩·桑柔》"靡所定處"朱熹曰："靡，武巾反。"④皆爲明證。

大雁

昔文侯寤大雁之獻而父子益親，陳平共壹飯之簍而將相加驩，所接雖在楹階俎豆之間，其於爲國折衝厭難，豈不遠哉！（卷八五《杜鄴傳》，11/3474/3—4）

師古曰："魏文侯廢太子擊，立擊弟訢，封擊於中山，三年不往來。擊臣趙倉唐進大雁於文侯，應對以禮，文侯感寤，廢訢而召立擊，父子更親也。"（11/3475/2—3）

按：《傳》文及顏注兩處"大雁"字，慶元本、白鷺洲本均作"犬雁"。當作"犬雁"。

周壽昌辨《漢傳》"大雁"字云："《韓詩外傳》曰：魏文侯封太子擊於中山，三年不往來，趙倉唐曰：'君何不遣人使大國？'太子曰：'願之久矣。未得可使者。'對曰：'臣願奉使。侯何好？'太子曰：'侯嗜晨鳧，好北犬。'於是遣倉緤北犬、奉晨鳧獻之。侯曰：'擊愛我，知我所嗜好。'師古注所引與此微異。大字應作犬。"⑤錢泰吉述拜經樓所藏南宋建安蔡琪刻本《漢書》有云："《杜鄴傳》'昔文侯寤犬雁之獻而父子益親'。按：《太平御覽》卷一百四十六引《説苑》：魏太子擊使趙倉唐緤北犬、奉晨鳧以獻。卷七百七十九引《韓詩外傳》事更詳。此杜鄴語所本也。他本《漢書》俱作'大雁'，獨此正文及注皆作'犬雁'，真可謂一字千金矣。"⑥今考《文選·四子講德論》"文侯諭其指意"李善注引《韓詩外傳》⑦、《北堂書鈔》卷四〇引《説苑》⑧與此略同。《漢傳》"犬雁"典故，來源於《説苑》《韓詩外傳》載魏文侯嗜好"北犬、晨雁"事，詳《説苑·奉使篇》⑨、《韓詩外傳》卷八⑩。唯《説苑》作"晨鳧"，《韓詩外傳》作"晨雁"，略有小異。今本《漢書》作"大雁"者，當是後人不明"犬雁"典故，以"大雁"字習見，故訛刻作"大"字。

---

① 唐作藩《上古音手册》，第85頁、第137頁、第119頁。
② 班固《漢書》卷四八，第2264頁。
③ 班固《漢書》卷九〇，第3658頁。
④ 朱熹《詩集傳》卷一八，北京：中華書局，1958年，第208頁。
⑤ 周壽昌《漢書注校補》卷四七，《續修四庫全書》，第267册，第776頁。
⑥ 錢泰吉《曝書雜記》卷一，《續修四庫全書》，第926册，第19頁。
⑦ 蕭統選編、李善等注《六臣注文選》卷五一，北京：中華書局，2012年，第958頁。
⑧ 虞世南《北堂書鈔》卷四〇，《續修四庫全書》，第1212册，第193頁。
⑨ 劉向著、向宗魯校證《説苑校證》卷一二，北京：中華書局，1987年，第296頁。
⑩ 韓嬰著、許維遹校釋《韓詩外傳集釋》卷八，北京：中華書局，1980年，第280頁。

大司空

大司空朱邑、右扶風翁歸德茂夭年，孝宣皇帝愍册厚賜，贊命之臣靡不激揚。（卷八八《儒林傳》，11/3605/11—12）

按："大司空"，各本同，當作"大司農"。

考《漢書·循吏傳》："朱邑字仲卿，廬江舒人也。少時爲舒桐鄉嗇夫，廉平不苛，以愛利爲行，未嘗笞辱人，存問耆老孤寡，遇之有恩，所部吏民愛敬焉。遷補太守卒史，舉賢良爲大司農丞，遷北海太守，以治行第一入爲大司農。"①《百官公卿表下》："北海太守朱邑爲大司農，四年卒。"②知：朱邑卒前爲大司農，平生未嘗爲大司空。今考《宣帝紀》："（元康四年）秋八月，賜故右扶風尹翁歸子黄金百斤，以奉其祭祀。"③又："（神爵元年）秋，賜故大司農朱邑子黄金百斤，以奉祭祀。"④再考《後漢書·循吏列傳》："昔大司農朱邑、右扶風尹翁歸，政迹茂異，令名顯聞，孝宣皇帝嘉歎愍惜，而以黄金百斤策賜其子。"⑤均言"大司農朱邑"，可爲證。

廉　武

尹齊，東郡茌平人也。以刀筆吏稍遷至御史。事張湯，湯數稱以爲廉。武帝使督盜賊，斬伐不避貴勢。（卷九〇《酷吏傳》，11/3659/5—6）

按："帝"字，各本同，乃衍文，當删。"武"字上屬"廉"字爲句。

考《史記·酷吏列傳》："尹齊者，東郡茌平人。以刀筆稍遷至御史。事張湯，張湯數稱以爲廉武，使督盜賊，所斬伐不避貴戚。"⑥王念孫據《史》文辨此《漢傳》曰："'帝'字後人所加。此言張湯素稱尹齊之廉武，使之督盜賊（上文《王温舒傳》曰：'事張湯，遷爲御史，督盜賊。'下文《楊僕傳》曰：'河南守舉爲御史，使督盜賊關東。'），非謂武帝使督盜賊也。《史記》'使督'上無'帝'字，是其明證矣。後人誤以'廉'字絶句，而以'武'字屬下讀，因妄加

① 班固《漢書》卷八九，第3635頁。
② 班固《漢書》卷十九下，第805頁。
③ 班固《漢書》卷八，第259頁。
④ 同注③，第261頁。
⑤ 范曄《後漢書》卷七六，北京：中華書局，1965年，第2469—2470頁。
⑥ 司馬遷《史記》卷一二二，第3821頁。

'帝'字耳。下文曰:'上以爲能,拜爲中尉。'方指武帝言之。"[①]王氏以《史》文作"廉武"字爲是。"廉武"一詞不習見,後人多不明其義,讀《漢書》時,誤以"廉"字句絶,"武"字下屬爲句有不通,遂妄加"帝"字以足句。《史記》三家注及《漢書》顔師古注針對"廉武"一詞,皆無説。王念孫亦不釋"廉武"之義,致使其説難明。

武者,士也。考《淮南子·覽冥篇》"勇武一人,爲三軍雄"高誘注:"武,士也。江、淮間謂士爲武。"[②]劉文典引莊逵吉曰:"《意林》引作勇士一人,是改武爲士。"[③]《齊俗篇》"爲天下顯武"高誘注:"楚人謂士爲武。"[④]考《文子·上德篇》:"故勇武以强梁死,辯士以智能困。"[⑤]武亦士也,對舉同義。《史記·淮南衡山列傳》:"即使辯武隨而説之。"[⑥]《集解》引徐廣曰:"淮南人名士曰武。"[⑦]《漢書·伍被傳》:"即使辯士隨而説之。"[⑧]此乃武即士之明證。今考《漢書·張湯傳》:"張湯,杜陵人也。"[⑨]《戰國策·秦策二》"楚兵大敗於杜陵"高誘注:"杜陵,楚邑。"[⑩]則張湯爲楚地人,習用楚語料在情理之中。張湯所稱武即士也。《史》《漢》載張湯數稱尹齊以爲廉武,廉武即廉士,以尹齊爲廉士也。

【作者簡介】孫曉磊,男,1985年生,文學博士,浙江師範大學人文學院講師,主要從事秦漢文獻研究。

① 王念孫《讀漢書雜志》,《二十五史三編》,長沙:嶽麓書社,1994年,第3册,第204頁。
② 劉安著、劉文典集解、馮逸、喬華點校《淮南鴻烈集解》卷六,北京:中華書局,2013年,第232頁。
③ 同注②,第232頁。
④ 劉安著、劉文典集解、馮逸、喬華點校《淮南鴻烈集解》卷一一,第447頁。
⑤ 王利器《文子疏義》卷六,北京:中華書局,2000年,第259頁。
⑥ 司馬遷《史記》卷一二八,第3755頁。
⑦ 同注⑥,第3757頁。
⑧ 班固《漢書》卷四五,第2174頁。
⑨ 班固《漢書》卷八九,第3637頁。
⑩ 劉向集録、高誘注、諸祖耿集注匯考《戰國策集注匯考》卷四,南京:鳳凰出版社,2008年,第216頁。

《泉書漫議》指瑕

潘勝强

2001年4月,《文獻》雜志第2期(第170—183頁)發表了一篇題爲《泉書漫議》的文章。該文章將我國歷代研究錢幣學的著作分爲錢幣學目録、錢幣圖譜和泉學專論共三個大類,並對各類之下所包含的著作進行了全面地搜羅和簡單地介紹,其學術資料價值較爲可觀。但也許是由於原文所涉及的資料實在太過龐雜,所以其中還是出現了不少可議之處。筆者通過查閱《中國錢幣文獻叢書》《中國古錢幣圖譜考釋叢編》《古錢大辭典》《古錢學綱要》《石廬金石書志》《金石書録目》《癖泉書室所藏泉幣書目》《中國錢幣大辭典·泉人著述編》《中國錢幣圖書纂要》以及《可居室所藏錢幣書目》等錢幣學方面的著作,再參照其他相關文獻和信息,發現該文中所涵蓋的問題主要包括人名問題、書名問題,以及泉書的作者、版本和内容問題等。在此筆者不揣冒昧,特將上述問題略作簡要梳理,並請各方專家批評指正。

一、人名問題

總體而言,原文中有關人名的問題主要包括訛文、脱文、倒文、徑稱字(號)而不按本名,以及前後名稱不一致等幾種類型。根據原文的頁碼次序,現將其中有關人名的問題分别指陳如下:

1. 第170頁:"以後又有魏稼孫所著的書"。按:魏錫曾,字稼孫。

2. 第171頁:"王維樸的祖父爲王戟門";第175頁:"王戟門的《泉貨匯考》"。按:王錫棨,字戟門。

3. 第173頁:"萬子昭的《古今録》"。按:萬光煒,字子昭。另:"《古今録》"應作"《古金録》"。

4. 第174頁第二段:"盛子履的十六卷《泉史》"。按:盛大士,字子履,原文同頁第三段即有"盛大士的《泉史》"之語。

5. 第174頁:“陸虎岑的《續泉志》15卷”。按:陸古愚,字虎岑。另:關於《續泉志》的卷數,《石廬金石書志》和《金石書録目》等書均記作12卷(稿本),而《鄭堂讀書記》和《古錢學綱要》等書則記作15卷(鈔本),這可能是由於抄書人對原稿的卷次進行過一定的改動。

6. 第174頁:“蔣敬臣有未刊稿《洪遵泉志集證》15卷”;第176頁:“蔣敬臣的《選泉叢説》未刊”。按:蔣清翊,字敬臣。

7. 第174頁:“陳業孝撰有《歷代鐘官圖經八卷》”。按:“陳業孝”應作“陳萊孝”。另:“八卷”應在書名號之外。

8. 第174頁:“孟逸岡道光年間刊出的《泉布統志》”。按:孟麟,號逸岡。

9. 第174頁:“朱尊彝等著的《歷代錢表》一卷”。按:“朱尊彝”應作“朱彝尊”。

10. 第175頁:“葉志洗有《平安館泉拓》”。按:“葉志洗”應作“葉志詵”。

11. 第175頁第三段:“楊幼雲的《空首布目》專記空首布”。按:楊繼震,字幼雲,原文同頁第三段、第180頁均有“楊繼震”之語。

12. 第175頁:“其子續祖有未刊稿《古泉匯補缺訂訛》四卷”。按:“續祖”應作“緒祖”,原文第171頁即作“王緒祖”。

13. 第175頁:“阮青(徐士鑾)摹拓的《蜨訪居宋泉拓存》”。按:“阮青”應作“沅青”,徐士鑾,字苑卿,一字沅青。

14. 第176頁:“金硯雲的《古錢考》四卷”。按:金忠淳,號硯雲,又作硯耒員。

15. 第176頁:“潘某的《潘氏泉譜》”。按:此處的“潘某”似爲潘仕成。

16. 第176頁:“龔齋行的《古錢目》一卷”。按:“龔齋行”應作“龔齊行”。

17. 第176頁:“方履筏的一卷《泉˙》”。按:“方履筏”應作“方履籛”。

18. 第176頁:“吴均的《選錢齋錢譜》十五卷”。按:“吴均”應作“吴鈞”。

19. 第176頁:“龔心湛撰的《楚金爰考》一卷”。按:“龔心湛”應作“龔心銘”。

20. 第177頁:“清末有排印本沈林的《中西錢幣考略》”。按:“沈林”應作“沈林一”。

21. 第177頁:“張叔訓有未刊《齊齋泉乘》”。按:“張叔訓”應作“張叔馴”,張乃驥,字叔馴。

22. 第177頁:“王希烈有《希哲藏泉》行世”。按:“王希烈”應作“王光烈”或“王希哲”,王光烈,字希哲,原文第182頁即有“王光烈集幣文爲聯”之語。

23. 第177頁第五段:“劉嘉陵有《嘉靈泉拓》”。按:“劉嘉陵”應作“劉鐘奇”或“劉嘉靈”,劉鐘奇,字嘉靈,原文同頁第四段即有“劉鐘奇編”之語。

24. 第178頁:“張絅伯有《咸豐大錢考》”。按:張晉,字絅伯。

25. 第178頁:“《中國近代鑄幣匯考》施嘉斡著”。按:“施嘉斡”應作“施嘉幹”。

26. 第178頁:"還有石查手拓的《古泉拓本》"。按:此處的"石查"似指胡義贊(號石查)。

27. 第180頁:"羅泌芳有《明通寶義》《廣通寶義》"。按:"羅泌芳"應作"羅汝芳"。

28. 第180頁:"李元仲(1602—1686)撰有《錢神志》七卷"。按:李世熊,字元仲。

29. 第180頁:"《廣錢譜》張世延著"。按:"張世延"應作"張延世",原文第176頁即有"張延世的《廣錢譜》一卷"之語。

30. 第181頁:"李曰萃有《紫桃軒雜綴》"。按:"李曰萃"應作"李日華"。

31. 第182頁:"劉方伯有《古泉絶句》"。按:關於這條内容,筆者查閲了許多文獻,但既未發現"劉方伯"其人,亦未找到"《古泉絶句》"其書,不知作者所據爲何?後乃思清人劉喜海,字吉甫,又字燕庭,曾任浙江布政使一職,時人及後代學者往往稱其爲"劉燕庭方伯"①,劉氏有《嘉蔭簃論泉絶句》二卷,該書又往往被簡稱爲"《論泉絶句》"②,故頗疑此處所謂"劉方伯"實即劉喜海,而"《古泉絶句》"或爲"《論泉絶句》"之誤。至於這一推想是否正確,還需請有關專家不吝賜教。

32. 第182頁:"元順帝時武琪著《寶鈔通考》"。按:"武琪"應作"武祺"或"武旗"。

通過上述各條内容可以發現,原文中有關人名的訛文大都是由於文字的形似、音近(同)而致誤,其中的脱文、倒文和前後名稱不一致等問題也往往是因爲疏於校勘或考察不周所引起的,這些問題只要在撰文的過程中多加注意,應當是可以避免的。對於徑稱字(號)的問題,筆者認爲除非其本人是以字(號)行世③,否則在涉及相關歷史人物時,還是應當盡量使用其本名,或者使用字(號)而注出本名,絶不能只是簡單移録原始資料中的人物字號,而不作必要的考察和説明。

二、書名問題

除了在人名問題中連帶指出的幾處書名錯誤之外,原文當中還存在着大量的書名問題,在此筆者仍然是以該文章的頁碼爲次序,將其中有關書名的問題分别指陳如下:

1. 第171頁:"田士懿的《金石名著匯録》收書662種"。按:此書應作"《金石名著匯目》",原文第176頁即有"田士懿的《金石名著匯目》"之語。

---

① 例如鮑康在《觀古閣叢稿》中就曾記載:"戊申秋末,劉燕庭方伯自浙見寄孝建四銖一品。"(鮑康《觀古閣叢稿》卷上,《中國錢幣文獻叢書》,上海:上海古籍出版社,1992年,第218頁)

② 比如鮑康在重刊《嘉蔭簃論泉絶句》時就稱:"念夙昔熟讀之《論泉絶句》二百首,則版已久毁。"(鮑康《嘉蔭簃論泉絶句·序》,《中國錢幣文獻叢書》,第498頁)

③ 比如原文第178頁所提到的"陳鐵卿"即是一例,陳鐵卿,本名鋼,字鐵卿,以字行。

2. 第171頁:“此時黄立猷也編有《金石目録》”。按:此書應作“《金石書目》”。

3. 第171頁:“這一時期較爲著名的金石目録作者是容庚先生,他的《金石書目録》……”。按:此書應作“《金石書録目》”。另:該書爲容媛輯,容庚校。

4. 第171頁:“《文物》雜志在1955、1962、1963年分别發表了容庚等先生的《金石書録補編》《清代吉金書籍述評》《三代吉金文存補》等文章”。按:“《金石書録補編》”應作“《金石書録目補編》”,該文發表在1955年第3期的《考古通訊》上,其作者爲容媛;《清代吉金書籍述評(上)》發表在1962年第2期的《學術研究》上,其作者爲容庚;《三代吉金文存補》爲周法高編撰,1980年由臺聯國風出版社出版。

5. 第171頁:“王貴忱先生自編的《可居室所藏錢幣目録》”。按:此書應作“《可居室所藏錢幣書目》”。

6. 第172頁第二段:“但以上自《劉氏錢譜》起各書”。按:此書應作“《劉氏錢志》”,原文第171頁、第172頁第一段均作“《劉氏錢志》”。

7. 第172頁:唐至五代“還有《封氏錢譜》和《敦素錢譜》”。按:根據筆者所掌握的資料,唐至五代時期除了封演的《續錢譜》(原文已有介紹)之外,尚有《姚氏錢譜》和《錢氏錢譜》等錢幣學方面的著作,但並無所謂“《封氏錢譜》”一書,不知此處的“封氏”是否爲“姚氏”或“錢氏”之誤?

8. 第172頁:“董逌著有《續錢譜》《萬泉文》,另有《趙家千家錢譜》”。按:“《萬泉文》”應作“《萬泉志》”;“《趙家千家錢譜》”應作“《趙公千家錢譜》”。

9. 第173頁:“康雍時人朱楓有《吉金待問録》一書”。按:此書應作“《古金待問録》”。

10. 第173頁:“據《古今泉略》”。按:此書應作“《古今錢略》”,原文第170頁、第174頁均作“《古今錢略》”。

11. 第174頁:“劉喜海(1793—1853)的《古泉苑》,又稱《古泉苑目録》計101卷”。按:《古泉苑》一書共有101卷,劉氏另有《古泉苑目録》1卷,而並非《古泉苑》“又稱《古泉苑目録》”。

12. 第174頁:“1935年丁福保搜集劉喜海錢譜刊出《泉苑精華》”。按:此書應作“《泉苑菁華》”。

13. 第174頁:“金錫鬯的《晴韻館收藏古錢述記》成書”。按:此書應作“《晴韻館收藏古錢述記》”。

14. 第174頁:“剪雨樓自刻《迭青小箋》”。按:此書應作“《選青小箋》”。

15. 第174頁:“咸豐元年有唐與昆的《泉布匯考》”。按:此書應作“《泉幣匯考》”。

16. 第175頁:“陳介祺(1813—1884)輯有《簠齋藏古化》不分卷”。按:此書應作“《簠齋藏古金化》”。

17. 第175頁:“《竹渦宋泉類》稿本十册”。按:此書應作“《竹渦兩宋泉類》”。

18. 第175頁:“北大有《竹木过古泉》四種”。按:此書應作“《竹籞古泉四種》”。

19. 第175頁:“臺灣故宫博物院藏有善本《激飛青閣錢譜》”。按:此書應作“《激素飛青閣錢譜》”。

20. 第175頁:“附有《潘萬志泉拓》”。按:此書應作“《潘志萬泉拓》”。

21. 第175頁:“十八年費錫申家刻本《撰齋所藏錢録》12卷”。按:此書應作“《巽齋所藏錢録》”。

22. 第175頁:“1903年秦寶瓚自刊《遺篋録》,晚紅軒於1926年又刊他的《續遺篋録》四卷和《續遺篋補録》一卷”。按:以上三處“遺篋”均應作“遺篋”。

23. 第176頁:“福建師範學院藏有《汪建霞精選拓本》一册”。按:此書應作“《江建霞精選拓本》”。江標,字建霞。

24. 第176頁:“方嵩年的《蕭蕭古錢録》8卷”。按:此書應作“《蕭蕭齋古泉録》”。

25. 第176頁:“《屏廬叢刻》中收有徐士鑾輯的《古泉匯考》”。按:“《古泉匯考》”應作“《古泉叢考》”。

26. 第176頁:“陳邦福的《古泉玉品》”。按:此書似應作“《古泉五品》”。

27. 第176頁:“置於《金卷》”。按:“《金卷》”應作“《金索》”。

28. 第176頁:“董文燦的8卷《貨布所藏録》”。按:此書應作“《貨幣所藏録》”。

29. 第176頁:“王煒的《晉泉紀録》一卷”。按:此書應作“《晉泉匯録》”。

30. 第177頁:“排字本《全國金銀銅三品貨幣表》一卷”。按:此書應作“《各國金銀銅三品貨幣表》”。

31. 第177頁:“劉喜海的《新莽貨幣範》一書”。按:此書應作“《新莽貨布範》”。

32. 第177頁:“袁克文有《古逸幣志》《泉簡甲編》《泉撻》各一卷”。按:“《泉撻》”應作“《泉摭》”。

33. 第178頁:“粘成特制的《壽泉拓集》”。按:此書應作“《壽泉集拓》”。

34. 第179頁:“蔡養吾的《衡門百錢譜》等書”。按:此書應作“《衡門百泉譜》”。

35. 第180頁:“《通史》藝文志記北宋杜鎬有《鑄錢故事》”。按:“《通史》藝文志”應作“《通志》藝文略”或“《通志·藝文略》”,原文第172頁即作“《通志》藝文略”。

36. 第181頁:“香港出版有衛先生的《中國歷代錢幣》”。按:此書應作“《中國歷代錢幣史》”。

37. 第181頁:“丁福保又有《古泉實用譚》《續譚》二書”。按:“《古泉實用譚》”應作

“《古錢有裨實用譚》”。

38. 第181頁:“鄭家相先生有《中國古代貨幣史》”。按:此書應作“《中國古代貨幣發展史》”。

39. 第181頁:“山東省錢幣學會編輯有《齊刀和齊國貨幣研究》”。按:此書應作“《齊刀和齊國錢幣研究》”。

40. 第181頁:“民族出版社印行了肖懷遠的《西藏貨幣史》”。按:此書應作“《西藏地方貨幣史》”。

41. 第182頁:“中國錢幣學會編輯的《錢幣學論文集》”。按:此書應作“《中國錢幣論文集》”。

42. 第182頁:“馬昂的《貨幣文字考》”。按:此書應作“《貨布文字考》”。

43. 第182頁:“邱思達先生的《古泉雜詠》”。按:此書應作“《古錢百詠》”。

在上述關於書名問題的内容當中,我們可以看到原文的絶大部分錯誤仍然是因校勘不慎而形成的訛文、脱文和倒文等,這些問題雖然較爲瑣碎,但却很容易給讀者造成麻煩和困擾,况且作者此文既是爲了介紹泉書,似乎就更不應該在書名問題上産生如此之多的失誤。

三、泉書的作者、版本和内容等問題

如果説以上人名和書名方面的問題還大都只是一些“無關痛癢”的字詞錯誤的話,那麽原文中有關泉書的作者、版本和内容等方面的問題可就未必如此了:

1. 第172頁:“我們現在奉爲泉書鼻祖的是洪遵(1120—1174)所著的《泉志》一書,該書收録了先秦到當時的歷代錢幣”。按:洪遵所處的時代約爲南宋初期,而《泉志》所收錢幣範圍上起虞夏,下至五代十國和遼錢,並未收至洪遵“當時”的錢幣。

2. 第172頁:“《泉志》……有許多版本。如明嘉靖茶庵本,但將書作者誤爲洪遵之弟洪邁,錢曾的《讀書敏求記》沿其誤”。按:“茶庵本”應作“茶夢庵鈔本”。另:《讀書敏求記》稱《泉志》爲“鄱陽洪遵撰”①,並未將其作者誤爲洪邁。

3. 第172頁:“《讀書敏求記》記元人有《歷代錢譜》一卷,書中稱‘元至大二年二月……’”。按:“二月”應作“十月”。

4. 第173頁:“蔡仲白於乾隆二十六年編有《貨泉備考》”。按:《貨泉備考》一書實爲

① 錢曾著,管庭芬、章鈺校證《讀書敏求記校證》,上海:上海古籍出版社,2007年,第131頁。

蔡琇(字仲白)受益齋主人永瑆之托而編成,永瑆姓愛新覺羅氏,係理親王允礽之孫,蔡琇爲其幕賓,乾隆年間受托考證古錢,編爲《貨泉備考》八卷,故此書作者通常都被記爲益齋主人永瑆。

5. 第173頁:"嘉慶二十年(1820)刊出的《吉金所見録》"。按:《吉金所見録》刊行於嘉慶二十四年(1819)。另:"嘉慶二十年"應是1815年。

6. 第174頁:"瞿中溶的《泉志補政》二十卷,有嘉慶五十一年刊本"。按:《泉志補政》並無刊本,嘉慶亦無"五十一年"。

7. 第174頁:《歷代鐘官圖經》中的錢幣"首起秦漢,迄於元明"。按:該書所收錢幣始自先秦刀布,終於明末錢幣,並非"首起秦漢"。

8. 第174頁:"道光二十年,春草堂全集本有謝堃的《錢式圖》四卷"。按:"道光二十年"似應作"二十二年","《錢式圖》四卷"應作"三卷"。另:"春草堂全集"應加書名號。

9. 第174—175頁:"馬國翰的《紅藕花軒泉品》有咸豐年版的"。按:"咸豐"應作"同治"。

10. 第175頁:《古泉匯》"書分64卷,圖近六千種"。按:《古泉匯》共收錢幣、錢範五千余種,《續泉匯》共收錢幣、錢範近千種,兩書總和近六千種,而並非《古泉匯》一書"圖近六千種"。

11. 第175頁:"鮑康……1875年又和李佐賢合著《續泉匯》一書,此書《販書偶記》記爲李佐賢與陳介祺合著,疑是陳介祺的《續觀古閣泉説》,即《續泉説》"。按:關於《續泉匯》一書,《販書偶記》的記載是"歙鮑康撰";對於《續泉説》,《販書偶記》稱是"利津李佐賢、濰縣陳介祺同撰"①。不知作者此處的説法所據爲何?實際上《續泉匯》爲鮑、李合著,而《續泉説》爲李佐賢所著。

12. 第175頁:"鮑氏曾編十種書爲《觀古閣叢刻》"。按:"十種"應作"九種"。

13. 第180頁:"另有1932年石印本《談泉雜録》"。按:"1932"應作"1926"。

14. 第181頁:"民國時,丁福保、衛聚賢編著有《古錢》,書中前有衛氏在現代經濟學會所講的中國貨幣演變述略,分硬、貨幣"。按:"分硬、貨幣"應作"分硬幣、軟幣"。

15. 第181頁:"千家駒、郭彦崗二先生合著的《中國歷代貨幣及表解》《中國貨幣史綱要》爲初步泉壇者的必讀之物"。按:"《中國歷代貨幣及表解》"應作"《中國貨幣發展簡史和表解》",此書與《中國貨幣史綱要》均爲千家駒、郭彦崗二先生合著,郭先生另有《中國歷代貨幣》一書。另:"初步"似爲"初涉"之誤。

---

① 孫殿起《販書偶記(附續編)》卷十,上海:上海古籍出版社,1999年,第262—263頁。

16. 第182—183頁:"元費著有《楮幣譜》一卷,記四川交子錢引……但書已佚"。按:《中國錢幣文獻叢書》(上海古籍出版社,1992—1994年)中尚有此書,係根據光緒十七年(1891)雨餘山房重刊《全蜀藝文志》本影印,因此不應稱"書已佚"。

17. 第183頁:《中國古鈔圖輯》"1987年9月出版"。按:"9月"應作"7月"。

從上述内容可以看出,在有關泉書的作者、版本和内容等問題上,《泉書漫議》一文同樣存在着不少"硬傷",並且其中的許多錯誤已不僅僅是簡單的校勘問題。雖然如此,這些問題只要能在撰文的過程中認真對待、細心考察,仍然是可以在很大程度上予以避免的。

四、其他問題

除了以上三個方面的問題之外,原文當中還有一些别的問題,今亦在此一並指出:

1. 第170頁:"最早《隋志》曾收漢魏石經拓文。但到《直齋書録解題》才開始收金石書入目録"。按:從大致的成書時間來看,《隋志》《舊唐志》《新唐志》《崇文總目》《遂初堂書目》和《通志・藝文略》等書目均早於《直齋書録解題》,而且這些書目中也都收録了一定數量的金石學著作,因此,"到《直齋書録解題》才開始收金石書入目録"的説法是不正確的。

2. 第170頁:"明清時,金石目録大盛,不計倪模(1750—1825)《古今錢略》中的《歷代譜録》,'撰金石目録者百數十家'"。按:《古今錢略》中的《歷代譜録》僅僅對歷代錢幣學著作進行了一定的介紹,該目録既不是一部全面的"金石目録",也缺乏足够的代表性,况且當時類似於《歷代譜録》的錢幣學書目還有不少,不知作者爲何要將此一書目單列出來?

3. 第171頁:"中國歷代泉家研究錢幣的專著很多,範圍也十分廣泛,本文按泉書目録、圖譜、泉學專論幾大類,簡單介紹"。按:原文三個小節的標題依次是"錢幣學目録"、"錢幣圖譜"和"泉學專論",而上述文字的位置是在第一小節之末,從全文的整體結構及其内在邏輯來看,這種處理方式似欠妥當。

4. 第176頁:"宣統元年有吴隱集的《遁庵古泉存》,有的題爲西冷印社輯"。按:"西冷印社"應作"西泠印社"。

5. 第176頁:"疑《崇文總目》有魚獸之誤"。按:"魚獸之誤"似應作"魚魯之誤"。

6. 第181頁:"民國時,丁福保、衛聚賢編著有《古錢》,書中前有衛氏在現代經濟學會所講的中國貨幣演變述略,分硬、貨幣,香港出版有衛先生的《中國歷代錢幣》1944年又有《古今貨幣》一書,中爲丁福保的《古錢學綱要》,後爲衛氏的《古錢年號索引》。《古錢學綱要》另有單行本。民國十五年有鉛字本《清寧館古泉叢話》一卷。丁福保又有《古泉實用譚》《續譚》二書,《古泉雜記》爲丁氏記録古錢過眼、《古錢大辭典》書目凡例等"。按:這段文字的問題較爲集中。首先,作者在介紹《古錢》一書的前、中、後三部分内容時,突然插入了衛氏的其他兩部著作,如此行文似乎不甚妥當;其次,這段文字主要介紹的是丁、衛二先生的作品,但其中又出現了張可中的《清寧館古泉叢話》一書,不知作者究竟是怎樣考慮的? 如果再加上筆者在上文中所提到的"分硬、貨幣"、"《中國歷代錢幣》"和"《古泉實用譚》"這三處問題,則上述短短一百余字的内容,其錯誤和瑕疵竟有五處之多!

7. 第182—183頁:"元費著有《楮幣譜》一卷,記四川交子錢引,《四川通志》稱其止於南宋慶元年間"。按:由於中國古代的地方志(特别是明清方志)往往存在續修或重修的現象,因此在引用方志時一般都需要標明其成書的時代,否則很容易使讀者産生疑問,比如此處所提的《四川通志》即有兩部,其中一部爲清代雍正年間所修,另一部爲嘉慶年間所修,不知作者所指的是哪一部?

五、結語

總而言之,筆者認爲《泉書漫議》一文雖然具有較爲可觀的學術資料價值,但其中所存在的問題和瑕疵也是毋庸諱言的,這些瑕疵既包括非常具體的訛文、脱文和倒文等問題,也包括一些觀點和表述不盡妥當的問題,還包括文中的某些地方不太符合學術規範等,其中尤以校勘不慎的問題最爲突出。平心而論,這些問題中的絶大多數不僅是應該避免的,而且也是可以避免的,特别是文中頻頻出現的人名、書名前後不一致的現象,假如作者能在全文完成之後將其細心通讀數遍,肯定不至於産生如此之多的問題。所以在撰寫學術論文的過程中,無論是搜集、整理資料,還是謀篇布局和下筆爲文,都必須要保持一種嚴肅認真的態度,耐心細致、精益求精,這樣才能最大限度地減少失誤和差錯。另外,《泉書漫議》中的問題或許還不止上文所指出的那些,而以上筆者的看法恐亦難免會有失當之處,在此敬請各方專家批評指正。

【作者簡介】潘勝强,男,1981年生,歷史學博士,西安理工大學馬克思主義學院講師,研究領域爲歷史文獻學、錢幣學。

札　記

《通典·職官》“秦置諫議大夫”訂誤

楊　傑

《通典》卷二一《職官三》“諫議大夫”條:“秦置諫議大夫,掌論議,無常員,多至數十人,屬郎中令。至漢武帝元狩五年,始更置之。後漢增諫大夫爲諫議大夫,(《後漢書》曰:“來歙父仲,哀帝時爲諫議大夫。”誤矣)亦無常員。二漢並屬光禄勳。”①

按:“秦置諫議大夫”,當作“秦置諫大夫”,“議”爲衍文。

《通典》此文述“諫議大夫”一職的沿革,撮其梗概,經歷了最初的秦置,到漢初的廢置,到漢武帝元狩五年的更置,再到後漢的改稱。此既言“後漢增‘諫大夫’爲‘諫議大夫’”,則後漢之前所稱理當無“議”字。由其自注斷《後漢書》載來仲於西漢哀帝時任“諫議大夫”爲誤②,益知杜氏以後漢之前不當有“諫議大夫”之稱。如此,豈得言“秦置諫議大夫”而前後齟齬若此乎?

再者,觀《通典·職官》行文之例,各職官、機構以當時行用名立目,下敘其沿革,至若歷代之稱,通常一一詳列其中,但當某個時期所置之名與立目之名完全相同時,只要文氣銜接,不致引起歧義,則往往省略其稱以免繁瑣。以“諫議大夫”所在的卷二十一爲例:“丞相司直”條言“漢武元狩五年置,掌佐丞相舉不法”;“丞相長史”條言“漢文帝二年置,一丞相有兩長史”;“給事中”條言“加官也,秦置,漢因之”;“典儀二人”條言“大唐置”③,皆於“置”絶句而不復標舉其名,以其所置之名與立目之稱同也。以彼繩此,設若秦所置果爲“諫議大夫”,與立目全無二致,加上位置又緊承立目之下,則斷無不省文之理由。

---

① 杜佑撰,王文錦等點校《通典》卷二　,北京:中華書局,1988年,第554頁。按:“秦置諫議大夫”,《北宋版通典》作“秦署諫議大夫”(上海:上海人民出版社,2007年,第2册,第21頁),“署”爲“置”之形誤。

② 按:今本《後漢書·來歙傳》作“諫大夫”(中華書局,1965年,第585頁),並不誤。王文錦先生以爲蓋《通典》所據《後漢書》非范書,可備一説.

③ 同注①,第542、543、551、557頁。

復考其史源與史實，更可證《通典》之誤。《漢書》卷一九上《百官公卿表》載："郎中令，秦官，掌宫殿掖門户，有丞。武帝太初元年更名光禄勳。屬官有大夫、郎、謁者，皆秦官。又期門、羽林皆屬焉。大夫掌論議，有太中大夫、中大夫、諫大夫，皆無員，多至數十人。武帝元狩五年初置諫大夫，秩比八百石。"①《後漢書志》卷二五《百官志》始列"諫議大夫"職，云："諫議大夫，六百石。本注曰：無員。"劉昭《注》引東漢胡廣曰："武帝元狩五年置諫大夫，爲光禄大夫。世祖中興，以爲諫議大夫。"②是上引《通典》文除夾注之外，明顯據此《漢書·百官表》及《後漢書·百官志》文改寫而來。《百官表》言秦朝所置與武帝"初置"爲"諫大夫"，終西漢一代無"諫議大夫"之名，故《漢書》所載皆爲"諫大夫"而無一例稱"諫議大夫"者。史源文獻及史實如此，尤爲《通典》原文當作"秦置諫大夫"之切證也。

據宋人所述，亦可知《通典》此文當作"秦置諫大夫"。檢宋代類書叙此官職，多作"諫大夫，秦置"或"秦置諫大夫"。如王益之《歷代職源撮要》"諫議大夫、諫院"條云："諫大夫，秦置，掌論議，無常員，多至數十人，屬郎中令。漢武帝元狩中更置。後漢增爲諫議大夫。(《後漢書》曰"來歙父仲，哀帝時爲諫議大夫"，誤矣)規諫於天子。"③又如謝維新《古今合璧事類備要》後集卷二四《臺諫門·諫院》"諫議大夫"條叙其"歷代沿革"云："秦置諫大夫，掌論議，多至數十人。漢武帝元狩中更置。後漢增爲諫議大夫。(《後漢書》曰"來歙父仲，哀帝時爲諫議大夫"，誤矣)"④復如章如愚《山堂先生群書考索》後集卷六《官制門》"諫議大夫"條云："至秦，置諫大夫，掌論議，無常員，多至數十人，屬郎中令。"⑤再如佚名《翰苑新書》前集卷一二《諫院》"諫議大夫"條云："諫大夫，秦置，掌論議，多至數十人。漢武帝元狩中更置。後漢增爲諫議大夫。(《後漢書》曰'來歙父仲，哀帝時爲諫議大夫'，誤矣)"⑥這些引文，雖大多没有明確交代文獻來源，但通過比較其文字表述，尤其是以夾注形式標舉《後漢書》誤例不難判斷，他們當直接或間接採自《通典》；唯《古今合璧事類備要》注明採自《續通典》(按：當指宋白、李宗諤的《續通典》二百卷，《宋史·藝文志》有載)，則仍與《通典》存在明顯的承襲關係。這些類書徵引作"諫大夫"，很大程度上説明宋人所見《通典》仍有未誤者。

綜上，《通典》此文原作"秦置諫大夫"無疑，"議"字蓋後世淺人不明制度沿革而據立目

---

① 班固《漢書》卷一九上，北京：中華書局，1962年，第727頁。

② 范曄《後漢書》，第3577頁。

③ 王益之《歷代職源撮要》，民國三年(1914)張氏《適園叢書》本。

④ 謝維新《古今合璧事類備要》後集卷二四，《中華再造善本》，北京：北京圖書館出版社，2006年，影印中國國家圖書館藏宋刻本。

⑤ 章如愚《山堂先生群書考索》後集卷六，《中華再造善本》，北京：北京圖書館出版社，2006年，影印北京大學圖書館藏元延祐七年圓沙書院刻本。

⑥ 佚名《翰苑新書》前集卷一二，明崇禎十三年岳凌霄緑蘿堂藏舊鈔本。

安增也。今整理本失校,可據正。

【作者簡介】楊傑,女,1983年生,文學博士,古典文獻學博士後,江蘇第二師範學院講師,主要從事經史文獻的整理與研究。

人物名號札記三則

羅小華

一　《史記·楚世家》中的“鬻熊子”

《史記·楚世家》中有這樣一段文字：“周文王之時，季連之苗裔曰鬻熊。鬻熊子事文王，蚤卒。”①李世佳先生就“鬻熊”和“鬻熊子”進行討論，認爲：“‘鬻熊子’常作一單獨稱謂，據此《史記》此鬻熊子宜爲一獨立單元，……爲何前稱鬻熊，後又爲鬻熊子？此爲古代史書慣用之寫作手法。具體而言，主語是季連，强調鬻熊源出季連時，稱鬻熊；主語是鬻熊自身，强調鬻熊事周文王而非其他人時，其稱謂可一轉而爲鬻熊子。”②我們認爲，李先生“‘鬻熊子’常作一單獨稱謂”的説法，是值得肯定的；而關於“鬻熊”、“鬻熊子”的區别，則是有待商榷的。

《説苑·指武》：“田單爲齊上將軍，興師十萬，將以攻翟，往見魯仲連子。仲連子曰……於是田將軍恐駭，往見仲連子曰：‘先生何以知單之攻翟不能下也？’仲連子曰……”③在這段話裏，魯仲連出現四次，除了第一次寫作“魯仲連子”之外，其餘均作“仲連子”；並且，三處“仲連子”中，有一處是賓語，兩次是主語。可見，古代史書並不一定從稱謂上强調人物在句子中是主語還是賓語。

李先生爲了證明其觀點，還援引了《左傳》桓公十六年的一段話：“初，衛宣公烝於夷姜，生急子……爲之娶於齊，而美，公取之，生壽及朔……公使（急子）諸齊。使盜待諸莘，將殺之。壽子告之，使行，不可……及行，飲以酒。壽子載其旌以先，盜殺之。”並分析説：“上文公子壽之名，主語是衛宣公，側重於壽爲衛宣公之子，徑稱壽；主語爲壽，强調‘告之’

① 司馬遷《史記》卷四〇，北京：中華書局，1959年，第5册，第1691頁。

② 李世佳《也説〈史記·楚世家〉“鬻熊子事文王”》，《中國史研究》2015年第1期，第22頁。

③ 劉向《説苑校證》卷十五，北京：中華書局，1987年，第371頁。

等行爲主體爲‘壽’時，可稱爲壽子。”[①]其實，這段話中，還有一個人的稱謂，也是值得注意的：“宣姜與公子朔構急子……急子至，曰：‘我之求也，此何罪？請殺我乎！’”[②]在“宣姜與公子朔構急子”中，“急子”是賓語；在“急子至”中，“急子”又是主語。同一段話，同一個人，並未加以區分。因此，古代史書並不一定從稱謂上强調人物在句子中是主語還是賓語。

“鬻熊”與“鬻熊子”、“壽”和“壽子”、“魯仲連子”和“仲連子”、以及“急子”，都不過是史書中的稱謂而已，至於寫作什麽形式，都是隨機的。

當然，李先生對於“鬻熊子”的探討，引起了我們對於古代人名構成方式的注意。“鬻熊子”從構成方式上看，可以總結爲“姓名＋子”。“熊渠子”也屬於這一類型。這種構名方式，在《漢書·藝文志》所收録的書名中多見，如《孫卿子》《公孫龍子》等。[③]

二 《古今人表》中的幾個雙字謚號

雙字謚，在古代文獻中是比較常見的。童書業先生曾指出“周代謚號往往多至二、三字，而文獻中常簡稱其主要之一字”。[④] 因此，文獻中的不少單字謚，可能是雙字謚的省稱。李零先生曾對文獻中周、東周、秦、趙、魏、韓、燕、楚等國的雙字謚進行羅列，列舉了大量例證。[⑤] 在對《漢書·古今人表》進行粗略統計之後，我們想補充幾個雙字謚的例子：

1. 晉烈公，亦曰烈成公。《史記·晉世家》：“魏文侯以兵誅晉亂，立幽公子止，是爲烈公。”[⑥]《世本》：“晉侯止謚烈成公。”[⑦]根據《世本》的記載，晉烈成公應爲確定的雙字謚。

2. 魯哀公，亦曰出公。《史記·魯周公世家》：“國人迎哀公復歸，卒於有山氏。子寧立，是爲悼公。”[⑧]《漢書·古今人表》：“魯悼公。出公子。”[⑨]清人王鳴盛指出：“魯悼公在第六格，注云：‘出公子。’按悼公，哀公子也。疑出公即哀公，哀公卒於越，故以號之。”[⑩]

3. 衛出公輒，亦曰孝公。《孟子·萬章章句下》：“於衛孝公，公養之仕也。”楊伯峻先

---

① 李世佳《也説〈史記·楚世家〉“鬻熊子事文王”》，第 22 頁。
② 阮元校刻《春秋左傳正義》卷六，《十三經注疏》，北京：中華書局 1980 年，下册，第 1758 頁。
③ 班固《漢書》卷三〇，北京：中華書局，1964 年，第 1725、1736 頁。
④ 童書業《春秋左傳研究（校訂本）》，北京：中華書局，2006 年，第 345 頁。
⑤ 李零《楚景平王與古多字謚》，《傳統文化與現代化》1996 年第 6 期，第 24—25 頁。
⑥ 司馬遷《史記》卷三九，第 1687 頁。
⑦ 宋衷注，秦嘉謨等輯《世本八種·秦嘉謨輯補本》，北京：中華書局，2008 年，第 385、404 頁。
⑧ 同注⑥，1545 頁。
⑨ 班固《漢書》卷二〇，第 938 頁。
⑩ 王鳴盛撰，黄曙輝點校《十七史商榷》卷十，上海：上海古籍出版社，2013 年，第 113 頁。

生指出:"《左傳》《史記》皆無衛孝公,當即出公輒,一人而二謚,本有此例。"①

根據王鳴盛和楊伯峻的推論,則以下幾例也有可能爲雙字謚:

4. 晉孝公,亦曰桓公。《史記·晉世家》:"二十七年,烈公卒,子孝公頎立。"司馬貞索隱:"《紀年》以孝公爲桓公,故《韓子》有'晉桓侯'。"②

5. 衛懿公,亦曰哀公。《論衡·儒增》"衛有忠臣弘演,爲衛哀公使",黄暉校釋:"'哀公'當作'懿公',下同。"③

6. 韓懿侯,亦曰莊侯。《史記·六國年表》:"莊侯元年。"司馬貞索隱:"《系家》作'懿侯',《系本》無。"④

7. 韓悼子,亦曰平子。《史記·韓世家》:"宣子卒,子貞子代立。"司馬貞索隱:"《系本》作'平子',名須,宣子子也。"⑤清人翟雲升指出:"悼當作貞。"⑥

考慮到現在所能看到的、秦以前的文獻十分有限,雙字謚的實際數量應該遠比我們現在所知道的多。只不過,許多雙字謚因省稱而不爲世人所知。正如李零先生所言:雙字謚的"年代範圍約與戰國相終始,幾乎各國都有,有些甚至可以一代代排起來(如周和秦、趙稱王以後),可見是一種普遍現象。它使我們考慮,現存文獻所見的單字謚,恐怕還有不少原來也是雙字謚;其省稱之例,或用上字,或用下字,並不固定,也未必局限於文獻所録的某一種。"⑦

三 "國族名+謚号"的簡稱

郭店楚簡《窮達以時》中有這樣一段文字:"吕望爲臧棘津,守監門埊地,行年七十而屠牛於朝歌,舉而爲天子師,遇周文也。管夷吾拘囚梏縛,釋械柙而爲諸侯相,遇齊桓也。孫淑三舍期思少司馬,出而爲令尹,遇楚莊也。百里轉鬻五羊,爲伯牧牛,釋板柽而爲朁卿,遇秦穆。"⑧周文王、周武王、齊桓公、秦穆公、楚莊王等五人,分别省作"周文"、"周武"、"齊

---

① 楊伯峻編著《孟子譯注》卷十,北京:中華書局,1962年,上册,第240頁、第243頁注12。
② 司馬遷《史記》卷三九,第1687頁。
③ 黄暉《論衡校釋》卷八,北京:中華書局,1990年,第2册,第362頁。
④ 司馬遷《史記》卷十五,第718頁。
⑤ 司馬遷《史記》卷四五,第1866頁。
⑥ 翟雲升撰《校正古今人表》,《史記漢書諸表訂補十種》,北京:中華書局,1982年,下册,第1014頁。
⑦ 李零《楚景平王與古多字謚》,《傳統文化與現代化》第6期,1996年12月,第25頁。
⑧ 陳偉等著《楚地出土戰國簡册(十四種)》,北京:經濟科學出版社,2009年,第177頁。

桓”、“秦穆”、“楚莊”。陳偉武先生曾將其總結爲“國族名＋謚號”①。

衆所周知，君王名號簡稱爲“國族名＋謚號＋官稱”的最爲常見。而“國族名＋謚號”的簡稱，在目前所見到的戰國簡册中，似乎僅見於《窮達以時》。其實，這種形式的簡稱在傳世文獻中也還是比較常見的，如：《左傳》昭公四年“周武有孟津之誓……齊桓有召陵之師；晉文有踐土之盟”②。《漢書·高帝紀下》“蓋聞王者莫高於周文，伯者莫高於齊桓”③。《抱樸子·逸民》“魏文非不能屈幹木也，晉平非不能吏亥唐也”④。《楚辭·離騷》“遭周文而得舉”⑤。《文選·靈光殿賦》：“遂因魯僖基兆而營焉。”⑥

可見，“國族名＋謚號”的簡稱在經史子集各種文獻中均有記載，其出現的時間可以上溯至戰國時期，並且，它也没有隨時間的推移而消失，而是一直沿襲到了兩晉。郭店楚簡《窮達以時》的出現，更是證明了這點。

在文獻中，出現頻率最高的簡稱類型爲“謚號＋官稱”。然而，歷史上具有相同謚號的君王非常多，如果採用“謚號＋官稱”的簡稱形式，在没有介紹相關背景的情况下，是比較容易引起人們誤解的，如周文王和楚文王都可以簡稱爲“文王”，周武王和楚武王都可以簡稱爲“武王”。如果採用“國族名＋謚號”式的簡稱，則可以避免誤解的産生。這應該是“國族名＋謚號”式簡稱産生並得以流傳的一個重要原因。此外，從上引文獻來看，這種簡稱往往出現在排比句中，可能與修辭手法有一定關係。

【作者簡介】羅小華，男，1982年生，歷史學博士，湖南省長沙市文物考古研究所副研究員，主要從事先秦秦漢出土文獻研究。

① 陳偉武《戰國簡牘所見君王名號淺説》，“出土文獻與中國古代文明國際學術研討會”論文，2013年6月17—18日。

② 阮元校刻《春秋左傳正義》卷四二，第2035頁。

③ 班固《漢書》卷一，第71頁。

④ 楊明照《抱樸子外篇校箋》卷二，北京：中華書局，1991年，第72頁。

⑤ 洪興祖《楚辭補注》卷一，北京：中華書局，1983年，第38頁。

⑥ 蕭統《文選》卷十一，北京：中華書局，1977年，第168頁。

徵稿啓事

1.《古文獻整理與研究》是陜西省社會科學院古籍整理研究所與陜西省古籍整理辦公室主辦的學術集刊,鳳凰出版社出版,每年出版一輯。

2. 本集刊採用匿名審稿制度。來稿請以電子文本的形式,投寄至編輯部電子郵箱。自收到稿件起半年内,編輯部將以電郵形式通知作者稿件採用結果。

3. 來稿内容的著作權(如引文、圖、表、照片、統計數字等)問題,由作者負責。如發生侵害第三者權利的事,概由投稿者承擔法律責任,與本集刊無關。

4. 來稿請依照本集刊格式規範(另見),並請另紙寫明真實姓名、出生年月、供職機構、職稱、詳細通訊地址、電子郵箱、電話或傳真,以便聯繫。來稿若不符合格式要求,恕不受理。

5. 來稿一經採用,皆按國家有關規定支付稿酬,並贈送當期本刊兩册。

6. 聯繫地址:710065　陜西省西安市雁塔區含光南路177號　陜西省社會科學院古籍整理研究所　《古代文獻整理與研究》編輯部收;電子文本請發送至 gjs029@163.com;來電垂詢:02985254198。